KB233896

심행일기 沁行日記

조선이 기록한 강화도조약

沁行日記

심행일기 沁行日記

— 조선이 기록한 강화도조약 —

威堂 申櫶

위당 신헌 · 김종학 옮김

푸른역사

일러두기

1. 본서에 수록된 글의 대본과 소장처는 다음과 같다.

   ○《沁行日記》上卷: 고려대학교 한적실漢籍室 소장(청구기호: 치암 B8 A417)
   ○《沁行日記》下卷: 국회도서관 고전운영실 소장(古 3753-8-1)
   ○〈沁行雜記〉:《古歡堂收草》姜範植 本, 서울대학교 규장각 한국학연구원 소장(古 3428-340)
   ○〈先考判中樞府事府君行狀〉,〈輔國崇祿大夫判中樞府事申公諡狀〉:《江華條約關係資料》尹滋
   承 編, 국회도서관 고전운영실 소장(古 652-3)
   ○《使鮮日記》:《大日本外交文書》제9권

2. 일자 표기는 음력일을 쓰는 것을 원칙으로 하되, 양력일을 기록할 경우는 별도로 표기했다.
   예) 1월 5일(양력 1월 30일)

3. 공문 등에 사용된 이두식 표현은 원의미를 훼손하지 않는 범위 내에서 문장을 구분하고 현대어
   로 순화해서 옮겼다.
   예) 爲白有在果(하삷잇견과) → 하였거니와

4. 혼동의 우려가 있는 단어에는 한자를 병기하되, 의역을 한 경우에는 [ ] 안에 한자를 표기했다.

5. 원문의 구두는 모두 띄어쓰기로 표시했다. 대본 자체의 오탈자가 의심되는 경우, 원래의 오탈자를 ( ) 안에 표시하고 교정한 글자를 [ ] 안에 표시했다.

　　예) 包第不入 → 包(第)[茅]不入

6. 본서의 주석에서 주로 인용한 자료의 출처는 다음과 같다.

　　○ 江華府志: 金魯鎭 편, 1783(서울대학교 규장각한국학연구원 소장, 奎10699)
　　○ 龍湖閒錄: 편자 미상, 고종대(서울대학교 규장각 한국학연구원, 古0320-2)
　　○ 日東記游: 金綺秀, 1873(국사편찬위원회 편, 《修信使記錄》, 1955)
　　○ 增正交隣志: 金健瑞 편, 1802(하우봉, 홍성덕 공역, 《국역 증정교린지》, 민족문화추진회, 1998)
　　○ 大日本外交文書: 메이지 연간明治年間, 73책(東京: 日本 外務省, 1933~1963)
　　*《日外》로 약칭함
　　○ 日韓外交史料: 金正明 編, 8책(東京: 原書房, 1979)
　　○ 淸季中日韓關係史料: 中央研究院 近代史研究所 編, 12책(臺北: 中央研究院近代史研究所, 1972)
　　○ *Anglo-American Diplomatic Materials Relating to Korea, 1866~1886*: Park Il-Keun ed., (Seoul: Shinmundang, 1982)

서문

　1876년 2월 체결된 강화도조약[조일수호조규]은 이제 새롭게 연구되고 평가되어야 한다. 조선의 교섭 대표 신헌申櫶이 강화도에서 일본인들과 교섭하면서 적어 놓은 《심행일기沁行日記》가 70여 년 만에 한국 학계에 다시 소개되었기 때문이다. 1940년에 경성제국대학 교수 다보하시 키요시田保橋潔가 발간한 《근대일선관계의 연구近代日鮮關係の研究》(2책)에서 신헌의 일기 일부를 인용한 이후 처음이다. 《심행일기》는 일본 대표 구로다 키요다카黑田淸隆의 강화도 교섭 일기인 《사선일기使鮮日記》보다 그 내용이 더 구체적이고 자세하며, 우리의 입장에서 강화도 교섭 과정을 추적한 자료란 점에서 더욱 귀중하고 값진 역사적 문건이다.

　강화도조약이 한국외교사의 큰 분수령이 된다는 사실은 모두 인정하고 있다. 고종이 등극한 1864년 이후의 한국대외관계사 또는 한국외교사는 세계사 전체의 흐름과 연결시키지 않고서는 이해할 수 없다는 점을 나는 늘 강조해 왔다. 이것이 18세기와 구별되는 19세기의 역사적 특징이라는 사실에 관해서도 여러 글을 발표하였다.

　세계와 조선의 45년(1864~1910) 간의 관계사는 네 단계를 거쳐서 전개되었다.[1] 조선이 세계와 마주친 첫 번째 시련은 1866~1871년의 5년

---

[1] 본문에서 언급한 '약탈제국주의의 한반도 팽창', '사대질서와 유럽질서의 충돌 시기'를 포함해서 세 번째 단계로 1882~1892년의 '사대질서와 공법질서의 병존 시기', 네 번째 단계로 1892~1910년의 '세계 강력정치와 조선'의 역사적 단계로 이 시기 조선의 대외관계사를 시대 구분할 수 있다.

동안의 위기로 이어졌다. 이 첫 번째 단계를 '약탈제국주의의 한반도 팽창'이라고 부를 수 있다. 약탈제국주의의 본질은 유럽 공권력의 침탈 이전에 사적 집단인 신부, 깡패, 해적들이 이루어 놓은 전리품을 유럽의 공적인 행위자들이 추인追認하는 데 있다. 이를 이해하기 위해서는 1866년 프랑스와 1871년 미국의 조선 침략, 그리고 1868년의 오페르트 사건을 열거하는 것으로 충분할 것이다.

문제는 이러한 약탈제국주의의 아픈 역사적 경험을 지닌 지역에서는 가정假晶(pseudomorphosis)이란 현상이 만연하게 된다는 데 있다. 가정이란 낱말은 슈펭글러Oswald Spengler가 광물학鑛物學에서 차용한 용어이다. 이 말은 원래 광물이 그 내부구조에 따른 본래의 결정형結晶型으로 나타나지 않고 다른 형태로 나타나는 현상을 지칭한 것으로서, 이런 현상이 나타나는 지역에서는 적극적이고 건설적인 사상이 자라나기보다는 '외래적인 것'에 대한 증오만이 자라난다. 또한 세계정치의 중심부로부터 전파되는 과학, 경제, 법제도, 사상이 예상되는 결과를 이뤄내지 못할 경우 그 책임은 수용자의 책임이 아니라 전파하는 서구의 책임으로 전가된다. 현재 정치학에서 말하는 저항적 민족주의와 문화제국주의가 가진 문제의 근원이 바로 여기에 있다. 이러한 문제의식 하에서 근대한국외교문서 편찬위원회에서는 2007년부터 동북아역사재단의 후원을 받아 2년 여에 걸친 작업 끝에 《근대한국외교문서近代韓國外交文書》(2책)를 2009년에 출간했는데, 이를 통해서 '약탈제국주의의 한반도 팽창' 단계의 역사적 해부 작업이 어느 정도 이루어졌다고 생각한다.

두 번째 단계는 1868년부터 1882년에 걸쳐 한반도에서 나타난 사대질서와 유럽질서의 충돌 시기이다. 두 질서의 충돌은 메이지 유신을 성사시킨 일본이 서양 공법을 준수해야 한다는 미명으로 조선과의 기존 교린질서를 파괴하여 조선을 '일등하一等下'의 행위자로 취급하려는 새로운 정책을 천명하면서 나타나기 시작하였다. 이로 인해 1868년에 이른바 서계 문제로 8년 위기가 촉발되었으나 1876년 2월 강화도조약의 체결을 통해 외형상의 분쟁은 일단 봉합되었다. 따라서 강화도조약은 짧게는 1868~1882년의, 길게는 19세기 후반 조선의 대외관계사의 향방을 결정한 사건이었다. 그러나 그 내용의 해석이나 체결과정에 관해서는 미흡한 점이 한두 가지가 아니었다. 그 근본적인 원인은 무엇보다 일본 사료에 의존해 서술하지 않을 수 없는 조선의 정치사적 여건에 있었다. 특히 유념할 점은 《승정원일기承政院日記》, 《일성록日省錄》, 《고종실록高宗實錄》, 《비변사등록備邊司謄錄》과 같은 기본 사료들이 대외문제에 관해서는 매우 절제된 기록만을 남기고 있다는 사실이다. 그 이유는 사대질서의 조공국들은 사대질서 밖의 행위자들과 교섭할 수 없다는 이른바 "인신무외교人臣無外交"라는 명분에 있다. "사사로이 만나는 것이 곧 외교[私覿是外交也]"라는 것이다. 이와 같이 "남의 신하된 사람은 외교를 할 수 없다"라는 명제는 사대질서의 기본 규범이었다.

사대질서 행위자들의 자료가 지닌 이런 역사적 한계를 감안할 때 신헌의 일기가 가지는 사료적 가치가 더욱 자명해진다. "인신무외교"의 사대질서 명분에도 불구하고 《심행일기》와 같이 근대적인 언술체계로 된 대외교섭의 일기가 남아 있다는 것은 한국 대외관계사 연구의 측면에서 볼 때 매우 다행한 일이다. 이를 통해 《고종실록》, 《용호한록龍湖閒錄》에 게재된 불완전한 기사에 의존해 온 강화도조약에 관한 연구를 한 단계 높일 수 있게 되었다.

이와 같은 사료적 가치를 지닌 《심행일기》를 훌륭하게 번역하고 자세한 역주를 작성해 세상에 알린 전문가는 현재 서울대학교 외교학과 박사 과정에서 강화도조약 문제로 학위논문을 준비하고 있는 김종학 군이다. 김 군은 내가 2007년 8월 동북아역사재단의 후원으로 《근대 한국외교문서》 편찬을 수행하는 과정에서 관련 사료의 조사, 수집, 편집을 맡아 준 책임연구원이었다. 국제정치학을 전공하는 김 군은 2006년부터 민족문화추진위원회에서 한문 연수에 진력해 왔으며, 소수의 장학생으로 구성된 우수번역자 양성 과정에도 선발되어 매년 일정 기간 동안 경남 산청에 소재한 서원에서 전통적인 방식의 한학 교육을 받은 바 있다. 국제정치학과 한학을 겸비한 김 군이야말로 한국 외교문서를 번역할 수 있는 적임자라고 생각한다. 이 책에서 김 군은 강위姜瑋의 《심행잡기沁行雜記》를 위시한 귀중한 문건들을 부록으로 첨부함으로써 강화도조약의 체결 과정을 조선의 입장에서 총체적으로 재구성할 수 있게 하였다. 그동안 이 역작을 번역한 김 군의 노고를 치하하며 더 많은 한국외교사 관련 연구를 내어 놓도록 당부하는 바이다.

한림대학교 한림과학원 원장 김 용 구
2010년 8월

차례

【原文】

해제

《심행일기》에 대해서

이 책은 1876년 강화도조약[조일수호조규] 체결 당시 조선의 접견대관이었던 위당威堂 신헌申櫶(1811~1884)이 일본 사절단과의 협상 경과 및 조약 체결 과정을 일기체로 기록한 《심행일기沁行日記》를 완역한 역주본이다. 강화도조약은 조선 최초의 근대적 조약이었으며, 1871년에 체결된 청일수호조규와 함께 동아시아의 전통적 사대교린事大交隣 질서가 주권主權(sovereignty) 개념을 주된 명분이자 구성 원리로 하는 근대 국제법 질서로 이행하기 시작하였음을 알리는 역사적 사건이었다.

1868년의 메이지 유신明治維新은 두 가지 측면에서 조일 관계의 근본적 변동을 의미하는 것이었다. 첫째, 일본 메이지 정부에서는 서구식의 근대국가 형성에 발맞추어 대조선 관계도 서구 근대의 외교적 관습에 따라 개편하려고 했다. 이에 300여 년 동안 대마도주의 가역家役 형태로 이뤄져 온 대조선 외교 업무를 새로 설치된 외무성으로 이관했으며, 동래 왜관도 일방적으로 자국의 외교 공관으로 접수했다. 하지만 당시 전통적인 교린 질서를 변경해야 할 필요성을 거의 느끼지 못했던 조선의 입장에서는 이러한 일본 메이지 정부의 일련의 조처들을 외교적 마찰을 일으키는 일방적인 행위로 간주할 수밖에 없었다. 둘째, 일본 천황의 왕정복고王政復古 또한 조일 관계에 큰 파장을 일으켰다. 사대의 명분상 청국의 번국藩國을 자임하고 있던 조선으로서는 조일 관계에 천황의 이름이 등장하는 것을 용납할 수가 없었다. 이는 청국 황제에 대한 충성심 때문이 아니라, 청국과의 관계로 인해 황제를 자칭할 수 없는 제약 속에서 만약 일본이 황국皇國임을 인정한다면 왕국王國인 조선은 국격國格이 한 단계 낮아질 수밖에 없기 때문이었다. 다시 말해서 황제와 천황이 다스리는 청국과 일본의 경우는 상호 동등한 주권국으로서 근대적인 대등한 관계맺음이 어떻게든 가능했던 반면, 왕이 다스리는 조선의 입장에서는 관념적 차원에서 그것이 쉽지 않았던 것이다.

그 결과 1868년부터 이른바 서계書契 문제가 조일 간 최대의 외교적 현안으로 부상했으며, 이로 인해 몇 해 동안 양국 관계가 교착된 상황 속에서 1875년에는 운요호 사건雲揚號事件이라는 무력 충돌이 발생하기에 이르렀다. 이에 일본 정부에서는 서계 접수의 거부와 운요호 사건의 변리辨理를 목적으로 구로다 키요타카黑田淸隆를 전권대신으로 하는 변리사절단을 강화도에 파견했다. 그리고 조선 조정에서는 판중추부사判中樞府事 신헌을 접견 대관으로, 도총부 부총관都總府副總管 윤자승尹滋承을 접견 부관으로 임명해서 그들을 접견하는 임무를 맡겼다.

당시 신헌은 강화도조약 체결(2월 3일, 양력 2월 27일)을 전후한 1월 5일(양력 1월 30일)부터 2월 6일(양력 3월 1일)까지의 협상 기록을 남겼는데, 그것이 바로 《심행일기》이다. '심沁'이란 곧 예로부터 강화를 이르는 별칭이었으니 《심행일기》는 '강화 행차의 일기'라는 뜻이 된다. 이 일기에서 신헌은 접견 대관으로서의 상황 인식과 소회 등을 솔직하게 기록했을 뿐만 아니라 접견단의 행적, 일본 측과의 협상 기록, 접수한 공문,

보고문, 상소문, 서신, 왕복 문서, 조약 초안 등의 관련자료 일체를 망라해서 수록했다. 따라서 《심행일기》야말로 조선의 관점에서 강화도조약의 체결 과정을 이해하는 데 빠뜨릴 수 없는 일급사료라고 할 수 있다.

《심행일기》는 상권과 하권의 2책으로 구성되어 있다. 상권에는 신헌과 윤자승이 각각 접견 대, 부관으로 임명받은 1월 30일부터 2월 18일까지, 하권에는 2월 19일부터 조약 체결 이후 어전에 복명復命한 3월 1일까지의 경과가 기록되어 있다. 그런데 하권의 경우는 그동안 산일散逸된 것으로 알려져 왔다. 그것은 1940년도에 출간되었지만 현재까지도 근대 한일관계사 분야에서 그 학문적 권위를 인정받고 있는 다보하시 키요시田保橋潔의 《근대일선관계의 연구近代日鮮關係の硏究》 중의 다음과 같은 언급 때문인 것으로 보인다.

접견 대관 신헌의 일기인 《심행일기》의 하권을 볼 수가 없으니, 그 중요한 기사를 참고할 수 없는 것은 유감이다.[1]

하지만 현재 《심행일기》의 상권은 고려대학교 도서관 한적실漢籍室에, 그리고 하권은 국립중앙도서관 고전운영실에 소장되어 있다. 그 소재는 《근대한국외교문서近代韓國外交文書》 편찬위원회(위원장 김용구 한림과학원장)에 참여하고 있는 서울대학교 국사학과의 이상찬 교수와 공군사관학교 인문철학부의 김흥수 교수에 의해서 최근에 밝혀졌다. 고려대학교에 소장된 상권은 원본이 아니라 일제시대에 조선사편수회朝鮮使編修會에서 원고지에 필사한 기록으로 치암痴菴 신석호申奭鎬가 소

---

[1] 田保橋潔, 《近代日鮮關係の硏究》(上), 朝鮮總督府, 1940. p. 495.

장하던 것을 그의 사후인 1982년에 고려대학교에 기증한 것이다. 국립중앙도서관에 소장된 하권은 수필로 기록한 원본이다.

그런데 현재 전해지는 《심행일기》는 신헌이 기록해둔 초고를 적어도 두 달 이후에 그의 아들 중 한 명이 정서正書한 것으로 추정된다. 조약 체결 당시에 신헌의 셋째 아들 낙희樂熙가 부친을 수행했는데, 그가 정서했을 가능성이 크다고 생각된다. 이와 같이 추정하는 근거는 다음과 같다. 첫째, 상권과 하권 모두 신헌의 성명이 나오는 구절에서 이름을 기휘忌諱하고 성씨만을 기록했다는 점이다. 둘째, 원본인 국립중앙도서관본에는 일부 글자나 구절을 도려내고 그 위에 다시 쓴 흔적이 보이는데, 이는 초고를 필사하는 과정에서 실수가 발생해서 수정했음을 의미한다. 셋째, 신헌이 남긴 저서인 《민보집설民堡輯說》의 원본(국립중앙도서관 소장)의 필체와 비교해 볼 때 국립중앙도서관본의 그것과 같지 않다. 넷째, 국립중앙도서관본의 말미에는 제1차 수신사 김기수를 일본에 파견하면서 당시 예조판서 김상현金尚鉉이 일본 외무대신에게, 그리고 예조참판 이인명李寅命이 일본 외무성 대승에게 보내는 음력 4월 2일자의 글이 수록되어 있는데, 이는 국립중앙도서관본이 적어도 강화도조약이 체결된 지 두 달 이후에 만들어졌음을 뜻한다. 유감스럽게도 현재 입수할 수 있는 《심행일기》의 상권이 조선사편수회의 필사본이어서 그 편찬 과정에 대해서 다소 분명치 않은 점이 있지만 내용을 검토해볼 때 신헌이 직접 초고를 기록했다는 사실만큼은 의심할 여지가 없다.

강화도조약에 관한 국내외의 기존 연구에서는 그동안 산일된 것으로 알려졌던 《심행일기》의 하권은 물론이고, 상권마저도 거의 참조되지 않았다. 많은 연구가 주로 일본 측 사료에 의거하여 이뤄져왔는데, 문제는 그러한 기록들이 자국의 변리사절단 파견과 일방적인 조약 체결 요구를 정당화하려는 정치적 의도와 무관하지 않았기 때문에 조선의 폐쇄성과 낙후성을 강조하는 경향을 띠고 있으며, 실제로《심행일기》와 비교해보면 동일한 사건의 서술에 있어서도 그 내용에서 커다란 차이를 보이는 경우가 적지 않다는 점이다. 다음 인용문을 비교해보자.

(1-1)

신미년에 미국 선박이 왔을 때 대원군이 전권을 장악하고 있었다. 당시 나는 임금에게 외교를 시작하지 않으면 안 되는 이유에 대해 역설했다. 그런데 미국 선박은 몇 발의 대포를 받더니 모두 물러가 버렸다. 그 후로 나를 지목해서 '개항가開港家'라고 했으며 무슨 일을 말하더라도 다시 채택되는 일이 없게 되었다. 귀국과의 교제에 있어서도 수호를 해야 함을 설명해도 개구리 낯짝에 물 붓기였다. 금일에 이르러서도 역시 미국 선박이 쉽게 물러간 것과 동일한 일 정도로 생각했다. 그러므로 강화에 전진하면 혹 불우의 작은 폭동 정도가 없으리라고는 보장하기 어렵다. 또 유수留守도 지금까지 이양선은 격퇴하라는 명령이 있었기 때문에, 이번과 같이 별도로 제지하는 조정의 명령이 없는 상황에서는 반드시 항거하는 일이 생길 것이다. 금일 형세로 보건대 대신[黑田淸隆]이 그곳에 도착하면 바로 상륙해서 위엄을 보여야 한다. 그렇지 않으면 다시 지체됨이 부산에서의 담판과 다를 바 없는 상황에 처하게 될 것이다. 이미 이 정도의 형세가 되었으니, 금일 이러한 상황에서 우리가 사실을 아뢰더라도 어느 한사람 믿는 자가 없을 것이다. 이번의 일마저도 한번 차질을 빚는다면 실로 만민도탄萬民塗炭의 고통을 야기할 것이니, 그것을 두려워해서 여기까지 내부 사정을 밝히게 된 것이다.

— 《대일본외교문서大日本外交文書》제 9권, 문서번호 6. "黑田辨理大臣一行ノ江

華府前往ニ關スル件" pp. 33~34.)

(1-2)

강화는 곧 우리나라의 해문海門으로서 중요한 지역이니 어떻게 타국인을
어려움 없이 성에 들여보내 수신守臣과 면담케 하겠는가? 하물며 서울로
바로 들어간다는 말은 사리[事體]에 맞지 않는다. 귀국이 이처럼 무례하게
군다면 우리나라의 방어가 더욱 엄해질 것이니 또한 어찌 마음대로 진입할
수 있겠는가?
― 《심행일기》 正月七日條)

(2-1)

부대신[井上馨]: 지난번에 귀 대신이 말한 종전에 양국의 정의情誼가 단절됨을
　　　심히 민망하게 여긴다는 것은 귀 조정의 뜻인가, 아니면 귀 대신의 뜻
　　　인가?

신헌: 조정에 가득한 군신君臣이 모두 민망하게 여긴다. 그렇지만 거기엔
　　　자못 곡절이 있었다. 언급하지 않아도 그만이지만 만약 듣고 싶다면
　　　그것을 말하겠다.

부대신: 국왕전하가 민망하시고 여러 대신들도 민망하다면 기왕의 일을 억
　　　지로 들으려고 요청하지 않겠다.

신헌, 윤자승: 억지로 그 일의 설명을 요구하지 않더라도 그 대략을 말하겠다.
― 《대일본외교문서》 제 9권, 문서번호 16. "日鮮兩國國交問題, 雲揚艦事件等ニ關
　　　スル件" p. 82.)

(2-2)

我: 폐일언蔽─言해서 지난 일들이 얼음이 녹듯 깨끗이 풀렸는데 다시 무엇
   을 말하겠는가?

彼: 잘잘못을 논하지 말고 그냥 놓아두는 것이 좋겠다는 말은 참으로 부당
   하다. 가령 친구와 약속을 하더라도 저버릴 수 없는데 하물며 양국 간
   교호交互의 정의情誼에 있어서겠는가?

我: 7, 8년 동안 단절되었던 곡절을 이미 남김없이 다 밝혔다.

彼: 그렇게 말하면 일에 결말이 날 때가 없을 것이다. 운요호 사건에 있어서
   이제 그것이 우리 선박임을 알았다면 잘잘못이 누구에게 있는가? 당시
   에 포격한 변방 군사들은 어떻게 처리할 것인가?

我: 그것은 알면서 고의로 한 것과는 다르다.

— 《심행일기》 正月十七日條

(1-1)과 (1-2)는 1월 5일(양력 1월 30일)에 역관 오경석과 훈도 현석운이
닛신日進함에 승선해서 미야모토 오카즈宮本小一, 모리야마 시게루森山茂
등에게 문정問情한 내용에 관한 일본과 조선 기록의 일부이다. 두 인용
문 모두 오경석이 한 발언으로 기록되어 있다. 그런데 일본 측 기록에
서는 오경석이 일찍이 조선 조정에서 '개항가開港家'로 지목되어 배척
되었으며, 일본과의 수호를 적극적으로 지지한 나머지 심지어 구로다
에게 강화도 상륙과 동시에 무력시위를 할 것을 제안한 것으로 되어 있
다. 반면에 《심행일기》에서는 군함이 포함된 일본 사절선단이 무단으
로 경내에 침입한 일에 대해 당당히 힐문한 것으로 나타나 있다.
   (2-1)과 (2-2)는 1월 17일(양력 2월 11일)에 연무당鍊武堂에서 열린 제 1
차 회담에 관한 일본의 기록과 《심행일기》의 기록 중 일부이다. 일본

측 기록에는 부대신 이노우에 카오루가 운요호 사건에 대해 조선의 왕과 신하들이 '민망' 하게 여긴다면 굳이 시비를 변별할 필요는 없다고 하면서 자못 관대한 태도를 취한 것으로 묘사되어 있다. 하지만 《심행일기》에 따르면 구로다와 이노우에는 이 문제에 관해 조선 조정에서 반드시 명백한 '회오悔悟'의 뜻을 표시해야 함을 강요했을 뿐 아니라, 심지어 조선 조정에서 보낸 조회문[2]마저도 사사謝辭, 즉 사죄 문안으로서의 실제가 없다는 이유로 접수를 거부했다.

사실 강화도조약에 관한 양국의 기록은 도처에서 그 차이가 극명해서 이처럼 상이한 기술을 찾는 작업을 오히려 무색하게 만든다. 그 차이가 어느 한쪽의 일방적인 왜곡에 기인한 것인지, 아니면 근대적 조약의 체결이라는 미증유의 임무를 당하여 자신들의 판단과 조처를 정당화하려고 했던 양국 사절단의 의도하지 않은 공모共謀의 결과인지, 그것도 아니면 19세기 중반 이후 서로 다른 국제정치적 권역에 속하게 된 양국 간 의사소통의 난맥상을 반영하는 것인지에 관해선 쉽게 단정하기 어렵다. 하지만 강화도조약이 그 후 약 70년 동안 이어진 한일 간의 불행한 역사의 시발점이 된 사건임을 감안한다면, 조선과 일본의 사료들이 진술하는 파편화된 진실을 그러모아서 양국의 첫 조우遭遇 과정을 온전히 복원할 필요가 있을 것이다. 강화도조약에 관한 조선의 가장 중요한 사료 중 하나인 《심행일기》를 새롭게 검토해야 하는 이유가 여기에 있다.

---

2 《沁行日記》正月二十六日條

서계 문제의 배경과 전통적 교린 관계의 특징

앞에서 간략하게 메이지 유신 이후의 조일 관계의 변화 양상에 관해 언급했지만,《심행일기》를 읽는 독자들의 이해를 돕기 위해 서계 문제와 전통적 교린 관계의 특징에 대해서 부연하고자 한다. 강화도에 파견된 구로다 키요타카의 정식 직함은 전권변리대신全權辨理大臣이었다. 오늘날 변리辨理라는 말은 처리處理 등과 유사한 뜻으로 사용되지만, 원래 변리에는 '시시비비를 분변한다'는 뜻이 내포되어 있다. 그리고 이 책의 부록에 수록한 〈히로츠 히로노부의 구진서와 별함〉에서도 알 수 있듯이, 명목상 구로다의 강화도 파견은 이른바 서계 문제와 1875년의 운요호 사건의 변리를 위한 것이었다.

서계書契란 전통적 교린 질서 하에서 조선과 일본 또는 대마도 사이에서 왕래한 일종의 외교 문서를 뜻한다. 조선의 국왕과 일본의 쇼군[征夷大將軍] 간에 왕복한 국서國書를 제외하고 예조의 판서, 참판, 참의 및 교린 업무를 분담했던 동래부사 이하 관리들이 작성해서 일본에 보낸 문서를 통칭하여 서계라고 한다. 반면 일본 측에서는 이에 상응하는 에도 막부의 관리나 대마도주의 명의로 서계를 작성해서 보냈는데, 그 대종을 이루었던 것은 사절이나 일반 왜인들을 조선에 들여보내면서 이를 공증하기 위해 대마도주 종씨宗氏의 명의로 발행한 신임장信任狀이었다. 1868년의 일본 메이지 유신 이후로 1876년의 강화도조약에 이르기까지 조일 관계에서뿐만 아니라 조선 내부적으로도 가장 첨예한 정치적 사안이 바로 이 서계의 접수와 관련된 문제였던 바, 일본 정체政體의 변혁과 함께 서계 문제가 대두된 이유를 이해하기 위해선 먼저 전통적 교린 질서의 특징을 살펴볼 필요가 있다.

먼저 메이지 유신 이전의 일본은 정치적 실권자와 명목상 주권자가 분리된, 세계적으로도 그 유례를 찾아볼 수 없는 이원적 정치체제였다는 사실에 유념할 필요가 있다. 일본의 정치적 실권자가 흔히 쇼군이라고 부르는 정이대장군征夷大將軍이었기 때문에 조선과 일본 사이의 국서는 보통 조선 국왕과 일본 쇼군의 이름으로 왕래되었다. 그러나 명목상으로는 쇼군의 상위에 천황이 존재하고 있었기 때문에 조선 국왕과 일본 쇼군 사이에 동격으로 국서가 왕래하는 이러한 관계는 현실과 명분 사이의 커다란 모순을 내포하는 것이었다. 실제로 일본의 유학자 아라이 하쿠세키新井白石는 일본의 국격을 고려해서 대조선 관계에서 쇼군의 호칭을 일본 국왕으로 바꿀 것을 주장하기도 했다. 이러한 맥락에서 본다면 그동안 정치 일선에서 물러나 있던 천황의 만기친재萬機親裁를 선언한 메이지 유신은 오랫동안 잠재되어 있었던 교린 질서의 모순을 폭로하는 계기에 다름 아니었다. 18세기의 저명한 실학자 성호星湖 이익李瀷은 이미 이러한 조일 관계의 모순을 간파하고 있었다.

왜황이 실권한 지가 불과 6, 700년밖에 되지 않는데 국인國人들이 바라는 바가 아니어서 그 사이에 차츰 충의로운 사士들이 나타나게 되었다. 명분이 바르고 주장이 이치에 순하니 훗날 반드시 한 번 그 뜻을 펼칠 날이 올 것이다. 만약 에조가시마蝦夷 인들과 연결하고 그 천황을 보좌해서 제후들에게 호령한다면 필시 대의를 펴지 못하진 않으리니 66개 주의 태수들 가운데 어찌 뜻을 같이 해서 호응하는 자가 없겠는가?
만약 그러한 지경에 이른다면 저쪽은 황제이고 우리는 왕이니 장차 어떻게 대처하려는가? 죽은 아들 맹휴孟休가 전에 말하길, "통신사가 왕래할 때 그 국서, 폐백, 문서 등을 우리 대신을 시켜서 대등한 예[抗禮]로 응함이 옳거늘, 국사를 계획하는 자들이 원려遠慮가 없어서 목전의 미봉책만 일삼고, 또 관백關白이 왕이 아님을 알지 못해서 이러한 지경에까지 이르렀으니 몹시도 애석하구나!"라고 했다.[3]

유신 직후 일본 정부에서는 그 정령政令의 일신一新을 통고하기 위해서 조선에 서계를 보내왔다. 그런데 그 안에 皇, 勅, 京師, 睿意 등 황제만이 사용할 수 있는 글자가 포함되어 있었을 뿐만 아니라 일본의 황실을 나타내는 글자를 조선 국가나 왕실보다 한 글자 높여 적음으로써 은연중에 조선을 낮추는 태도를 취했다. 이익이 우려했던 바가 현실로 나타났던 것이다. 특히 청국과의 관계에 있어서 번국藩國을 자임하고 있던 조선으로서는 일본과 대등하게 자존自尊하기가 어려웠다. 이러한 이유로 인해 메이지 정부에서 보내온 서계의 접수 여부를 두고 조선과 일본의 양국 관계가 상당 기간 교착 상태에 빠졌던 것이다. 1873년에 강경한 대일본 정책을 추진하던 흥선 대원군(이하 '대원군'으로 약칭함)이 하야하고 고종의 친정이 시작된 이후에 동래부사 정현덕鄭顯德과 왜관훈도 안동준安東晙을 교체하는 등 일본과의 국교를 정상화하려는 시도가 있었지만 이번에는 일본 외무성 관리의 동래부 정문 출입 문제와 양복 착용 문제 등으로 인해 재차 갈등을 빚게 되었고 결국 서계 문제가 미해결된 상태로 강화도조약에까지 이르게 되었다.

다음으로는 전통적인 교린 질서 하에서 조선과 일본의 정부 간 직접

[3] "倭皇之失權 亦不過六七百年 非國人所願 稍稍有忠義之士出於其間 名正而言順 後必有一逞 若令連結夷人 挾輔其皇 號令諸侯 則未必不伸大義 六十六州太守 豈不無同聲而應者乎 苟至於此 彼皇而我王 將如何處之 亡子孟休嘗言 信使之時 其書幣文字 使我大臣抗禮可矣 謀國者 無遠慮 爲目前彌縫之計 又不知關白之非王 以至於此 甚可惜也", 《星湖全集》, 권 17 〈書〉, "日本忠義", 민족문화추진위원회, 1997.

접촉은 극히 제한적이었던 반면, 대부분의 일상적 교섭이 대마도의 중 개로 이뤄졌다는 사실에 주목할 필요가 있다. 이 책 부록의 〈왜관시말 倭館始末〉에서도 알 수 있듯이, 조선조에서는 초기부터 왜인들이 거류 할 수 있는 왜관을 설치하고 그들의 무역 활동을 제한적 범위에서 허 락했으며 심지어 하납미下納米를 보내서 생계를 보살펴주기도 했다. 이러한 시혜적 정책은 조선이 대마도에 대해 일종의 대국의식을 발휘 한 결과였다. 한편 일본에서는 대조선 교섭 업무를 가역家役의 형태로 대마도주가 전담하게 했다. 바꿔서 말하면, 이 시기 조선과 일본 사이 의 교섭은 주로 양국 모두에 부속된 대마도의 중개에 의한 간접적 형 태로 이뤄졌던 것이다.

그런데 메이지 정부에서는 조일 관계를 근대적 외교 관계로 개편하 기 위해서 대마도주의 가역을 폐지한 다음에 대조선 외교 업무를 외무 성으로 이관했으며, 동래 왜관도 일방적으로 접수해서 자국의 공관으 로 삼았다. 이에 대해 조선에서는 일본의 일방적인 서계 형식의 변경 을 문제시하면서, 적어도 고종의 친정이 시작되기 전까지는 대마도주 가 중개하는 전통적 교섭 방식을 주장했다. 이러한 관점에서 본다면, 서계 문제는 근대적 형태의 정부 수립과 함께 조일 관계를 서구 근대 적인 외교 관계로 개편하고자 했던 일본의 요구와 전통적인 방식의 교 린 관계를 유지하기를 원했던 조선의 주장이 상충해서 발생한 사건이 라고 할 수 있을 것이다.

하지만 서계 문제와 운요호 사건의 변리라는 표면적 구실에도 불구 하고 일본 메이지 정부에서 구로다 키요타카를 파견한 실제 목적은 다 른 곳에 있었다. 그것은 한편으로는 조약 형식을 빌려서 조선이 자주 국임을 명문화하여 청국과 조선 사이의 오랜 종번宗藩 관계를 부정하고, 다른 한편으로는 서구 열강에 앞서 근대적 조약을 체결함으로써 조선에서의 지위를 선점하기 위한 것이었다. 이는 최종 조약문뿐만 아니라 협상 과정에서도 운요호 사건의 배상 문제를 요구한 기록이 없다는 사실과 서계에서의 양국 군주의 위호位號 문제를 두고 7, 8년간 양국이 대치한 것에 비해서는 일본이 의외로 순순히 조선 측의 주장에 따라 조약 체결 주체를 공히 양국 '정부政府'로 규정하는 데 합의한 사실 등을 통해서도 알 수 있다. 일본 정부에서 구로다를 파견한 실제 이유에 관해서는 신헌의 수행원이었던 강위姜瑋 또한 솔직한 의구심을 드러낸 바 있었다. 다만 강위와 같이 당대 조선에서는 손꼽을 정도로 국외 사정에 밝았던 인물도 근대적 조약 체결의 의미에 대한 완전한 이해에는 도달하지 못했던 것으로 보인다.

한 가지 괴이한 것은 저 나라에서 우리나라와 통상한 후에 무슨 이득이 있어서 수고와 비용을 아끼지 않고 이렇게 거창한 일을 시행했는가라는 점이다. 이미 서로가 영구히 우의를 돈독히 하기로 약조했으니 명호名號를 따지기 위해서 침핍侵逼한 일은 아닐 것이요, 또 각국의 호시互市에 이미 완성된 규칙이 있으니 상세商稅에 편중된 뜻도 아니었을 것이다.[4]

신헌의 생애와 활동

위당 신헌은 조선 후기의 무신으로서 전권대신의 자격으로 강화도조약과 1882년의 조미수호통상조약을 체결한 인물로 잘 알려져 있다. 창

---

[4] 강위, 〈沁行雜記〉, 본서 pp. 316~337.

강창江 김택영金澤榮의 〈한사경韓史綮〉에 따르면 그는 어렸을 때 당대의 석학인 다산 정약용과 추사 김정희의 문하에서 수학했으며,[5] 특히 시문과 예서, 해서 등에 조예가 깊었던 것으로 보인다.[6] 무장이면서도 서예와 문장에 능했던 신헌을 가리켜 당시 사람들은 '유장儒將'이라고 불렀다.

대장 신관호는 고종 조에서 헌櫶으로 개명했다. 그는 서예에 능하고 문사文詞도 잘해서 유장儒將으로 유명했으며 성품도 관후했다.[7]

신헌의 자는 국빈國賓이고 초명은 관호觀浩이다. 호는 위당을 비롯해서 금당琴堂, 동양東陽, 우석于石 등을 썼다. 본관은 고려태사 장절공壯節公 신숭겸申崇謙을 비조로 모시는 평산 신씨平山申氏이며, 그 15대손인 신개申槩가 세종 조에서 좌의정을 지냈는데 신헌은 그 직계후손인 문희공文僖公 파에 속한다. 이 책의 부록에 수록된 시장諡狀에서도 알 수 있듯이 그는 전형적인 무신 가문 출신이었다.

신헌은 1811년(순조 11) 윤 3월 25일 충북 진천에서 부사를 지낸 부친 의직義直과 모친 해평 윤씨 사이에서 출생했다. 그러나 어려서 부모를 여읜 뒤로는 조부 홍주鴻周의 슬하에서 성장했다. 신헌의 관직

---

5 "헌의 본명은 관호이다. 어려서 정약용과 김정희의 사이에서 종유했으며 문한文翰과 나라를 다스릴 만한 재주로 크게 명성이 높았다[櫶本名觀浩 少遊丁若鏞金正喜之間 頗以 文翰經濟稱]." 《金澤榮全集》 제 5권, 〈韓史綮〉, 아세아문화사, 1978.

6 신헌에게 보낸 추사의 서한에서도 이를 확인할 수 있다.
"시폭詩幅과 예폭隸幅, 해폭楷幅 등 여러 작품들은 지금 세상에서 찾아보더라도 이 경지에까지 이른 사람이 몇이나 되겠는가? 금마문金馬門, 승명전承明殿의 여러 공들에게도 부끄러움이 없으리라. 나도 모르게 옷깃을 여미고 반복해서 송독誦讀했다[詩幅 與隸楷諸貢 求之今世 能涉此境者幾人歟 無愧於金馬承明諸名公矣 不覺斂衽 回環洛誦]." 《阮堂 全集》, 제 2권 〈書牘〉, "與申威堂", 민족문화추진회, 2003.

7 황현, 《梅泉野錄》 제 1권, 〈甲午以前〉.

은 그의 나이가 17세 되던 해인 1827년(순조 27) 훈련대장까지 지낸 조부의 음직蔭職으로 별군직別軍職에 임용된 것이 시작이었다. 그는 특히 헌종의 신임을 얻어서 격일마다 왕의 부름을 받아 알현했다는 기록이 있으며, 중화부사, 훈련원정, 경기중군, 성진첨사, 승정원 동부승지, 전라우수사, 봉산군수, 전라병마절도사, 동지중추부사, 도총부 부총관, 금위대장 등 여러 관직을 역임했다. 그러나 1849년(헌종 15)에 헌종이 승하하자 사적으로 탕약을 제조해서 올렸다는 죄목으로 전라도 고흥 지방에 있는 녹도鹿島로 유배되었는데, 사실 이는 철종의 즉위와 함께 복권을 노린 안동 김씨 세력에 의해서 배척당한 결과였다. 그 후 1853년(철종 4)에 감형되어 무주로 옮겨졌으며 1857년(철종 8)에 사면되었다. 그리고 좌승지, 병조판서, 한성부 좌윤, 우포장, 삼도수군통제사, 병조판서, 한성부 판윤, 공조판서, 다시 우포장을 역임했다.

이어서 고종 대에서도 병조판서, 총융사, 훈련대장, 어영대장, 진무사, 무위도통사 등 국방상의 요직을 두루 역임했다. 1866년(고종 3) 프랑스 함대가 가톨릭 신자의 박해를 이유로 강화도에 침입한 사건인 이른바 병인양요가 발생했을 때는 총융사로서 양화진에 주둔하면서 책응策應하는 임무를 맡았다. 그 이듬해인 1867년(고종 4)에는 마반차磨盤車를 제작했는데, 이는 원래 포가砲架가 없었던 서양식 청동제 화포인 불랑기佛狼機를 그 위에 탑재함으로써 회전과 발사각의 조절을 자유롭게 조정할 수 있도록 개선한 것이었다. 또 같은 해 9월에는 수중에 설치하는 일종의 시한 기뢰인 수뢰포水雷砲를 제조해서 한강에서 시험했다는 기록이 있다. 이 책 부록의 행장行狀에는 이 두 기계를 도설圖說을 보고 제조했다는 기록이 있는데, 이는 위원魏源의 《해국도지海國圖志》

에 수록된 도설을 가리킨다.[8] 신헌은 그 공으로 숭록대부崇祿大夫(종 1
품)에 오르게 되었다. 그 후 1871년(고종 8)에 한 해 남짓 은퇴했다가
1873년(고종 10)에 다시 판중추부사가 되었으며, 1874년(고종 11)에 진무
사 겸 강화유수에 제수되었다. 이 때 신헌의 주장으로 손돌 포구로부
터 갑곶진에 이르는 강화도 연해에 50여 개 포대가 창설되었다는 기
록이 있다.

강화도조약 당시 접견대관 임명과 관련해서 특기할 만한 사항은
그것이 환재瓛齋 박규수朴珪壽의 천거에 의한 것이었다는 점이다.[9] 잘
알려진 바와 같이 박규수는 사상사적 측면에서 볼 때 조선 후기의 북
학파와 초기 개화파의 가교 역할을 한 인물이다. 이에 박영교朴泳敎,
김윤식金允植, 김옥균金玉均, 박영효朴泳孝, 홍영식洪英植, 유길준俞吉濬
등의 초기 개화파들이 그의 문하에서 성장했던 것 또한 주지의 사실
이다. 그리고 그는 세계 문제가 최대의 외교적 현안으로 대두되었을
때 일본과의 관계가 파국으로 치닫는 것을 막기 위해서 그것을 접수
하지 않을 수 없다는 논의를 주도한 인물이었다. 그런 박규수가 일본
함선의 강화도 진입이 임박한 위기 상황 속에서 협상의 적임자로 신

●
[8] 1852년에 간행된 《海國圖志》 100권 본 가운데 제 87권의 "樞機砲架新式圖說"과 제
92, 93권의 〈攻船水雷圖說〉이 이에 해당된다.
[9] 신헌의 접견대관 임명과 관련해서 《梅泉野錄》에 다음과 같은 기록이 전한다.
"병자년(1876) 정월에 왜인들이 맹약을 저버려서 그 대관인 구로다 키요타카가 병선
을 거느리고 곧장 강화로 와서 온갖 방법으로 만나 줄 것을 요청했다. 그런데 겉으로
는 반드시 전쟁할 듯한 모습을 보였지만 그 뜻은 화약和約을 다시 정하려는 것이었
다. 조정에서는 크게 두려워했는데 민규호閔奎鎬와 박규수朴珪壽가 의론을 정하여 신
헌에게 임시로 판부사 관함을 내려서 전권대관으로 삼고는 저들과 협상해서 타당하
게 처리하게 했다[丙子正月 倭人渝盟 其大官黑田淸隆 引兵艦 直抵江華 要謁萬端 外示必戰之
形 而意欲更定和約 朝廷大震 閔奎鎬與朴珪壽定議 假申櫶判府事卿 爲專權大官 面商安辦]."《梅
泉野錄》 제 1권, 〈甲午以前〉.

헌을 천거했던 것은 적어도 그가 완고한 척화론자가 아니라는 믿음
이 있기 때문이었을 것이다. 실제로 신헌은 박규수뿐만 아니라 추금
秋琴 강위姜瑋, 역매亦梅 오경석吳慶錫 등 수차례의 연행燕行을 통해서
당시의 급변하는 국제 정세에 관해 첨예한 인식을 가지게 된 인물들
과 깊은 교분을 나누고 있었다. 그러므로 강위와 오경석이 접견사절
단에 수행원으로 포함되어 신헌을 보좌했으며, 특히 오경석은 조선
조정과 일본 변리사절단을 오가며 막후에서 실무적으로 큰 역할을
했던 것이다.

　그런데 여기서 한 가지 흥미로운 사실은 신헌이 대원군에게도 큰 신
임을 얻었다는 것이다. 이는 한편으로 문관 중심의 기존 관료집단 내
에서 지지 기반을 얻기 어려웠던 대원군이 제도적으로 무관의 지위를
향상시키고 그들을 중용해서 자신의 세력 기반으로 삼고자 했던 방침
과 궤를 같이 하는 것이었다. 또한 대원군은 신헌의 스승이기도 했던
추사 김정희와 외종 8촌의 관계였을 뿐만 아니라 그로부터 묵란墨蘭
치는 법 등을 배우기도 했는데, 추사를 매개로 한 이러한 개인적 인연
도 무관하지는 않았을 것이다. 아무튼 대원군은 고종의 친정이 시작된
이후에도 배후에서 큰 정치적 영향력을 행사하면서 서계 접수 거부론
을 주도했다. 비록 그 내용은 전해지지 않지만, 《심행일기》에도 신헌
이 일본 측과 협상이 진행되는 와중에 대원군과 여러 차례 서한을 주
고받은 기록이 있다. 다시 말해서 신헌은 당시 서계 접수 불가피론과
거부론을 각각 주도했던 박규수와 대원군에게서 모두 적지 않은 신임
을 받고 있었으며, 그의 이러한 고유한 입지가 접견 대관 임명에 중요
한 이유가 되었을 것으로 생각된다. 따라서 신헌이 일본 변리사절단과
의 실제 협상 과정에서 국내적으로 오랫동안 대립했던 양자의 정치적

견해를 어떻게 절충했는지 주의 깊게 살펴보는 것 또한 《심행일기》를 읽는 중요한 관점 중 하나가 된다.

신헌은 강화도조약이 체결된 후 1878년(고종 15)에 모든 관직을 사임하고 노량진의 은휴정恩休亭에 퇴거했지만, 1882년에 다시 경리통리기무아문사經理統理機務衙門事에 제수되었다. 이 해에 청나라 수사제독 정여창丁汝昌이 미국 전권공사 슈펠트Robert W. Shufeldt를 인도해 와서 조약 체결을 요구하자 다시 대관 겸 총융사로 임명되어 조미수호통상조약을 체결했다. 그 후 1884년(고종 21) 12월 10일 향년 74세를 일기로 별세했다. 시호는 장숙壯肅이다.

신헌은 관직에 있는 동안 여러 차례의 상소문을 통해 자신의 국방론을 개진했다. 특히 1867년 정월에 올린 군무軍務에 관한 상소에서 제시한 경병단조京兵團操, 장선향포獎選鄕砲, 권설민보勸設民堡, 북연제병北沿制兵, 독수내정篤修內政, 심료이변審料夷變 등 6개조의 개혁 방안은 이후 국방과 관련된 정부 시책의 방향타 역할을 했다. 이 가운데 권설민보는 소규모 보堡를 근거로 백성이 자위自衛를 담당하는 민보방위론民堡防衛論을 뜻하는데, 이는 다산 정약용이 《민보의民堡議》에서 펼친 논의를 계승한 것이었다. 1866년에 간행된 《민보집설民堡輯說》은 민보방위론에 관한 신헌의 주저主著이다. 그는 이외에도 《융서촬요戎書撮要》 등의 병서를 남겼으며, 지리학에도 관심이 많아서 김정호가 〈대동여지도大東輿地圖〉를 제작할 때 간여했다는 기록이 전한다. 신헌의 문집은 미정고未定稿 형태의 필사본으로 서울대학교 규장각 한국학연구소에 22책이 보존되어 있으며, 1990년에 아세아문화사에서 《신헌전집申櫶全集》 상, 하 2책을 영인해서 간행한 바 있다. 그 외 신헌의 생애에 관한 자세한 사항은 본서 부록에 번역해서 수록한 그의 행장과 시장을 참조하기 바란다.

국고문헌과 《심행일기》의 비교

《심행일기》의 수록 내용 중 일부는 《고종실록》, 《승정원일기》, 《일성록》, 《비변사등록》 등 국고문헌에서도 확인할 수 있다. 이 절에서는 《심행일기》의 주요 기사 가운데 앞에서 열거한 국고문헌에 수록되지 않은 것들만 간략히 소개함으로써 그 사료적 가치를 재조명하고자 한다. 아래 고딕체로 표시된 일자는 실제 사건 발생일이 아니라 그 기사가 수록된 일자를 가리킨다.

正月七日條

• 음력 1월 5일 현석운, 오경석이 닛신日進함에 승선해서 미야모토 오카즈宮本小一, 모리야마 시게루森山茂 등에게 시행한 문정기問情記

正月八日條

• 음력 1월 7일 인천에 급수汲水 차 파견된 최조最助[浦瀨裕]에게 인천부사 윤협尹峽이 시행한 문정기

正月十一日條

• 동래수령의 탐정기探情記. 여기서 김인승金麟承에 관한 언급이 등장하는데, 일본 측 기록과 크게 다르다.

正月二十日條

• 모리야마 시게루, 최조가 신헌을 방문해서 한강 측량과 열무당 내에서 의 군대 조련을 요청한 대화록

• 최조, 금조金助[荒川德滋]가 훈도 현석운을 방문해서 나눈 대화록. 여기서 그들은 전보, 인력거 등 메이지 일본이 성취한 근대 문물을 과시하고 러 시아의 위험성을 강조했다.

正月二十二日條

• 조약안에서 양국 군상君上의 위호位號를 적시하지 말고, 조약 체결 주체 를 양국 정부政府로 규정할 것을 지시한 의정부 관문

正月二十五日條

• 미야모토, 노무라, 최조 등이 신헌을 찾아와서 조약 전문前文에 양국 군 주의 위호를 적시하는 문제를 포함해서 조약문 초안을 조관 별로 협상 한 기록. 강화도조약 협상 과정에서 최대의 쟁점 중 하나였던 조선 국왕 의 서명과 옥새의 검인 문제가 이날 기록에 처음 보인다.

正月二十六日條

• 미야모토 오카즈의 쪽지[書字]. 여기서 미야모토는 조선 측이 만약 조약 마지막 단락의 비준 양식에서 조선 국왕의 서명 문제 등에 대해 이의를 제기하지 않는다면 일본 측 조약 원안에서 문제가 된 '大', '皇帝陛下', '國王殿下' 등의 자구字句를 삭제할 수 있다는 것이 일본 측 두 대신의 뜻임을 밝혔다.

• 구로다 키요타카, 이노우에 카오루, 신헌, 윤자승의 회견 기록. 이날 회

견에서는 조약의 비준 문서에 조선 국왕의 서명이 들어가는 문제를 두고 격렬한 논쟁이 있었다. 자정까지 진행된 회견에서 끝내 타결을 보지 못하자 마침내 구로다는 협상 결렬을 선언하고 항산도에 정박 중인 자신의 선박으로 떠나 버렸다.

正月二十八日條

- 이날 일기에서 신헌은 일본 측에서 갑자기 국왕의 서명과 옥새 검인 문제를 제기해서 끝내 협상의 결렬에 이르게 된 것은 모리야마 시게루의 방해에 의한 것인데, 일본 측의 통역 최조에게 반간책反間策[이중 첩자]을 써서 일본 사절단 내부에서 그를 배척하는데 성공했다고 기록했다. 이 일화는《심행일기》에서만 확인할 수 있는 대단히 흥미로운 기록이다.

- 의정부 조회문. 일본 사절단에서 서계 접수의 거부와 운요호 사건에 대해 '사사謝辭', 즉 사죄 문안을 요구하자 조선 의정부에서는 음력 1월 26일에 1차로 조회문을 작성해서 내려 보낸 바 있었다[正月二十六日條, "冊子謄本"]. 그러나 일본 측에서 사죄 문안으로서의 실제가 없다는 이유로 접수를 거부하자, 이튿날 다시 보낸 조회문이다. 결국 이 문안이 일본 측의 승인을 받아서 조약 체결 당일에 구로다에게 정식으로 전달되었다[二月一日條, "敍事"].

- 정부에서 내려 보낸 6칙六則과 타점打點한 조관들. 의정부에서 일본 측이 제시한 조약 초안을 검토한 후에 조관 별로 협상할 내용을 구체적으로 지시하고, 아울러 일본에 대해 여섯 가지의 요구사항을 제시한 문안이다[二月二日條, "宮本小一手契"].

正月三十日條

• 미야모토 오카즈가 금조 등과 함께 신헌을 내방해서 나눈 대화록. 주로 조선 정부에서 제시한 6칙에 관해서 논의했다. 그 중에 제 1, 2, 3항은 추후에 다시 논의하기로 합의하고 제 4, 5, 6항은 미야모토 오카즈가 자필로 동의 각서를 써 주는 것으로 처리되었다.

二月四日條

• 음력 초사흘 미야모토 오카즈가 신헌을 찾아와서 나눈 대화록. 수신사 파견 문제, 상평전 사용 문제, 새로 설치할 공관에서의 자유 통행 구역의 범위 등에 관해 논의했다.

이외에도 모리야마 시게루를 비롯한 일본군 20여 명이 구로다가 상륙하기 전에 사전 준비를 한다는 명목으로 강화부성에 무단 진입하자 당시 강화유수였던 조병식趙秉式이 공무를 폐한 후에 올린 상소문(正月十二日條)과 2차 상소문(正月十五日條), 그리고 협상을 전담하라는 명령이 내리자 이를 철회해 줄 것을 요청한 신헌의 상소문(正月二十八日條) 등은 그 개략만이 기록된 국고문헌과 달리 전문이 수록되어 있어서 당시의 정황과 당사자들의 생각을 구체적으로 파악하는데 도움이 된다. 뿐만 아니라 국고문헌에 수록된 관련기사들은 대부분 단편적인 문서 형태로 존재하기 때문에 그 전후 문맥을 파악하기가 쉽지 않다. 실제로 번역에 참고하기 위해 기존 연구를 검토하는 과정에서 일부 문서에 대한 오독이 있었음을 확인할 수 있었다. 《심행일기》는 이러한 오류를 바로잡는 데도 크게 기여할 것으로 생각된다.

부록과 수록 사진에 대해서

이 책은 《심행일기》의 원문과 번역문 외에 관련 자료를 번역, 수록해서 독자의 이해를 돕고자 했다. 그 간략한 내용을 소개하면 다음과 같다.

부록 1의 〈심행잡기心行雜記〉는 강화도조약 체결 당시 신헌을 수행했던 추금秋琴 강위姜瑋(1820~1884)가 조약이 체결된 후 서울에 올라와서 그 경과를 정리한 글이다. 널리 알려진 바와 같이 강위는 창강 김택영, 매천 황현과 함께 조선 근세의 3대 시인으로 꼽히는 문인이자, 1870년대 이후 여러 차례의 연행燕行과 일본행을 통해 급변하는 동아시아 정세를 목도하고 초기 개화파 형성에 지도적 역할을 한 선구적인 개화사상가였다. 본문에서 볼 수 있듯이, 원래 강위는 조약 체결의 전 과정을 기록으로 남겨야겠다는 뚜렷한 목적의식을 가지고 관련 사료를 수집했던 것으로 보이나 유감스럽게도 서울에 돌아온 뒤에 그 사료들을 분실했기 때문에 기억에 의거하여 조약 체결 과정의 주안점을 서술했다. 그 글이 바로 〈심행잡기〉로서 현재는 강위의 증손인 강범식姜範植이 필사한 《고환당수초古歡堂收草》(서울대학교 규장각 소장)본에서 전해지고 있다.

〈심행잡기〉는 관변 기록에서 찾아 볼 수 없는 조약 실무자의 생생한 체험과 진솔한 소회를 담고 있다는 점에서 매우 큰 사료적 가치를 가진다. 강위 또한 이 글을 자신의 대표작으로 생각해서 외국에 나갈 때마다 가지고 다니면서 지우知友들에게 보여주었던 것 같다. 중국 상해의 고위 관리였던 소우렴邵友濂과 같은 인물은 강위의 〈원유초遠游草〉에 붙인 서문에서 "그러나 〈심행잡기〉와 같은 저작을 보면 확고하게 견지가 있어서 옛 법도만을 고집하지 않았으니, 속담에 이르길 '시무時務를 아는 자는 준걸 가운데 있다' 고 한 말이 어찌 사실이 아니겠는가?"[10]라는 평을 남긴 바 있다.

부록 2-1의 〈선고 판중추부사 부군 행장先考判中樞府事府君行狀〉과 〈보국숭록대부 판중추부사 신공 시장輔國崇祿大夫判中樞府事申公諡狀〉은 국립중앙도서관에 소장된 《강화조약 관계자료江華條約關係資料》라는 표제가 붙은 책에서 발췌한 것이다. 표지 안쪽에 경성부 누하동樓下洞의 류병정柳秉禎이라는 인물이 소장하던 〈답문초答問抄〉라는 자료를 쇼와 8년(1933) 11월 10일에 신현익申絃翼이 등사했다는 기록이 있는데, 여기에 수록된 내용은 거개가 《심행일기》에 있는 것들이다. 다만 그 가운데서 신헌의 장남 신정희申正熙가 쓴 신헌의 행장行狀과 대한제국에서 의정議政 등을 역임한 윤용선尹容善이 쓴 시장諡狀을 발견해서 이 책에 옮겼으니 신헌의 생애에 관해 관심이 있는 독자들은 참고하기 바란다.

〈구로다 키요타카黑田淸隆의 《사선일기使鮮日記》에 따른 일본 변리사절단의 주요 행적〉이라는 소제가 붙은 부록 3은 제목 그대로 구로다 키요타카가 남긴 《사선일기》를 토대로 일본 변리사절단의 주요 행적을 일자 별로 정리한 것이다. 《심행일기》가 조선의 접견 대관 신헌이 강화도조약의 경과를 기록한 글이었다면, 《사선일기》는 반대로 일본 측 변리대신 구로다 키요타카가 자신의 시각에서 일본어로 강화도조약의 경과를 기록한 글이다. 《사선일기》는 1875년 12월 9일 특명전권변리대신으로 임명된 이후부터 강화도조약을 체결하고 귀국하여 복명復命한 1876년 3월 5일까지의 행적과 협상 과정을 다루고 있다. 따라서 《사

---

10 "然觀心行雜記著作 確有見地 不主故常 語曰 識時務者 在於俊傑 豈不諒哉", 韓國學文獻硏究所 編, 《姜瑋全集》(上), 아세아문화사, 1978. p. 363.

선일기)의 서술 관점은 《심행일기》의 그것과 정반대가 되지만, 여기서는 굳이 의역하지 않고 원문의 느낌을 그대로 살려서 옮겼다. 《심행일기》와 부록 3의 내용을 일자 별로 비교함으로써 독자들은 조약 체결을 전후한 약 3개월 동안의 사건 진행의 추이를 보다 상세하게 파악할 수 있을 것이다. 또한 동일 사건에 대한 조선과 일본 양국 간 기록의 차이에 관심이 있는 독자들을 위해 각 사건 별로 《심행일기》와 《대일본외교문서》의 관련 기사 소재를 함께 표시했다.

마지막 부록 4에서는 강화도에서의 협상이 한창 진행 중이던 와중에 그 대처 방안과 관련해서 대원군이 조정 대신들에게 보낸 서한인 〈정월 18일 운현서正月十八日 雲峴書〉, 동래 왜관의 유래 및 연혁을 기록한 순암順菴 안정복安鼎福의 〈왜관시말倭館始末〉, 1875년 12월 19일 당시 동래 왜관에 파견된 일본 외무성 이사관 히로츠 히로노부가 구로다의 강화도 파견과 그 목적을 훈도 현석운에게 통보한 〈히로츠 히로노부의 구진서口陳書와 별함別函〉, 그리고 세계 문제에 관한 대원군과 박규수의 견해를 비교할 수 있는 〈대원위록기大院位錄記〉와 〈답상대원군서答上大院君書〉를 번역해서 수록했다.

이 책에 수록된 사진들은 구로다 변리사절단의 일원으로 참여했던 개척사 15등 출사 가와다 키이치河田紀一가 당시 직접 촬영한 것들이다. 오다 세이고小田省吾의 논문 〈강화조약 체결 당시의 사진과 유적에 대해서江華條約締結當時の寫眞と遺跡に就て〉에 이 사진들의 유래가 기록되어 있는데,[11] 여기에 따르면 이 사진첩은 구로다의 수행원 31인 중 한 사람이었던 나카노 쿄타로中野許太郎 외무 6등 서기의 부산 집에서 가

---

11 小田省吾, 〈江華條約締結當時の寫眞と遺跡に就て〉, 靑丘學會, 《靑丘學叢》第四號, 1931년 5월.

보로 전승되던 것을 그가 발견했다고 한다. 이 사진들을 통해서 우리는 부산항에 정박한 일본 사절선단使節船團의 모습을 비롯해서 구로다가 강화부에 상륙할 때 통과했던 진해문鎭海門, 일본 사절단의 거처로 사용되었던 중영中營, 협상의 주된 장소로 사용된 열무당閱武堂 등 현재는 그 흔적이 대부분 소실된 역사적 장소들의 원형을 확인할 수 있다. 뿐만 아니라 이 사진들은 근대 사진술로 조선의 풍경을 촬영한 최초의 사례에 속하기 때문에 사진사적으로도 큰 의의를 가진다. 현재 서울대학교 규장각에 〈강화도조약 체결시 조선 정경 및 수신사 사진江華島條約締結時朝鮮情景及修信使寫眞〉이라는 제목으로 이 사진첩의 마이크로 필름이 소장되어 있다. 가와다 키이치는 《심행일기》(正月三十日條)에서 미야모토 오카즈가 신헌에게 사진 촬영을 권유하면서 보내주겠다고 한 '사진의 묘수妙手'와 동일 인물이다.

이 책이 출간되기까지 많은 선생님들의 사은을 입었다. 그분들께 간략하게나마 감사의 말씀을 적는 것으로 최소한의 도리를 다하려고 했지만 졸렬한 이 번역서에 선생님들의 존함을 언급하는 것이 오히려 그 학덕學德에 누가 될까 저어하여 추후에 직접 인사를 올리고 부족한 부분에 대한 편달을 받고자 한다. 다만 김용구 한림과학원장님에 대한 감사와 존경의 말씀만큼은 이 자리에서 드리지 않을 수가 없다. 원래는 개인적인 연구 목적으로 번역했던 《심행일기》의 초고를 읽어주시고 출간을 적극 권유해주셨으며, 작업 진행 과정에서도 역자의 부족한 지식을 염려하시어 손수 검토를 해 주셨다. 또 마지막에는 옥고玉稿를 보내주셔서 이 책이 분에 넘치는 영광을 얻게 해주셨으니 그 은혜는 이루 다 표현할 길이 없다. 대학 시절부터 역자를 지도해주신 선생님의 믿음과 가르침에 부응하는 결과물을 내지 못한 것이 못내 송구스러울 따름이다. 나의 한문은 전적으로 민족문화추진회(현 한국고전번역원)에서 수학한 결과이다. 그 곳에서 은산隱山 정태현鄭太鉉, 한송寒松 성백효成百曉 교수님 등 국내 한학의 명맥을 잇는 대가들을 사사師事할 수 있는 기회를 얻은 것은 다시 없을 영광이자 기쁨이었다. 물론 나와 같은 사람은 타고난 재주가 부족해서 항상 말석만을 지키고 있을 뿐이었지만, 그분들의 말씀을 듣는 것만으로도 날마다 새로운 성취를 이룰 수가 있었다. 이 책의 번역에서 조금이나마 취할 것이 있다면 그것은 오직 선생님들의 덕분이며, 그 외의 모든 오역과 오류는 전적으로 나의 책임임을 분명히 하고자 한다. 마지막으로 이 책의 출간이 지도교수 최정운 교수님의 은혜에 조금이나마 보답할 수 있는 계기가 되었으면 한다. 나의 학업이 시작된 계기가 온전히 선생님께 있었던 만큼, 언젠가 나의 학업이 끝나는 날에 지금 선생님의 지성과 인품의 흔적이 내게도 남아있기를 간절히 바란다.

  사체四體를 게을리 해서 부모의 봉양을 돌보지 않았으니 세상에 이보다 더 큰 불효가 없다. 오랫동안 병상에서 투병 중이신 아버지와 세상에서 가장 선한 미소로 큰아들의 첫 책 출간을 격려해주실 어머니께 이 책을 바친다.

2010년 7월 역자 김종학

⊙ 강화도조약 체결 당시 강화도 근방의 주요 지명

풍덕

임진강

강녕포
조강
월곶진 ●
교하
강화부성 ●
문수산성
갑곶진 ●
한강
용진진 ●
덕포진 ●
통진
광성보 ●
손돌목
덕진진 ●
● 적암포
초지진 ●
김포
양화진
● 항산도
양천
부평

● 작약도
영종진 ●
● 제물포
월미도 ●
● 팔미도
인천

⊙ 강화도조약 체결 과정의 주요사건 일지

일자	음력일	주요사건	
		조선	일본
1875. 12.9	乙亥 十一月十二日		· 구로다 키요타카를 강화도에 파견할 특명전권변리대신으로 임명
12.19	十一月二十二日		· 동래 왜관에서 히로츠 히로노부가 훈도 현석운에게 구진서와 별함을 전달하여 구로다의 파견 계획 통보
12.27	十一月三十日		· 이노우에 카오루를 특명부전권변리대신으로 임명
1876. 1.16	十二月二十日		· 본함 1척, 군함 2척, 수송선 3척 등 총 6척으로 구성된 사절선단이 부산항에 입항
1.17	十二月二十一日		· 6척의 선박 중 닛신, 모슌, 하코다테, 쿄류 등 4척이 강화도를 향해 출항. 출항 전 부산 앞바다에서 대포 10여 발씩을 발포하여 공포 분위기 조성
1.18	十二月二十二日		· 다카오마루가 강화도를 향해 출항
1.23	十二月二十七日		· 구로다가 승선한 본함 겐부마루가 강화도를 향해 출항
1.25	十二月二十九日		· 남양부 풍도楓島[ホルネル] 앞바다에서 6척의 사절선단 회합
1.30	丙子 正月五日	· 판중추부사 신헌을 접견 대관, 도총부 부총관 윤자승을 접견 부관으로 임명	
2.1	正月七日	· 접견단 강화부에 입성	
2.3	正月九日	· 일본 변리사절단을 강화부에서 접견하지 말고 통진, 남양, 인천 사이에 그 선박이 정박한 곳에서 접견하라는 영의정 이최응의 서한을 받고 인천으로 향하기로 결정	

양력	음력		
2.4	正月十日	· 진시辰時 경에 출발해서 통진부까지 내려갔다가 그 사이 일본 사절선단이 강화해협 어귀의 항산도까지 북상했다는 보고를 받고 다시 강화도로 돌아가기로 결정	
2.5	正月十一日	· 모리야마 시게루, 야스다 사다노리, 우라세 유타카 등이 대관의 응접절차 및 호위 군대의 상륙 및 거처 문제를 협의한다는 명목으로 병사 20여 명을 거느리고 강화부에 무단 진입해서 유수 조병식과 면담함. 이에 조병식은 방수防守를 다하지 못했다는 이유로 스스로 공무를 폐하고 사처로 물러남 · 접견단 강화부에 입성 · 부관 윤자승이 모리야마 시게루를 만나 회견 절차 및 일본 병사의 거처 문제 등을 협의함	
2.8	正月十四日		· 군대 120명이 총, 칼로 무장하고 강화부에 입성
2.9	正月十五日		· 군대 100여 명이 총, 칼로 무장하고 강화부에 입성. 대포, 연환鉛丸, 화약 등을 수송해 옴
2.10	正月十六日	· 구로다 키요타카, 이노우에 카오루 등이 수행원 및 군대를 거느리고 강화부에 입성. 조선 측에서 중영中營에 마련해 둔 숙소에 도착한 다음에 신헌의 거처를 내방하여 접견례를 행함. 구로다 일행이 숙소로 돌아간 후에 바로 신헌과 수행 원 약간 명이 중영을 방문하여 회사回謝함	
2.11	正月十七日	· 서문 내 연무당鍊武堂에서 제 1차 회담 진행	
2.12	正月十八日	· 진무영鎭撫營 집사청執事廳에서 제 2차 회담 진행	
2.13	正月十九日	· 진무영 집사청에서 제 3차 회담 진행 · 일본 측에서 제시한 조일수호조규 초안을 필사해서 조정에 올림	
2.14	正月二十日	· 일본의 조약 체결 요구에 대한 대처방안을 논의하기 위해 시원임대신이 참석한 어전 회의 진행	
2.16	正月二十二日	· 조약문에 조약 체결 주체를 명시함에 있어 천황, 국왕 등 양국 군주의 위호位號를	

일자	음력일	주요사건	
		조선	일본
2.16	正月二十二日	쓰는 것을 지양하고 국호만을 쓰는 것으로 협상하라는 의정부 관문關文이 내려옴	
2.19	正月二十五日	· 미야모토 오카즈, 노무라 야스시, 우라세 유타카 등이 문병을 명목으로 신헌의 처소를 방문해서 조약안의 문안 및 조관별 세부 사항에 관해 협상	
2.20	正月二十六日	· 서계 문제 등에 관한 조선 정부의 공식 입장이 담긴 조회문이 내려와서 구로다 키요타카에게 전달되었으나, 일본 측에서는 사사辭辭로서의 실제가 없다는 이유로 접수를 거부하고 익일인 21일에 이를 돌려보냄 · 조약 비준서에 조선 국왕의 서명, 혹은 어명御名이 포함된 옥새를 검인하는 문제를 두고 일본 측에서 대관 접견을 요청. 집사청에서 신헌, 윤자승, 구로다 키요타카, 이노우에 카오루 등이 만나서 협상했으나 끝내 타협에 이르지 못하자 구로다 키요타카가 협상의 최종 결렬을 선언하고 일방적으로 귀국을 통보함	
2.21	正月二十七日	· 미야모토 오카즈, 노무라 야스시, 모리야마 시게루, 스즈키 다이스케, 우라세 유타카가 신헌을 방문 · 신헌, 우라세의 말에 따라 구로다의 귀국을 만류하는 서한을 써서 전달	
2.22	正月二十八日	· 신헌, 윤자승 등이 구로다 키요타카를 찾아가서 떠나지 말 것을 청함. 이에 구로다는 자신은 항산도에 정박해 놓은 선박에서 앞으로 5일 간만 더 기다릴 것이며, 미야모토 오카즈, 노무라 야스시 등을 잔류시킬 것이니 그들과 협상을 진행하라고 답변한 후 항산도에 정박해 둔 선박으로 떠나버림. 부대신 이노우에 카오루가 비밀리에 강화부에 잔류하여 협상을 지휘 · 조정의 조속한 재결을 받기 위해서 오경석, 현석운을 상경시킴 · 의정부에서 조약 원안을 조관별로 검토하고 여섯 가지 추가 요구사항을 지시한 관문 하달	
2.24	正月三十日	· 미야모토 오카즈가 신헌의 처소를 내방하여 접견함 · 조선 정부에서 하달한 여섯 가지 추가 요구사항 중 일부 조항에 대해 미야모토 오카즈가 자필로 각서[左契文字]를 써 주기로 약속함	
2.25	二月一日	· 정부에서 비준 2책, 조약 2책, 서사敍事 [구로다에게 보내는 조회문] 1책이 내려옴	

2.26	二月二日	· 현석운이 미야모토 오카즈를 방문해서 약속한 각서를 받아옴	· 구로다 키요타카가 선박에서 나와 다시 강화부에 입성
2.27	二月三日	· 연무당에서 강화도조약 체결 · 조약 문서에 검인한 후 상호 교환. 조선 측에서 국왕 비준서 및 의정부 조회문 전달	
			· 연향을 마친 후 구로다 키요타카, 이노우에 카오루 등은 강화부성 내 주둔하던 일본군 200여 명을 인솔해서 선박으로 복귀하고, 미야모토 오카즈, 노무라 야스시, 스즈키 다이스케 등을 잔류시켜 뒷일을 수습하게 함
2.28	二月四日		· 잔류인원 출성
2.29	二月五日	· 접견단이 강화도를 떠나 서울에 복귀	
3.1	二月六日	· 신헌, 윤자승 어전 복명	
3.4	二月九日		· 사절선단 도쿄 입항
3.5	二月十日		· 구로다 키요타카, 이노우에 카오루 어전 복명

* 이 표는 일본 메이지 정부에서 구로다 키요타카黑田淸隆를 강화도에 파견할 특명전권변리대신으로 임명한 1875년 12월 9일부터 강화도조약이 체결되기까지의 주요사건을 일자별로 정리한 것으로 본서에 수록된 내용을 기초로 하여 작성되었다.

** 《심행일기沁行日記》의 내용을 위주로 하고 《사선일기使鮮日記》를 비롯한 일본 측 기록을 참조하되, 동일한 사건에 대해 양자 간 기록이 상이하게 나타나는 경우엔 전자의 기록을 우선시했다.

大官判中樞府事	申櫶
副官都摠府副摠管	尹滋承
從事官弘文館副校理	洪大重
軍官龍驤衛副司果	徐贊輔
五衛將	金弘臣
差備官主簿	玄濟舜
訓導	玄昔運
知事	吳慶錫
知事	李熙聞
僉正	李應俊
中樞府錄事	高濟說
	高濟信
御營廳執事崇政	金宜植
嘉善	金正俊
前僉使	朴泰益
	朴鏜永
出身	梁柱夏
	金祥鉉
書吏	崔東寀
	林錫弼
	安中璟
書寫書吏	金尚沃
戶曹書吏	壁世煥
都摠府書吏	
畿營營吏	卜容善
藥房書員	卜景萬
三軍府權頭	崔景學
金壽命	
奴胤根	
占孫	

大朝鮮國副官都摠府副摠管尹滋承

大朝鮮國大官判中樞府事申櫶

大日本國特命副全權辨理大臣熊本繁四郎祭

沁行日記 上

文書直二名

本營使令 五名

陪旗手 十名

牢子 三十四名

巡令手 三十五名

驅從 三名

攔後軍 十名

牙兵軍 三十八名

燈籠軍 十七名　　　卜馬軍 四名

三營帳幕軍 三十五名

本營十四名 訓局十一名 禁營十名

塘報手 二名

卜馬軍 四名

第三男龍驤衛副護軍　　樂熙

伴倘幼學　　姜瑋

前五衛將　　韓景

幼學　　李學淳

副房伴倘進士　　尹溪鎮

傔人金性俊

崔漢裕

許潤

金俊錫

騎從張萬石

柳萬吉

金聖完

洪興萬

병자년 1월 5일
양력 1876. 1. 30

병자년 정월 5일 정묘丁卯, 맑다.

의정부 초기草記에 따르면, "문정問情¹한 사연을 연이어 접수하니, 저들이 기어코 우리나라 대관을 만나려 한다고 합니다.² 유원柔遠³의 의리에 있어 저들의 소원대로 한 번 접견해서 대화하는 것이 아마도 윤당할까 합니다. 판부사判府事 신헌申櫶을 하직下直은 제除하고 보내되접견 장소는 시의에 따라 편하게 정하는 것이 어떻겠습니까?"라고 아뢰자 "윤허한다"고 전교하셨다. 다시 "접견 대관을 이미 계품啓稟해서 윤허를 받았으니 부관이 없을 수 없습니다. 부총관副摠管 윤자승尹滋承

---

¹ 문정問情: 이양선이 경내에 진입하거나 외국인이 표착했을 때 관리를 파견해서 그 사정을 청취하는 일.

² 1월 3일(양력 1월 27일)에는 남양부사 강윤姜潤이 오전 10시 30분부터 오후 2시까지 풍도楓島에 정박한 닛신日進함에 승선하여 문정했으며, 1월 4일(양력 1월 28일)에는 강화부 판관 박제근朴齊近과 경직오품관京職五品官 고영주高永周가 강화해협 남쪽 어귀의 수로를 측량 중이던 모슌孟春함에 올라 문정하였다. 당시 문정 내용이 《日省錄》과 《高宗實錄》一月四日條, 《龍湖閑錄》제 4권, pp. 335~336, pp. 348~352에 기록되어 있다. 일본 측 기록으로는 《日外》제 9권, pp. 15~17, 문서번호 4. "我ガ國艦船ノ往訪問情ノ件"을 참조하라. 문정 시에 일본 측에서는 모두 6척의 선박이 왔는데 각 선박마다 500명 안팎의 병력이 있다고 하면서 실제 병력을 과장했으며, 또 강화 남북 어귀의 수로 측량을 마친 후에 곧장 서울로 진입할 것이라고 했다. 그러므로 조선 조정에서 황급히 신헌과 윤자승을 접견 대관과 부관으로 임명해서 파견했던 것이다.

을 하직을 제하고 함께 내려 보내는 것이 어떻겠습니까?"라고 아뢰자 "윤허한다"고 전교하셨다.

관례에 따라 기백畿伯[4]이 대관을 배행陪行[5]하는 사유로 보고를 올렸지만 대관으로 자처하고 싶지 않아서 회제回題하지 않고 돌려보냈다.

•

[3] 유원柔遠: 멀리서 온 사람, 혹은 먼 나라 사람을 편안히 위무한다는 뜻이다. 《書經》 〈舜傳〉에 "멀리서 온 자를 편안히 하고 가까운 자를 길들인다[柔遠能邇]"는 구절에서 유래했다.

[4] 기백畿伯: 경기 관찰사의 별칭. 기찰畿察이라고도 한다.

[5] 배행陪行: 높은 사람을 일정한 곳까지 수행하는 일.

병자년 1월 7일
양력 1876. 2. 1

7일 기해己亥, 맑다.

먼동이 틀 때 출발했다. 통진通津 40리 지점에서 점심 식사를 했다. 지나는 길에 교위校尉를 당마소塘馬所[6]에 보내서 위문했다. 통진부사 이규원李奎遠이 손돌목[孫石項][7] 유방소留防所에서 찾아와서 하직하고 떠났다. 중도에 강화부에서 돌아오던 문정역관問情譯官 이희문李凞聞과 이응준李應俊을 만났다. 중화참中火站[8]에 들어올 것을 청해서 저들 선박의 동정에 관해 개략적으로 질문했다. 그리고 영의정께 올리는 글을 부쳤다.

●

[6] 당마塘馬: 척후 임무를 맡은 기병.

[7] 손돌목[孫石項]: 손돌목이라는 이름의 유래에 관해서 《江華府志》에 다음과 같은 기록이 있다.

"손돌이라는 것은 옛 뱃사공의 이름이다. 전설에 따르면, 고려의 왕이 몽고 군대에게 쫓겨서 이곳을 지나다가 바닷물이 굽이쳐서 앞이 가로막혀 마치 전진할 길이 없는 것처럼 보였다. 그러자 왕이 노하여 뱃사공이 자신을 속였다고 여기고는 그를 참수할 것을 명했다. 그리고 그의 시신을 해안 절벽에 매장했으니 지금 이른바 손돌 무덤이 그것이다. 매년 10월 20일이 되면 항상 거센 바람과 무서운 파도가 때맞춰 이르는데 바로 그날이 손돌이 형벌을 받은 날이라고 한다. 그 아래를 지나는 배는 그의 명복을 비는 뜻에서 반드시 술을 붓고 떠난다[孫石者 古篙師名也 相傳麗王爲蒙兵所迫 過此 海水灣洄遮隔 如無前路 王怒以爲篙師詒我 命斬之 瘞其屍於海上斷岡 今所謂孫石塚是也 每歲十月二十日 輒有颽風駭浪如期而至 盖孫石受刑之日云 舟過其下者 必瀝酒而去]."

[8] 중화참中火站: 여행 중에 중도에서 점심을 먹거나 쉬는 시간, 또는 그 장소를 말한다.

양화진楊花鎮 별장別將이 보고하기를, "금위중군禁衛中軍 신숙申橚이 본진本鎭으로 출진出陳했으며, 총융중군摠戎中軍 양주태梁柱台가 행주항幸洲項으로 출진했습니다"라고 하였다.

통진읍에서 출발해서 갑곶진甲串津을 건너 진해문鎭海門으로 들어갔다. 신시申時 경에 강화부에 도착하니 모두 20리였다. 이아貳衙[9]에 처소를 정했다. 유수留守 조병식趙秉式과 판관判官 박제근朴齊近이 찾아왔다. 이날 밤 강화부에 도착했다는 장계를 봉해서 발송했다. 가서家書를 부쳤다.

○ 장계[啓草][10]

신 등은 현재 정월 초 7일 신시申時 경에 강화부에 당도해서 그대로 머무르고 있습니다.

저들 선박이 이미 내려갔습니다. 소식을 계속 탐지하면서 일자를 약정하여 거행할 계획입니다. 이상의 연유로 치계馳啓[11]합니다.

[9] 이아貳衙: 감영 소재지의 군아郡衙를 가리킨다. 원래 종 4품 경력經歷 직의 집무처였으나 1866년(고종 3) 강화 진무영 강화책의 일환으로 경력을 판관判官으로 대체하면서 이후로는 판관의 집무처가 되었다.

[10] 계초啓草는 계본 또는 장계의 초고라는 뜻이다. 《沁行日記》에서 인용한 문서들은 대부분 啓草, 疏草, 札草 등 초고의 형태이지만 본 번역문에서는 초고라는 말을 반복해서 쓰지 않고 각각 장계, 상소, 서찰 등으로 옮기기로 한다.

[11] 치계馳啓: 파발마를 달려서 급히 보고하는 일.

○ 정부 서리胥吏의 방위사통防僞私通[12]

부산 훈도訓導[13] 현석운玄昔運, 역관 오경석吳慶錫을 차비관으로 별정해서 내려 보냈으니 그들로 하여금 거행하게 하라.

○ 영종첨사 양주성梁柱星의 보고

왜인 17명이 소선小船을 타고 월미도에 와서 정박했다가 그대로 돌아간 사유를 어제 치보馳報[14]했거니와, 구진舊鎭 요망장瞭望將[15] 강용준姜龍浚이 보고한 바에 따르면, "금일[16] 묘시卯時 경에 저들의 중선中船 두 척이 인천 제물진濟物津으로 올라왔다가 그대로 내려갔습니다. 진시辰時 경에 화륜소선火輪小船 한 척이 후미에 종선從船 세 척을 이끌고 연기를 뿜으면서 올라와 곧장 제물진으로 향했습니다. 신시申時가 되도록 아직 내려가지 않고 있습니다만 거리가 멀어서 상세히 살필 수가 없습니다. 신시 경에 저들 선박 한 척이 연흥延興 외양外洋에서 연기를 뿜으며 팔미도八尾島 내양內洋으로 올라와 저들 선박 네 척이 머

●

[12] 방위사통防僞私通: 아전 사이에 왕래하는 공문으로서 사적인 서신과 구분하기 위해 '防僞' 두 글자를 찍었다.

[13] 훈도訓導: 원래 조선시대 서울의 사부학당四部學堂과 지방의 향교에서 교육을 담당한 정, 종 9품의 교관을 가리키지만 여기서는 왜학훈도倭學訓導를 가리킨다. 중앙의 사역원司譯院에 정 9품의 왜학훈도 2명이 고정 배치되어 일본어의 통역 및 교육을 관장했으며, 이와는 별도로 부산포와 제포薺浦에 종 9품의 왜학훈도가 각 1명씩 파견되었다. 이들은 기본적인 통역 업무뿐 아니라 왜인들의 접대, 밀무역의 단속, 왜관과 동래부 사이의 연락 등 변방 정세에 관한 광범위한 업무에 관여했으며, 임기는 900일이었다. 삼포왜란(1510)을 계기로 제포가 폐쇄됨에 따라 그 후로 왜학훈도는 부산포에만 파견되었다.

[14] 치보馳報: 파발마를 달려서 급히 보고하는 일.

[15] 요망瞭望: 높은 곳에 올라가 멀리 적의 형세를 관찰하는 일.

[16] 원문에 今月로 되어 있으나, 今日의 오기인 것으로 보인다.

물고 있는 곳에 정박했습니다"라고 했습니다.

○ 훈도 현석운, 역관 오경석의 문정기問情記를 인천부사 윤협允峽이 강
　화 유수영에 보고한 것[17]

문정관들이 이번 달 5일에 연흥항延興項 내양內洋에 도착했습니다. 먼
저 삼범선三帆船이 정박한 곳으로 가서 문정을 시도하자 왜인 최조最
助[18]가 나와서 맞이했습니다. 그래서 함께 그 선박에 들어갔습니다.
먼저 힐책하며 질문했습니다.

"네가 돌아갈 때 서계書契[19]를 변통해서 사행使行을 정지시킬 별도의
계획을 깊이 강구한 바 있다고 하여 훈도가 조정으로 돌아가 아뢰기

[17] 일본 측 기록에 따르면, 이 문정問情은 1월 7일(양력1월 30일) 오전 9시 30분부터 닛
신日進함에서 이루어졌다. 오경석과 현석운은 문정을 마치고 선박 안을 구경한 후에
오후 3시 30분에 떠났다. 《大日本外交文書》 제 9권, 문서번호 6. "黑田辨理大臣一行
ノ江華府前往ニ關スル件".

[18] 최조最助의 일본 이름은 우라세 유타카浦瀬裕로 당시 외무성 4등 서기였으며, 뒤에
나오는 금조金助는 아라카와 토쿠지荒川德滋로 외무성 6등 서기였다. 김기수金綺秀
는 《日東記游》에서 이들의 인물됨에 관해 다음과 같이 묘사했다.
"아라카와 토쿠지는 옛 이름이 금조이다. 전어관으로서 지금은 외무성 서기를 맡고
있다. 나이가 40에 가까우며 키가 크고 장대하다. 우리말을 잘하는데 말의 억양이
마치 우리나라 영남인과 유사하다. 호사가이며 사단을 만드는 것을 좋아한다. 음주
후엔 망령된 말을 거침없이 한다고 하지만, 정색을 하고 대하면 또한 일개 온화하고
신중한 자이다. …… 우라세 유타카 또한 전어관으로 외무성 서기직을 맡고 있다. 관
위가 아라카와의 위로서 옛 이름을 최조라고 했던 자이다. 두 사람이 초량草梁에 오
래 머무르다가 또한 함께 강화도로 왔다. 금조는 성격이 음험, 간사하며, 최조는 평
탄[坦夷]하다고 했는데 만나보니 과연 그러했다. 나이는 50여 세이며, 머리에 북상투
를 틀고 얼굴을 드러내니 마치 궁벽하고 빈한한 생원같았다. 그러나 몸가짐이 조심
스럽고 근신해서 함께 이야기를 나누거나 일을 맡을 만했다." 《日東記游》〈結識〉,
국사편찬위원회, 1955.

까지 했다. 그런데 지금 사선使船이 여기까지 왔으니 어찌 그리도 신의가 없는가?"

"제가 간사幹事 임무를 맡아서 몇년 간 노력한 끝에 갑자기 양국의 안위가 걸린 때를 만나 차마 손을 놓고 좌시할 수 없었습니다. 그래서 의론을 올리고 요행을 바란 것이 있었습니다만, 대마도[馬州]에 도착하자마자 사선이 바로 도착해 버렸으니 때가 이미 늦어서 계책을 시행할 여지가 없었습니다. 그러므로 간간이 쓰미나가住永[20]에게 전서專書[21]를 보내서 훈도에게 전달하게 했던 것입니다. 부디 참작해서 양해하십시오. 그것이 어찌 금일 빌미로 삼을 만한 말이겠습니까?"

서로 힐난하고 있는데 왜인 한 명이 들어올 것을 청했습니다. 그래서 그를 따라서 어떤 곳에 들어가니 외무성 대승大丞 미야모토 오카즈宮本小一와 권대승權大丞 모리야마 시게루森山茂가 나와서 맞이하며 말했습니다.

"우리나라에서 전권대신을 파견하는 한 가지 사안은 이미 부산에 있는 우리 관리가 두 차례 통지한 적이 있다. 그런데 지금 또 공들을 보게 되었으니, 통보하자면 우리 대신께서는 먼저 병선 두 척을 보내서 강화 앞강의 남과 북 두 어귀로부터 여러 군함들이 편하게 진입할 수 있는 항로를 선택하시려고 이곳에서 잠시 머무르는 것이며, 수심을 측량하는 두 선박의 회보回報를 기다렸다가 곧장 강화성으로 들어가실 예정이다. 우리 두 사람은 즉시 유수와 면담한 다음에 대신을 모

---

19 서계書契: 전통적 교린체제 하에서 조선과 일본 및 대마도 사이에 왕래한 공식 문서의 일종이다. 자세한 설명은 본서의 해제를 참고하라.

20 쓰미나가住永: 《使鮮日記》 등에 기록된 바에 따르면, 당시 동래 왜관에 파견되었던 일본 외무성 7등 서기 쓰미나가 타츠야스住永辰安를 가리키는 것으로 보인다.

21 전서專書: 특별히 사람을 시켜서 보내는 편지.

시고 바로 서울로 들어갈 것이다."

"히로츠 히로노부廣津弘信가 돌아갈 때 사행使行을 정지시킬 방안을 별도로 강구하겠다고 했다. 그런데 어째서 말을 실천하지 않고 온 것인가?"

"출사出使한 작은 관리가 어떻게 나라의 대사를 마음대로 하겠는가? 그것은 우리가 변설辨說할 일이 아니다."

"강화는 곧 우리나라의 해문海門[22]으로서 중요한 지역이니 어떻게 타국인을 어려움 없이 성에 들여보내어 수신守臣과 면담하게 하겠는가? 하물며 서울로 바로 들어간다는 말은 사체事體에 맞지 않는다. 귀국이 이처럼 무례하게 군다면 우리나라의 방어가 더욱 엄해질 것이니 또한 어찌 마음대로 진입할 수 있겠는가?"

"이는 우리가 공들과 말할 수 있는 바가 아니니, 반드시 돌아가서 이러한 뜻을 귀 조정에 고하라."

"우리가 이미 명을 받아 여기에 왔으니, 구로다黑田를 만나서 그 진의를 상세히 탐색한 후에 우리 조정에 돌아가 아뢰겠다."

"우리 대신께서는 일등대신一等大臣이신데 어떻게 공들과 면담하실 수 있겠는가?"

"지금 온 선박이 모두 몇 척인가?"

"지금 온 것이 여섯 척이며, 또 앞으로 따라오는 선박이 있을 것이다. 그러나 우리도 아직 상세히 알지 못한다."

이 말을 듣고 깜짝 놀랐습니다. 다시 변언辯言을 하려고 하자 저 쪽에서 말했습니다.

"공 등에게는 천만 마디 말을 하더라도 추호도 이익이 없으며, 또 우리도 공 등과 더 이상 문답을 할 수 없다."

---

[22] 해문海門: 육지 사이에 끼어 있는 좁은 바다.

병자년 1월 8일
양력 1876. 2. 2

저쪽 대신을 접견할 때 문답한 일에 관해서 서울 내 각처에 글을 보내서 질의하고, 아울러 별록別錄을 보았다. 당마 편에 영의정께서 내리신 서한을 받아 보았는데 순영巡營에 보고된 인천부사의 문정기問情記가 들어 있었다.

○ 인천부사가 기록해서 순영에 보고한 문정기[23]

이번 달 7일 새벽에 왜인 15명이 종선從船 두 척을 타고 와서 다시 제물진에 정박한 후에 급수汲水[24]했습니다. 그 가운데 우리말을 할 수 있는 자 하나가 인솔해서 왔다고 했습니다. 그래서 하관下官[25]이 미복微服[26]을 하고 홀로 잠행해서 찾아보았습니다. 저들과 대화를 나눠 보니 그 허실을 터득할 수는 없었지만 개중에 자못 채집할 만한 것이 있었기에 그 문답을 기록해서 올립니다. 경내의 각처에서 저들이 빈번하게 급수해서 왕래가 일정치 않으니, 만약 별다른 곡절이 없는데

---

[23] 《大日本外交文書》에는 이 문답이 별도로 수록되어 있지 않으며, 구로다 키요타카의 《使鮮日記》 2월 1일 조에만 간략하게 기록되어 있다.

[24] 급수汲水: 물을 길음.

[25] 하관下官: 하급 관리라는 뜻으로 여기서는 인천부사가 자신을 겸칭하는 말로 쓰였다.

[26] 미복微服: 적의 정세를 염탐하거나 물정을 탐지할 때 신분을 감추기 위해서 평상복을 입는 것을 말한다.

도 매번 장계를 올린다면 도리어 번잡할 것입니다. 그러므로 급수 이래로 장계를 올리지 않았던 것이니 이를 통촉하십시오. 널리 의논하신 후에 하시下示하시기를 삼가 바라옵니다.

하관이 인사를 한 다음에 그 성명을 물어보았습니다. 그리고 그 의복을 당기면서 말했습니다.

"이것은 귀국의 의복과 다른 듯하다. 서양인의 것이 아닌가?"

"무진년戊辰(1868) 이후 우리 황제께서 국제國制를 전부 변혁하셔서 모두 이러한 의복을 입습니다."

"우리와 귀국은 외견상 차이가 없는데 지금 이 옷을 보니 내가 도리어 수치스럽다."

그러자 그가 얼굴을 붉히며 크게 부끄러워하는 기색이 있었습니다. 그리고 억지로 답했습니다.

"이것이 미상불 옛 제도입니다."

"귀국 사람들이 모두 하나같이 기꺼이 이렇게 입는가?"

"우리 황제의 명령을 따르지 않을 수 없습니다. 그러나 에도江戶부터 도호쿠東北 사이에 간혹 화합하지 않는 자들이 아직도 많습니다."

"금번 이 일에 별도로 의도가 있는가?"

그러자 저쪽에서 저의 성명을 묻고 자기의 책에 기록한 후 답변했습니다.

"대인께서 미복 차림으로 여기까지 오셔서 솔직하게 질문하시니 제가 어찌 들은 바에 따라 대략이나마 말씀드리지 않을 수 있겠습니까? 저는 대마도 인으로 구로다의 배에서 수군水軍의 작은 직책을 주선하고 있었습니다. 그런데 이번에 급수하러 올 때 군인들이 귀국 경내에 들어와 혹시나 소란이 생기지 않을까 우려했습니다. 그러므로 대신께서 저에게 단속할 것을 명하셔서 오게 된 것입니다. 이번 일에서 우리 대신의 주된 의도는 알지 못하지만, 대략적으로는 사실 악의가 없으며 다만 귀국 대신과 직접 대면해서 조약을 맺기를 원할 뿐입니다. 대체로 우리나라의 공론이, '일본이 귀국 및 중국과 서동문書同文[27]의 사이였는데 최근에 일본이 서양인들에게 곤경을 당하여 스스로 세력을 떨치지 못하게 되었으니, 장차 삼국이 합의合議해서 기회를 틈타 서양인을 몰아내야 한다. 그러기 위해서는 먼저 서계로 길을 연 후에 기계器械와 기용技用을 서로 강습講習해야 한다'고 했으니 이것이 서로 돕고자 한 본래 뜻이었습니다. 만약 무진 초년에 귀국에서 순순히 들었더라면 다만 동래東萊에서 약조가 이뤄질 수 있었을 것이니, 지금 이러한 일에까지 이르지 않았을 것입니다. 이는 실로 우리나라가 존귀함을 자칭했기 때문이 아니라 귀국에서 지나치게 고집했기 때문입니다. 우리가 어찌 서양인을 위해서 그렇게 했겠습니까? 우리나라에서는 귀국의 서계 거절에 분개해서 이번의 사행使行을 갖지 않을 수 없었던 것입니다."

"서양인은 설령 물만 긷더라도 우리가 마땅히 병기를 들고 임할 것이니 어찌 미복을 하고 와서 만나보겠는가? 우리는 거리를 두지 않는데 너의 말에는 자못 미진한 바가 있으니 통탄스럽다."

"대인께서는 얼마나 인천을 다스리셨습니까?"

"막 한 달이 지났다."

그러자 그가 웃으면서 말했습니다.

"귀 조정에서 지나치게 우려하기 때문에 이렇게 거창하게 생각하지

---

[27] 서동문書同文: 《禮記》, 《中庸》의 "지금 천하가 수레는 바퀴의 폭이 같고 글은 문자가 같다今天下 車同軌 書同文"라고 한 데서 유래한 말로 문물제도가 통일되었음을 뜻한다.

만, 두 대신이 직접 만나면 한 마디 말로 해결될 문제에 불과합니다. 조금도 악의가 없음은 제가 비록 비천한 반열에 있지만 하늘을 두고 맹세하는 바입니다."

"그렇다면 언제 배를 움직일 것인가?"

"상류의 배는 어제 내려왔으며 서로西路의 선박 한 척은 금명간 들어올 것이니 그 후에 강화로 향할 것입니다."[28]

"수정水政은 마땅히 뭍에서 구해야 하지만, 귀 선원들이 상륙할 때마다 우리 경내에서 크게 의심하고 괴이하게 여긴다. 그래서 내가 매번 우려하지 말라고 지시하고 있다."

"우리 대신께서 이미 주의할 것을 신칙하셨습니다. 어제와 오늘 이틀 간에 과연 한 명의 군사라도 인가에 들어간 일이 있었습니까? 대인의 뜻을 돌아가서 구로다에게 고하겠습니다. 모든 식량과 비축물에 있어서는 각 선박마다 4개월분의 물자를 갖추고 있으니 조금도 귀국에 폐를 끼치지 않을 것입니다."

황급한 문답이 대개 이와 같았습니다. 그 말은 비록 반 푼도 준신準信할 수 없지만 이미 문답을 했기 때문에 기록해서 올립니다.

● 저들이 써준 종이[紙本]봉해서 올림

우라세 유타카浦瀬裕문답한 저쪽 인물의 성명

무츠히토睦仁왜황倭皇의 이름. 저들이 말하길 성은 원래 쓰지 않는다고 함

[28] 구로다는 강화부로 진입하기 전에 먼저 모슌孟春함과 쿄류마루蛟龍丸함을 각각 강화 해협의 남쪽어귀와 북쪽어귀로 보내어 해로를 탐측했다. 모슌은 문정이 이뤄지기 하루 전인 1월 6일에 복귀했으며, 쿄류마루는 당일 오후 3시에 복귀했다. 자세한 내용은 부록을 참조하라.

스물서넛 사이二十三四間 ^{왜황의 연세}

태정대신 산죠 사네토미太政大臣 三條實美 ^{왜국의 재상}

○ 영종첨사의 보고

월미도 존위尊位[29] 김의중金義重이 다음과 같이 보고했습니다.
"저들의 소선小船 네 척이 어제 술시戌時 경에 제물진에서 내려갔으
나, 역풍 때문에 나루를 건널 방법이 없어서 이제야 겨우 와서 아룁
니다. 금일 묘시卯時 경에 저들의 소선 두 척이 제물진에 와서 정박한
후에 급수하고 떠났습니다. 그리고 진시辰時 경에 저들의 화륜소선火
輪小船 한 척이 소정小艇 한 척을 거느리고 와서 월미도에 정박했습니
다. 16명이 상륙해서 물을 긷는다고 하기에 손으로 우물을 가리켜주
자 건수乾水[30]라고 했습니다. 그리고는 제물진으로 가서 높은 곳에
올라가 멀리 관측한 후에 바로 돌아갔습니다. 신시申時 경에 저들의
소선 두 척이 다시 제물진으로 올라왔습니다. 저들 선박의 왕래를 즉
시 와서 아뢰어야 하나 그 오가는 것이 연속하여 끊이지 않았을 뿐만
아니라 날이 저물어서 상세히 살필 수 없었습니다."

부산 훈도 현석운, 역관 오경석이 내려와서 대원군[雲峴]이 내리신
글을 직접 전해주었다.[31] 즉시 가서 문정하겠다는 뜻을 초지진에 전
했다.

---

[29] 존위尊位: 한 마을의 존장尊長.

[30] 건수乾水: 수맥에 닿지 않아 평시에는 가물다가 우기에만 솟아나는 물.

[31] 이날 신헌에게 내려온 대원군 서한의 내용은 확인할 수 없으나, 그가 1월 18일에 조
정의 대신들에게 보낸 서한의 내용과 크게 다르지 않았을 것으로 생각된다. 그 서한
의 내용은 부록 4. 〈正月十八日 雲峴書〉를 참조하라.

초 9일 신축辛丑, 맑다.

계속 강화에 머물렀다. 당마 편에 가서家書를 보았다. 청영도임계靑營到任啓[32·33] 편에 부임한 병영의 안신安信을 받고 매우 기뻤다.[34] 박 정승[閣丈][35]께서 내리신 서한을 받아 보았다. 송도松都 유수 한돈원韓敦源이 친막親幙[36] 이 사과[37]李司果를 보내서 안부를 물었다.

영의정께서 오시午時에 보내신 글을 포시哺時[38]에 받아보니 저들과의 접견 장소를 절대 초지草芝로 정해서는 안 되며 통진, 인천, 남양의 세 읍 사이에 저들의 선박이 정박한 곳으로 이동해서 접견하는 것이 좋겠다는 분부가 있었다. 그래서 막 주저하고 있던 차에 다시 해시亥時 경

●

[32] 청영靑營: 함경도 북청北靑에 설치한 남병영南兵營의 별칭.

[33] 도임到任: 지방관이 임지에 부임함.

[34] 신헌의 장자 신정희申正熙가 한 해 전 11월 15일에 함경남도 병마절도사에 제수되어 청영에 부임하였다. 그러므로 이와 같이 쓴 것이다.

[35] 합장閣丈: 閣은 閣下의 뜻으로 정 1품 정승을 높여서 부르는 호칭이다.

[36] 친막親幙: 지방 군정관서에서 문안文案이나 형명刑名 등의 사무 처리를 돕고 계책을 작성하는 일에 참여하는 막료.

[37] 사과司果: 오위五衛에 부속된 정 6품의 군직으로 현직에 있지 않은 문무관文武官 및 음관蔭官 중에서 선출했다.

[38] 포시哺時: 신시申時, 즉 오후 3시에서 5시 사이.

에 당마 편으로 영의정의 서한이 도착했는데 재차 저들의 접견과 관련해서 말씀하시는 바가 있었다. 또 이조판서가 강화 유수영에 보낸 답서를 보니 난처한 사단이 있었다. 그래서 즉시 다음날 인천을 향해 출발하겠다는 내용으로 영의정께 답장을 쓰고 이조판서께도 서한을 썼다. 이어서 새벽에 출발한다는 군령을 내리고 출발 장계를 봉해서 발송했다.

○ 장계

신 등이 현재 정월 7일 신시申時 경에 강화부에 도착한 후 그대로 머무르겠다는 뜻을 전에 치계하였거니와, 저들 선박의 소식을 연이어 탐지하니 팔미도 내양內洋에 정박한 채 아직 아무런 동정이 없다고 합니다. 며칠 동안이나 지체하면서 기다릴 수 없기 때문에 신 등은 곧 출발해서 인천부로 방향을 바꾸려고 합니다. 접견 절차는 일자를 약정해서 거행할 계획입니다. 이상의 연유로 치계합니다.

○ 인천부사가 모리야마 시게루森山茂와의 문답기를 강화 유수영에 보고한 것[39]

금일 오시午時 경에 이양종선異樣從船 한 척이 곧장 제물진으로 와서 상륙했습니다. 그리고 왜인 두 명이 바로 본진本鎭의 산허리로 올라와서 우리나라 말로 지방관이 나올 것을 요청했습니다. 그래서 신이 나갔습니다. 저들과 정좌鼎坐[40]하고 성명을 물어보니 우리나라 말을

[39] 일본 측 기록에 따르면, 이 문답은 1월 8일(양력 2월 2일) 오후 2시에 모리야마 시게루가 우라세 유타카와 함께 제물포에 도착한 후에 이뤄졌다. 《大日本外交文書》제9권, 문서번호 9. "黑田辨理大臣一行來訪ノ眞相キ朝鮮國要路ニ內報セシムル件".

[40] 정좌鼎坐: 세 사람이 솥발 모양으로 마주 앉는 모양.

할 수 있는 자는 우라세 유타카浦瀨裕라고 했습니다. 다른 한 사람이 잡인들을 멀리 물리쳐 줄 것을 요청했습니다. 그래서 그의 말대로 하자 그가 필담으로 '森山茂' 석 자를 써서 보여주었습니다. 그들이 여기까지 온 이유를 묻자 대답했습니다.

"내가 양국 사정으로 인해 몇 년 간 고심했는데 이제 며칠 안으로 일이 결정될 것이다. 길흉이 관계된 바라 마음이 혼란해서 지방관을 통해 우리의 뜻을 귀 조정에 전품傳稟할 수 있는지 한 번 물어보기 위해 급수군汲水軍과 같이 온 것이다."

"그렇다면 그 뜻의 요체는 무엇인가?"

"우리 전권대신께서 며칠 내로 강화로 가실 것이다. 귀 대신을 선발해서 강화에 파견하였는가?[41]"

"우리 조정에서 강화부로 대신의 파견을 명한지 이미 며칠이 지났다."

"그렇다면 응당 우리 대신과 사신의 일을 의논해야 할 것이다. 그 대신의 성명과 직품은 어떻게 되는가?"

"판부사判府事 신헌 대감이시니 곧 정일품正一品이다."

"판부사라는 것은 어떤 아문衙門과 권력에 관계된 것인가?"

"이미 승상의 품직品職을 지내셨으니 귀국의 태정부太政府와 같다."

"그렇다면 좌, 우의정이 되는 것인가?"

"그렇다."

"부관은 누구인가?"

"예조상서禮曹尚書 윤자승이다."

"상서라는 관직은 아직 들어보지 못했다. 예조의 장관이 곧 판서니

---

[41] 원문에는 '貴大臣 間派江華否'로 되어 있는데 《日省錄》 正月十日條에 수록된 동일 기사를 근거로 '貴大臣 簡派江華否'로 수정했다.

상서와 판서는 어떤 차이가 있는가?"

"우리나라에선 판서와 참판을 통칭해서 상서시랑尙書侍郎이라고 한다."

그가 고개를 끄덕이며 알았다고 했습니다. 그리고 말했습니다.

"작년에 히젠肥前 주 사가佐賀 현 구참의사법경舊參議司法卿 에토 신페이江藤新平가 귀국을 정벌하려고 했지만 우대신右大臣 이와쿠라巖倉[42]가 흔단釁端을 연다고 생각해서 그를 죽였다.[43] 그러자 육군대장 참의 사이고西鄕, 외무경 등 문무 관료 가운데 사직하고 물러난 자들이 수십 명이었다.[44] 귀국에선 이 사실을 알고 있는가?"

"듣지 못했다."

"재작년에 우리 군대 5,000명이 대만에서 귀국을 정벌하려고 했는데 우리가 극력 만류했다. 귀국에서는 이 사실을 들었는가?"

[42] 이와쿠라 토모미岩倉具視를 가리킨다.

[43] 이른바 '사가의 난'을 가리킨다. 사가의 난은 메이지 6년의 정변으로 인해 하야한 에토 신페이가 1874년 2월[양력]에 시마 요시타케島義勇와 주동이 되어 사가 현에서 일으킨 메이지 정부에 대한 사족반란이었다. 그러나 오쿠보 토시미치大久保利通가 이끄는 정부군에 의해 한 달도 못 되어 진압되었다. 반란이 실패한 이후 에토 신페이는 이와쿠라 토모미를 만나서 직접 정한征韓에 관한 의견을 진술하기 위해 도쿄로 가려고 했으나 도중에 체포되어 4월 13일[양력] 효수형에 처해졌다.

[44] 이 대목의 진술은 사실과 다르다. 사이고 다카모리西鄕隆盛, 외무경 소에지마 타네오미副島種臣를 비롯해서 이타카키 타이스케板垣退助, 고토 쇼지로後藤象二郎, 에토 신페이 등 참의 5명이 하야한 것은 사가의 난이 발생하기 전인 1873년 10월 24일[양력]의 일이었다. 이것이 이른바 '메이지 6년의 정변' 또는 '정한론 정변'이라고 불리는 사건인데, 사이고 다카모리를 조선에 사절로 파견해서 당장 정한征韓의 빌미를 마련해야 한다는 정한파와 일본의 대내외적 여건상 그 시기를 늦춰야 한다는 반대파 사이에서 일어난 정변이었다. 후자의 입장을 견지한 인물로는 오쿠보 토시미치, 이와쿠라 토모미, 키도 타카요시木戶孝允, 이토 히로부미伊藤博文, 구로다 키요타카 등이 있었다.

"아직 듣지 못했다. 하지만 그대들이 그처럼 힘을 써주었다니 감사하다."

"서계의 거절은 귀국에서 지나치게 우려한 것이다. '大'자와 '皇'자는 곧 자국의 일이니 무엇이 이웃나라에 해롭겠는가? 피차의 서계를 동등하게 열서列書했으니 무슨 손상이 있겠는가? 《전한서前漢書》에 이르길, '대왜왕大倭王이 나마토那麻土에 있다'[45]고 했다. 이 '大'자는 바로 국호이니 어찌 이웃나라에 차이를 두겠는가?"

"이는 곧 조정의 처분이니 변방을 지키는 장수가 어떻게 알겠는가? 거류 간에 장차 언제 이동할 것인가?"

"본국의 선박 한 척이 오면 곧 강화로 향할 것이다. 그 선박이 수일 내로 도착할 것이다."

"강화로 갈 때 그대도 같이 가는가?"

"나는 전권대신과 똑같이 움직인다. 근일 급수한 우리 군인들이 혹 마을에서 소란을 일으키지는 않았는가?"

제가 "비록 인가를 지나쳤으나 한 명도 대문 안을 훔쳐본 자가 없었으니 귀 군령의 엄함을 알 수 있다"고 답했습니다. 이어서 술과 안주를 대접하자 사양하지 않고 마셨습니다. 그리고 금일 유시酉時 경에 돌아갔습니다.

---

[45] 실제로는 《後漢書》〈東夷傳〉에 나오는 말이다. "왜倭는 한韓의 동남쪽 대해大海 중에 있는데 섬에 몸을 의탁해서 거주한다. 모두 100여 개 국으로 무제가 조선을 멸망시킨 이후로 사역使驛을 한나라에 보낸 것이 30여 개 국이었다. 나라들은 모두 왕을 자칭하며 대대로 왕위를 전한다. 그 대왜왕이 야마대耶馬臺 국에 있다[倭在韓東南大海中 依山島爲居 凡百餘國 自武帝滅朝鮮 使驛通於漢者 三十許國 國皆稱王 世世傳統 其大倭王居耶馬臺國]"라는 구절이 있다.

병자년 1월 10일
양력 1876. 2. 4

10일 임인壬寅, 맑다.

진시辰時 경에 출발해서 갑곶진을 건넜다. 중도에 서울에서 내려온 역관 이희문과 이응준을 만났다. 강화부에 남아서 대기하라고 지시해서 보냈다. 오시午時 경에 통진 20리 지점에 도착해서 점심 식사를 했다. 동헌東軒에 하처下處[46]를 정했다. 통진부사가 덕포德浦로 출방出防[47]해서 뵈러 올 수 없다는 글을 보내왔다. 그래서 즉시 답장을 보냈다.

○ 잠시 후 통진부사의 보고

이양대선異樣大船 다섯 척이 항산도項山島에 정박한 사유를 이미 치보했거니와, 이양선이 올라오는 것이 이처럼 섬홀閃忽[48]하니 지극히 걱정스럽습니다. 제가 높은데 올라가서 바라보니 대선大船 도합 다섯 척이 올라와서 항산도 앞바다에 정박하고 있었으며, 종선從船 한 척이 내려와서 강화 덕진德津 앞바다에 정박했다가 잠시 후 대선들이 있는 곳으로 돌아갔습니다.

---

[46] 하처下處: 임시로 거처하는 숙소.
[47] 출방出防: 출외주방出外駐防의 줄임말로 외지에 나가 머무르면서 수비하는 것을 말한다.
[48] 섬홀閃忽: 변화무쌍해서 일정하지 않음.

이 보고를 받고서 계속 전진할 수가 없었다. 문정관에게 저들 선박의 문정 수본을 성화星火와 같이 급히 보내라는 사유로 글을 써서 당마로 보냈다. 그리고 그대로 머물면서 밤을 보냈다. 밤에 저들을 접견하기 위해 다시 강화도로 들어가겠다는 뜻을 강화 유수영에 사통私通했다.

어영집사御營執事 이성원李聖源이 돌아가는 편에 가서家書를 부쳤다. 본영本營의 교졸校卒들을 처음에 폐단을 없애기 위해 먼저 김포로 보냈는데 명일 아침에 돌아오게 하라고 수교首校에게 분부했다.

11일 계묘癸卯, 맑다.

동트기 전에 출발 군령을 내렸다. 김포, 부평, 인천 등의 읍에 강화부로 다시 들어갈 때 지대支待[49]를 하지 말 것을 분부하여 파발마로 통지했다. 출발 장계를 봉해서 발송했다. 가서家書를 부치고 영의정과 이조판서 두 분께 서한을 올렸다. 아울러 별록別錄을 보았다.

○ 장계

신 등이 이번 달 초 10일에 인천부로 방향을 바꾸겠다는 뜻을 이미 치계했거니와, 당일 오시午時 경에 통진부에 도착한 뒤 바로 부사 이규원의 보고를 받으니 저들의 대선大船 다섯 척이 일제히 항산도 앞바다로 올라가서 정박했다고 하였습니다. 저들의 선박이 이미 올라갔기 때문에 신 등이 계속 전진할 수 없었습니다. 그래서 우선 본부本府에 머물면서 선박의 소식을 계속 탐지하고 있었습니다. 그런데 현재 11일 인시寅時 경에 문정관 오경석, 현석운의 수본手本을 받아보니 그 내용이 다음과 같았습니다.[50]

〈소인 등이 이번 달 초 8일 해시亥時 경에 초지진에서 발선發船해서 초 9일 묘시卯時 경에 팔미도 앞바다에 도착하자 저들의 선박 다섯

---

[49] 지대支待: 출장을 나간 고위 관원의 음식물이나 일용품 등을 해당 지역의 관아에서 마련하는 것을 말한다.

척이 연기를 뿜으면서 올라오고 있었습니다. 그래서 즉시 그 쪽으로 가려고 했지만 저들 선박의 속도가 빨라서 접촉하지 못하고 항산도에 그 배가 정박하는 곳까지 쫓아갔습니다. 모리야마 시게루를 만나 우리 조정에서 파견한 접견대관과 부관이 장차 사선使船이 정박한 곳에서 접견할 예정이라는 것과 접견일자를 강정講定[51]하려는 뜻을 전했습니다. 그러자 모리야마 시게루가 말하길, "귀국에서 이미 좌우상左右相을 지낸 대관을 파견해서 그가 강화부에 머물고 있다는 사실은 인천부 지방관에게 들었다. 접견절차와 일자는 우리가 내일 강화성 안에 들어가서 유수를 만나 면담한 후에 의정할 것이다. 이 말을 강화부 유수에게 가서 고하고, 군민軍民들에게 효유해서 절대 놀라서 동요하는 일이 없게 하라. 만약 먼저 침범한다면 우리에게도 자연히 응당한 방법이 있을 것이다"라고 했습니다. 그래서 "접견 절차와 일자는 곧 우리 대관께서 의정하실 것이니 강화부로 가서 의논하는 것은 부당하다. 또 입성入城의 한 가지 사안은 우리 조정의 명령이 있은 연후에야 비로소 거론할 수 있다"고 했습니다. 그러나 저들은 들은 척도 하지 않은 채 다시 이야기하려고 하지 않았으며 심지어 하선할 것을 재촉했습니다. 그래서 부득이 본선으로 귀환했습니다. 모리야마 시게루가 반드시 상륙한 후에 강화부로 들어와서 유수를 만나 접견 절차를 강정하겠다고 한 것은 실로 경악스러운 일입니다. 그래서 문정 역관 등에게 좋은 말로 효유曉諭해서 절대 강화부에 들

---

50 일본 측 기록에는 1월 10일(양력 2월 4일) 오후 4시에 오경석, 현석운, 그리고 경직 오품관京職五品官 고영주高永周가 와서 닛신함에서 오후 5시까지 모리야마와 스즈키가 응접한 것으로 되어 있다. 《大日本外交文書》 제 9권, 문서번호 10. "黑田辨理大臣一行ノ迎接準備二關スル件".

51 강정講定: 상의해서 결정함.

어오지 못하게 하라고 시켰습니다. 그리고 신 등은 곧 강화부로 달려가려고 합니다. 이상의 연유로 치계합니다.〉

　유수가 서신을 보내서 "왜인 24명이 갑곶진에 상륙한 후에 곧장 부중府中으로 들어와서 대신과의 접견을 요청하고 있습니다. 속히 돌아오시기 바랍니다"라는 뜻을 전해왔다. 그래서 금방 출발하겠다고 답신했다.

　영의정께서 내리신 글 가운데 기록지[錄紙]가 세 개 있었다. 하나는 동래부사[萊伯]의 기록지이며, 하나는 인천부사의 기록지이다.

○ 동래 수령의 탐정기探偵記
　대마도 인 고토古藤가 왜관에 체류한 지 오래 돼서 화선火船의 식주인食主人[52]이 되었습니다. 우리나라 사람 중에 그와 친신親信하는 자를 보내서 최근의 일을 상세히 탐문했습니다.
　"화선이 실제 강화로 갔는가?"
　"먼저 출발한 네 척은 아마 이미 도착했을 것이며, 그 뒤를 따르는 한 척도 떠났을 것이다."
　"주된 사안은 무엇인가?"
　"서계의 일이다. 몇년 간 대치했음에도 불구하고 결말이 날 기약이 없다. 그런데 동래에서는 항상 귀 조정의 지휘에 따라서 말을 하니, 그 사정이야 진실로 당연하지만 여기서는 귀정歸正을 기대할 수가 없다. 먼 길을 돌아보지 않고 죽음을 무릅쓰면서 일제히 갔으니 이번에

[52] 식주인食主人: 나그네를 재워주고 밥을 파는 집의 주인.

야말로 기필코 결말을 내고 말 것이다."

"이 곳은 수백 년 동안 교린을 해서 정의情誼가 친숙하므로 피차의 구별이 없다. 따라서 화선의 빈번한 왕래를 심상하게 보지만 강화도 는 그렇지 않다. 한번 양요를 겪은 이후로 화선만 보면 이양선으로 단정하는데, 하물며 귀국의 복색이 서양과 같으니 무엇으로 귀국의 사람과 물건임을 믿겠는가? 어디서 왔는지 알지 못하기 때문에 반드 시 우리나라의 수비병이 관례에 따라 대포를 쏘면서 막으려 할 것이 다. 그러는 사이에 귀국 사람들이 상해를 입을까 우려되니, 이는 장 차 어떻게 하려는가?"

"이미 생각한 일이다. 국사를 맡은 사람이 되어서 비록 약간 목숨을 잃더라도 어떻게 피할 수 있겠는가? 그러나 우리나라는 전적으로 성 사만을 주장할 뿐이다. 귀국에 바라건대, 부탁하러 간 자들을 처음에 는 알지 못해서 목숨을 잃게 하더라도 혹 괴이할 것이 없겠으나 알게 된 다음부터는 어찌 계속해서 생명을 상하게 할 수 있겠는가?"

"공의 말이 그럴 듯하지만 지난번 최조가 공무를 맡았을 때 서계를 고쳐 오겠다고 거듭 약속했으며, 또 구로다의 사행使行을 정지시키겠 다고 거듭 약속하면서 심지어 공사를 보낼 것을 권하기까지 했다. 그 런데 중도에 약속을 저버리고 이처럼 못된 행실을 부리니 이것이 어 찌 도리겠는가?"

"만약 그러한 일이 없었다면 훈도가 절대 상경할 리가 없었다. 그러 므로 그런 계책을 냈던 것이다."

"일전의 화선 두 척은 다시 강화로 갔는가?"

"한 척은 강화로 갔는데 이번에 구로다, 모리야마, 히로노부 등이 그 배를 타고 떠났다. 다른 한 척은 대마도로 갔으니 며칠 내로 수호관

守護官 중사中使[53]가 다시 올 것이다."

"무슨 수호守護 등의 일이 있겠는가?"

"그렇지 않다. 최근에 귀부貴府에서 대포를 추가로 설치하고 병기를 수선한 것은 우려하는 바가 없지 않았기 때문이다."

"구로다는 어떤 사람인가?"

"악인이 아니요, 관후한 장자長者이니 결코 먼저 공격할 리 없다. 성사를 도모하는 사람이 어찌 무기를 들고 악전惡戰을 하겠는가?"

또 말했다.

"귀국의 강원도 사람 김인승金麟昇이 같은 배를 타고 떠났다."[54]

"어떻게 만났는가? 또 어떤 복장을 했는가?"

[53] 중사中使: 궁중에서 파견하는 사신.

[54] 본문의 기록과는 달리 김인승은 함경도 경흥慶興 출신으로 알려져 있다. 김인승은 1869년에 러시아 니콜리스크Nikolisk로 이주했다가 1875년 러시아에 시찰 나온 일본 외무성 7등 출사 세와키 히사토瀬脇壽人에 의해 일본 정부의 외국인 고문이 되었다. 그는 강화도조약 직전에 조선 지도 제작, 조선 정세의 개설서 저술, 한문 번역 등의 사전 작업을 담당했으며, 단발한 후에 구로다 사행使行에 참여해서 그에게 여러 가지 조언을 한 것으로 알려져 있다. 이 때문에 일각에서는 그를 제1호 친일파로 지목하기도 한다.

한편, 김인승과 관련해서《大日本外交文書》에 다음과 같은 문답 기록이 있다.

"모리야마: 선생께서는 함경도 언 김인승이라는 자를 알고 있습니까?

윤협: 그 자는 러시아로 달아났는데 지금 소재를 알지 못합니다. 그 자는 제가 경흥에 있을 때 서기로 일했습니다. 선생이 그 자를 알고 있습니까? 부디 소재를 알려주기 바랍니다.

모리야마: 제弟가 알고 있는데 지금 청국에 있다고 들었습니다. 훗날 일본에도 올 것입니다."

《大日本外交文書》제9권, 문서번호 9. "黑田辨理大臣一行來訪ノ眞相ヲ朝鮮國要路ニ內報セシムル件" p. 49.

그러나 모리야마의 이 말은 사실이 아니었다. 당시 김인승은 실제로 구로다 사행에 포함되어 있었다.

"본래 중국에서 우리나라에 왔으며, 나와 같은 옷차림을 하고 떠났다. 오래 지나지 않아서 성명을 드러냈는데 매사를 그와 상의했으니, 그것은 그가 귀국의 말을 알아듣기 때문이었다. 게다가 그는 중국어와 서양어를 잘 했다."

그가 또 말했습니다.

"옛 훈도는 총칼[銃釖]을 사갔는데 지금은 어째서 사가지 않는 것인가?"

"병기는 양쪽 나라에서 금지된 물건인데 왜 그런 말을 하는가?"

"우리나라에서 대포를 생산한 이후로 이러한 병기에 용건이 없게 되었다. 이 때문에 우리가 검을 차고 다니지 않는 것이다."

그가 다시 말했습니다.

"서계는 양국의 대사이므로 이번 나의 소견에 귀국이 반드시 순종해야 할 것이다."

"크게 잘못된 말이다. 옛 법식을 따르지 않고 별도로 새 법식을 정했을 뿐만 아니라, 게다가 이제는 병선을 많이 이끌고 가서 공갈을 하니 어찌 이러한 위세에 겁을 먹고 서계를 받을 수 있겠는가? 매사를 조화롭게 이루어 나가야 하거늘, 이처럼 행패를 부리니 수백 년 동안 이웃으로서 우호한 뜻이 어디에 있는가? 통탄스럽고, 통탄스럽도다!"

"이번의 병선은 공갈을 위한 것이 아니라 혹시 귀국에서 침범할까 우려했기 때문이다. 이제 귀국에도 반드시 성사를 도모하는 사람이 있을 것이니 또한 어떻게 행패를 부리겠는가? 우리나라에서는 결코 군대를 일으킬 이유가 없으니 마음 놓고 개시開市해서 매매賣買나 자주 하는 것이 좋겠다."

○ 초지첨사 홍운태洪運泰의 보고

당일 사시巳時 경에 길상산吉祥山의 요망瞭望이 직접 보고한 바에 따르면 저들의 선박 다섯 척이 영종 경내로부터 연기를 뿜으면서 올라왔다고 합니다.

아침식사를 한 후 출발했다. 15리를 지나 갑곶진 나루머리에 도착했다. 배를 많이 대령하지 않았기 때문에 사람과 말을 차례대로 건너가게 했다. 제일 마지막으로 부관, 종사관과 함께 건너자 날이 이미 저물었다. 배에 타려고 할 때 유수가 다시 글을 보내서 귀환을 재촉했다. 그래서 짧은 편지로 답신했다. 신시申時 경이 돼서 강화부에 들어갔다. 이아貳衙에 하처下處를 정했다.

그런데 모리야마 시게루는 이미 오시午時 경에 20여 명을 거느리고 종선從船 두 척으로 갑곶진에 상륙한 후에 곧장 영문營門으로 들어와 유수와 문답을 마친 상태였다.[55] 장청將廳[56]으로 물러가 대관이 강화부에 돌아오는 것을 기다리게 하자, 그는 "귀 대관이 강화부에 돌아올 때까지 기다려야 한다면 다시 유수를 만나야 한다. 그와 상의해서 결정할 일이 있다"고 했다. 이 때문에 유수가 즉시 공무를 폐했다.

●

[55] 이날 모리야마 등이 강화부에 진입한 목적은 변리대신 구로다의 응접 절차를 협의하고 사절단 및 의장병의 숙소를 마련해 줄 것을 요구하는데 있었다. 일본 측 기록에 따르면, 모리야마 권대승, 야스다 개척소판관, 우라세 통역관, 서기 등이 오전 7시 20분에 항산도의 본선에서 출발해서 8시 30분에 진해문으로 들어온 다음에 10시 30분부터 아문衙門의 대청大廳에서 강화 유수 조병식과 면담한 것으로 되어 있다. 《大日本外交文書》 제9권, 문서번호 11의 附記 1. "二月五日午前江華府ニ於テ森山外務權大乘等ト江華府留守趙秉式等トノ應接記".

[56] 장청將廳: 감영監營과 군아郡衙에 딸린 장교의 근무 장소.

모리야마 시게루가 대관이 강화부에 돌아온다는 말을 듣고서 유수를 다시 만나려고 했지만 유수가 거절하고 받아들이지 않자 저들이 분노를 터뜨리며 힐난을 그치지 않았다. 그러다가 날이 저문 후에야 비로소 부관과의 접견을 요구했다. 여러 사람들의 의론이 "먼데서 온 사람이 문 앞까지 와서 접견을 요구하는데도 접대하지 않는 것은 온당치 못하다. 저들이 먼저 접견을 요구해서 우리가 만나는 것이니 체통을 잃는 것이 아니며, 또 저들의 뜻을 거스르면 일을 그르칠 우려가 있다"고 했다.

부관이 어쩔 수 없이 해시亥時 경에 등불을 밝히고 자리를 마련한 다음에 중영中營으로 맞이했다. 그리고 모리야마 시게루, 야스다 사다노리安田定則 및 시종하는 왜인 4명과 대화하다가 자정이 다 돼서야 자리를 파했다. 그 경과를 아래의 장계 및 문답기에 소상히 기록한다.

당마 편으로 일곱 차례 연달아 도착한 영의정의 서신과 이조판서의 서신을 받아 보았다.

심행일기 · 상

12일 갑진甲辰, 눈이 오다가 저녁에 개다.

부관의 문답장계問答狀啓를 봉해서 발송했다. 집에 보내는 서신과 영
의정께 올리는 답서를 부쳤다.

○ 장계

신 등이 강화부로 급히 달려간다는 사유를 얼마 전에 치계했거니와,
당일 오시午時 경에 본부本府에 돌아오니 왜인 모리야마 시게루 등 24
명이 이미 상륙해서 곧장 강화부에 들어와 유수 조병식을 만난 상태
였습니다. 그리고 저들이 강정할 일이 있다고 하였는데, 유수는 대관
이 돌아오는 것을 기다렸다가 강정하라고 효유하고 우선 공해公廨[57]
에 머무르게 했다고 하였습니다.

신 등이 역관을 보내어 사람을 왕복시키면서 강정할 것을 요구하자
저들은 절대로 역관과 접견 절차를 상의하지 않을 것이며 반드시 사
신을 만나서 강정하겠다고 했습니다. 이에 막중한 사신의 일에 혹
뜻을 거스르다가 일을 그르치지 않을까 우려했습니다. 그래서 부관
신臣 윤자승이 부득이 해시亥時 경에 외무권대승 모리야마 시게루,
개척소판관 야스다 사다노리, 시종 왜인 4명을 강화부 중영에서 접

---

[57] 공해公廨: 관가의 건물. 공청公廳.

견했습니다. 저들은 다과를 접대 받고 그대로 해사廨舍로 물러가 숙박했습니다.

문답한 말을 뒤에 개록開錄[58]합니다. 저들이 제멋대로 우선 상륙한 후에 심지어 부중府中에서 유수를 만난 것도 이미 크게 경악스러운 일이거늘, 더구나 부관과 문답하는 도중에 인천과 부평에 관문關文[59]을 보내서 나중에 군대가 상륙할 때 거처할 장소를 마련해 달라는 등의 요청을 했다고 하니 더욱 통탄스럽습니다. 비록 언설로 막더라도 저들은 반드시 사전에 통지했다고 하면서 곧장 제멋대로 상륙할 것이니 크게 우려할 만합니다. 미리 분명한 계책을 마련해서 방수防守를 엄중하게 해야 할 것입니다. 이로 말미암아 함께 치계합니다.

○ 부관과 모리야마 시게루의 문답기

제가 먼저 안부를 묻고 노고를 위로했습니다.

彼: 감사하다. 우리 대신께서 지금 우리를 파견하신 것은 먼저 접견 절차를 강정한 다음에 오려고 하시기 때문이다.

我: 이미 임관任官[60]을 귀 선박에 보내서 이쪽에서 먼저 절차의 강정을 요청했는데 어째서 멀리 강화부에까지 올 필요가 있는가? 우리 대관께서는 주인이 된 도리에 좌굴坐屈[61]을 꺼리셔서 장차 귀

---

[58] 개록開錄: 상급 관청에 보내는 문서에 이름이나 의견 등을 길게 적는 것.

[59] 관문關文: 관서官署 간 왕래하는 공문서로서 주로 동격 이하의 관서에 보낼 때 사용하는 문서 양식이다. 관關이나 관자關子라고도 한다.

[60] 임관任官: 《增訂交隣志》에 따르면, 동래 왜관의 임관은 훈도訓導 1명, 별차別差 1명, 감동관監董官, 별견당상관別遣堂上官, 문정관問情官 등으로 구성되었다. 《增訂交隣志》 卷之三, "任官".

[61] 좌굴坐屈: 자신이 찾아가야 할 것을 직접 가지 않고 상대를 오게 함.

선박이 정박하고 있는 초지진에서 맞이하신 다음에 임관을 왕복시키면서 의정하려고 하셨다. 그런데 어째서 수고롭게 이렇게까지 멀리 온 것인가?

彼: 우리 대신께서 명하셔서 여기에 온 것이다. 이미 강화부에 관청 건물이 있는데 어째서 초지草芝의 협소한 진鎭으로 정할 필요가 있겠는가? 장소는 이곳 강화부로 결정하라. 또 우리 대신께서 상륙하실 때 초솔草率[62]하게 할 수 없어서 반드시 병졸을 거느리셔야 하므로 미리 처소를 정하지 않을 수 없다. 우리 대신께서 거접하실 곳과 수행원 및 병졸들이 거접할 곳 모두 세 곳을 정해준 연후에 우리 대신께 돌아가 아뢰어야 비로소 상륙해서 오실 수 있을 것이다.

我: 거접 처소는 유수와 논의해서 정할 것이지만, 관청 건물은 본래 협소해서 많은 사람을 수용하기 어렵다. 또 우리 대관께서도 빈객과 주인의 예에 따라 추종騶從[63]을 많이 대동하지 않으실 것이다. 그러니 돌아가 귀 대신에게 아뢰어 그쪽도 가능한 한 간솔簡率하게 하는 것이 좋겠다.

彼: 지금 온 병졸이 4,000명이 되지만 수용[容接][64]하기에 어려움이 있을까 우려해서 400명만 대동해서 오려는 것이다.[65]

我: 400명의 병졸이 간솔하지 않은 것은 아니지만, 이미 넓은 해사가 없으니 불편함이 많을 듯하다. 더 줄이는 것이 좋겠다.

彼: 대신의 행차엔 따로 예의가 있는 법이니 400명에서 더 줄일 수는 없다. 또 뒤따라오는 병사 2,000명이 있는데, 해상에서의 일은

---

62 초솔草率: 거칠고 엉성해서 보잘것없음.
63 추종騶從: 윗사람을 쫓아다니는 하속下屬.
64 용접容接: 관대하고 너그럽게 객을 접대함.

정확하게 기약하기 어려우니 이곳에서 수용할 수 없다면 부디 인천, 부평 등지에 관자關子를 보내서 미리 머물 곳을 정해주기 바란다.

我: 지금 이 양국 대신의 접견은 옛 우호를 지속시키려는 뜻에서 비롯된 것인데 많은 군대가 무슨 소용이 있는가? 또 귀 군대는 별도로 제 선박을 가지고 있으니 내지에 상륙한다면 아마도 국인國人들을 놀라게 할 것이다. 설관設館[66]은 옛 약조에 '초량草梁 설문設門[67]의 밖을 벗어나지 않는다'고 되어 있으니 그 한계가 있음을 알 수 있다. 지금 그 인천과 부천 상륙 운운하는 말은 실로 이해

---

[65] 이는 실제 병력을 크게 과장한 말이다. 구로다의 《使鮮日記》에 따르면 실제 온 병력은 군함 닛신함과 모슌함에 각각 160명과 82명, 수송선 타카오마루高雄丸 405명, 겐부마루玄武丸 66명, 하코다테마루函館丸 54명, 쿄류마루矯龍丸 42명 등 총 809명에 불과했다.

한편, 일본 측 기록에는 모리야마가 3,000명의 군대가 왔다고 발언한 것으로 되어 있다.

"우리 두 대신의 수행 및 호위를 위해서 지금 이미 초지草芝에 도착한 인원이 대략 3,000명이며, 그 가운데 의장병이라고 부르는 자들은 1,500명이 된다. 그 1,500명과 좌우의 수행인원 만큼은 반드시 상륙하실 때 인솔하셔야 하지만, 여관 등의 사안으로 인해 귀국에 폐를 끼치는 것도 미안한 일이므로 각별히 논의해서 의장병은 우선 당장에는 4분의 1, 즉 400명을 한도로 데리고 올 것이니 이를 이해해서 여관을 준비해 주기 바란다." 《大日本外交文書》 제9권, 문서번호 13의 附記 1. "二月五日ヨリ六日ニカケ江華府ニ於テ森山外務權大丞ト朝鮮國都總府副總管尹滋乘トノ應接記" p. 61.

[66] 강화도조약의 주된 쟁점 중 하나였던 설관設館 문제에 관하여 조선 측에서는 왜관倭館의 연장선상에서 이해하고 있는 반면 일본 측에서는 주로 근대적 공관公館이라는 의미로 접근하고 있다. 즉, 같은 '館'이라 하더라도 양측에서 의미하고 이해하는 내용이 서로 달랐던 것이다. 이에 따라 본서에서는 의미를 특정하지 않고 그대로 '館'으로 옮겼다. 왜관의 유래에 관해서는 부록 4-2. 〈왜관시말〉을 참조하라.

[67] 설문設門: 초량 왜관에서 왜인과 조선인 사이의 밀무역[潛商]과 비공식적 접촉을 단속하기 위해서 세운 문을 말한다.

하기 어렵다. 이러한 일은 강론할 필요도 없다.

彼: 이 또한 우리 대신의 명이 있었다. 그러므로 사전에 고지하는 것이다.

我: 양국 대신이 예로써 서로 만나고자 한다면, 피차가 각각 병기를 치우고 또한 대포를 쏘지 말아서 우민들이 놀라거나 괴이한 생각을 갖지 않도록 하는 것이 좋겠다.

彼: 병기는 우리나라의 의장儀仗이므로 제거할 수 없다. 함포 사격에 있어서는, 그것은 곧 승선과 상륙의 호령이기 때문에 소리만 나고 포환이 없으니 괴이하게 여길 것이 없다.

我: 접견일자는 며칠로 정할 것인가?

彼: 세 개 처소를 확실하게 정한 다음에 우리들이 살펴보고, 그 후 돌아가서 우리 대신께 보고해야 비로소 날짜를 정할 수 있을 것이다.

我: 피차 사신의 일에 복명復命[68]이 시급하니 신속하게 일을 마치는 것이 좋겠다.

彼: 우리 대신께서 상륙하신 이후에 땔감과 숯 등을 갖다 쓰지 않을 수 없다. 하지만 응당 그 값을 지불할 것이다.

我: 그 따위 물건에 어찌 값을 논할 수 있겠는가? 참으로 뜻밖이다.

彼: 깊은 뜻은 비록 감사하지만, 어떻게 그렇게까지 폐를 끼칠 수 있겠는가.

○ 강화 유수가 폐무廢務한 사유를 판관判官이 대신 봉해서 올린 장계

인천부로 내려갔던 훈도 현석운과 역관 오경석이 돌아와서 보고한

---

[68] 복명復命: 사신으로 임명된 신하가 그 임무를 마치고 조정에 돌아와 결과를 보고하는 일.

바에 따라 저들이 이튿날 상륙해서 성에 들어와 유수를 접견한 다음에 대관의 회견 의절을 강정할 것이라고 말한 사유를 유수 신臣 조병식이 얼마 전에 치계하였거니와, 당일 오시午時 경에 왜인 24명이 종선從船 두 척을 타고 갑곶진 앞바다에 상륙했습니다. 그런데 흔단釁端이 생길 것을 두려워해서 먼저 범하지 못하고 저들 임의로 성에 들어오게 했습니다. 그리고 탁자를 설치하고 접견했습니다. 관함官銜을 서로 묻고 나서 두왜頭倭 외무권대승 모리야마 시게루와 개척소판관 야스다 사다노리가 통사왜通事倭[69]를 시켜서 우리말로 답화하기를, 그 쪽 대관이 아직 경내에 도착하지 않았다고 들었으니 머무르면서 기다리고 싶다고 했습니다. 그래서 한가한 공해公廨에 머물 것을 허락하고 접견 대관이 계신 곳에 통보했습니다. 답화한 말을 뒤에 개록開錄합니다.

유수 신 조병식은 죄가 익직溺職[70]에 해당된다고 생각해서 사차私次[71]로 물러나 복죄伏罪하며 공무를 폐했습니다. 그러므로 신이 부득이 대행하게 된 연유로 치계하는 바입니다.

○ 강화 유수의 폐무廢務 후 자인소自引[72]疏

신이 외람되게 분수에 맞지 않는 자리를 차지한 것이 이제 벌써 3년이 되었습니다. 그동안 시소尸素[73]한 날이 대부분이었으니 부끄럽고

[69] 통사왜通事倭: 왜관의 통역 업무를 담당하기 위하여 일본에서 파견한 관리이다. 《增訂交隣志》에 "[통사왜는] 2인이 있다. 숙종 19년(1693)에 처음 통역을 위해서 왔으며 3년마다 교체한다[二人 肅宗十九年 始爲傳語出來 三年交遞]"는 언급이 있다. 《增訂交隣志》卷之二, "差倭".

[70] 익직溺職: 맡은 직무를 감당하지 못함.

[71] 사차私次: 개인 처소.

[72] 자인自引: 자신을 스스로 인책引責하거나 직위에서 스스로 사임함.

두려운 마음이 더욱 깊어집니다. 지난번 이양선이 경내에 들어왔을 때 방비를 더욱 엄하게 했어야 하는데, 화살 한 대, 대포 한 발도 쏘지 못한 채 저 수괴가 날뛰는 것을 좌시했으니 분완한 마음을 어찌 잠시나마 잊을 수 있겠나이까.

일전에 무방비 상태에서 종선從船 네 척이 갑곶진에 정박했습니다. 그리고는 상륙해서 성에 들어와 접견을 요청하였으니, 마땅히 엄하게 물리쳐서 불허했어야 하는데도 유원柔遠의 의리에 있어 그 뜻을 저버리기 어려워서 부득이 한 번 접견을 허락해 주었습니다. 하지만 방어는 본래 신의 직분입니다. 그런데도 해방海防을 고수하지 못해서 이류異類가 멋대로 행동하게 했으니, 돌아보건대 신의 익직溺職이 여기에서 가장 큽니다. 사차私次로 물러나서 엎드려 공무를 폐하고 문책을 기다림은 비단 죄를 더하지 않기 위해서 뿐만이 아니요, 도리어 돈칙敦飭한 어명이 있으셨기 때문입니다. 신이 비록 우미愚迷하지만 이러한 때 사적인 것을 말함이 크게 황송한 일이 됨을 어찌 알지 못하겠니까? 지금 신이 아뢰는 말씀은 사적인 것이 아니라 바로 공적인 것입니다.

대체로 도적들의 정상에서 헤아리기 어려운 일들이 한두 가지가 아니었습니다. 먼저 유수와의 접견을 청한다는 말을 빙자해서 성에 들어와서는 그대로 눌러 앉아 떠나지 않았으며, 다음에는 의절의 강정을 요청했습니다. 그러더니 구로다가 입성할 때 장차 400명의 군대

---

73 시소尸素: 시위소찬尸位素餐의 줄임말로 시위尸位는 제사의 시동尸童처럼 자리만 차지하고 하는 일이 없다는 뜻이며, 소찬素餐은 하는 일 없이 국록만 받으면서 공밥을 먹는다는 뜻이다. 각각 《書經》〈五子之歌〉에서 "태강이 자리만 차지하고 앉아서 안일과 환락으로 임금의 덕을 없애자 백성들이 모두 이반했다[無太康屍位以逸豫 滅厥德 黎民咸貳]"고 한 구절과 《詩經》〈魏風〉 '伐檀' 장에서 "저 군자여, 공밥을 먹지 않는도다[彼君子兮 不素餐兮]"라고 한 구절에서 유래한 말이다.

를 거느리고 올 것이라고 하면서 공해의 정돈[安頓]을 미리 지휘하게 했으며, 또 2,000명의 군대가 장차 인천과 부평 사이에 올 것이라고 하면서 그들 역시 상륙시키고 거처를 미리 정하게 했습니다. 그러면서 말하는 사이에 왕왕 서울까지의 거리를 물었습니다. 그 정상을 살펴보건대 겉으로는 마치 화호和好를 추구하는 듯 하지만 안으로는 실로 화기禍機를 감추고 있으니 국가의 안위가 경각에 달려 있습니다. 설령 저들이 호의를 갖고 왔더라도 저들의 주구誅求[74]와 응수應酬[75]에 나라가 장차 피폐해지고 말 것이니 어찌 크게 한심하게 여길 만한 일이 아니겠습니까?

또 신이 한 번 접견을 허락한 것이 이미 지극히 사체事體에 어긋났습니다. 백성과 나라에 우환을 미칠까 우려해서 전례가 없는 일을 시행했으니 이는 부득이한 데서 나온 것이었습니다. 그러나 그 실제를 따져보면 죄가 망사罔赦[76]에 해당되니 어떤 형벌에 처해야 하겠습니까? 하물며 저들의 400명 군사가 입성하는 날은 곧 강화도가 수비를 잃는 때가 될 것입니다. 그런데도 완게玩愒[77]로 날을 허비하면서 저들 멋대로 오가게 하고, 공허하게 파수를 세워둔 채 홀로 빈 군영에 앉아 있은 지가 이미 오래되었습니다. 적정賊情의 진위眞僞와 국세의 위욕危辱이 명약관화한데도 성을 등지고 한 번 싸워서 몸을 바쳐 순국할 것을 생각하지 않고, 다만 '먼저 침범하지 않는다[不先犯]'의 세 글자로 당장의 고식지계姑息之計를 삼고 있으니 고금 천하에 어찌 이러

---

[74] 주구誅求: 백성들의 재물을 탈취하거나 착취함.

[75] 응수應酬: 응접.

[76] 망사罔赦: 사면할 수 없을 정도로 큰 죄.

[77] 완게玩愒: 완세게일玩歲愒日의 줄임말로 무사안일하게 세월을 헛되이 보낸다는 뜻이다.

한 이치가 있겠습니까?

첫째도 신의 죄이며, 둘째도 신의 죄입니다. 가슴을 치며 눈물만 흘릴 뿐 말을 잇지 못하겠나이다. 엎드려 바라옵건대 성명聖明께서는 신을 사패司敗[78]에 내리셔서 속히 합당한 문초를 시행해서 군민軍民들에게 사죄하게 하소서. 대원大願을 이기지 못하겠나이다.

이에 비답批答하시길,

"이미 수호修好[79]를 위해서 왔다고 했으므로 우선 후하게 어루만진 것은 곧 교린성신交隣誠信의 뜻에서 나온 것이다. 혹여 헤아릴 수 없는 정상이 있더라도 어찌 대처할 방도가 없겠는가? 경은 지나치게 인책引責하지 말고, 더욱 힘써 대양對揚[80]하라"

라고 하셨다.

유수가 정부에 보고한 서목書目을 보니, "훈도 현석운과 역관 오경석이 왜인 모리야마 시게루를 만나 보니 명일 상륙한 후에 입성해서 대관 회견의 의절을 강정할 것이라고 했다고 합니다. 그래서 절대로 먼저 범하지 말라는 뜻을 각처의 방수防守 장졸들에게 신칙했습니다"라고 했다. 이에 대한 정부의 제사題辭에 "수호 사행使行이 기어코 성에 들어오려고 한다면 일단 접견한 후에 대관 회견의 의절을 강정하는 것 또한 차제의 일이다. 절대로 대치해서 도리어 갈등을 일으키지 말라"

---

[78] 사패司敗: 형벌을 관장하는 곳으로 형조刑曹 또는 의금부를 가리킴.

[79] 수호修好: 국가 사이에 우호적 관계를 맺는다는 뜻이다. 《左傳》 桓公元年條에 "봄에 공이 즉위해서 정나라와 수호했다[春 公卽位 修好於鄭]"고 하였다.

[80] 대양對揚: 군주의 명을 받들어 백성들에게 널리 알린다는 뜻이다. 《書經》 〈說命〉에 "감히 천자의 아름다운 명을 받아 칭양稱揚한다[敢對揚天子之休命]"는 구절이 있다.

고 했다.

대길大吉이 왔다. 가서家書를 보고 평안함을 알았다.

왜인 24명이 강화부 내의 관해館廨 여러 곳을 두루 살펴보면서 보는 대로 바로 작은 책자에 기록했다. 통사왜를 보내서 차양遮陽, 위배圍排,[81] 나무 세 그루를 요청하고는 수일 내로 다시 오겠다는 말을 전했다고 한다. 그리고 저녁에 본선으로 돌아갔다. 이러한 사유로 봉계封啓하고, 장계 편에 집과 각처에 보내는 서신들을 부쳤다.

○ 장계

부관 신 윤자승이 모리야마 시게루와 문정한 사유를 얼마전에 치계했거니와, 저들이 통사왜를 보내서 '수일 내로 접견일자를 의정해서 다시 들어오겠다' 는 말을 전하고는 금일 신시申時 경에 자기 배로 돌아갔습니다. 저들의 거처에서 땔감과 숯 등을 요청했는데 시행해 주지 않을 수 없었습니다. 그래서 강화부에 별도로 명령해서 거행했으며, 또 거처에서 차양, 위배, 나무 세 그루를 요청하였기에 이 또한 강화부에 명령해서 얻어 줄 계획입니다. 이상의 사유로 치계합니다.

훈도 현석운이 실족해서 다쳤다. 그래서 웅담 조금을 보내서 데워 먹게 했다. 부관이 중영에 하처下處를 정했는데, 왜인들이 거접할 곳으로 결정돼서 청지기 건물로 거처를 옮겼다.

●

[81] 위배圍排: 작업을 하거나 물건을 간수하기 위해 빙 둘러치는 바자나 이영.

13일 을사乙巳, 맑다.

저들을 접견할 때 난처한 사단이 없지 않았다. 그래서 묘당에 품의稟議하기 위해서 역관 오경석을 올려 보냈다.

○ 의정부 사통私通

상위相位[82]께서 분부하시길, "접견 대관은 사체事體가 본래 구별되므로 배행하는 관원이 없어선 안 된다"고 하셨으니 인천부사 윤협을 즉시 대관의 행차가 당도한 곳으로 급히 보내라는 관문을 금방 경기 감영과 강화 유수영에 보낼 것이다.

○ 의정부 관문

"강화 유수 조병식이 죄가 익직溺職에 해당된다고 여겨서 공무를 폐하고 그 판관에게 봉계封啓를 대행시켰습니다. 이처럼 유사한 때를 만나서 수신守臣이 공무를 폐기함은 극히 온당치 않으며, 사체事體로 헤아리더라도 경계가 없어선 안 될 것입니다. 우선 종중추고從重推考[83]하여 그에게 즉시 업무를 살피게 하고 감히 다시는 '대행[替行]'이라

---

[82] 상위相位: 의정부 하례下隸가 영의정, 좌의정, 우의정 등 의정議政을 일컫는 말.

[83] 종중추고從重推考: 관리가 두 가지 이상의 죄를 범했을 때, 죄과를 따져서 그 가운데 중한 죄에 따라 징계하는 것.

는 두 글자를 번거롭게 올리지 말라는 뜻을 삼현령三懸鈴[84]으로 엄히 신칙하심이 어떻겠습니까?"라고 아뢰자, 윤허한다고 비답하셨다. 전교가 있으셨으니 그 뜻을 삼가 살펴서 시행하라.

○ 승정원 계啓[85]

수신守臣은 나문拿問[86]과 삭출削黜[87]이 아니면 모든 장계를 판관에게 대행시킬 수 없는데도 강화 유수 조병식은 남들의 구설을 당할 것이라고 여겨서 공무를 폐하고, 왜인이 상륙했다는 장계를 판관에게 대신 봉해서 발송하게 했습니다. 원 장계는 변정邊情에 관계되는 것이므로 봉입捧入[88]하지 않을 수 없지만, 사체事體에 있어서 참으로 지극히 온당치 못하니 추고推考[89]하심이 어떻겠습니까?

즉시 밤사이에 달려오라는 내용으로 인천부사에게 관문을 발송하고 서한을 올렸다. 성주城主이기 때문에 높인 것이다. 어젯밤 저들이 부관과 대화할 때 기어코 강화부에 들어오려고 했으며, 접견 처소 또한 정해주길 원했으니 막중한 보장지지保障之地[90]에 그 진입의 허락 여부를 자의적으

●

[84] 삼현령三懸鈴: 긴급한 공문을 보낼 때 겉봉에 동그라미를 그려서 그 급박한 정도를 표시했는데, 그 수에 따라 일현령, 이현령, 삼현령으로 구분했다. 그중 삼현령이 가장 긴급한 문서이다.

[85] 원문에는 '本院啓日'로 되어 있는데, 《承政院日記》 一月十二日條에 따르면 승정원에서 아뢴 내용이다.

[86] 나문拿問: 죄인을 체포해서 심문함.

[87] 삭출削黜: 관직을 박탈하고 출척함.

[88] 봉입捧入: 거두어 받아들임. 봉납捧納.

[89] 추고推考: 관리의 죄과罪過를 심문해서 살핌.

[90] 보장지지保障之地: 보장保障은 보호 혹은 그것을 위한 군사 시설물을 뜻하는 말로 일반적으로 남한산성과 강화도를 가리켜 보장지지保障之地라고 하였다.

로 결정하기 어려웠다. 그래서 장계를 작성한 다음에 봉해서 오시午時
경에 당마 편으로 발송했다.

○ 장계

저들이 부관과 회견했을 때 접견 장소를 초지로 정하기를 원치 않고
반드시 성에 들어오려고 한 사유를 이미 치계했거니와, 강화부는 곧
보장지지保障之地니 감히 자의적으로 결정할 수 없는 것이 있습니다.
그러나 이미 수호를 칭탁했으니 유원柔遠의 의리에 있어서 거절하기
도 어렵습니다. 부디 묘당에서 품처稟處하게 하소서.

14일 병오丙午, 맑다.

부관의 문정 장계가 올라가서 회제回題[91]가 내려왔다. 가서家書를 보고 평안함을 알았다.

○ 강화 유수영에 올라온 초지첨사의 보고

13일 저녁에 왜인들이 우리 배로 안장을 갖춘 자기들의 말 두 필과 말구유 두 대를 싣고 와서는 함께 상륙했습니다. 말 두 필은 북변北邊의 포루鋪樓에 두고서 빈 섬[空石]을 깔아놓은 뒤에 단단히 묶었습니다. 그리고 저들의 선박에서 말먹이 콩[馬太] 두 말과 생보리[生牟] 세 말 가량, 그리고 자른 풀[切草] 반 섬을 가지고 내렸습니다. 저들이 말하길, "익힌 콩과 생보리를 섞어서 아침, 점심, 저녁으로 죽을 먹이고, 자른 풀은 간간히 먹이라"고 했습니다. 왜인 하나가 남아서 말을 돌보고 싶어 했습니다. 이에 "잘 돌볼 생각이니 염려 말고 돌아가라"고 답하자 좋다고 하면서 돌아갔습니다. 그래서 말을 돌보는 방법을 별도로 신칙했습니다.

저들이 땔감 장작과 생닭 열 마리를 사고 싶다고 했습니다. 그래서 "값은 따지지 말라. 장작과 닭 열 마리는 즉시 얻어 줄 수 있다"고 했습니다. 그러자 "값을 받지 않겠다면 우리 대신께 아뢴 다음에 가져

---

[91] 회제回題: 올린 글에 대한 회답.

가겠다"고 했습니다.

돌보는 말을 며칠에 가져갈 것인지 묻자, "모레 사이에 우리 대신께서 타실 말이다"라고 답했습니다.

이에 대해 강화 유수영에서 말을 잘 돌보라고 제칙題飭했다.

○ 13일 유시酉時에 발송한 남양부사 강윤姜潤의 보고

이양 이범선二帆船 네 척이 도리도道里島에 있다는 사유를 어제 해시亥時 경에 치보했거니와, 금일 유시酉時 경에 본부本府에 도착한 신리면新里面 궁평동宮坪洞 요망장교瞭望將校의 문보文報에 따르면, 같은 날 미시未時 경에 이양 종선 한 척이 해당 동洞 인근 개펄의 연지도蓮池島로 와서 정박한 다음에 왜인 10명이 상륙하여 서봉書封 하나를 주면서 그 글을 즉시 남양부사공 앞으로 보내라고 했다고 합니다. 이를 듣고 매우 놀랍고 괴이했습니다. 서한을 열어보니 비단 말뜻이 상세하지 않을 뿐만 아니라, 또한 하나의 변고인지라 자의적으로 처리할 수 없었습니다. 그러므로 보여드리기 위해서 베껴서 올리오나, 외국과의 통서通書가 국법에 저촉됨을 알지 못하고 경솔하게 수납受納한 일에 있어서는 지극히 경홀驚忽합니다. 요망장교의 건은 즉시 엄하게 다스리겠습니다.

● 왜인 서한의 등본謄本

걸봉: 남양부사공 앞

남양부사공 앞

전일 본함이 정박했던 화료만花料灣 내의 한 섬에 국기를 세워서 뒤에 올 우리 기선汽船[92]이 편하게 인식해서 전진하게 했으니, 이는 지극히 중요한 깃발이다. 부디 인민에게 속히 명령을 내려서 혹시라도 감히 철거하거나 훔쳐가는 등의 일이 없도록 바란다. 아울러 뒤에 오는 기선 가운데 우리 대일본 국기를 게양한 선박이 그 근해에 오면 본함의 소재를 고지해주기 바란다. 이 때문에 잠시 상륙했다. 불비不備.

대일본국 기선大日本國汽船

메이지 9년 2월 6일 쿄류마루함矯龍丸艦同言

인천부사의 배행陪行을 그만두게 하는 일로 관문을 보냈다.

○ 인천부사의 보고

이번 달 13일 술시戌時에 도착한 강화 유수부 관문에, "방금 의정부에서 지시하기를, '접견 대관은 사체事體가 본래 구별되므로 배행하는 관원이 없어선 안 된다. 인천부사를 즉시 대관의 행차가 당도한 곳으로 달려가게 하라는 관문을 금방 경기 감영과 강화 유수영에 발송할 것이다' 라고 하였으니, 관문이 도착하는 대로 즉시 밤사이에 달려오라"고 했습니다. 이에 부사가 대관의 행차를 배행하기 위해 달려가서 방수防守 절차를 토중군土中軍에서 대신 이끌고 거행한다면 아마도 소홀할 것 같다는 사유를 정부에 논보論報했습니다. 그러자

---

92 시모노세키에서 오기로 한 호쇼함鳳翔艦을 가리킨다. 부산에서 출항하기 전에 구로다는 호쇼함을 시모노세키로 보내서 공신公信을 전달한 후에 그 회신을 풍도楓島[ホルネル]로 가져오게 했다. 그러나 호쇼함은 기관에 이상이 생겨서 부산에 정박하고, 그 대신 만주마루滿珠丸가 정부의 지령을 가지고 1월 11일(양력 2월 5일)에 도착했다. 자세한 경과는 부록을 참조하라.

방금 도착한 제사題辭에 "보고가 이러하니 인천부사는 배행을 그만 두라고 하셨다. 이로써 관문을 보내니 달려가지 말라"고 했습니다.

부사가 서한을 보내왔다. 그래서 답신을 보냈다.

오시午時 경에 왜인 120명이 각각 총을 소지하고 검을 찬 복장으로 종선從船을 타고 갑곶진으로 거슬러 올라와 상륙한 후 곧장 강화부 안으로 들어왔다. 모리야마 시게루와 야스다 사다노리는 중영에 있었고 나머지는 포청捕廳[93]에 머물렀다. 작은 수레로 양찬糧饌을 수송하고, 철로 수레를 만들었다. 궤짝[櫃子]과 쇠솥 같은 물건을 대오를 이루어 짊어지고 운반하였다. 저들이 쇄소군掃灑軍 100명, 복군卜軍 50명, 사환군使喚軍 30명을 훈도에게 요청했다. 이에 강화부에서 80명의 고군雇軍만을 대주었다. 일전에 요구했던 땔감 또한 요청에 따라 강화부에서 마련해주었다. 저쪽 대신 구로다가 모레 입성한다고 했다.

당마가 돌아와서 가서家書와 저동苧洞 이 정승[94]께서 내리신 서찰을 받아 보았다. 유수가 밤참을 보내주었다. 해시亥時 경에 당마가 돌아와서 가서家書와 영의정 및 박 정승의 서한을 받아 보았다.

저들이 우리의 쟁반선錚盤船을 구해서 집기[什物]를 운반하고자 했다. 쟁반선이란 것은 배 안에 탕청湯廳이 있는 것이다. 또 남문 밖에 가건물 몇 칸을 세워줄

---

[93] 포청捕廳: 포도청.

[94] 저동苧洞 이 정승: 이유원李裕元을 가리킨다. 당시 이유원이 저동에 살았으므로 이와 같이 쓴 것이다.

것을 요청했다. 이는 저들이 집기를 수송해 올 때 여기에 쌓아 두고 사
람을 세워서 지키려는 것이었다. 본부本府에서 시행해 주었다.

병자년 1월 15일
양력 1876. 2. 9

○ 통진부사의 보고

이종선異從船이 왜인들을 가득 태우고 손돌목을 넘어서 올라간 사유
를 아까 치보했거니와, 연달아 접수한 본부本府의 초경初境 요망색리
임종우林鍾羽[95]의 보고에 따르면, 이번 달 14일 신시申時 경에 이양대
선異樣大船 한 척이 하류에서 연기를 뿜으면서 올라와 항산도의 먼저
온 여섯 척의 배가 있는 곳에 정박했다고 합니다.

○ 의정부 관문

의정부에서 아뢰길, "접견 대관과 부관은 일을 마친 후에라도 경솔
하게 우선 복명해서는 안 되니 다시 지시를 기다려서 진퇴하라는 뜻
을 행회行會[96]하는 것이 어떻겠습니까?"라고 하자, "윤허한다"고 비
답하셨다.

동시에 도착한 의정부 계사啓辭에, "방금 접견 대관과 부관의 연명계
사聯名啓辭를 보니, '강화부는 중요한 지역이므로 성에 들어와서 접견
하는 것을 감히 자의적으로 결정할 수 없습니다. 하지만 이미 수호를

---

[95] 원문에 박종우朴鍾羽로 되어 있으나 임종우林鍾羽의 오기인 것으로 보인다.

[96] 행회行會: 지방 관아의 수장이 조정의 지시를 부하들에게 전파하고 구체적 실행 방
법을 의정하기 위한 모임을 가리키기도 하지만 여기서는 공문을 보내서 알린다는
뜻으로 쓰였다.

칭탁했으니 거절하기도 어렵습니다. 부디 묘당에서 품처하게 하소서'라고 했습니다. 지난번 초기草記에서 이미 편의에 따라 행하라고 일렀으니 지금 다시 논할 필요가 없을 것입니다. 이러한 내용으로 지시하심이 어떻겠습니까?'라고 아뢰자, "윤허한다"고 비답하셨다. 모두 14일 유시酉時에 나왔다.

○ 강화 유수의 두 번째 상소

엎드려 아룁니다. 신이 외람되게 충간衷懇[97]을 아뢰어 위벌威罰을 받기를 바랐더니, 특별히 온유溫諭를 내리셔서 신에게 업무를 볼 것을 명하셨습니다. 분의分義[98]로 헤아린다면 진실로 명을 받들기에도 겨를이 없어야 할 것입니다. 다만 성비聖批에서 "이미 수호를 위해 왔다고 했으므로 먼저 후하게 어루만진 것이다"라고 하신 데 있어서는 신이 우리 성상聖上의 유원柔遠하시는 성념盛念을 헤아리지 못하는 것이 아니오나, "혹여 헤아리기 어려운 정상이 있더라도 어찌 대처할 방도가 없겠는가?"라고 하신 구절에 이르러서는 신이 이해할 수 없는 바가 있습니다.

도적의 무리가 성내를 유린하여 기탄忌憚하는 바가 없으며, 이양선이 애구阨口에서 회합하여 감히 위무威武를 과시하고 있습니다. 이는 곧 물과 육지에서 병진하는 것이니 헤아리기 어려운 흔적이 이미 드러난 것입니다. 배와 등에서 동시에 공격을 받으면 머리와 꼬리가 접하기 어려운 법인데, 만약 갑작스러운 변고가 생긴다면 군심軍心이 이미 해이해져서 담금질[淬礪][99]하기 어렵고 병기를 오래전에 버려두어

[97] 충간衷懇: 충심으로 하는 간청.
[98] 분의分義: 분수에 알맞는 의리.
[99] 쉬려淬礪: 칼이나 도끼 등의 날을 불에 달구었다가 찬물에 식힌 후 다시 숫돌에 가는 것.

서 총 한 발을 쏠 수 없을 것입니다. 이러한 지경에 이르러서는 설령 양책과 승산이 있더라도 형세 상 장차 어찌할 수 없을 것이니, 어느 겨를에 '대처할 방도'가 있겠나이까?

그렇다면 500년의 보장保障이 신으로 인해 무너진 것이며, 삼천의 정예병이[100] 신으로 인해 좌절된 것입니다. 신의 죄가 여기에 이르렀으니 어떻게 나라를 저버린 죄를 면할 수 있겠습니까? 익직溺職의 흔적이 이미 저와 같고 범하기 어려운 의리가 또 이와 같으니, 비록 부지런히 누차 신칙하더라도 어떻게 군민軍民에게 임하여 호령을 내릴 수 있겠습니까? 하루 있으면 하루만큼의 죄가 있고, 이틀 있으면 이틀만큼의 죄가 있는 것입니다.

일찍이 그것이 무거워서 장수된 자를 징계한 연후에 국가의 체통이 바르게 되고 사사로운 분수가 편안하게 될 것이라고 생각했습니다. 그래서 반드시 윤허를 받고자 누차 번독煩瀆하기를 그치지 않았던 것입니다. 엎드려 바라옵건대 성명聖明께서는 속히 양찰하시어 신에게 합당한 법률을 적용하소서. 그것으로써 온 섬의 생령들의 억울한 마음에 사죄할 수 있다면 천만 다행이겠사옵니다.

이에 비답하시길,

"네가 강화부 유수 조병식이 상소를 올린 일로 치계하였다. 상소문을 상세히 읽은 후 예전 비답에서 이미 분명히 타일렀는데, 또 이렇게 거듭 진술하니 이것이 어찌 사체事體이겠는가? 군무를 비워놓은 것에 대해서도 그 견책이 있을 것이다. 다시는 감히 등문登聞[101]을 대

---

[100] 대본에 적혀 있는 글자를 확인하기 어려워서 《龍湖閒錄》에 기록된 바에 따라 '三千軍精養'으로 고쳐 읽었다. 《龍湖閒錄》 제 4권, p. 344. 보장保障은 곧 강화도를 가리킨다.

[101] 등문登聞: 중요한 사건이나 사안을 임금께 아룀.

행하지 말라. 너희들은 이를 전유傳諭하라고 유지有旨를 내려라"고 하셨다.

○ 13일자 난보爛報[102]에, 새로 제수된 총융사 조희복趙羲復이 양화진楊花鎭에 출방出防한다고 했다.

○ 초지첨사의 치보

왜인 40여 명이 기계를 가지고 상륙한 후에 처음으로 군대를 거느리고 입성할 것이라고 했습니다. 사관 2명은 말을 타고 들어갔으며 그 외는 초지진에 둔취屯聚하고 있습니다. 그래서 그 곡절을 탐문하니 몇 명이 뒤따라 입성할 기미가 있었습니다. 금일을 위시해서 초지진에서 유진留陣한다고 하온즉, 정족산성이 대단히 위험해졌습니다. 그래서 파수군과 중군中軍, 해당 별장別將을 성에 들여보냈습니다.

유시酉時 경에 왜인 100여 명이 남문으로 들어왔다. 각각 기계를 소지하고 군악을 연주하면서 진을 이루어 들어왔다. 대포 두 대와 연환鉛丸, 화약 등의 물건을 쇠수레로 수송해 왔다.

술시戌時 경에 훈도 현석운이 와서 말했다.

"모리야마 시게루가 수차례 대화를 요청했습니다. 그래서 가서 만나보니, '내일 오시午時 경에 우리 대신께서 성에 들어오시면 곧장 귀대관의 처소로 가실 것이다. 이러한 사유를 돌아가서 귀 대관에게 아뢰고, 영접 여부를 곧바로 다시 알려 달라'고 했습니다."

---

[102] 난보爛報: 승정원에서 처리한 일을 날마다 적어서 아침에 반포하던 회보.

약속된 날짜에 접견하기 전에 지금 이와 같이 먼저 만나는 것은 사적私覿[103]과 다를 바 없으므로 신중하게 처신해야 할 문제였다. 하지만 이미 문 밖에까지 왔으니 물리칠 수도 없는 노릇이었다. 그래서 부관과 유수에게 글을 보내서 의논하자 모두 영접하는 것 외에 다른 도리가 없다고 했다.

그래서 영접하겠다는 뜻으로 회답하자 모리야마가 다시 말하길, "접견 장소 및 복장, 수행원의 숫자를 미리 결정해서 내일 동이 트기 전까지 통지해 달라. 우리 대신의 복장은 대공복大公服인데 귀 대신은 무슨 복장으로 영접할 것인가? 회사回謝는 또한 언제 할 것인가? 우리 대신의 수행원들의 관직과 성명을 기록해서 보내니, 귀 대신의 수행원들도 이와 동일하게 나라일과 공무를 담당하는 인물 외에는 참석을 허락하지 말 것이며 기타 한잡인閑雜人을 일체 엄금하라"고 했다.

이에 '복장은 그쪽에서 이미 대공복을 입겠다고 했으니 나 또한 관복冠服을 착용하지 않을 수 없다. 장소는 다른 곳으로 옮길 필요가 없으며, 회사는 당일 거행할 것이다'라고 회답했다. 하지만 수행원은 우선 적어 보내지 않았다.

● 저쪽 수행원의 성명 기록

대일본국 봉명전권변리대신捧命全權辨理大臣 수행원

외무대승外務大丞 미야모토 오카즈宮本小一

외무권대승外務權大丞 모리야마 시게루森山茂

개척소판관開拓小判官 야스다 사다노리安田定則

개척간사開拓幹事 고마키 마사나리小牧昌業

---

[103] 사적私覿: 사신이 출사出使한 나라의 군주를 사적으로 만나는 것을 말한다.

개척사칠등출사開拓使七等出仕 스즈키 다이스케鈴木大亮

● 저들이 금일 가지고 온 물품 목록
총수銃手 100명조총, 환도, 탄약통을 소지
60명칼과 단총短銃을 소지
양륜포兩輪砲 2대
전면에 '어용물御用物' 이라고 쓴 나무 궤짝 2개
전면에 '구로다' 라고 쓴 나무 궤짝 3개
짐수레[童車] 2대
말 2필

역인役人 20명, 사령使令 10명, 관노官奴 5명을 저들의 말에 따라 유수영에서 쇄소군灑掃軍[104]으로 정해서 보내주었다. 그러자 저들이 모두 갑곶진으로 데려가서 짐을 나르게 했다. 짐 싣는 말[卜馬] 34필을 강화부의 말 중에서 보내주었는데 또한 짐을 싣고 왔다. 새벽 북이 울릴 즈음 오시午時에 발송한 영의정의 서한과 의정부 관문이 도착했다.

○ 의정부 관문
지금의 이 접견은 사체事體가 구별되니, 방수防守하는 절차를 별도로 유수에게 신칙하여 단속에 힘씀으로써 충분히 정돈되고 엄숙한 자리를 마련할 것이며, 한잡배閑雜輩가 떠들고 소란을 부리는 것을 엄하게 단속하라. 이 관사關辭를 우선 포유布諭하고 만일 명령을 어기는 자가 있거든 신속하게 군율로 처리하라.

---

[104] 쇄소灑掃: 물을 뿌리고 먼지를 쓸어낸다는 뜻으로 청소와 같은 말이다.

○ 의정부 공문

접견 부관이 직접 열어볼 것.

의정부에서 상고相考함. 일본국에서 파견한 히로츠 히로노부가 별도로 첨부한 글과 구진서口陳書를 예전에 동래부에서 파발마로 올렸는데, 그 나라 변리대신이 강화도로 갔다가 만약 직접 대화할 수 없으면 곧장 서울로 들어갈 것이라고 했다.[105] 이제 일본 선박이 강화 해역에 도착함에 우리 조정에서는 특별히 정 1품 사상使相[106] 대관을 파견해서 접견을 허락했다. 접견하는 사이에 무슨 변리[107]를 할지는 모르겠으나, 강신수목講信修睦[108]은 오직 예로써 종시終始해야 하거늘 무슨 까닭으로 병선을 뒤따르게 해서 연해의 생령生靈들을 소요하고 불안하게 만드는 것인가? 이는 비단 우민의 의혹일 뿐만이 아니요, 사체事體로 말하더라도 반드시 이렇게 해서는 안 되는 것이다.

또 곧장 서울로 들어간다는 말에서 더욱 예에 심하게 어긋남을 볼 수 있다. 이미 대관을 만났다면 설혹 의론에 다소 차이가 있더라도 다만 대관과 깊이 상의해서 확정해야 할 뿐이요, 대관 또한 별도로 조정에 치주馳奏해서 타당한 결론이 나게 힘쓴다면 때가 늦지 않을 것인데, 어째서 반드시 곧장 서울로 들어간다는 말을 하는 것인가?

●

[105] 본서 부록 4-3. 〈히로츠 히로노부의 구진서와 별함〉을 참조하라.

[106] 사상使相: 원래 전직 재상으로서 관찰사가 된 사람을 가리키는 말이나 여기서는 신헌이 전직재상으로서 특명사신이 되었다는 의미로 사용되었다.

[107] 변리: 시비를 변별하거나 또는 어떤 일을 맡아서 처리한다는 뜻이다. 구로다의 정식 직함이 바로 '全權辨理大臣'이었던 바, 이는 동래부에서 서계 접수가 거부당했던 일과 운양호 사건의 시시비비를 가리기 위한 사행使行이라는 의미를 내포하고 있다.

[108] 강신수목講信修睦: 신의를 강구하고 이웃나라와 친목을 맺는다는 뜻으로 《禮記》〈禮運〉편에 "어질고 능한 자를 가려서 강신수목한다選賢與能 講信修睦"는 말이 있다.

병기를 안고서 바다를 건너와 도읍에 진입하려고 하는데 우리가 방비를 갖추지 못한 것은 고금 미증유의 일이다. 설령 우리가 대포를 쏘면서 상대하는 지경에 이르더라도 먼데서 온 사람을 예로써 접대하지 않는다는 생각을 갖지 말라고 분명하게 언급하라. 만약 이 일로 인해서 끝내 300년의 옛 우호를 잃게 된다면 어찌 양국의 큰 불행이 아니겠는가? 이러한 뜻을 빠짐없이 전하라.

16일 무신戊申, 날씨가 맑고 차다.

　모리야마 시게루가 훈도를 시켜서 이쪽 대관의 수행원의 수 및 직품과 성명을 묻고 있으니 무슨 뜻인지 알 수가 없다. 여러 번 재촉하기에 적어서 보내주었다.

종사관전행홍문관교리從事官前行弘文館校理	홍대중洪大重
용양위부호군龍驤衛副護軍	신낙희申樂熙
용양위부사과龍驤衛副司果	서찬보徐贊輔
통덕랑通德郞	강위姜瑋
태학진사太學進仕	윤명진尹溟鎭

　저들이 중영中營에 '함대영艦隊營'이라고 쓴 간판을 걸고, 또 외삼문外三門 앞 난간에 '대일본전권변리대신공관大日本全權辨理大臣公館'이라고 쓴 간판을 걸었다. 미시未時 경에 저쪽 대신 구로다가 상륙해서 성에 온다고 했다. 그래서 훈도 현석운을 보내서 중도에 맞이하게 했다. 그러자 모리야마 시게루가 "우리 대신께서 성에 들어오실 때 바로 귀 대신의 하처下處로 가실 것입니다. 대공복을 입고 가실 것이니 귀 대신도 공복公服을 착용하시는 것이 좋겠습니다"라고 했다. 그래서 대청大

廳에 자리를 마련해서 여러 물건들을 진설하고 교의交椅[109]와 다과상 등의 물건을 나란히 배치해놓고 기다렸다. 부관도 도착했다. 갑자기 싸라기눈이 흩날리다가 곧 개었다.

신시申時[110] 경에 군악소리[鐃吹]가 들리고 수레의 덜커덩거리는 소리가 가까워졌다. 비록 소리는 작았지만 멀리까지 들렸다. 저쪽 대신이 곧장 중영에 들어와서는 바로 왜인 금조를 보내 "우리 대신께서 금방 오실 것입니다. 그래서 먼저 통지하는 것입니다"는 말을 전했다. 그래서 "공경히 대접하겠다"는 말로 답했다. 잠시 후 금조가 앞에서 인도하면서 저쪽 대신과 수행원이 일제히 도착했다. 전도前導 5명이 총을 들고 왔으며, 또 전열前列의 수십 명 병졸들도 각각 칼을 차고 총을 들고 있었다. 뒤를 따르는 병졸 수십 명도 마찬가지였다. 구로다 키요타카와 이노우에 카오루는 손에 편복우산蝙蝠雨傘[111]을 들고 있었다. 미야모토 오카즈, 모리야마 시게루, 야스다 사다노리가 차례대로 들어왔다. 그래서 동헌東軒에서 나가서 맞이했다. 각자 교의 앞에 나와서 접견례接見禮를 행했다. 안부 인사를 나눈 뒤에 바로 돌아갔다.

이어서 회사回謝차 부관과 중영으로 갔다. 셋째아들 개천价川 낙희樂熙[112]와 수행원 서찬보, 강위도 뒤를 따랐다. 간략히 위의威儀를 갖춘

[109] 교의交椅: 다리가 긴 의자.

[110] 원문에는 유시酉時로 되어 있으나 신시申時의 오기인 것으로 보인다. 당일 올린 장계에도 구로다 일행이 강화부에 들어온 것이 신시로 되어 있으며, 일본 측 기록에도 3시 40분에 강화부에 도착한 것으로 되어 있다.

[111] 편복우산蝙蝠雨傘: 편복은 박쥐라는 뜻으로, 가는 쇠로 살을 만들고 헝겊을 씌워서 만든 우산을 펼치면 박쥐가 날개를 편 것과 같은 모양이라는 뜻에서 박쥐우산이라고 한다.

[112] 개천价川 낙희樂熙: 신낙희는 고종 8년(1871)에 평안도 개천군수价川郡守에 제수된 바 있다.

다음에 중영의 외삼문에 이르러 가마에서 내려 걸어서 들어갔다. 구로 다가 동헌에서 나와서 맞이하였다. 왜인 몇 명이 분합문分閤門[113] 밖에 나누어 서서 잡인의 출입을 금지했다. 개천과 서 사과徐司果[114]는 관복을 입고 있어서 입실이 허락되었지만, 강위와 임관은 철릭天翼[115]을 입고 있었기 때문에 들어올 수 없었다. 훈도만이 홀로 철릭 차림으로 따라 들어왔다. 저들이 즉시 문을 닫았다.

서로 교의 앞으로 가서 읍揖을 한 후 걸터앉았다. 앞에 탁자 한 개가 설치되어 있었는데 홍색의 비단 보가 깔려 있었으며, 동헌 내 좌우에는 채색문양 장막이 드리워져 있었다. 왜인 하나가 장막 안에서 다종茶鍾[116]을 가지고 나와서 탁자에 나열하고 차를 따라주면서 마실 것을 권했다. 또 과일 그릇과 담배갑 등을 내오면서 권했지만, 차만 마시고 일어나서 돌아왔다.

저쪽 대관과 만났을 때의 명함은 조금 두꺼운 장지壯紙 조각에다가 한가운데 판중추부사 신 아무개라고 썼다. 즉시 장계를 작성한 후 봉해서 발송했다. 해시亥時 경에 운현雲峴, 이동泥洞, 이조판서 댁 세 곳에 서한을 올렸다. 가서家書를 부쳤다.

○ 장계

당일 신시申時 경에 저쪽 대관 구로다 키요타카, 부관 이노우에 카오

---

[113] 분합문分閤門: 한옥의 대청 앞에 드리우는 창살문.

[114] 서 사과徐司果: 서찬보를 가리킨다. 사과司果는 오위五衛의 정 6품 군직軍職으로 현직에 있지 않은 문무관이나 음관蔭官 중에서 등용했다.

[115] 철릭天翼: 조선시대 무신이 입는 공복으로 저고리와 치마가 붙은 형태의 옷이다. 당상관은 남색, 당하관은 홍색으로 구분했다.

[116] 다종茶鍾: 차를 따라 마시는 그릇.

루, 외무대승 미야모토 오카즈, 외무권대승 모리야마 시게루, 개척소판관 야스다 사다노리, 개척간사 고마키 마사나리, 개척사칠등출사 스즈키 다이스케가 병졸 400명 가량을 거느리고 부중府中에 들어왔습니다. 그래서 먼저 훈도 현석운을 보내서 노고를 위문했더니, 저쪽 대관이 즉시 전어관傳語官 금조를 보내서 바로 신 등의 거처로 와서 만나겠다는 말을 전했습니다. 물리칠 수가 없어서 각자 공복을 갖추어 입고 접견을 행하겠다는 뜻을 답송答送했습니다. 그러자 바로 구로다가 그 공복을 입고서 총칼을 소지한 병졸을 간략하게 거느리고 미야모토 오카즈, 모리야마 시게루와 함께 왔습니다. 그래서 신 등도 공복을 입고 접견을 행했습니다. 저쪽에서 권대승 모리야마 시게루를 보내서 회사回謝를 요청했습니다. 그래서 부관 윤자승과 함께 가서 만났습니다. 양측의 문답을 뒤에 개록합니다. 연향은 내일 하는 것으로 약정할 생각입니다. 이상의 연유로 치계합니다.

○ 접견시 문답

彼: 사람을 보내서 먼저 위문해 준데 감사한다.

我: 멀리 바다를 건너와서 노고가 많았을 것인데, 귀체보중貴體保重하니 수행원 모두의 복이다. 조정에서 우리들에게 위로할 것을 명하였다.

彼: 감사하다.

彼: 우리의 거처와 수행원 및 병졸의 거접居接[117]으로 많은 폐를 끼쳐서 대단히 미안하다.

---

[117] 거접居接: 잠시 머무름.

我: 수백 년 동안의 수호를 이제 이렇게 다시 맺게 되었으니 매우 다행이다. 그러한 일들이 무슨 폐가 되겠는가?

彼: 접견을 위해서 왔을 뿐이니 바로 돌아가겠다.

我: 즉시 회사回謝하겠다.

○ 회사回謝시

彼: 이처럼 왕림[枉顧][118]해줘서 매우 감사하다.

我: 아까 잠시 만났기 때문에 회사回謝차 온 것이다.

我: 처소가 좁고 누추해서 주인 된 마음이 편치 못하다.

彼: 괘념치 말라. 지금 겨울 날씨가 온화하니 사람에게도 좋고 세점歲占[119]에도 잘 맞을 것이다.

我: 날씨가 계속 화창하니 비단 풍년의 조짐이 될 뿐만이 아니요, 귀 선박이 해상의 추위와 고생을 면할 수 있을 듯해서 그 또한 매우 기쁘다.

저들 가운데 두 명이 초지진 앞바다에서 익사했다. 전어관 금조가 유수를 찾아와서 구로다의 서찰을 전달하고 시신의 인양을 요청했다고 한다.

---

[118] 왕고枉顧: 존귀한 사람이 스스로 굽혀서 돌아본다는 뜻으로 다른 사람의 방문을 높이는 말이다.

[119] 세점歲占은 한 해의 길흉화복을 점치는 것인데, 여기서는 금년도 농사가 잘 될 것이라는 의미로 쓰였다.

○ 장계

이번 달 16일 술시戌時 경에 저쪽 전어관 금조가 와서 신에게 보내는 모
리야마 시게루의 서한을 전달했습니다. 서한의 내용은 저쪽 병사 2명이
물에 휩쓸려 익사한 일로 남양, 인천 등 각 지방에 별도로 신칙해서 시
신을 인양해줄 것을 급히 요청하는 것이었습니다. 바로 연해 각 읍에
관문을 보내서 수일 내로 건져서 보내게 할 계획입니다. 원 서한을 다
음에 개록합니다. 이상의 연유로 치계합니다.

강화부 유수 조병식 귀하

지난 9일에 우리 대신께서 통솔하시는 의장병들을 초지진으로 분견分遣
해서 해안에 상륙시킨 다음에 육로를 통해 강화부로 보내려고 했는데,
병사 몇 명이 각정腳艇을 타고 대선大船에서 이탈할 때 무슨 실수였는지
닻줄을 놓쳐서 배가 그만 전복되고 말았다. 이에 작은 배 몇 척을 보내
서 구조하려고 했으나 마침 썰물이 급히 빠져서 파도 속에서 두 명을
잃었다. 다방면으로 수색했지만 끝내 실패하고 말았으니 참으로 안타
깝다. 부디 귀부貴府에서 속히 이 일을 남양, 인천 등 각 지방에 고지하
여 만약 유시流屍[120]가 떠내려 오면 바로 알려주기 바란다. 즉시 인원을
그 지방으로 파견해서 시신을 인수할 것이다. 장례 운영 등의 일체 사
안은 그때 가서 상의할 것이다. 해당 병사의 성명과 의복, 용모를 별단
別單[121]에 자세히 적어서 편하게 대조할 수 있게 했다. 삼가 아뢴다.

메이지 9년 2월 10일

　　대일본 특명전권변리대신 수행원

---

[120] 유시流屍: 물에 떠내려 온 시체.
[121] 별단別單: 주 문서에 덧붙이는 부속 문서나 명부.

외무대승 미야모토 오카즈

외무권대승 모리야마 시게루

이시와타 코마지石渡駒治

이 병사는 연령 17세 10개월이다. 물에 빠졌을 때 단모短帽를 쓰고 전투복[戎服]을 입고 있었다. 짙은 감색의 다라융哆囉絨이다. 어깨 부위에 금실을 박았고 목덜미와 소매에 푸른색으로 가장자리 띠를 둘렀다. 잠방이 양쪽 가에 견고하게 붉은 줄을 묶었다. 행랑을 메고 있었으며 가죽 주머니를 차고 총과 칼을 지니고 있었다. 가죽 신발을 신었다.

에구치 린타로江口麟太郎

이 병사는 연령 22세 9개월이다. 복장은 앞과 동일하다.

병자년 1월 17일
양력 1876. 2. 11

훈도를 보내서 저쪽 대관과 부관을 위문했다. 금일 오각午刻[122]에 연향을 하기로 약속하고, 장소는 서문 내 연무당鍊武堂으로 정했다. 저들의 병졸이 간혹 민간에 난입攔入[123]한다는 말이 있었다. 그래서 훈도를 저들에게 보내서 단속하라고 일렀다. 그러자 저쪽 대관이 금조를 보내서 "병졸들을 각별히 조심시키고 있으니 다만 앞으로 두고 보라"는 말을 전해왔다. 또 "오늘은 우리나라 진무황제神武皇帝의 즉위일이다. 매년 이날에 덕담으로 대포 21발을 발사하는데 이 관례는 본래 시행하지 않을 수 없는 것이다. 그러나 성안에서 대포를 쏘면 아마 귀 백성들이 놀라고 괴이하게 여길까 우려할 테니 선상에서만 포를 쏘게 하겠다. 이를 미리 양찰하라"고 했다. 그래서 잘 알았다고 답변했다.

○ 양화진장楊花鎭將의 보고

금위영禁衛營이 망원정望遠亭[124]에서 방수防守하다가 16일 오시午時 경에 여의도如意島로 이진移陣했습니다.

---

[122] 오각午刻: 낮 11시부터 12시 사이의 시각.

[123] 난입攔入: 출입 통제 구역에 함부로 출입함.

[124] 망원정望遠亭: 양화도楊花渡 동쪽 언덕에 있는 정자이다. 원래 태종의 차남 효령대군孝寧大君의 소유로 세종이 방문해서 희우정喜雨亭이라는 이름을 하사한 바 있다. 후에 성종의 친형 월산대군月山大君이 개축하면서 이름을 망원정으로 고쳤다.

오시午時 경에 부관 및 종사관 개천价川, 강위, 서찬보, 훈도, 역관들과 함께 연무당으로 갔다. 전열前列에 큰 깃발을 앞세우고 전배前排[125]와 육각六角[126]을 성대하게 갖추었다. 그리고 친위사親衛士 한 초哨[127]를 거느리고 연무당으로 갔다. 해당 번장番將이 별효사別驍士 좌우 두 초를, 별장別將이 장창수長槍手 20명을 거느리고 뒤를 따랐다. 이윽고 저쪽 대신 구로다 및 이노우에 카오루, 모리야마 시게루, 야스다 사다노리, 미야모토 오카즈, 고마키 마사나리, 스즈키 다이스케, 전어관 최조가 추종騶從을 모두 제외하고 조촐하게 걸어서 들어왔다. 접견한 뒤에 좌정했다. 문답이 길어져서 날이 저문 후에야 돌아올 수 있었다. 밤중에 장계를 작성해서 문답기와 함께 봉해서 발송했다. 가서家書와 영의정, 운현雲峴, 이조판서께 올리는 서한을 부쳤다.

○ 장계

신 등이 어제 신시申時 경에 저들을 접견했으며, 연향宴饗을 베풀 것이라는 내용을 이미 치계했거니와, 신 등이 금일 오시午時 경에 저들과의 연향 차 각자 공복을 입고 간략히 위의威儀를 갖추어 유수영의 연무당에서 개좌開坐[128]하고 있었더니, 저쪽 대신 구로다 키요타카와 부관 이노우에 카오루가 오직 수행원 미야모토 오카즈, 모리야마 시게루, 야스다 사다노리, 전어관 최조만을 거느리고 왔습니다. 서로 문답을 나누고 이어서 연향을 시행하였는바, 문답한 말을 뒤에 개록합니다. 저들이 내일 다시

---

[125] 전배前排: 관리의 행차 시 앞에서 인도하는 관예官隸.

[126] 육각六角: 북, 장구, 해금, 피리, 태평소 한 쌍의 총칭.

[127] 초哨: 옛 군대 편제의 하나로 약 100명의 군사로 구성됨.

[128] 개좌開坐: 관리들이 모여 앉아 사무를 본다는 뜻으로 여기서는 조선 측 접견 사절단이 모여 앉아서 구로다 일행을 기다리고 있었다는 뜻이다.

회견할 것을 요청했습니다. 이후의 경과를 계속 보고할 생각입니다.

○ 연향시 문답기[129]

我: 밤새 평안해서 기쁘다.

彼: 감사하다.

彼: 금일 날씨가 청명하고 두 공께서도 평안하시니 매우 기쁘다.

我: 귀 선박의 병졸 두 명이 익사했다고 들었다. 매우 안타까운 일이다. 강화부 유수가 이미 각 해당 포구와 연읍沿邑의 수재守宰들에게 시신의 인양을 특별히 신칙했다.

彼: 감사하다. 오늘 이렇게 만난 것은 다른 이유에서가 아니다. 양국에서 각각 대신을 파견한 것은 대사를 변리하고, 또 옛 우호를 중수重修하기 위한 것이다. 차례대로 이야기하겠다.

我: 300년 동안의 옛 우호를 왜 지금 다시 찾는 것인가? 강신수목講信修睦은 진실로 양국의 대사盛事이니 매우 두렵고 조심스럽다.

彼: 이번에 사절을 파견한 의도는 바로 지난번 히로츠 히로노부가 보낸 별함別函에 쓰여 있던 말과 같다.[130] 교린의 도가 어째서 화합하지 못하고 이처럼 단절된 것인가?

我: 교린을 한 이래로 매번 격식을 가지고 다투는 것이 오랜 관례를 이루었는데, 그 쪽에서 옛 서식을 위반했기 때문에 변방의 신하

---

[129] 일본 측 기록에 따르면 이 문답은 오후 1시에 시작되었으며, 문답을 마치고 간단한 주연을 가진 다음에 오후 5시에 거처로 돌아갔다. 히로세 유타카가 통역을 맡았으며, 배석자 명단에는 본문의 기록과 달리 야스다 사다노리가 빠지고 고마키 마사나리가 배석한 것으로 되어 있다. 《大日本外交文書》 제9권, 문서번호 16. "日鮮兩國國交問題, 雲揚艦事件等二關スル件".

[130] 1875년 12월 19일(양력)에 이사관理事官 히로츠 히로노부가 훈도 현석운에게 전달한 별함別函을 가리킨다. 부록 4-3. 〈히로츠 히로노부의 구진서와 별함〉을 참조하라.

가 오직 구례舊例만을 지키다가 그렇게 되었던 것이다. 또 그처럼 사소한 일을 옛 우호를 다시 맺는 자리에서 어찌 장황하게 언급할 필요가 있겠는가?

彼: 우리 선박 운요雲良함이 작년에 뉴장牛莊으로 향하던 중에 귀국 경내를 통과하다가 귀국인의 포격을 받았으니 교린의 우의가 어디에 있는가?

我: 타국 경내에 들어올 때 금지하는 바를 묻는 것[入境問禁]은 예경禮經에 적혀있는 바[131]이다. 그런데 지난 가을에 온 선박은 애초에 어느 나라 배가 무슨 일 때문에 왔다는 사유를 먼저 통지하지 않고 곧장 방수防守하는 곳으로 진입했으니, 변방 수비병의 발포 또한 부득이한 일이었다.

彼: 운양함이 귀 경내를 지나다가 포격을 받을 당시 세 개의 돛에 모두 국기를 세워서 우리 선박임을 표지했는데 어째서 알지 못했다고 하는가?

我: 당시 선박의 깃발은 바로 황기黃旗였으니, 이를 가지고 다른 나라 선박으로 인식했기 때문이다. 설령 그것이 귀국의 국기[旗號]였다고 하더라도 혹 변방의 수비병이 알지 못했을 수 있다.

彼: 본국의 국기를 어떤 색으로 하는지 사전에 통지했는데 어째서 연해 각처에 관문을 하달해서 알리지 않았는가?

我: 모든 일이 채 강정되지 않았기 때문에 또한 미처 알리지 못했던

[131] 입경문금入境問禁: 《孟子》〈梁惠王章句〉 하편에 "신이 처음 국경에 이르러 제나라에서 크게 금하는 것을 물은 후에야 감히 들어왔습니다[臣始至於境 問國之大禁然後 敢入]"라는 구절이 있고, 《禮記》〈曲禮〉 상편에 "국경에 들어와서는 금하는 것을 묻고, 도성에 들어와서는 풍속을 묻고, 대문에 들어와서는 꺼리는 것을 묻는다[入竟而問禁 入國而問俗 入門而問諱]"라는 구절이 있다.

것이다. 그러나 당시 영종진수永宗鎭戍 일체를 분탕焚蕩하고 군대
물자를 약탈해 갔으니 이는 아마도 교린의 후의厚誼가 아닐 것이
다. 여기서 피차의 잘잘못을 헤아릴 수 있을 것이다. 반면에 이번
에는 사전에 동래부에서 사명使命에 따른 것이라고 통지했기 때
문에 빈례賓禮로 대하는 것이다. 이 또한 헤아릴 수 있을 것이다.
표류한 선박도 유원柔遠의 뜻으로 관후하게 대접하는데 어찌 귀
병선을 포격할 수 있겠는가?

彼: 금번 사신의 일은 양국 대신이 직접 만나서 강정하기로 했다. 그
렇다면 일의 가부를 귀 대신이 독자적으로 결단할 수 있는가?

我: 귀 대신은 봉명奉命하여 절역絕域에 나왔기 때문에 직접 보고하고
시행할 수가 없다. 그러므로 전권의 직책이 있는 것이다. 그러나 우
리나라의 경우에는 나라 안에 저 먼 지역에서도 전권이라는 호칭이
없으니 하물며 기연畿沿[132]에 있어서겠는가? 나는 다만 접견을 위해
서 왔을 뿐이니 사안에 따라 품달稟達한 후 처분을 기다려야 한다.

彼: 예전에 히로츠 히로노부가 우리나라에서 전권대신을 파견할 것
임을 통보한 적이 있었다. 그래서 귀 대신이 여기 와서 접견하는
것인데 어째서 독자적으로 결단할 수 없는가?

我: 우리나라에는 본래 전권의 직임이 없고, 또 무슨 사건이 있을지
도 알지 못하는데 어떻게 미리 품정稟定해서 올 수 있겠는가?

彼: 사신을 접대하지도, 서계를 받지 않은 지도 7, 8년이나 되었다.
그것은 어째서인가? 그 이유를 듣고 싶다.

我: 거기에는 곡절이 있다. 지난 정묘년丁卯(1867)에 중국에서 신문지
를 보내왔는데, 귀국인 야도 마사요시八戶順叔가 송고한 신문지[133]
에 '조선 왕은 5년마다 반드시 에도에 와서 대군大君을 배알拜謁

---

[132] 기연畿沿: 경기 연안. 즉 강화도를 이른다.

하고 공물을 바치는 것이 옛 관례였다. 그런데 조선 왕이 이 관례를 이행하지 않은지 오래되었다. 그래서 군대를 일으켜서 그 죄를 문책하려는 것이다' 라는 말이 있었다. 그 후 우리나라의 조야朝野에서 귀국이 우리나라를 크게 무함했다고 여기지 않는 이가 없었다. 또 《만국공보萬國公報》[134]에 포모包茅가 들어오지 않았기 때문에 귀국에서 우리나라를 공격하려는 것이라는 글이 있었다. 그러나 포모가 들어오지 않았다는 것은 바로 제나라 환공桓公이 주나라 왕실을 위해서 초나라 제후[楚子]를 꾸짖은 말이었으니,[135] 그렇다면 이는 인용하는 뜻이 다시 잘못된 것이다. 그것이 실로 세계를 단절한 일대 근본 이유였다. 그러나 이제 우호를 맺는 자리에서 지난 일을 거슬러서 끌어들일 필요는 없다.

彼: 귀국에 이러한 곡절이 있음을 우리나라가 어떻게 알았겠는가?

[133] 1867년 3월 초[양력]에 《中外新報》에 송고했다. 《中外新報》는 중국인 오정방伍廷芳이 1858년 홍콩에서 창간한 신문이다. 청국 총서總署에서는 여기에 기고된 야도 마사요시의 원고를 텐진과 상하이 통상대신 및 세무사의 보고를 받아서 1867년 2월 15일(양력 3월 20일)에 상주했으며, 이는 다시 조선에 같은 해 3월 7일(양력 4월 11일)에 자문으로 전달되었다. 그 내용이 대략 다음과 같다.

① 영국에서 온 신문지에 따르면 영국은 조선[高麗]을 침략할 의사가 없으며, 프랑스 또한 당장은 전쟁을 재개할 가능성이 없다.

② 치푸芝罘에서 온 소식에 따르면, 성조기花旗를 단 대병선大兵船 와츄세트[猾諸古]가 치푸에서 조선으로 파견되어 제너럴셔먼호가 파괴되고 선원들이 피살된 사건을 조사할 예정이며, 또 풍문에 영국, 미국, 프랑스 삼국이 봄에 포함을 이끌고 조선에 가서 통상과 화약和約을 강요해서 취하기로[迫取] 약속했다고 한다. 또 다른 풍문에는 프랑스는 이미 조선에 강화를 요청했으므로 영국, 미국과 동행하지 않을 것이라고 하지만 마침내는 3국이 함께 갈 것이라는 말이 많다.

③ 일본의 객인客人 야도 마사요시가 보내온 신문지 원고에 따르면, 근래 일본의 무비武備가 증가하여 현재 화륜군함 80여 척을 보유하고 있으며 해외에서 조선을 토벌하려는 뜻을 가지고 있다. 조선의 왕이 5년마다 반드시 에도에 와서 대군大君을

그것은 풍문에 불과할 뿐인데 수백 년 교린의 후의厚誼를 어찌 그
것 때문에 의심해서 단절할 수 있는가? 설령 그러한 황당한 설이
있더라도 다시 우리나라 정부에서 귀국 정부에 통보한 바가 없는
데 어떻게 그것을 믿고서 그와 같이 단절할 수 있는가? 도리어
귀국을 위해 개탄한다.

我: 신문지가 귀국 사람에게서 나와 각국에 간행되었으니 어떻게 그
것을 허탄한 것으로 간주해서 국인國人 가운데 분노를 품는 자가
없을 수 있겠는가?

彼: 이른바 신문지라는 것은 비록 그 나라 군주郡州의 일이라도 혹 사
실이 아닐 수 있다. 만약 이 종이를 신뢰한다면 전쟁이 하루도 그
칠 날이 없을 것이니 다만 한 번 웃으면서 봐야 할 뿐이다. 귀국
에서 이제 그 글이 허탄하다는 사실을 깨닫게 되었으니 아마 회

배알하고 조공을 바치는 것이 고례古例인데도 조선의 왕이 이러한 예를 폐기한 것
이 오래 되었다. 그러므로 군대를 일으켜서 그 죄를 문책하려는 것이다.
④ 서양인이 중국인에게 알린 바에 따르면, 프랑스 병선이 조선에서 돌아올 때 조
선의 공격을 받았다. 이 때문에 회군했는데도 그 잘못을 깨닫지 못한다. 북방의 날
씨가 한랭해서 다른 성省보다 심하다. 프랑스 병선은 실제로 강물이 얼어서 움직
이기 어려웠기 때문에 잠깐 군대를 멈춘 것일 뿐이다. 또 들으니, 봄에 날씨가 따
뜻해지면 프랑스만 진군하는 것이 아니라 일본도 군대를 일으켜서 간다고 했다.
⑤ 야도 마사요시에 따르면, 일본은 최근 국정과 풍속을 혁신하고, 무기를 근대화했
으며 에도 정부에서 소년 14명을 선발한 후에 영국 런던으로 유학을 보내서 신식 문
물과 제도를 도입했다. 또 일본 내 260명 제후들이 대군의 명에 따라 에도에서 회동
했는데 무비武備를 정비해서 국위를 크게 떨치고, 조회 오지 않는 제후[不庭]를 정벌
하기로 했다. 그리고 지금 군대를 일으켜서 조선을 정벌하려는 것은 조선이 5년마다
오는 조공을 폐기한지 오래되었기 때문이다. 中央研究員近代史研究所 編, 《清季中
日韓關係史料》(臺北: 中央研究院近代史研究所, 1972) 제 2권, 문서번호 38. pp. 51~53.
이 자문은 《同文彙考》에도 수록되어 있다. 하지만 위 5개 항목이 ③④⑤②①의 순으로
배열되어 있으며, 그 내용도 약간의 차이를 보인다. 《同文彙考》 제 3권, pp. 2479~81.

오悔悟할 수 있을 것이다.

我: 우리 조야朝野에서 미상불 의심하고 괴이하게 여긴 지가 오래되었다. 대체로 교린의 도는 '성신예경誠信禮敬'의 네 글자가 중대하다. 피차 옛 우호를 다시 맺는 것이 실로 양국에서 해야 할 일이다.

彼: 우리들의 금번 사신의 일에는 대관절 하나하나 증거가 있으니 차차 말하겠다. 귀국에서 만약 신문지를 믿고서 옛 우호의 정의情誼를 단절하려고 한다면 양국 만민이 모두 도탄에 빠지게 될 것이다. 앞으로 다시는 그러한 일을 준신準信하지 말라.

彼: 허탄한 일을 빌미로 오랫동안 교린의 우의를 단절함이 옳은가? 당시의 진위를 우리나라에 탐문했다. 그래서 사실이 아니라고 회답했는데 아직까지 무슨 의심할 만한 것이 남아 있는가?

我: 이미 각국에 간행된 것이기 때문에 우리나라 조야朝野에서 아직까지 의심하고 괴이하게 생각하는 것이다. 이제부터는 만약 의심할 만한 일이 생기면 서로 알려서 의혹을 해소해야 할 것이다.

●

134 《萬國公報》: 1868년 9월 5일[양력] 미국인 선교사 Young John Allen(중국명 林樂知, 1836~1907)이 상해에서 창간한 주간 간행물로, 원제목은 《敎會新報》였으나 1874년 9월의 300호를 기해서 《萬國公報》로 제호를 바꾸고 내용도 전교 위주에서 과학기술, 지리, 상업, 시사, 각국 소식 등으로 다양해졌다.

135 포모불입包茅不入: 포모包茅는 고대 중국에서 제사를 지낼 때 다발로 묶은 다음에 술을 부어서 거르던 향초를 말한다. 《春秋左傳》僖公 四年條에 따르면, 초楚나라가 정鄭나라를 침공하자 제齊나라를 중심으로 제후국들이 연합해서 초나라를 공격했다. 그때 제나라 재상 관중管仲이 제 환공을 대신해서 말하기를, "네 공물인 포모包茅가 들어오지 않아서 축주縮酒[포모에 술을 부어 거르는 것]를 할 수 없어서 왕실의 제사를 지내지 못했으니, 과인이 그 죄를 묻노라[爾貢包茅不入 王祭不共 無以縮酒 寡人是徵]"라고 하였다. 이는 주나라 왕실이 쇠미해지자 초나라가 이를 업신여겨서 의당 바쳐야 할 공물을 바치지 않은 것을 문책하는 말이었다. 원문에는 포모包茅가 포제包弟로 잘못 기록되어 있다.

彼: 예전에 대치하던 일과 몇년 전 새 서계를 받지 않은 일에 관해서
　　도 다시 언급해야 한다.

我: 폐일언해서 지난 일들이 얼음이 녹듯 깨끗이 풀렸는데 다시 무엇
　　을 말하겠는가?

彼: 잘잘못을 논하지 말고 그냥 놓아두는 것이 좋겠다는 말은 참으로
　　부당하다. 가령 친구와 약속을 하더라도 저버릴 수 없는데 하물
　　며 양국 간 교호交互의 정의情誼에 있어서겠는가?

我: 7, 8년 동안 단절되었던 곡절을 이미 남김없이 다 밝혔다.

彼: 그렇게 말하면 일에 결말이 날 때가 없을 것이다. 운양함 사건에
　　있어서 이제 그것이 우리 선박임을 알았다면 잘잘못이 누구에게
　　있는가? 당시에 포격한 변방 군사들은 어떻게 처리할 것인가?

我: 그것은 알면서 고의로 한 것과는 다르다.

彼: 오늘은 날이 이미 늦어서 모두 다 이야기할 수 없다. 대체로 양국
　　의 조약을 강정해서 영원히 변치 않게 만든 후에야 수호를 할 수
　　있으니 양쪽 대신이 직접 만나지 않을 때는 수행원들로 하여금
　　서로 만나게 해야 한다.

我: 임관이 따로 있는데 어째서 수행원들을 왕래시키며 만나게 할 필
　　요가 있는가?

彼: 우리 수행원들은 각각 명을 받은 직임이 있어서 모두 공무에 참
　　여할 수 있는 자들이다. 따라서 귀 수행원들도 공무에 참여할 수
　　있는 자들로 접촉하게 하는 것이 좋겠다.

我: 우리 수행원들은 봉명한 것이 아니라 사신인 내가 자벽自辟[136]한
　　자들이다.

彼: 그렇다면 우리 수행원과 귀 부관이 만나는 것이 좋겠다.

---

[136] 자벽自辟: 공식적인 임명 절차 없이 장관이 자의로 예하 관원을 임명하는 것.

我: 임관은 봉명奉命한 것과 다를 바 없으니 임관 중에 품계가 높은
　　자가 만나는 것이 좋겠다.

彼: 그것은 서로 대등하지 않다.

我: 서로 만나기에는 비록 대등하지 않지만 만약 서로 알릴 일이 생
　　기면 그들을 왕래시키는 것이 좋겠다.

彼: 무방하다.

我: 다과를 간단히 준비했으니, 잠깐 들기 바란다.

彼: 후의는 감사하지만 놔두는 것이 좋겠다.

我: 이미 준비했으니 부디 조금이라도 들기 바란다.

彼: 은근한 뜻이 이러하니 감히 고사하지 못하겠다.

　　그리고 두 차례 술잔이 오간 후 일어났다. 그래서 다과[茶啖]는 처소
로 보냈다.

○ 강화 유수영 장계

당일 사시巳時 경에 저쪽 전어관 금조가 와서 말하길, "우리 천황의 즉위
일[齊日]에 초지에 정박 중인 우리 선박에서 화포를 발사할 예정이니 민
간에 놀라거나 두려워하지 말라고 지시하라"고 했습니다. 방금 통진부
사 이규원의 보고를 받으니, "금일 진시辰時 경에 항산도에 정박 중이던
일곱 척의 이양선에서 전후의 돛대와 돛 줄에 흰색 바탕에 붉은 중심이
그려진 깃발을 가득 걸고는 오시午時가 되자 대포 90여 발을 연속해서
발사한 후에 금속 악기를 쳐서 그쳤습니다. 그리고 계속해서 정박한 채
이동하지 않고 있습니다"라고 했습니다. 이상의 연유로 치계합니다.

○ 강화 유수영에 올라온 영종첨사 양주성의 보고

당일 신시申時 경에 이범선二帆船 두 척이 본진本鎭의 요구서腰鉤嶼 아래에 정박했습니다. 선상에서 마치 우리의 바라哱囉 소리 같은 것이 네 차례 들렸습니다. 그리고 소정小艇 한 척이 항산도로 향했다가 다시 태평암太平巖 아래로 왔습니다. 왜인 16명이 상륙해서 필담으로 "여기서부터 항산도까지의 거리가 몇 리나 되는가?"라고 물었습니다. 제가 50리라고 답하자 머리를 주억거리면서 갔습니다. 곧장 성 주변으로 가서 구경하다가 필담으로 "불에 타서 이렇게 된 것인가?"라고 물었습니다. 제가 그렇다고 하자, 저들이 다시 "내일 항산도로 갈 것이다"라는 글을 써 보였습니다. 그리고 배로 돌아가서 그들의 대선大船이 있는 곳으로 내려갔습니다. 문답하는 사이에 저들의 대선에서 조총을 다섯 번 연속해서 발사했습니다.

○ 초지첨사 강영회姜英會의 보고

항산도 아래에 정박 중인 저들의 대선大船 일곱 척은 아직까지 이동이 없으며, 단지 소선小船을 보내서 간간이 급수해 갈 뿐입니다.

○ 장계

신 등이 저들을 접견하고 연향한 후의 문답기를 뒤에 개록해서 이미 치계했거니와, 연향을 마치고 난 후에도 저들이 거느리고 온 병사들을 먹이지 않을 수 없었습니다. 그래서 소 5마리와 닭 50마리를 보내주었습니다. 저들이 말하길, "사신의 일을 처리하기 전에 감히 받는 물건이 있어서는 안 되지만, 만약 받지 않는다면 또한 상대를 공경하는 뜻이 아닐 것이다. 우선 임관을 시켜서 받아두겠다"라고 했습니다. 어제 오시午時 경에 저들이 다시 접견을 요청했습니다. 그래서 바로 구로다 키요타카, 이노우에 카오루, 미야모토 오카즈, 모리야마 시게루, 야스다 사다노리, 고마키 마사나리, 스즈키 다이스케, 전어관 최조, 금조 등을 진무영鎭撫營[137] 집사청執事廳으로 맞이해서 접견했습니다. 종일 문답하다가 초저녁에 자리를 파하고 돌아갔습니다. 서로 힐난하는 말이 지리하게 반복되었는데 일일이 뒤에 개록했습니다. 조약 책자에 있어서는, 저들이 봉납捧納해 줄 것을 간청했지만 자의적으로 바로 봉납하기 어려워서 우선 필사해서 올리겠다고 대답했습니다. 그런데 방금 역관을 보내니 필사해 가는 것을 허락하지 않았습니다. 그래서 놔두고 다시 묻지 않았습니다.

---

[137] 진무영鎭撫營: 조선 후기 강화도에 설치한 군영으로 서울로 진입하는 해안의 경비를 담당했다. 숙종 26년(1700)에 창설되었으며, 정조 3년(1779)에 통어영統禦營을 병합했다가 정조 13년(1789)에 다시 분리되었다. 병인양요 이후 외국 선박의 침입이 빈번해지자 진무영의 지위를 정 2품 아문으로 승격시키고 기구를 대폭 강화했다. 《梅泉野錄》에 "병인년(1866) 이후 양인의 소란을 징계하기 위하여 강화에 진무영을 설치하고 경내의 포수 3,000명을 뽑아 유수로 하여금 그들을 관장하게 하고, 또 삼남지방에 전세田稅를 부과하여 이를 포량미砲糧米라고 하였다. 그 세미稅米는 수만 석이나 되어 관리들이 농간을 부리므로 삼남민들은 이중으로 고통을 받았다"라는 기록이 있다. 김준 역, 《완역 매천야록》 교문사, 1994. p. 29.

또 저들의 대선大船 한 척이 어제 영종 경내에 들어왔습니다. 그러자 저들이 다시 접견을 요청하면서 "시급한 일이 생겨서 직접 만나 전달하지 않을 수 없다. 즉시 찾아가겠다"고 했습니다. 그래서 부득이 어제 만났던 곳에서 다시 회견하게 되었습니다.

저들이 간청한 책자의 대략적인 내용은 곧 설관設館과 통상의 조례에 관한 것이었습니다. 아직 올리지 못했으니 역관을 보내서 다시 베껴 올 생각이오나, 저들의 정상을 헤아리기 어려우니 또한 그 의도를 알 수가 없습니다. 금일 만난 후에 다시 계획할 생각입니다.

○ 문답기[138]

彼: 어제의 후한 대접에 감사한다. 소와 닭 등을 많이 보내줘서 대단히 감사하지만, 사신의 일을 끝마치기 전에 감히 받을 수 없는 점이 있다. 그러나 받지 않는다면 또한 예의가 아닐 것이다. 그러므로 임관을 시켜서 맡아두게 한 것이니 또한 매우 황송하다.

我: 간설簡褻[139]함이 부끄러울 따름이다. 어찌 사례할 만한 것이겠는가? 일전에 익사한 귀 병사를 각별히 신속하게 인양하라고 우리 조정에서 엄하게 신칙했지만 아직까지 건져내지 못했으니 매우 안타깝다.

彼: 귀 조정의 깊은 뜻이 이와 같으니 감격을 이기지 못하겠다. 다만 조류가 매우 급해서 그 인양을 기필할 수가 없다.

---

[138] 일본 측 기록에 따르면 이 회견은 오후 1시부터 5시 45분까지 진행되었다. 일본 측 기록에는 배석자 가운데 스즈키 다이스케의 이름이 빠져 있다. 《大日本外交文書》 제9권, 문서번호 17. "我ヨリ日鮮修好通商條約案ヲ提示シ其ニ對スル彼ノ解答期日決定ノ件".

[139] 간설簡褻: 태만하고 공손하지 못함.

彼: 지금부터 어제 못 다한 이야기를 계속하겠다. 야도 마사요시의 일과 신문지의 일로 인해서 귀국의 신민들이 모두 울분을 품었고 이로 말미암아 300년 이웃나라와의 우의가 끊어졌다고 했는데 참으로 이해할 수가 없다. 신문지는 애초에 우리 정부에서 귀 정부로 보낸 것이 아닌데 무엇에 근거해서 믿은 것인가? 우리나라 신민들은 귀국에서 수모를 받았다고 생각해서 울분을 품지 않는 사람이 없었다. 그러나 우리나라에서는 지난 300년 동안의 이웃 나라의 우의를 염두에 두었다. 그러므로 오늘날까지 이어오게 된 것이다.

彼: 무진년戊辰(1868) 이래로 우리 국제國制가 일변해서 이웃나라에 통보하지 않을 수 없었다. 그래서 서계를 지참한 사절을 파견한 후 동래부에 접견을 요청해서 수호의 뜻을 펼치려 했던 것이 비단 한두 번이 아니었으며, 모리야마 시게루, 요시오카 히로타케吉岡弘毅,[140] 히로츠 히로노부 등도 동래부에 갔지만 접견을 받지 못했다. 당시 임관이 몇 년이 지나도록 접견을 하지 않아서 오랫동안 지체했는데, 이태 전에야 외무성의 새 서계를 작성해 오라는 허락이 있었다. 하지만 그때도 용접容接을 받지 못했으니 옛 우호를 다시 맺는 자리에서 변명이 없어서야 되겠는가?

我: 신문지 일은 어제 이미 말했으므로 지금 다시 제기할 필요가 없다. 그 동안의 사상事狀은 일일이 알 수 없으니 옛 우호를 다시 맺는 이 자리에서는 다만 화호和好만을 논해야 할 것이다.

彼: 지금 이 수호를 맺으려는 뜻은 이미 잘 알고 있을 것이다. 그런데 우리나라에서 사신을 여러 번 보냈음에도 접견을 받지 못했기 때

---

[140] 원문에는 剛吉로 되어 있는데 吉岡의 오기이다.

문에 우리나라의 인심이 분노해서 그 곡절을 귀국에 묻고자 했다. 그러므로 이번 사명使命을 갖지 않을 수 없었던 것이다. 귀국에서 사신을 물리친 까닭에 우리 조정의 의론이 어지러워져서 대신 4명이 파직되고, 게다가 1명은 사형을 당했다.[141] 또 수륙 군민軍民 수만 명이 히젠肥前 주 사가佐賀 현 등지에 집결해서 기필코 귀국을 공격하려고 했으니 이는 인심이 저절로 그렇게 된 바였다. 그것이 바로 재작년의 일이었다. 당시 내무경으로서 사가 현에 파견되었던 사람이 다름 아닌 바로 재작년에 대만에 나간 오쿠보[142]였다. 우리 조정에서는 특별히 그 사람을 보내서 군민을 진무鎭撫했던 것이다. 이러한 후의를 혹시 알고 있었는가? 귀 대신은 단지 지난 일은 다시 논할 필요가 없다는 말만 하고 있는데

[141] 정한론征韓論을 둘러싸고 1873년 일본 내부에서 벌어진 정쟁인 이른바 '메이지 6년의 정변'으로 인해 당시 정한파征韓派였던 사이고 다카모리西鄕隆盛, 이타카키 타이스케板垣退助, 고토 쇼지로後藤象二郎, 소에지마 타네오미副島種臣, 에토 신페이江藤新平 등 5명의 참의와 군인, 관료 등 600여 인이 사임했으며, 참의 가운데 에토 신페이는 사가 현으로 돌아가서 이른바 '사가의 난'을 일으키는 등 반정부 활동을 계속하다가 체포되어 1874년 4월 사형을 당했다. 이 정변은 사이고 다카모리의 조선 사절 파견 문제가 직접적인 빌미가 되었다. 하지만 사이고의 조선 파견에 반대했던 이와쿠라 토모미, 오쿠보 토시미치, 기도 다카요시木戸孝允, 구로다 키요타카 등도 다만 조선이나 청과의 전쟁이 예견되는 상황에서 당시 일본의 국내외적 여건상 조선 정벌의 시기를 늦춰야 한다고 보았을 뿐, 정한征韓 그 자체에 대해서 반대한 것은 아니었다. 따라서 '메이지 6년의 정변'의 처리 결과를 두고 조선에 대한 호의를 운운한 이 대목의 발언은 대단히 왜곡된 것이다.

[142] 오쿠보 토시미치大久保利通(1830~1878)를 가리킨다. 오쿠보는 1874년 8월 16일(양력)에 일본의 대만 침공의 사후처리를 위해서 전권변리대신의 자격으로 북경에 파견되어 10월 31일[양력] 공친왕과 이른바 중일북경전약中日北京專條을 체결했다. 이는 일본군이 대만에서 철수하는 대신에 일본군의 파병을 자국민 보호를 위한 정당한 행위로 인정하고 청국이 50만 냥의 배상금을 지불할 것을 골자로 하는 것이었다. 원문에는 '大久保'가 '大久寶'로 잘못 기록되어 있다.

그렇다면 나의 사사使事에는 돌아가서 아뢸 말씀이 없다. 따라서 그 회오悔悟[143]의 여부를 상세하게 질언質言[144]해야 한다.

我: 귀국 사람들의 정서가 들끓었는데도 전쟁을 벌이지 않게 했다는 것에는 지극히 감사한다. 그러나 귀 대신이 돌아가서 아뢸 말씀이라는 것이 실로 무슨 뜻인지 모르겠다. 우리는 단지 접견을 위해서 왔을 따름이니 어떻게 여기서 질언할 수 있겠는가? '회오'라는 두 글자는 어제도 말했지만 사신에게 다그쳐서 물을 수 있는[迫問] 말이 아니다.

그때 모리야마 시게루가 나와서 앉았다.

彼: 무진년에 우리나라에서 사신을 파견해서 서계의 봉정奉呈을 요청했던 일을 상세히 알고 계십니까?

我: 그것은 동래부의 일이다. 먼 밖에서 전해 들어서 상세히 알지는 못한다.

그러자 그가 일기책자를 꺼내면서 말했다.

彼: 대마도주와 동래부 사이에 왕래한 문서가 무진년부터 경오년庚午(1870) 12월까지 한두 건이 아니었습니다. 또 제가 요시오카 히로타케, 히로츠 히로노부와 함께 신미년辛未(1871)에 동래부에서 서계를 봉정하려고 했지만 또한 할 수 없어서 부본副本을 전 훈도에

---

[143] 회오悔悟: 과거의 잘못을 후회하고 각성해서 고쳐나간다는 뜻으로 이 대목에서 구로다는 서계 문제와 운양호 사건에 대해 조선 정부의 명시적인 사죄를 강요하고 있다.

[144] 질언質言: 있는 그대로 분명하게 말함. 직언直言.

게 필사해서 주었으니, 아마 귀 조정에 있을 것입니다. 당시 저희
들 세 명이 동래부에 들어가자 부사가 사람을 시켜서 서계를 바
로 접수할 수 없다고 대답했으며, 훈도도 이를 핑계로 끝내 나와
서 만나주지 않았습니다. 그래서 어쩔 수 없이 구진서口陳書 한 통
만을 놓고 돌아왔습니다. 귀국은 오직 고례古例만을 찾고 있지만
우리나라는 옛 제도를 일변해서 대마도주를 이미 혁파했습니다.
그 후로 빙문憑問할 곳이 없어져서 외무대승 하나부사花房와 함께
왔지만 또 봉정하지 못했습니다. 표류민이 발생해도 구휼해 주지
않고 설문設門을 지킬 것을 전령傳令하는 말에도 핍박하는 어구가
있었지만, 저희들은 이웃나라 간의 후의厚誼를 잊지 않고 왜관에
머물러 있었습니다.

그러다가 갑술년甲戌(1874) 가을에 처음으로 서계가 단절된 까닭
을 알고 사신의 일이 잘 이뤄지기를 고대[145]했습니다. 새 훈도가
내려온 다음에 3년 전에 가지고 왔던 서계를 즉시 봉납하는 것,
외무성의 새 서계를 수래修來하는 것, 도쿄에 빙사聘使를 보내는
것, 이상 세 안건 중에 하나를 지정해서 처분해 줄 것을 훈도가
조정에 아뢰었습니다.[146] 하지만 두 번째 건인 새 서계를 수래해
오는 것으로 결정되었음을 다시 통보받을 때도 접견을 받지 못했
습니다.

彼: 헛되이 객관客館에 머물면서 실로 좋은 대책이 없던 때 별도로 파
견한 임관이 내려왔지만 그 때도 복장 문제로 대치해서 접견할
수 없었습니다. 전후 사상事狀에 실로 서계를 접수할 기약은 없이

---

[145] 원문에는 '若待'로 되어 있으나 문맥상 어색하여 《高宗實錄》 高宗十三年一月二十
日條에 의거해서 '苦待'로 바로 잡았다.

저절로 오랜 세월이 흐르고 말았으니 어쩔 수 없이 귀환해서 금
일 이렇게 변리하는 데까지 이르게 된 것입니다.

我: 대략 알겠다.

彼: 사신의 일에서 시시비비를 따질 문제는 오직 이러한 것들이지
만, '회오'라는 한 마디 말을 귀 조정에서 변리하지 못한다면 우
리가 무슨 말로 조정에 복명하겠는가? 그렇다면 사신의 일에서
처리되는 바가 없어서 실로 난처한 행인行人[147]이 되리라는 것을

[146] 고종 10년(1873)에 고종이 친정을 시작한 이후 조선 조정에서는 서계 문제로 촉발
된 일본 정부와의 교착 상태를 타개하기 위해서 여러 가지 정책을 시행하였다. 그
일환으로 동래부사 정현덕鄭顯德과 왜관훈도 안동준安東晙을 처벌한 후 신임 왜학
훈도 현석운을 보내서 당시 동래에 파견되어 있던 모리야마 시게루와 국교 재개 회
담을 가지게 했다. 고종 11년(1874) 7월 24일(양력 9월 4일)에 개최된 이 회담에서 일
본 외무성에서 새 서계를 수래修來해 올 것을 합의하고 조선 조정에서도 이를 허락
했다. 이와 관련된 기사가 《高宗實錄》, 《日省錄》, 《承政院日記》高宗十一年八月九
日條에 보인다. 그중 《日省錄》의 기사를 살펴보면 다음과 같다.
〈영의정 이유원이 아뢰었다. "방금 부산 훈도 현석운의 보고를 보니 그 동안 관왜館
倭와 접견해서 이야기하였는데 저들이 간청하는 것이 세 건의 일이 있었다고 합니
다. 하나는 몇해 전에 가지고 왔던 서계를 봉납하는 것이며, 다른 하나는 서계를 다
시 작성해서 오는 것이며, 마지막 하나는 우리가 먼저 서계를 작성해서 빙사聘使를
들여보내는 것이었습니다. 몇해 전의 서계는 이미 받지 않았으니 지금 다시 거론할
필요가 없으며, 빙사를 보내는 것은 비록 인색하게 할 일은 아니지만, 이미 서계를
다시 작성해서 오겠다고 했으니, 그 화목하게 지내려는 뜻을 여기서 알 수 있습니
다. 우리나라의 후의를 효유曉諭하고 서계를 다시 작성해 올 것을 허락해서 일이 편
의롭게 된다면, 교린의 옛 우호를 회복할 수 있을 것입니다. 혹 따르기 어려운 말이
있다면 다시 물리치면 될 것이니 아마도 안 될 것이 없을 듯합니다. 역관과 도해관
渡海官을 따로 파견하는 문제에 있어선 우선 회담을 기다린 뒤에 품처稟處하는 것이
어떻겠습니까?'라고 하자 상이 윤허하셨다.〉
[147] 행인行人: 조근朝覲과 빙문聘問을 관장하는 관리 또는 외국으로 나가는 사신을 가리
킨다.

헤아릴 수 있을 것이다. 반드시 귀 조정의 적당한 문자를 받아내서 귀국하는 것이 바로 내 직분의 일이니 부디 귀 조정에 아뢰어 복명할 말이 있게 해 준다면 매우 고맙겠다.

我: 다만 조정에 아뢸 뿐이다.

彼: 이제 귀국과 옛 우호를 중수하게 되었으니 실로 양국의 다행이다. 그러나 강신수목講信修睦에는 별도로 상의해서 결정해야 하는 한 가지 일이 있다. 초록한 조약 13개 항목을 상세히 살펴보고, 귀 대신이 직접 조정에 나가서 임금께 아뢰어 품처稟處해 줄 것을 간절히 바란다.

그리고는 조규책자를 꺼내서 보여주었다.

我: 조약은 무슨 사안인가?

彼: 귀국 지방에 개관開館해서 함께 통상하는 것이다.

我: 300년 동안 통상하지 않았던 적이 있었는가? 그런데 지금 갑자기 따로 요청하는 것은 실로 이해할 수 없다.

彼: 지금 천하 각국에서 공통적으로 행해지는 일이며, 일본도 각국에 이미 공관을 많이 열었다.

我: 우리나라는 동쪽 바다[海左]에 치우쳐 있어서 자수自守할 뿐이니, 과연 각국의 최근 사정이 어떠한지 알지 못한다. 하지만 대체로 양국에서 영원히 우호하기를 바란다면 마땅히 폐단 없이 오래 지속할 수 있는 방법을 생각해야 한다. 우리나라는 다른 나라와 달리 연해의 갈대밭이 황량하고 소금기가 많기 때문에 어느 한 군데 재화가 모이는 땅이 없어서 토산물인 곡식과 면화만 있을 뿐이요,

금은주옥金銀珠玉의 부와 능라금수綾羅錦繡[148]의 사치가 전혀 없다. 나라의 풍속이 검소하며 옛 풍습을 편안히 여기고 새로운 법령을 싫어하므로 설령 조정에서 억지로 명령해서 시행하더라도 반드시 기꺼운 마음으로 복종하지 않을 것이다. 이제 만약 재화와 이익을 교환해서 도처에서 유통시킨다면 우민들의 범법이 반드시 이로부터 크게 늘어날 것이니, 오늘날 우호를 영구히 하기 위한 계책이 도리어 훗날 화목을 잃는 계제가 되지 않으리라고 어떻게 예단할 수 있겠는가? 귀국에 있어선 이익이 되기에 부족하고, 우리나라에 있어선 손실이 클 것이다. 이후의 결과를 생각해보면 이해利害를 충분히 알 수 있으니 이미 수백 년 동안 교역을 행해 왔던 동래

심행일기

[148] 능라금수綾羅錦繡: 능라는 무늬가 있는 두꺼운 비단과 얇은 비단이며 금수는 수를 놓은 비단을 가리킨다.

[149] 만국공법萬國公法: 근대 동아시아에서 '만국공법'은 두 가지의 의미를 가지고 있었다. 하나는 미국인 선교사 William A. P. Martin이 Henry Wheaton의 *Elements of International Law*를 번역해서 1864년 청국의 동문관同文館에서 출판한 책의 이름이고, 다른 하나는 보통명사로서 국제법 일반을 가리키는 것이었다. 특히 서적으로서의 《萬國公法》은 동아시아에서 최초로 한역된 서구 근대 국제법 저서로서 19세기 동아시아의 사상계에 지대한 영향을 미쳤다. 이에 따라 《萬國公法》이 조선에 수용된 시점 역시 많은 학문적 관심을 받아왔다. 따라서 이 대목에서 '만국공법'이라는 표현이 등장하는 것은 흥미로운 사실이 아닐 수 없다.

한편, 일본 측 사료에는 이 대목의 문답이 다음과 같이 기록되어 있다.

"구로다: 종전에 종씨宗氏(대마도주 가문)가 쓰던 관례는 상호 조약을 체결한 것이 아니어서 결코 영원히 서로 안정될 방도가 없었으나, 지금 이 조약은 천지의 공도公道에 기초하고 만국보통의 예에 의거해서 취조取調하는 것이다. 더구나 이웃나라의 교제에 있어 더욱 결여할 수 없는 긴요한 일이니 만약 경사京師에 주문奏聞한 후에 조약을 체결하려고 하지 않을 시는 곧 귀 조정에서 옛 우호를 계속할 뜻이 없는 것이 된다.

신헌: 우리나라는 종래 귀국하고만 교제했을 뿐이며 외국과 통상하는 일이 없었다. 따라서 만국교제의 법도 생소하다."

왜관에서 예전과 같이 계속하는 것만 같지 못하다.

彼: 양국이 저간에 격조하게 것은 바로 조례가 불명확하기 때문이다. 따라서 조약을 강정해서 영구히 변치 않는 장정으로 삼지 않을 수 없다. 그렇게 하면 반드시 다시는 양국이 단절되는 사단이 생기지 않을 것이다. 그리고 이는 모두 시행하지 않을 수 없는 만국공법萬國公法[149]이니 이로써 결정해서 조처해야 한다.

我: 지금 이 개관開館과 통상에 관한 논의는 우리나라에 일찍이 없었던 일이요, 우리 백성들이 일찍이 듣지도 보지도 못했던 일인데 이러한 큰일을 어떻게 국민들에게 알리지도 않고 허락할 수 있겠는가? 우리 정부에서 직접 협상하더라도 즉시 자의로 허락하기

《大日本外交文書》제 9권, 문서번호 17. "我ヨリ日鮮修好通商條約案ヲ提示シ其ニ對スル彼ノ解答期日決定ノ件".

여기서 일본 측 사료에서는 '만국보통의 예', '만국교제의 법'이라고 기록되어 있는데 반해 신헌의 기록에서는 '만국공법'이라고 되어 있음을 확인할 수 있다. 이 문제와 관련해서 1876년 3월 26일[양력] 모리야마와의 대화 내용을 기록한 주일 영국공사 팍스Harry S. Parkes의 보고에 주목할 필요가 있다.

The Possibility of other nations coming to Corea and making similar demands to those made by Japan is fully foreseen by them, and they are in some measure. They have copies of all the Treaties concluded between China and foreign Powers, and possess the Peking translation of Wheaton's International Law. One of the officers met by Moriyama had been a constant visitor at Peking for twenty years, and had also been to Hong Kong, so that they are not uninformed as to the different nationalities of Europe and America. [Park Il-Keun, ed., *Anglo-American Diplomatic Materials Relation to Korea* (Seoul: Shin Mun Dang, 1982) p. 47.]

따라서 강화도 조약 이전에 이미 《萬國公法》이 국내에 유입되었으며 일부 개화파 지식인들을 중심으로 이를 실제 교섭에 활용하려는 시도가 있었던 것으로 보아야 할 것이다. 팍스 보고문에서 모리야마가 만난 관료는 바로 오경석을 가리킨다.

어려울 것인데 하물며 밖에 있는 사신에 있어서겠는가!

彼: 귀 대신은 전권을 행사할 수 없으니 대사를 논정하는데 반드시 시일을 지체하게 될 것이다. 귀국의 집정 영의정이 와서 접견한 후에야 결정할 수 있겠다.

내가 얼굴빛을 붉히며 말했다.

我: 나 또한 대신이다. 이미 대신과 접견하고 있으면서도 어째서 영의정이 와서 접견할 것을 다시 요청하는가? 결코 들어줄 수도, 시행할 수도 없는 일이니 다시는 그러한 말을 꺼내지 말라.

彼: 이 일은 어디서 의정하는가?

我: 이는 조정에 품달하지 않을 수 없다. 그리고 지금 이 조약책자도 마음대로 받기 어려우니 장차 필사해 가서 조정에 올린 다음에 가부 간에 다시 통보하겠다.

彼: 그렇다면 두 공이 몸소 조정에 나가서 직접 보고하고, 상의해서 확정한 다음에 다시 알려주는 것이 좋겠다.

我: 이미 명을 받았으므로 또한 마음대로 떠나기 어렵다. 다만 문서로 아뢸 뿐이다.

彼: 왕래하는 사이에 장차 날짜를 허비하게 될 것이니 우리의 사무가 실로 난감하게 되었다. 수일 내로 다시 알려줄 수 있는가?

我: 오가고 논란하는 사이에 자연히 다소 시일이 걸릴 것이다.

彼: 우리가 봉명해서 국경을 떠난 지 이미 오래 되었다. 또 선박 한 척이 우리의 복명을 재촉하기 위해서 오고 있다. 한 시가 아까운데 만약 기일을 더 미룬다면, 어떻게 여기에서 더 지체하면서 기다릴 수 있겠는가? 반드시 속히 시행해서 행인行人이 속히 귀환할 수 있게 해주기 바란다.

我: 그 말도 전할 것이다.

당마가 돌아와서 가서家書를 보았다. 밤 기온이 매우 차다. 각반各班 군졸을 위문하고 술값 다섯 푼씩을 나눠 주었다.

19일 신해辛亥, 맑다.

저들이 전어관 금조를 보내서 "우리 대신께서 매우 급히 면접하실 일이 있어서 오시午時 정각에 어제 접견했던 장소로 가실 것입니다. 부디 귀 대신께서 왕림해서 만나 주십시오"라는 말을 전해왔다. 그래서 "대신이 빈번하게 만나면 체모에 손상이 있고, 또 병 때문에 실제 억지로 나가기 어렵다"고 답했다. 그러자 저쪽에서 다시 "면접을 하지 않을 수 없습니다. 그렇다면 귀 대신의 거처로 갈 것입니다"라고 했다. 그래서 끝내 물리칠 수 없어서 이러한 사유를 부관에게 기별하고 함께 어제 접견했던 곳으로 갔다.

잠시 후 구로다 키요타카가 수행원 미야모토 오카즈, 모리야마 시게루, 야스다 사다노리, 전어관 최조, 금조만을 거느리고 왔다. 그가 말하길, "우리나라 조정에서 사명使命[150]의 귀환을 재촉해서 시나가와品川의 대병선大兵船 한 척이 제물진에 들어와서 정박했다. 귀환 시기가 매우 급하게 되었으니, 어제 말했던 서계의 일과 '회오'의 일을 속히 품달해서 회답해 달라. 또 귀국의 선박 여섯 척을 잠시 빌려 달라. 제물진으로 보내서 물건을 수송해 올 물건이 있다"라고 했다. 그래서 선

[150] 사명使命: 일반적으로 사신이 받은 명령을 가리키지만 여기서는 사명을 받은 사신을 뜻한다.

박은 유수에게 알려서 빌려주게 했지만, 시나가와 함선의 병졸이 매우 많아서 그 선박이 도착한 후에 저들의 기세가 자못 커졌으니 그 정상이 점점 더 헤아리기 어렵게 되었다.

저들과 대화한 반향半餉[151] 동안 서계에 회답하는 일과 조약책자의 일을 즉시 품달해서 다시 알려주겠다고 거듭해서 말했다. 그러자 그가 "일이 뜻대로 되지 않으면 장차 수만 명의 군대가 상륙하는 폐해가 있을 것이다. 미리 잘 헤아려서 양국이 우호를 잃는 지경에 이르지 않게 하라"고 말했다. 은연중에 공갈[恐嚇]하는 말이 있었으니 지극히 분완했다. 대체로 이 몇 건의 일들이 '공갈[恐嚇]'이라는 두 글자의 말로 결정될 것에 지나지 않는데도 구구절절 말하면서 그치질 않았으니 저들의 습속이 이와 같다.

말을 마치고 모리야마 시게루가 한 책자를 꺼내면서 살펴볼 것을 요청했다. 내가 물리치며 말했다. "책자에 무슨 말이 있는지는 모르겠으나 대신의 체모가 중한데 어찌 직접 받을 수 있겠는가?" 안색을 붉히면서 질책하자 최조가 멍하니 어찌할 바를 몰랐다. 그래서 훈도에게 명해서 책자를 받게 했다. 그것은 바로 모리야마 시게루가 동래 왜관에 있던 7, 8년간 쓴 일기였다. 책자는 부관이 가져가고, 이른바 조규 13관款은 역관을 보내서 베껴오게 한 다음에 정서正書해서 정부에 올려 보냈다.

청영青營의 안부 서신을 받고서 매우 기뻤다. 파수군졸을 위문했다. 장계를 작성한 후에 봉해서 발송했다. 가서家書와 각처에 보내는 서한을 부쳤다.

●

[151] 반향半餉: 일향一餉의 반으로서 일향은 한 끼 먹을 정도의 짧은 시간을 말한다.

○ 장계

이번 달 18일 접견시의 문답기를 뒤에 개록했으며 저들이 봉정한 조약책자를 아직 올리지 못하였으니 역관을 보내서 다시 필사해 오겠다는 것, 그리고 19일의 문답을 다시 아뢸 계획이라는 내용을 얼마 전에 치계했거니와, 같은 날 미시未時 경에 왜인 구로다 키요타카, 이노우에 카오루, 미야모토 오카즈, 모리야마 시게루, 야스다 사다노리, 전어관 최조, 금조 등을 어제 접견했던 곳에서 다시 만났습니다. 그 문답기를 뒤에 기록했습니다.

저들의 정상이 점점 더 헤아리기 어려워져 얼굴을 마주한 채 칭병稱兵[152]하는 말로 함부로 공갈을 하는 지경에까지 이르렀으니 실로 지극히 통탄스럽습니다. 그런데 만약 오로지 공갈만을 하려는 것이라고 한다면 저들에게는 이미 군대가 있으며, 오로지 전쟁을 하려는 것이라고 한다면 아직까지 변동이 없습니다. 그러나 모든 병사兵事는 만전을 기하면서 의심을 하더라도 오히려 헤아리기 어려운 기변機變[153]이 있는 법인데, 하물며 이제 저들의 정상이 이러한 지경에까지 이르렀으니 우리가 우환에 대비하는 방법에 있어서 진실로 계엄을 배가해야 할 것입니다.

이른바 조약책자는 역관이 필사해 온 것입니다. 그러므로 우선 의정부에 올려 보내는 것입니다. 그 원 책자의 봉납 여부 및 저들이 서계가 받아들여지지 않은 이유에 관해서 제 나라로 돌아가 복명할 문자를 누차 간청하고 있으니 이상 두 건의 사안을 함께 묘당에서 품처稟處하게 하소서.

---

[152] 칭병稱兵: 무력을 동원해서 전쟁을 일으킴. 거병擧兵.
[153] 기변機變: 간교한 속임수.

○ 문답기[154]

彼: 밤사이 평안했는가?

我: 아까 들으니 편히 밤을 보냈다고 하며, 또 여러 수행원들도 모두 편안했다니 다행이다.

彼: 지금 또 접견을 요청해서 많은 폐를 끼치게 되었으니 심히 황송하다.

我: 무슨 노고가 있겠는가? 다만 신병[身恙]이 고생스러울 뿐이다.

彼: 지금 이 접견은 다른 이유가 아니라 우리 정부에서 사명使命의 귀환을 재촉하기 위해 화륜선을 보냈는데, 그것이 제물진에 와서 정박했다. 복귀 시한이 한시가 급하게 되었으니 어제 말한 서계의 일과 조약의 일, 이 두 가지 사안을 속히 품달해서 혹시라도 지체되는 일이 없게 하기를 바란다.

我: 모두 품달할 수는 있지만 조정에서 어떤 처분을 내릴지는 알 수 없다. 통상의 일에 있어서는, 곧 듣지도 보지도 못했던 일이니 조정에 가득한 논의를 숙고하고 온 나라의 정서를 깊이 살피지 않을 수 없다. 그 의논하는 바의 가부를 어떻게 며칠 사이에 쉽게 결정할 수 있겠는가?

彼: 조약책자를 필사한 것은 귀 대신이 훈도에게 분부한 것인가, 아니면 훈도가 자의로 한 것인가? 그 상세한 사정을 듣고 싶다.

我: 지금 그 조약책자의 원본을 감히 마음대로 받을 수 없기 때문에 아까 훈도를 보내서 필사해 오게 했던 것이다. 그런데 귀 대신이

[154] 일본 측 기록에 따르면 이날의 회견은 오후 1시부터 3시까지 집사청에서 진행되었다. 히로세 유타카[最助]와 아라카와 도쿠지[金助]가 통역을 맡았으며, 본문에 기록된 인물 외에 스즈키 다이스케도 배석한 것으로 되어 있다. 《大日本外交文書》제 9권, 문서번호 18. "我ヨリ提示セル條約案ノ書寫督促ノ件".

베껴가는 것을 허락하지 않았다고 하니 그렇다면 무엇에 근거해
서 보고할 수 있겠는가?[155]

彼: 귀 대신의 말이 그러하니 즉시 역관을 보내서 필사해 가라. 귀 조
정에서 이 조약을 상의해서 확정한 후에 실제로 시행을 허락한다
면 신속하게 돌아가겠지만 만일 뜻대로 되지 않으면 사신의 일이
중단될 것이니, 아마도 다시 대면할 길이 없을 것이다.

我: 다만 품달할 뿐이니 조정의 처분을 어떻게 미리 알 수 있겠는가?

彼: 지금 다시 말하는 것은 옛 우호를 보전하려는 뜻이 있기 때문이
다. 이 일을 바로 잡지 못한다면 양국이 불행해 질 것이니 아마
후회하게 될 것이다. 우리나라의 군민軍民들이 집결해서 모두 힘
을 합쳐 귀국에 나오려고 했지만, 우리들이 옛 우호를 생각해서
전부 거절하고 온 것이다.[156] 그러나 군대가 아직까지 둔취屯聚해
서 해산하지 않고 있으니 만약 우호를 잃는 지경에 이른다면 반
드시 우리 군대가 상륙하는 폐단이 생길 것이다. 이를 미리 헤아

●

[155] 이 대목은 일본 측의 기록과 정반대이다. 일본 측의 기록에는 이날의 문답이 이뤄지
기 전날에 신헌이 훈도를 보내서 조약안에 관한 설명을 듣고 그것을 필사해 가기로
이미 약속한 다음에 이를 어긴 것으로 되어 있다. 《大日本外交文書》 제9권, 위의 문
서 참조. 심지어 당일 회견을 마친 후에 조약안을 필사하기 위해서 오경석을 보냈는
데 그가 필담으로 다음과 같은 글을 썼다는 기록도 있다.
"귀 대신은 예의를 중시해서 주로 온당하게 응대하기 때문에 우리 대신이 대단히 애
매하게 처신한다. 그래서 이미 언약한 조약서의 초고를 필사해 오는 것조차 허락하지
않고, 우리들에게 명하여 조약서의 조관을 모조리 기억해 오라는 등의 말을 했다. 어
제도 귀 대신이 '만약 10일 내로 수락 여부의 답변을 받지 못한다면 우리들은 이곳을
떠나겠다'고 말한 것을 우리 대신은 '그렇게 해서 무사히 이곳을 떠나게 된다면 참으
로 잘된 일이다'라는 등의 속셈을 품고 있을지도 모르는 인물이다." 《大日本外交文
書》 제9권, 문서번호 19. "朝鮮國政府內ノ和戰兩派ニ關スル件" pp. 95~96.

[156] 1874년 2월에 발생한 사가의 난을 가리킨다. 사가의 난에 관해서는 본서의 주석 43
번을 참조하라.

려서 옛 우호를 퇴색시키지 말기 바란다.

彼: 어제 전부 말했다. 무진년 이래 대마도주가 서계를 지참한 사절을 파견했는데 끝내 접견하지 않았고, 그 후의 수모는 이루 다 형언할 수가 없으니 당시의 시비곡직을 헤아릴 수 있을 것이다. 귀 조정에서 사죄[致謝]의 처분을 내리고, 또한 회오하는 뜻을 가진 후에야 우리가 복명할 말이 있을 것이다.

我: 어제 이미 설파했는데 어째서 다시 제기하는 것인가? 귀국의 군민軍民들이 힘을 합해 나오려고 했음을 운운하지만, 옛 우호를 중수하는 자리에서 하필 칭병稱兵하는 말을 다른 사람을 향해 번번이 입에 올리고 있으니, 심히 타인과 교제를 잘하는[善與人交][157] 뜻이 아니다. 그 잘못이 누구에게 있는지 아마 헤아릴 수 있을 것이다. '회오' 두 글자를 누차 다그쳐서 묻는 것 또한 상대를 공경하는 도가 아니다.

我: 예전에 들으니, 뒤에 올 귀 선박의 군대가 장차 인천과 부평 등지에 상륙하려고 한다고 했다. 그 말을 비록 전부 믿을 수는 없지만, 이미 이를 말한 자가 있으니 그것이 어찌 가볍게 입에 올릴 수 있는 말이겠는가? 빈해濱海의 황촌荒村은 주접住接할 수 없기 때문에 백성들이 군대를 보면 놀라서 이산離散할 우려가 있다. 하물며 다른 나라에 들어가면서 그 나라에서 금하는 바[邦禁]를 묻지도 않고

---

[157] 선여인교善與人交: 《論語集註》〈公冶長〉에 "공자께서 말씀하셨다. '안평중은 남과 사귀기를 잘하는구나! 오래되어도 공경하니[子曰 晏平仲善與人交 久而敬之]'"라는 경문經文이 있고 이 경문에 달린 정이천의 주석에 "사람은 사귀기를 오래하면 공경이 쇠해지니, 오래되어도 공경함은 사귀기를 잘한 것이 되는 것이다[人交久則敬衰 久而能敬 所以爲善]"라고 하였다.

경솔하게 제멋대로 상륙한다면 그 허물은 누구에게 돌려야겠는가? 그리고도 장차 봉사奉使를 위한 선박이라고 할 것인가? 또 혹시 방수防守하는 지역에 접근했다가 만약 피차 생각지도 못한 우환이 발생한다면 어찌 염려할 만한 것이 아니겠는가? 별도로 귀 선박에 신칙해서 일을 만드는 우환이 없게 하기를 바란다.

彼: 전에 이야기해서 이미 귀 대신의 뜻을 들었다. 그래서 이미 금지하는 명령을 내렸으니, 아마도 그러한 지경에까지 이르지는 않을 것이다.

수호조규修好條規 저들의 책자를 필사했다.

대일본국과 조선국[158]이 평소 후의厚誼를 돈독히 한 지 오랜 세월이 지났는데 양국의 정의情誼가 아직도 미흡한 부분이 있는 듯해서 다시 옛 우호를 중수하여 친목을 다지고자 했다. 그러므로 대일본국 황제 폐하께서는 특명전권변리대신 육군중장 겸 참의 개척장관 구로다 키요타카와 특명부전권변리대신 의관 이노우에 카오루를 간택하사 조선국 강화부에 나아가게 하시고, 조선국왕 전하께서는 아무개 관官 아무개를 간택하셔서 각각 받든 바의 유지諭旨에 따라 이에 조관條款을 의립議立하게 하신 것이다. 아래에 개열開列한다.

---

[158] 서계 문제의 주된 쟁점 중 하나는 皇室, 皇上, 日本國, 朝鮮國, 本邦, 貴國, 朝廷, 勅, 京師, 叡智 등과 같이 군주 및 국가와 관계된 문자를 표기할 때 행을 어떻게 맞출 것인가 하는 문제였다. 이는 원래 전통적인 세로쓰기에서 지상至上의 존재를 의미하는 글자 위에 다른 글자가 올라와서는 안 된다는 뜻에서 행을 바꿔서 쓰기도 하고 또 다른 글자보다 한 글자를 높여서 쓰기도 하던 관례와 연관된 것으로서, 조선과 일본 상호간의 국격國格을 결정한다는 중요한 정치적 의미를 가지고 있었다.

제1관

조선국은 자주국[自主之邦]으로서 일본국과 평등한 주권[平等之權]을 보유한다. 이후 양국에서 화친의 실제를 표시하고자 한다면 피차가 상호 등등한 예의로 대해서 조금이라도 침월侵越이나 시혐猜嫌이 있어서는 안 된다. 우선 종전에 교정交情을 가로막는 근심이 있던 제반 예규를 모두 혁제革除하고, 관유홍통寬裕弘通한 법을 넓혀서 영원한 안녕을 기약하는 데 진력한다.

제2관

일본국 조정은 수호가 체결된 날로부터 15개월 후에 사신을 조선국 서울에 파견해서 병권대신秉權大臣을 직접 접견하고 교제 사무交際事務를 상의해야 한다. 그 사신은 서울에 체류할 수도 있고, 혹은 사무의 정리에 따라 바로 귀국할 수도 있다. 이는 모두 그 시의에 맡긴다. 조선국 조정은 사신을 일본국 도쿄에 수시로 파견해서 외무성 귀관을 직접 접견하고 교제 사무를 상의해야 한다. 그 사신은 도쿄에 체류할 수도 있고, 혹은 사무의 정리에 따라 바로 귀국할 수도 있다. 이 또한 그 시의에 맡긴다.

제3관

이후 양국 간 왕복하는 공문은, 일본국은 그 국문을 사용하고 조선국은 진문眞文[159]을 사용한다.

제4관

조선국 부산 초량의 일본 공관이 이미 오래전에 양국 인민의 통상 장소[通商之場]가 되었으나, 지금부터는 종전의 관례를 혁제해서 이번에 새로

---

[159] 진문眞文: 한문漢文.

수립한 조관에 빙준憑準하여 무역 사무를 처리한다. 또 조선국 조정은 제 5관에서 지정한 2개 항구를 개항해서 일본국 인민의 왕래와 통상을 허락한다. 해당 장소에서 임차한 토지에 가옥을 짓거나, 소재 조선국 인민의 가옥을 임차하는 것 또한 각각 그 편의에 따른다.

제 5관

영흥부永興府 해구海口 함경도 영흥부에 속해 있다. 개항 시기는 일본력으로 메이지 9년 2월, 조선력으로 병자년 정월부터 계산해서 15개월 후로 한다.

1개 항구 경기, 충청, 전라, 경상의 4개도 가운데 통상에 편리한 항구[口岸]를 검시檢視해서 지명을 지정할 수 있다. 개항 시기는 일본력으로 메이지 9년 2월, 조선력으로 병자 정월을 기점으로 계산해서 공히 20개월 후로 한다.

제 6관

이후 일본국 선박이 조선국 연해에서 대풍大風을 만나거나 연료와 식량이 떨어져서 지정된 항구에 도달할 수 없을 때는 어떤 항만을 막론하고 선박을 잠시 정박시켜서 풍파의 위험을 피하며, 필요한 물품을 매판買辦하고 선구船具를 수선하며 땔감과 숯 등을 구매할 수 있다. 그 공급 비용은 비록 선주가 배상하더라도 모든 이러한 일들에 있어서 지방관 및 인민들은 그 곤란을 직접 살피고 진실한 연휼憐恤을 베풀어서 필요한 모든 원조를 제공하고 감히 보급에 인색함이 없어야 한다. 또 혹시 양국 선척이 대양大洋에서 완전 파괴되어 뱃사람이 지방에 표착漂着하면, 해당 지방의 인민은 즉시 구조를 베풀고 생명을 보전한 후 각 인원의 성명을 지방관에게 보고한다. 해당 관리는 이들을 본국에 호송하거나, 혹은 근방에 체류하는 본국 관원에게 인도한다.

제7관

조선국 연해의 도서島嶼와 암초는 예전부터 심검審檢을 하지 않았기 때문에 극히 위험하다. 일본국 항해자의 자유로운 해안 측량에 의거해서 그 위치와 수심을 확정한 후 도지圖誌를 제작해서 양국의 선객이 위험을 피해 편안히 통항할 수 있게 한다.

제8관

이후 일본국 조정은 수시로 조선국의 지정된 항구에 일본국 상민을 관리하는 관官을 설치한다. 양국에 관계된 사건은 반드시 해당 지방관과 만나서 상의하여 처리한다.

제9관

양국이 이미 통호했으니 피차 인민은 각자 임의대로 무역한다. 양국 관리는 추호도 간섭해서는 안 되며 무역의 제한을 두거나 금지할 수 없다.

제10관

일본국 인민이 조선국의 지정 항구에 체류하는 중에 만약 조선국 인민의 일과 관련된 죄과를 범하면 반드시 일본국 관원의 심단에 귀속시키고, 조선국 인민이 일본국 인민의 일과 관련된 죄과를 범하면 똑같이 조선국 관원의 사판查辦에 귀속시키되, 각자 그 국률國律과 재판에 의거해서 추호도 편파가 없게 처리함으로써 공평과 윤당允當을 드러내는데 힘쓴다.

제11관

양국이 이미 통호했으니 반드시 별도로 통상장정을 설립해서 양국 상민의 편의를 도모해야 한다. 또 지금 의립한 각 조관 가운데 응당 세목細目을 보첨補添해서 분해分解해야 하는 조건들은 지금부터 6개월 내로 양국에서 별도로 위원을 임명하여 조선의 서울이나 강화부에서 회동하고 상의해서 정립한다.

제12관

일본국은 예전부터 외국 인민의 통상을 인준한 각 항구에서 조선국 인민의 왕래와 무역을 동일하게 허락했다. 이후 타국이 조선국과 수호하고 화약和約을 의립할 때 만약 이 조약 내에 기재되지 않았는데 별도로 타국에 허락하는 조건이 있으면 일본국도 그 특전을 받아야 한다.

제13관

위의 열두 장 조약의 내용은 의정한 날로부터 양국 조정이 성실히 준수하고 시행한다. 이는 다시 변혁할 수 없으며 반드시 영원히 지속해서 양국의 화친을 공고히 해야 한다. 이를 위해 조약서 두 본을 작성하여 양국의 위임대신이 각자 검인하고 교환함으로써 준신遵信의 자료로 삼는다.

대일본국 진무神武 기원 2536년 메이지 9년 월 일

특명전권변리대신 육군중장 겸 참의 개척장관 구로다 키요타카 특명부전권변리대신 의관 이노우에 카오루

조선국 병자 정월 일

조선 국왕

병자 모월 모일 모관 모가 아뢰길, 본년 모월 모일에 대일본국 특명전
권변리대신 구로다 키요타카, 부전권변리대신 이노우에 카오루와 조선
국 모관 모가 모처에서 회동해서 조약 한 접一摺을 교환한다고 했다. 조
관마다 타당해서 이미 비준을 내렸으니 영원히 시행하여 더욱 친목을
돈독히 하라. 그 조약 내에 시행해야 할 각 사안을 너희들은 나의 뜻을
받들어 한 몸이 되어서 이에 비추어 처리하라.

조선 국왕 어보御寶

서 사과徐司果가 데리고 온 김제金提 사람 김준석金俊錫이 음양술에 능
통했다. 아들 개천价川이 그에게 시초점蓍草占을 치게 하자 관지비觀之否
괘가 나왔다. 그 요사繇辭[160]에 "나라의 광휘를 보는 것이니, 왕에게 가
서 손님이 됨이 이롭다"[161]고 했다. 그가 풀이하기를, "저들이 손님이
돼서 우리나라에 왔으니, 반드시 전쟁이 없을 것입니다. 또 생년과 일
진, 생왕生旺과 휴수休囚[162]로 미루어보면 다음 달 초 4, 5일 사이에 일
에 성과가 나서 비로소 조정에 돌아가실 수 있을 것입니다"라고 했다.
우선 기록해 두고 그 말의 사실 여부를 기다려보기로 했다.[163]

160 요사繇辭: 점사占辭.
161 《周易》 관괘觀卦 육사六四의 효사爻辭이다.
162 생왕生旺과 휴수休囚: 원문에는 왕생旺生으로 되어 있으나, 생왕生旺의 오기이다.
　　생왕과 휴수는 오행가五行家의 용어로 때를 얻은 것을 생왕이라 하고 잃은 것을 휴
　　수라 한다.
163 그 후 실제로 점괘와 비슷하게 2월 3일(양력 2월 27일)에 조약이 비준, 교환되었으며
　　2월 6일(양력 3월 1일)에 조정에 복명하였다.

143

심행일기 · 상

모리야마 시게루가 전어관 최조를 거느리고 와 하처下處의 내삼문內
三門 밖에 서서 뵙기를 청했다. 그래서 임관을 보내서 "어제 귀 대신과
접견했을 때 이미 임관을 왕복시키기로 약속했는데, 지금 갑자기 수행
원이 만나기를 요청하는 것은 크게 안 될 일이다. 알릴 일이 있으면 임
관에게 상세히 전하라"는 말로 답하게 했다. 그러자 그가 "귀 대신을
직접 뵐 필요는 없다. 우리가 청사에 들어온 것은 우리 대신의 전갈을
전하고자 해서다"라고 하면서 간구해 마지않았다. 그래서 어쩔 수 없
이 청사 안으로 불러들인 다음에 훈도에게 왕래하게 했다.

모리야마 시게루가 말했다.

"우리 대신께서 저에게 '강화부에서 경강京江[164]까지의 수심을 지금
측량하고 싶다. 그래서 이렇게 미리 통보하는 것이니 의심하거나 괴이
하게 여기지 말라'는 말을 전하라고 하셨습니다."

그래서 내가 말했다.[165]

"그것은 절대로 안 된다. 경기도 연안의 내양內洋에서 타국인의 수심
측량을 허락하지 않음은 나라의 금령이 지극히 무거우며, 또 국토를
지키는 무신들이 반드시 허용하지 않을 것이니 피차간에 뜻밖에 우호

---

[164] 경강京江: 뚝섬에서 양화도까지 이르는 한강 일대를 가리킨다.
[165] 훈도를 통해서 간접적으로 전달하는 말이다.

를 잃을 우려가 있다. 또 양측 대신은 단지 사신의 일만 논해야 할 뿐인데, 어째서 절대로 들어줄 수 없는 말을 가지고 이렇게 문의하는 것인가? 이러한 뜻을 돌아가 귀 대신에게 알려라."

"수심 측량은 천하만국에서 똑같이 하는 바입니다. 어째서 유독 귀국에서만 금지하는 것입니까? 다시 생각해서 허락하시기 바랍니다."

그래서 내가 언성을 높여서 그것이 잘못된 이유를 분명히 밝혔다.

그러자 그가 훈도에게 말했다.

"그렇다면 이러한 사유를 돌아가 아뢸 것이니, 훈도도 귀 대신의 생각을 우리 대신께 와서 말씀드리는 것이 좋겠다."

훈도가 말했다.

"이 한 가지 일은 우리가 다시 회답할 필요가 없다."

"잘못된 이유를 와서 알리라는 것인데, 어찌 안 될 것이 있겠는가?"

그가 또 말했다.

"우리 대신께서 거처하고 계신 열무당閱武堂 내에서 무예를 단련하고자 한다. 이를 미리 양해해 달라는 뜻을 아뢰어라."

"그것은 영토를 지키는 유수에게 가서 상의하고 그의 결정을 기다려야 한다. 대포를 발사하는 한 가지 일에 관해서는 이미 서로 약속한 것이 있으니 신중히 판단해서 행하지 말라."

그가 돌아간 다음에 즉시 훈도를 저쪽 대신에게 보내서 수심 측량과 무예 단련이 모두 불가하다는 말을 전했다. 그러자 구로다가 "수심 측량은 귀 대신이 이미 불가하다고 말했으니 우선 놓아두겠지만, 무예 단련은 우리 거처 안에서 조련하는 것이므로 귀 백성들이 보게 해서 놀라게 할 필요가 없을 것이다. 대포는 쏘지 않겠다"고 했다.

○ 통진부사의 보고

이번 달 20일 진시辰時 경에 이양대선異樣大船 한 척이 하류에서 연기를 뿜으면서 올라와 이양선 일곱 척이 있는 곳에 정박했습니다.

○ 강화 유수영 장계

이양선 한 척이 영종진永宗鎭 앞바다 요구서腰鉤嶼에 정박한 사유를 전에 치계했거니와, 금일 오시午時에 도착한 초지첨사 홍운태와 파수장 강영회 등의 치보에 따르면, 영종진에 정박 중이던 이양선 한 척이 당일 사시巳時 경에 연기를 뿜으면서 올라와 항산도의 일곱 척이 정박 중인 곳에 합류했다고 했습니다. 성 안에 체류 중인 왜인들은 머문 채 이동하지 않고 있으며, 병사들은 날마다 일정하게 성 안을 순행하고 있습니다.

○ 전어관 최조, 금조가 나카노中野[166]와 함께 훈도의 사처를 방문해서 술과 고기, 밥과 국 등을 요청했다고 한다. 그래서 유수영에 보고한 뒤에 우선 술과 고기, 과일 등을 대접한 다음에 백반과 전골을 먹었다. 그들이 배불리 먹고 취한 후에 사례했다.

저들이 말했다.

"화륜선은 처음엔 우리나라에서도 제작법을 몰랐는데 근년엔 각국의 장인[匠色]들이 모여들어서 비용을 지급하고 건조한다. 그런데 미얀마[緬甸國]의 목재가 아니면 선박을 만들 수가 없다. 전기기신電機畜

---

[166] 나카노中野: 일본 외무성 6등 서기 나카노 교타로中野許多郎를 가리킨다. 《日東記游》에 "나카노 교타로는 직위가 아라카와荒川 다음이다. 그 또한 서기이다. 나이가 근 40세인데, 체구가 작으며 태도가 신중하고 조용하다. 나[金綺秀]를 부산에서 영접하고 또 부산까지 전송했는데 시종 조금도 실수가 없었다"는 언급이 있다.

信[167]이라는 것은 철통 속에 철선을 넣고 물과 육지 수천 리를 연결한 것이다. 그리고 양 끝을 두드려서 소리를 내면 몇 천리 거리에서도 순식간에 소식을 전할 수 있다. 글자 당 세전稅錢은 2전 2푼이다. 인력거라는 것은 거리에 없는 곳이 없는데 사람을 만나는 대로 수레에 탈 것을 청한다. 세전은 매 10리에 3전이다. 철륜화포鐵輪火砲[168]라는 것은 중앙에 총포 다섯 자루를 안치한 것이다. 이는 본래 서양인에게서 받은 것들인데 우리나라 사람들이 그 모양을 본떠서 이제는 잘 제작하지 못하는 것이 없다."

또 말했다.

"조선인은 마치 깜깜한 밤중에 앉아 있는 것과 같다. 러시아[俄羅斯]인이 우리나라 사람에게 묻기를, '귀국은 조선과 교린하고 있는가? 만약 교린의 우의가 없다면, 우리나라가 장차 조선을 침벌할 것이다'라고 했다. 그러므로 우리나라에서 우선 만류했던 것이다. 러시아의 침벌 여부가 금번 교린의 성사 여부에 달려 있는데, 귀국에서는 어리석게도 각국의 사기事機가 이와 같음을 깨닫지 못하고 있으니 이것이 깜깜한 밤중이 아니고 무엇인가? 또 서양인들이 몇해 전 귀국에서 돌아간 후로 다시 군대를 일으켜 나오려고 했다. 그런데 아직까지 오지 않은 것은 재주와 군대가 없어서가 아니다. 우리나라 사람들이 '조선은 우리의 교린국이므로 경솔하게 병력을 동원해선 안 된다'고 하면서 막아주었기 때문이다. 그러므로 우선 관망하고 있는 것이다.

167 전기기신電機寄信: 전신電信을 뜻한다.

168 철륜화포鐵輪火砲: 개틀링 포Gatling Gun를 가리킨다. 1861년 미국 의사 Richard J. Gatling이 발명한 최초의 다총신 기관포로서 미국 남북전쟁에서 처음 사용되었다. 일본에는 막부 말 메이지 초기에 수입되었으며 1868년 보신전쟁[戊辰戰爭]에서 처음 실전에 사용된 기록이 있다.

그것이 바로 재작년의 일이었다. 귀국에서도 이 일을 들어서 알고 있는가?"

훈도가 말했다.

"알지 못한다. 우리나라 풍속에는 매년 상원가절上元佳節[169]이 되면 음식을 풍성하게 마련하고 모든 사람이 즐기는데, 나는 당신들의 내왕으로 인해 가절을 헛되이 보내고 말았으니 매우 재미가 없다."

"내년 정월에 우리나라 에도에 오면 좋은 음식으로 잘 대접할 것이다."

"우리나라 사람이 무슨 이유로 귀국에 들어가겠는가?"

저들이 웃으며 말했다.

"반드시 오게 될 것이다."[170]

그리고 또 말했다.

"근년에 우리나라의 제도가 일변했다. 세습관직을 혁파하고 군현郡縣을 만든 이후로 관백關伯[171] 자제의 직품이 도리어 전어관의 아래에 있게 되었다."

---

[169] 상원가절上元佳節: 정월대보름.

[170] 이후 실제로 훈도 현석운은 김기수金綺秀의 수신사행에 별견당상別遣堂上으로 임명되어 일본을 시찰하게 되었다.

[171] 관백關伯: 정확하게는 관백關白이 옳다. 헤이안 시대 이후 일본 천황의 최고 보좌관으로 '백관의 상주에 관해서[關] 의견을 아뢴다[白]'는 뜻에서 그 관직명이 유래했다. 《漢書》 〈霍光傳〉에 "모든 일은 먼저 곽광霍光에게 관백關白한다"는 구절이 있다. 도요토미 히데요시豊臣秀吉가 관백이 된 이후로 조선에서는 일본의 최고 통치자라는 의미로 사용했으며, 이에 따라 에도 막부의 실질적 통치자였던 정이대장군征夷大將軍을 일본 국왕 또는 관백이라고 불렀다.

병자년 1월 21일
양력 1876. 2. 15

○ 본관本官 장계[172]

강화부 유수 조병식이 여전히 폐무廢務하고 있고, 항산도 아래 정박 중인 저들의 선박 여덟 척은 아직까지 갑작스러운 움직임이 없으며, 성 안에 머물고 있는 왜인들은 머무른 채 이동하지 않고, 초지진에 상륙한 왜인들이 홰나무를 도백塗白해서 표지한 사유를 얼마 전에 치계했거니와, 초지진 첨사 홍운태, 파수장 강영회 등의 치보에 따르면, "금일 진시辰時 경에 저들의 선박 한 척이 본진本鎭에 상륙해서 17명[173]이 기계를 가지고 부성府城으로 들어갔으며, 약간 명이 물을 길은 다음에 다시 내려갔습니다"고 하옵더니, 그들이 입성入城할 때 이르러 왜인 3, 40명이 각각 총칼을 가지고 대오를 이루어 들어갔습니다.

성 안에 머물고 있는 왜인들이 군대 사열[閱武]이라고 하면서 총수銃手를 뽑아서 세 개 부대로 나누었습니다. 각자 총칼을 들고 똑바로 서서 앞뒤로 이동하다가 다시 우회迂廻해서 칼을 뽑고 팔을 휘두르는 것이 마치 우리나라의 별기別技와 비슷했습니다. 일제히 구호에 따라 호응해서 함성을 지르는데 절도에 맞았습니다. 그 기술을 모두 펼친 후에 해산했습니다.

---

[172] 《日省錄》一月二十二日條에 따르면 강화부 판관 박제근朴齊近의 장계이다.
[173] 원문에는 '七十名'으로 되어 있으나 《日省錄》一月二十二日條에 따르면 '十七名'의 오기인 것으로 보인다.

지금 이 계사啓辭에 왜인 3, 40명이 각자 총검을 가지고 들어갔다고 만 되어있을 뿐, 처음부터 80명이 밖으로 나갔다는 말이 없었다. 들어가는 군대가 있는데 나간 군대가 없어서 모호한 듯 했지만 이미 봉해서 발송했다고 하기에 그냥 놓아두었다.

당마 편에 집에 보내는 서신과 영의정께 올리는 서한을 부쳤다. 어영청御營廳 서리 안중경安中璟이 처상妻喪을 당해서 보고하고 귀가했는데 매우 슬퍼했다. 그 편에 도통사都統使에게 서한을 부쳤다. 본영本營 서리 차윤환車允桓이 내려오는 편에 집에서 따로 서신은 없이 술 한 동이와 안주 한 궤짝을 부쳐왔다.

전어관 최조가 역관 오경석에게 와서 말했다.

"아까 기록해서 오는 일을 우리 대관께 말씀드렸더니 그것은 적어서 보낼 필요가 없고 말로 전하면 된다고 하셨다. 대체로 그 말씀은 다른 것이 아니라 동래에 설치했던 왜관은 대마도에는 이롭고 귀국에는 해로운 것이었지만, 만약 이번의 조약을 따른다면 귀국에 이롭다는 것이다."

이는 바로 일전에 만났을 때 말했던 것인데 지금 다시 번거롭게 끄집어낸 것이다.

왜인 미야모토 오카즈가 그 대신의 말을 역관에게 전하고는 그를 시켜서 이쪽 대신에게 고하게 했다.

"귀 대신은 조약의 속사정[裏許][174]을 상세히 알고 있는가? 지금 이

[174] 이허裏許: 겉으로 드러나지 않은 속마음이나 내막. 許는 조사助辭이다.

조약 중의 개항통상은 초량의 통상과 크게 다른 점이 있다. 초량에서는 공평하지 못해서 이익은 대마도에 돌아가고 피해는 조선에 돌아갔으니 이 때문에 옛 법규를 혁제革除하려는 것이다. 그러나 이번에 새로 개항하는 두 곳에서는 일체 가옥의 건축 및 일용소비 등의 사항을 일본인이 스스로 처리해서 조선에 추호도 피해를 끼치지 않을 것이다. 귀 대신은 이러한 뜻을 귀 조정에 상세히 전하라."

문답 장계가 올라가서 이에 회하回下한 의정부 관문이 종사관에게 도착했는데 "역관 오경석을 밤사이에 올려 보내서 불화가 생기는 폐해가 없게 하라"고 했다. 겉봉에는 '접견 종사관이 열어볼 것'이라고 적혀 있었다. 종사관은 애초에 조지朝紙[175]에 관함官銜이 났던 것도 아니고 인신印信도 없었으니 직접 보고를 올릴 수 없었다. 그래서 서리를 시켜서 사통私通했다.

○ 의정부 관문

저들이 강화부에 들어올 때 400명의 병졸로 호위해서 오겠다고 약속했는데 연달아 문보文報를 접수하니 계속 상륙하는 자들이 거의 정해진 숫자가 없으며, 비단 강화부뿐만이 아니라 혹 높은 곳에 올라가 먼 곳을 살피기도 하고, 혹 민가에 함부로 들어가기도 한다고 했다. 이러한 사이에 갈등을 빚을 우려가 없지 않다. 더구나 우호를 맺는 자리에 호위 군대의 많고 적음이 무슨 관계가 있는가? 접견하는 때가 아니더라도 우선 역관으로 하여금 이치에 근거하여 상세히 설명

[175] 조지朝紙: 승정원에서 매일 아침 그 전날 조정에서 처리된 일들을 기록해서 배포하는 일종의 관보이다. 조보朝報라고도 한다.

하게 함으로써 저들을 통제하여 감히 분요紛擾의 폐해를 일으키지 못하게 하라.

○ 왜인 80명이 나갔다. 왜인 최조가 차비관差備官의 처소를 방문했다. 그래서 술과 고기를 대접하자 잇달아 몇 잔을 마시고는 말했다.

"술과 고기를 먹고 마시며 여러 공들과 마주 앉아 옛 이야기를 하고 있으니 이야말로 태평한 일이다."

역관이 말했다.

"그렇다. 공 등이 속히 돌아가면 우리도 태평을 누릴 것이다."

"순조로운 성사 여부가 귀 조정의 처분 여하에 달려 있으니 만약 순조롭게 이뤄지지 않으면 곧장 서울로 가서 영의정 대감과 조약을 강구할 것이다."

"지금은 아직 얼음이 녹지 않았고, 또 애구隘口를 지키는 군대가 있는데 어떻게 쉽게 서울에 갈 수 있겠는가?"

그가 웃으며 말했다.

"따로 갈 수 있는 방법이 있다."

"귀 대신은 어느 주州 사람인가?"

"대신은 사쓰마 주 사람이고 부대신은 나가토長門 주[176] 사람이다."

그리고 사례하고 돌아갔다.

왜인 40명이 남문으로 들어왔다. 매일 출입하는 것이 아마도 바다와 육지의 군졸들이 순번에 따라 교대하는 것 같았다. 부관과 유수를 찾아본 후 포시晡時에 돌아왔다.

---

[176] 나가토長門 주: 현재의 야마구치 현 서쪽 지방으로 흔히 쵸슈長州라고 부른다.

○ 전어관 최조와 금조 두 사람이 오경석을 찾아와서 술과 밥을 요구했다.

오경석이 물었다.

"귀국인이 타는 화선火船이 모두 임대한 선박이라고 하니 그렇다면 그 비용이 적지 않을 듯하다."

"그렇다.[177] 또 철로가 수천 리에 펼쳐져 있어서 기차[火輪車]를 오가게 하며, 에도에서 나가사키[長崎島][178]까지 전선電線으로 서로 연락하는 방법이 있다."

"전선이란 어떤 물건인가?"

"동철銅鐵로 줄을 만든 다음에 산에 걸고 바다에 매설해서 수천 리를 길게 연결한다. 그리고는 양끝에서 두드려서 소리를 내 언어를 전달하는 것이다. 그러므로 설령 외국의 일이라도 삽시간에 서로 전할 수 있는 것이다."

"귀국의 교린국 가운데 어느 나라가 가장 강한가?"

"러시아露西亞가 가장 강하니, 즉 아라사俄羅斯이다. 각국에서 두려워하는 나라이다. 우리나라가 교린하는 17개 국가가 모두 일부의 조약을 맺

---

[177] 이 문답과 관련된 기사가 《日省錄》 高宗十三年 二月五日條에 수록되어 있는데, 이 대목의 문답 기록이 보다 상세하다.

"귀국인이 타는 화선이 모두 임대한 선박이라고 하니 그 비용이 적지 않을 듯하다."

"임대 선박의 비용이 과연 적지 않다."

"귀국에 화선이 없다면 어느 나라에서 임대하는가?"

"우리나라에 이미 많이 있는데 어찌 다른 나라에서 빌릴 필요가 있겠는가?"

[問曰 貴國人所騎火船 皆賃船云 其費似不少矣 彼曰 賃船所費 果不少也 我曰 貴國無火船 則賃於何他國也 彼曰 我國旣多 何必賃他乎].

[178] 장기도長崎島: 나가사키長崎를 가리킨다. 실제 섬은 아니지만 그 지형이 바다로 돌출되어 마치 섬처럼 보이기 때문에 우리나라에서는 '島' 자를 붙여서 불렀다.

어서 균등하고 공평하지 않은 일이 없으며, 또 저쪽은 존대하고 이쪽은 천시하는 차별이 없다. 한 가지로 정해진 법규가 있으니 우의가 형제와도 같다. 어느 나라를 막론하고 선박이 통상을 할 수 있는 곳이면 피차가 서로 館관을 개설하고 관장官長을 둔다. 그리고 각 읍과 해당 지방의 가장 높은 관리가 사안에 따라 상의해서 호시互市의 편의를 제공한다.[179] 또 어지럽게 섞이는 것을 금지해서 개관開館 몇십리 내에서만 임의 왕래를 허용하고 정해진 경계 밖으로는 감히 넘어갈 수 없다. 만일 정해진 경계 밖에 유상遊賞[180]할 곳이 있으면 해당 지방관에게 요청한다. 그러면 지방관이 인원을 파견해서 그를 데리고 왕래하기 때문에 혹시라도 폐단이 생길 일이 없다. 그 개관의 모든 절차 또한 추호도 이웃나라에 폐를 끼치지 않아서 공관 건물 역시 스스로 임대하거나 신축하고, 사소한 물건도 반드시 값을 치르고 구매한다. 개관처開館處에서의 각국 법제가 대략 이와 같다.

이른바 공사公使라는 것은 종인從人 몇십 명을 약소하게 거느리고 서로 교린국의 수도로 가서 또한 터를 빌리는데, 건물을 임차하거나 혹은 신축해서 거처한다. 그가 주간하는 일은 다음과 같다. 만일 통상하는 각 관館에 일이 생기면 관장館長이 해당 지방관에게 글을 보내서 공사에게 전달하게 한다. 그러면 공사는 그 나라 수도의 관리와 공평하게 논의한 후에 결단한다. 공사가 거류하는 근방 수십 리 안에서도 내왕을 허용하지만 감히 폐해를 일으킬 수는 없다. 한번 규칙을 정한 다음에 그것을 위반하면 각국이 그 죄를 문책한다. 그러므로 이

---

179 저본에는 '無論各國沿海可以通商處彼則此互相開館長各色與該地方最長官隨事相議以便互市'으로 되어 있는데 문맥이 통하지 않아서 앞의《日省錄》기사에 근거해서 수정했다.
180 유상遊賞: 유람하며 완상玩賞함.

른바 약조約條라는 것은 곧 천하공법天下公法인 것이다."

"설령 타국의 법이 그렇다 하더라도, 우리나라에는 별도로 동래東萊에서 교시交市하던 구례舊例가 있는데 어찌 할 수 없는 일을 창행刱行[181]할 필요가 있겠는가?"

"동래의 교린 약조는 귀국에 일방적으로 고통스럽고 대마도에 일방적으로 이로운 것이었으니, 그것이 어찌 교린의 뜻이겠는가? 피차가 추호도 폐를 끼치지 않게 된 연후에야 공법公法이라고 할 수 있다. 그러므로 이번 사행使行은 그만둘 수 없는 일에 속하는 것이다."

그리고는 대관이 급히 부른다고 하면서 떠났다. 그래서 다시 물어볼 수가 없었다.

---

[181] 창행刱行: 전에 없던 일을 새로 만들어서 시행함.

○ 통진부사의 보고

저들이 본부本府의 하적암下赤巖 갯가에 상륙해서 표지 깃발[標旗]을 세우고 형편形便[182]을 그려간 사유를 조금 전에 치보했거니와, 연이어 접수한 초경 요망색리 임종우林鍾羽의 보고에 따르면, 이번 달 21일 유시酉時 경에 이양종선 두 척이 각각 왜인들을 태우고 손돌목을 넘어서 올라갔다고 하옵고, 술시戌時 경에 도착한 본부 산성중군山城中軍 이정현李鼎鉉의 보고에 따르면, 이종선異從船 두 척이 하류에서 올라와 강화 갑곶진에 상륙했다고 합니다.

○ 다시 올라온 통진부사의 보고

이양종선 일곱 척이 내려갔다는 것을 아까 치보했거니와, 연이어 접수한 통진부 초경 요망색리 임종우의 보고에, "21일 현재 이양선 한 척이 대선大船에서 떨어져 나와 본부本府 하적암 갯가로 와서 상륙했습니다. 그리고 흰 깃발 세 개를 3리 이내에 나란히 꽂고 노끈과 새끼줄로 그 사이를 측량했습니다"라고 하였는바, 이를 듣고 놀랍고 의아한 마음을 누를 수 없었습니다. 그래서 장리將吏를 보내어 한편으로는 금지시키고 다른 한편으로는 달래서 보내려고 배에 오

---

[182] 형편形便: 유리한 지리적 형세.

르게 하였더니 그가 돌아와서 보고하기를, "상륙한 왜인이 8명이었는데 붉은 깃발 하나를 가지고 머물러 있으면서 떠나지 않다가, 승선한 후에 계속해서 구준九遵의 자갈밭으로 거슬러 올라갔습니다. 그리고 지남기指南器를 설치해서 사방을 관측하고는 첩책帖册을 들고 섬, 산골짜기, 인가를 그렸습니다. 그래서 중지할 것을 거듭 청하고 흰 깃발을 뽑아내려고 하자 이미 강화부에서 수락을 받았다고 했습니다. 그래서 아직 지시가 없었다는 말로 거절하고 대선이 정박 중인 곳으로 돌려보냈사오나 표지 깃발은 아직 뽑지 못했습니다"라고 했습니다.

○ 강화 유수영에 도착한 의정부 관문

현재 정월 20일 약방藥房이 입진入診하고 시원임대신時原任大臣과 정부 당상관을 인견引見하셔서 입시入侍할 때 영의정 이최응李最應이 아뢰었다.[183]

"왜선倭船이 이미 강화도에 들어와서 상륙했습니다. 수비[備禦]의 대책을 지금 강구하고 있사오나 이러한 때 민간에서 선동과 소요가 일어나더라도 혹 괴이할 것이 없습니다. 패악悖惡하고 완람頑濫한 무리가 그 연줄을 잡고 틈을 타서 능핍凌逼하는 악습[184]과 절발竊發[185]하는 우환이 곳곳에서 들려오니 참으로 작은 근심거리가 아닙니다. 대체로 나라가 유지되는 것은 오직 명분과 법강法綱 때문이니, 진실로 명분이 바르고 법강이 엄하면 비록 외부에서 환난이 닥치더라도 깊이 우려할 것이 없습니다. 소문에 경악스러운 일들이 많은데도 포악함을 금하고 도적을 잡아들이는 정치는 적막하게 들리지 않으니, 조가朝家에서 포도청과 진영鎭營을 설치한 뜻이 어디에 있사옵니까? 지금

안집安輯[186]하는 방책으로 이보다 급한 것이 없습니다. 경외京外[187]에 엄히 신칙해서 출현하는 대로 잡아들인 다음에 신속히 무거운 법률로 다스리시되 만일 혹시라도 계속 해이하다면 해당 포장捕將[188]은 계품啓稟해서 중하게 심문하고, 각 진장鎭將은 우선 파직한 다음에 나문拿問[189]하겠다고 분부하심이 어떠하겠사옵니까?"

주상이 말씀하시길, "지금 절발하는 우환은 더욱 각별히 단속[禁戢]해야 하니 아뢴 대로 시행하라"고 하셨다. 전교가 있으셨으니 그 뜻을 삼가 살펴서 시행하라.

●

[183] 일본의 조약 체결 요구의 대처 방안을 논의하기 위해서 1월 20일(양력 2월 14일) 고종이 영의정 이최응李最應, 우의정 김병국金炳國, 영중추부사 이유원李裕元, 영돈녕부사 김병학金炳學, 판중추부사 홍순목洪淳穆, 도제조 박규수朴珪壽 등 시원임대신을 인견하여 회의를 열었다. 이 자리에서 김병학은 "저들이 비록 수호를 위해서 왔다고는 하나 허탄한 정상들이 수호를 위한 것이 아니라 흔단釁端을 빚기 위한 것임을 말해주고 있습니다. 종당에 어떻게 될지는 모르겠습니다만, 신 등이 지금 날마다 모여서 상의하고 있습니다"라고 했는데 일본의 의도에 대한 이와 같은 의구심은 당시 회의에 참석한 모든 신하들이 공유하는 바였다. 이를테면 박규수는 "일본이 수호를 칭탁하고 있으나 병선을 이끌고 왔으니 그 정상이 헤아리기 어렵습니다. 이미 수호 사절이라고 했으니 우리 측에서 먼저 공격할 수는 없지만 만약 의외의 사건이 발생한다면 군대를 쓰지 않을 수 없을 것입니다. 다만 생각건대, 만약 내수외양內修外攘의 방책을 다해서 나라가 부강해지고 군대가 강해지는 효과를 거두었다면 저 한줌밖에 되지 않는 섬나라에서 어찌 감히 경기도 연안을 넘보며 공갈을 자행하는 것이 이러한 지경에 이르렀겠습니까? 참으로 분한 마음을 억누를 수가 없습니다"라고 했다. 그러나 국내의 기강을 바로 세우고 고종이 강연講筵에 힘쓰는 것 외에 특별한 대책은 나오지 않았으며, 김병국이 "저들의 정상이 과연 수호를 위해서 그러한 것이겠습니까? 강화도로 내려간 대관이 현재 날마다 접견하고 있으니 그 보고를 기다리면 강구책이 있을 것입니다"라고 한 것과 같이 일단은 신헌의 보고를 기다리면서 두고 보자는 의견이 대종을 이루었다. 《日省錄》과 《承政院日記》 高宗十三年 正月二十日條에 관련 기사가 수록되어 있다.

[184] 능핍凌逼: 윗사람을 능멸하고 핍박함.

[185] 절발竊發: 은밀히 일어남.

○ 의정부 관문이 종사관에게 도착했다. 관문 안에 '이 책자를 즉시 대관에게 올려서 변리대신에게 전달하게 할 것'이라고 적혀 있었다.

> **책자**
>
> 조규를 필사해 왔는데 두루마리를 열자마자 난처한 사단이 있었다. 단지 '일본국에서 특명特命 모某를 간택'이라고 쓰고, '조선국에서 특명 모某를 간택'이라고 쓰면 될 것인데, 어째서 반드시 양국 군상君上의 위호位號를 쓴 후에야 전중典重[190]한 사체事體가 되겠는가? 비록 말로는 '평등한 주권'[平等之權]과 '동등한 예의'[同等之禮]라고 하지만 끝내 이것이 사면事面[191]에 장애가 될 것이니, 먼저 이 단락부터 고쳐서 오직 국호만을 거론해야 비로소 하관下款의 여러 조목들의 가부를 논할 수 있을 것이다.
>
> 이것이 수호조규라면 양국에서 충분히 상의하고 확정해서 피차간에 편의롭게 된 연후에야 그 일이 시행될 수 있고, 그 시행이 오래 지속될 수 있을 것이다. 종래 세계의 일이 단절된 이유와 지금 우호를 지속하려는 뜻을 마땅히 문자로 서술해서 근거할 수 있는 자료로 삼아야 할 것이다.

○ 통진부사의 보고

본부本府의 초경 요망색리 임종우의 보고에 따르면, 이번 달 22일 진

---

[186] 안집安輯: 안무安撫, 안정安定.

[187] 경외京外: 서울과 지방.

[188] 포장捕將: 포도대장.

[189] 나문拿問: 죄인을 체포해서 심문함.

[190] 전중典重: 법도에 맞고 중후함.

[191] 사면事面: 사체事體.

시辰時 경에 이양종선 세 척이 손돌목을 넘어서 올라갔다고 하옵고, 사시巳時 경에 도착한 본부 산성중군 이정현의 보고에 따르면, 이종선異從船 세 척이 하류에서 올라와서 갑곶진에 상륙했다고 합니다. 거의 같은 시각 요망색리 임종우의 치고馳告를 접수했는데, 왜인 5명이 어제 깃발을 꽂았던 하적암 갯가에 상륙해서 망원경을 들고 사방을 관측하다가 잠시 후 배를 타고 돌아갔으며, 이종선 세 척이 상류에서 대선大船이 있는 곳으로 내려왔다고 했습니다.

○ 강화 유수영 장계

항산도 아래 정박 중인 이양선 여덟 척에 아직까지 움직임이 없다는 것과 성 안에 체류 중인 왜인들이 열무閱武한 사유를 얼마 전에 치계했거니와, 초지진 첨사 홍운태와 파수장 강영회 등의 치보에 따르면, 저들의 대선 여덟 척은 여전히 움직이지 않은 채 다만 종선從船을 보내서 때때로 급수하고 화물을 실어 나른다고 하옵고, 본영本營의 영속좌영營屬左營 이규원의 치보에 따르면, "저들의 종선 한 척이 통진부 경내의 하적암 갯가에 상륙해서 흰 깃발 세 개를 3리 내에 나란히 꽂았습니다. 왜인 여덟 명이 큰 붉은 깃발 하나를 들고서 전진할 것을 주장하여 배를 타고 거슬러 올라가다가 구준九遵 모퉁이 자갈밭에 이르러 지남기를 설치하고 사방을 관측한 다음에 섬과 산골짜기, 인가 등을 그렸습니다. 흰 깃발을 뽑으려고 하자 저들이 강화부에서 승낙을 받았다고 했습니다. 그래서 아직 뽑아내지 못했습니다"라고 했습니다.

지금은 변방의 보고를 아무리 신중히 하더라도 처음부터 의거할 만한 일이 없거늘, 오직 이류異類[192]의 패설悖說만을 믿고서 함부로 문첩文牒에 옮겼으니 사체事體로 헤아려보면 크게 경악스러운 일입니다. 통진부의 수리향首吏鄕[193]을 신의 영솔으로 체포해 와서 상세히 심문한 후에 엄하게 징계할 계획입니다.

●

[192] 이류異類: 같지 않은 종류, 즉 이족異族 등을 뜻하는 말로서 여기선 왜인을 가리킨다.
[193] 수리향首吏鄕: 수리首吏와 수향首鄕을 뜻한다. 수리는 이방 아전, 수향은 좌수座首이다.

　통진부사가 보고하기를, "본부本府의 초경 요망색리 임종우의 보고에 따르면, 이번 달 22일 신시申時 경에 항산도에 정박 중이던 이양대선異樣大船 가운데 한 척이 연기를 뿜으면서 하류로 내려갔다고 합니다"라고 하였다.

　동문東門에서 불이 났다. 파수막을 문루 옆에 설치하고 불을 때면서 추위를 피하고 있었는데, 방졸防卒이 피곤해서 잠든 사이에 아막兒幕[194]에서 불이 나서 문루에까지 번져 결국 남김없이 다 태우고 말았다. 다행히 인명은 다치지 않았다.

○ 부평부사의 보고

　이번 달 20일 진시辰時 경에 이범二帆 이양선 한 척이 영종진 월미도 앞바다에서 통진 경내의 황산도黃山島로 올라간 사유를 이미 치계했거니와, 방금 각 섬의 요망장 등이 일시에 올린 보고를 접수하니, 황산도 앞바다에 정박 중이던 이양선 중 삼범선三帆船 한 척이 이번 달 22일 신시申時 경에 내려와서 곧장 영종 경내로 내려갔다고 했습니다.

194 아막兒幕: 미상이다.

○ 강화 유수영 장계

금일 진시辰時 경에 동성의 파수별사把守別士가 머무는 군막에서 실화
失火하여 동쪽 문루에까지 번져서 전체가 다 타버렸습니다. 그러나
다행히 인명은 다치지 않았습니다.

성 안에 체류 중인 왜인들은 매번 2, 30명씩 초지진으로 나가기도
하고 혹은 갑곶진에서 우리 선박을 타고 항산도에 저들 선박이 정박
중인 곳으로 내려가고 있습니다. 또 저들의 대선大船에서 왜인 2, 30
명이 초지, 갑곶에 상륙한 다음에 성에 들어와서 날마다 일정하게
교대로 출입하고 있는데 수효의 증감은 정확하게 알 수 없습니다.
그리고 열무閱武라고 하면서 전일과 마찬가지로 처소에서 기예를 펼
치고 있습니다.

덕진진德津鎭 파수장 박경덕朴敬德의 치보에 따르면, 금일 인시寅時 경
에 항산도에 정박 중인 저들의 선박에서 한 차례 대포를 발사했다고
하옵고, 월곶진 첨사 김형조金亨祚와 갑곶진 파수장 황희인黃羲仁 등
의 치보에 따르면, 이양선 한 척이 수심을 측량하면서 거슬러 올라가
다가 바로 통진 강녕포康寧浦 앞바다로 올라갔다고 합니다. 이상의
사유로 치계합니다.

○ 강화 유수영 장계

저들의 삼범선三帆船 한 척이 부평 경내의 세어도細魚島를 향해서 내
려갔으며, 성 안에 체류 중인 왜인들이 제 선박에 신호하기 위한 것
이라고 하면서 화전火箭[195]을 쏘아올린 사유를 얼마 전에 치계했거니
와, 초지진 첨사 홍운태와 파수장 강영회 등이 이번 달 22일 해시亥時

---

[195] 화전火箭: 함선 등에서 신호를 보내기 위해 사용하는 불화살을 말한다.

경에 성첩成貼[196]해서 치보하기를, "아래로 내려간 저들의 삼범선 한 척이 매섬[鷹島] 앞바다에 정박했는데, 항산도 아래의 저들의 대선大船에서 금일 술시戌時 경에 대포 두 발과 화전 한 발을 발사한 후 연등燃燈했습니다. 잠시 후[197] 다시 대포 두 발을 발사하자 여러 선박들에서 일제히 기화전起火箭을 쏘고 연등했습니다"라고 하였는바, 아마도 이는 성 안에 있는 왜인들이 기화전을 쏘는 것을 신호로 서로 호응하는 것인 듯 했습니다. 이에 즉시 훈도 현석운을 저들에게 보내서 말하자, "이후에 올 선박이 하구에 도착하면 불러들기 위해서 약속을 하려고 그랬던 것이다. 앞으로는 사전에 통보하겠다"라고 했습니다. 이상의 사유로 치계합니다.

○ 풍덕부사의 보고

정월 23일 진시辰時 경에 본부本府의 영정포領井浦 파수장 김용규金龍逵의 보고에 따르면, 당일 진시辰時 경에 이양대종선異樣大從船 두 척이 강화 갑곶에서 올라와 곧장 통진의 조강祖江 경내로 향했다고 합니다.

○ 잇달아 도착한 풍덕부사의 보고

이양종선 두 척이 통진의 조강 경내로 올라간 사유를 조금 전에 치보했거니와, 현재 사시巳時 경에 본부의 종경終境 정곶포丁串浦 파수장 장형수張淳秀가 보고한 바에 따르면, 당일 사시巳時 경에 이양선 두 척이 정곶포로 와서 정박하고는 왜인 10여 명이 상륙해서 산으로 올라가 멀리 관측했다고 합니다.

---

[196] 성첩成貼: 문서에 관인官印을 찍는 것을 말한다.
[197] 원문에 '小項'으로 되어 있는데 '小頃'의 오기인 것으로 보인다.

○ 통진부사의 보고

금일 사시巳時 경에 이종선異從船 두 척이 손돌목을 넘어서 올라갔습니다. 왜인 6명이 전에 깃발을 꽂았던 하적암 갯가에 상륙해서 그것을 뽑은 후에 다시 배를 타고 구준九遵 모퉁이 갯가에 상륙했습니다. 그리고 사방을 망원경으로 관측하며 지형을 그린 다음에 바로 대선大船이 있는 곳으로 배를 돌렸습니다. 당일 오시午時에 이종선異從船 두 척이 연기를 뿜으면서 소종선小從船 한 척을 이끌고 강화에서 올라와 김포 앞바다를 지나갔습니다.

○ 영종첨사의 보고

현재 술시戌時 경 항산도에 정박 중이던 저들의 선박 여덟 척 가운데 삼범죽선三帆竹船 한 척이 연기를 뿜으면서 내려와 본진本鎭의 요구서腰鈎嶼 아래에 정박했습니다.

○ 강화 유수영 장계

저들의 선박 한 척이 통진 적암포赤巖浦에 와서 흰 깃발을 세웠으며, 삼범선三帆船 한 척이 다시 부평 경내로 내려간 사유 및 종선從船 한 척이 수심을 측량하면서 통진 경내를 향해 올라간 사유를 이미 치계했거니와, 초지첨사 홍운태와 파수장 강영회 등의 치보에 따르면, "금일 오시午時 경에 저들의 종선 한 척이 통진 경내로 올라가서 상륙한 후에 일전에 세워둔 흰 깃발을 뽑아갔습니다. 이어서 바위 위로 올라가 멀리 관측하다가 배를 타고 다시 내려갔습니다. 항산도에 정박 중이던 저들의 대선大船 가운데 이범선二帆船 한 척이 닻을 올리고 거슬러 올라가다가 백여 보 지점에서 닻을 내렸습니다"라고 하옵고, 문수산성 별장別將 이정현의 치보에 따르면, 수심을 측량하면서 올라간 저들의 화륜종선 한 척이 강녕포를 지나 풍덕 망성포望城浦까지 가서 상륙했다가 신시申時 경에 다시 내려왔다고 합니다. 해방장海防將 영종첨사 양주성이 이번 달 22일 술시戌時 경에 성첩해서 치보한 바에 따르면, 항산도에 정박 중이던 저들의 선박 여덟 척 가운데 삼범선 한 척이 부평 경내로부터 연기를 뿜으면서 내려와 본진本鎭의 요구서腰鉤嶼 아래에 정박했다고 합니다. 성 안에 체류하는 왜인들은 열무閱武를 마치고 거처로 들어간 이후로 다시 이동이 없습니다. 이상의 사유로 치계합니다.

통진부사가 보고하기를, "23일[198] 미시未時 경에 이종선異從船 한 척이 연기를 뿜으며 작은 종선從船 한 척을 거느리고 강화 갑곶진에서 풍덕 경내의 망석우포望石隅浦 앞바다로 올라가 상륙했습니다. 이양선이 내양內洋에 깊이 진입했으니 참으로 망측하기 이를데 없습니다"라고 했다. 그런데 동시에 도착한 그 부사의 첩정牒呈에 "금일 술시戌時 경에 이종선異從船 두 척이 본부本府의 후평리後坪里 앞바다에 올라와서 수심을 측량하고는 바로 갑곶진으로 내려갔습니다"라고 했다.

'올라갔다'는 보고와 '내려갔다'는 보고가 일시에 도착했다. 시급한 문첩文牒도 이처럼 전달 과정을 따져야 하니 참으로 딱한 일이다. 해당 지자持者[199]는 사실을 조사해서 징계하고, 이후의 보고 또한 주의할 것을 비전飛傳[200]에게 엄히 신칙했다.

○ 인천부사의 보고

현재 23일 유시酉時 경에 저들의 삼범선三帆船 한 척이 호도虎島 앞바다에서 내려와 팔미도 앞바다로 향했는데 마침 해가 저물어서 감시

---

198 원문에는 十三日로 되어 있으나 정황상 二十三日에서 二자가 누락된 것으로 생각된다.

199 지자持者: 지방 관청 사이에 공문을 전달하는 전령.

200 비전飛傳: 긴급 문서를 전달하는 파발.

하지 못한 사유를 이미 치계했거니와, 날이 밝기를 기다렸다가 다시 살펴보니 저들의 선박이 본부本府 경내의 팔미도 내양內洋 비랑포飛浪浦 앞바다에 정박하고 있었습니다.

○ 풍덕부사의 보고

이번 달 23일 미시未時 경에 본부本府의 종경終境 정곶포丁串浦 파수장 장한수張漢秀의 보고에 따르면, "왜인 10여 명이 산에 올라 멀리 관측하다가 그 자리에서 하산해서 승선했습니다. 그리고 곧장 교하交河 경내로 향했는데 산에 가로막혀서 볼 수 없었습니다"라고 하였습니다.

○ 강화 유수영 장계

저들의 화륜종선 한 척이 수심을 측량하면서 올라가다가 풍덕 경내에 이르러 다시 내려온 사유를 얼마 전에 치계했거니와, 월곶진 첨사 김형조의 치보에 따르면, "저들 선박이 내려오던 길에 본진本鎮의 앞바다에서 배의 움직임이 썰물이 빠지는 속도에 미치지 못한 까닭에 소선小船 한 척과 함께 풀등[草嶼]에 걸리고 말았습니다. 그래서 급히 통정진洞丁鎮의 예속隷屬을 파견해서 배를 다시 수면으로 밀어내기 위해 그 안으로 들여보냈습니다. 우선 아까는 소선이 없다가 지금 생긴 이유를 물어보았습니다. 그러자 저들 중에 우리말을 할 수 있는 자가 '소선은 항상 선상에 매달아 놓았다가 필요에 따라 물에 띄운다. 조금 기다렸다가 밀물이 들어오면 알아서 내려갈 것이니 염려할 필요 없다'고 답했습니다. 그리고는 단지 4, 5명에게 배를 지키게 하고 5명이 상륙해서 연미정燕尾亭과[201] 각 돈대墩臺를 둘러본 후에 강화부성으로 들어갔습니다. 저들 선박 두 척은 금일 묘시卯時 경에 내려갔습니다"라고 했습니다.

○ 강화 유수영 장계

월곶진 첨사 김형조의 보고에 따르면, 당일 오시午時 경에 저들의 화
륜종선火輪從船 한 척이 연기를 뿜으며 수심을 측량하면서 본진本鎭의
경내를 지나 통진의 조강祖江 앞바다를 향해 갔다고 하옵고, 초지 첨
사 홍운태와 파수장 강영회 등의 치보에 따르면, 항산도 아래 정박
중이던 저들의 대선大船 일곱 척 가운데 이범선二帆船 한 척이 연기를
뿜으면서 내려가 100여 보 아래에 정박했다고 합니다. 성 안에 체류
중인 왜인들은 전일과 마찬가지로 대오를 이루어 열무閱武하다가 다
시 거처로 들어갔습니다.

201 연미정燕尾亭: 월곶진에 있는 정자로 《江華府志》에 다음과 같은 설명이 있다.
"월곶진에 있다. 정자 동쪽으로 작은 섬이 있는데 그 이름을 류留라고 한다. 한강
이 이 지점에 이르러 남쪽으로는 갑곶진으로 흘러가고 서쪽으로는 승천포로 흘러
가서 두 개의 지류로 나뉜다. 제비 꼬리[燕尾]라고 부르는 것은 그 이름이 이 모양
과 유사하기 때문이다. 지세가 당당하며 한강의 서쪽이고 송악산의 남쪽이다. 여
러 산들의 봉우리들이 마치 쟁반에 쌓아놓은 음식마냥 늘어선 것처럼 보인다. 대
체로 강화도 내 제일가는 명승지라고 한다. 옛적에 황형이 점유했는데 지금은 월
곶진에 속해 있다. 영조 갑자년(1744)에 유수 김시혁이 중건했다[在月串鎭上 亭東有
小島 其名留 漢水至此 南入甲串津 西入昇天浦 分流爲二歧 稱燕尾 其名是似 地勢軒擧 漢西崧
南 諸山頭頭 排比如釘鎺 盖沁中第一名勝云 舊爲黃衡所占 今屬月串鎭 英宗甲子 留守金始燦
重建]."

◉ 사진으로 보는 강화도조약

일본 사절선단의 모습. 이들은 양력 1876년 1월 15일에 부산항에 입항했으며 17일에 강화로 출발
하기에 앞서 부산 앞바다에서 함포 사격을 실시함으로써 공포 분위기를 조성했다.

부산의 초량 왜관. 일본 메이지 정부는 1873년 이를 일방적으로 접수한 후 근대적 공관으로 고쳐
부르고 포대를 설치해서 요새화했다.

진해문鎭海門에서 대안對岸인 통진부를 향해서 찍은 사진

진해루鎭海樓. 진해문은 갑곶의 관문으로서 조선 측 접견단뿐만 아니라 구로다의 변리사절단 일행도 강화부성에 진입할 때 이곳을 통과했다.

(위) 읍성을 따라 강화 남문南門을 향해 행진하고 있는 일본군의 모습이다.

(아래) 갑곶돈대와 강화 수비군. 신헌은 강화도조약이 체결되기 이태 전인 1874년에 진무사 겸 강화유수에 제수되었는데, 이 때 광성, 초지, 덕진 등 연해 50여 개소에 포대를 창설했다.

(위) 남산에서 동북쪽으로 바라본 강화 읍성의 모습이다. 왼쪽 끝 성곽 끝자락이 송악산이며 그 아래 강화유수부(현 고려궁지)가 보인다.

(아래) 강화산성과 아치형의 배수문의 모습이다. 배수문의 앞으로 토끼 다리[兎橋]라고 부르던 다리가 보인다.

(위) 덕진 성곽과 민가.

(중간) 협상 기간 동안 구로다 변리사절단의 숙소로 사용된 중영中營에 조선 측 접견사절단이 입장하는 모습이다. 대문 기둥에 일본 측에서 걸어 놓은 '大日本全權辨理大臣公館'이라고 쓴 현판이 보인다.

(아래) 열무당閱武堂. 열무당은 조선시대 강화진무사가 군대를 사열하던 장소로서 강화도조약 협상 기간 동안에 주된 회담장으로 사용되었다. 일본 사절단은 군함에 있던 개틀링포 4문을 열무당으로 옮겨서 거치함으로써 회담장에서 공포 분위기를 조성했다.

(위) 진무영鎭武營의 전경이다. 중앙에 열무당의 모습이 보인다.

(아래) 중영 내부의 모습이다. 차양막遮陽幕을 드리운 곳이 구로다의 숙소였을 것으로 생각된다. 그 앞에 조선 측 접견사절단이 일렬로 서 있다.

강도 남문(江都南門)과 강화부 성벽. 일본군이 진입한 직후인 듯 닫힌 성문 밖에서 강화부민들이 모여서 걱정스럽게 이야기를 나누고 있다.

이 사진은 1871년 신미양요 당시 미국인 Felice A. Beato가 맹선(猛船)을 촬영한 것이다. 맹선은 조선 전기에 주로 전선(戰船)으로 사용됐지만 임진왜란을 전후해서 판옥선에 의해 대체되었으며, 그 후로는 어선 등으로 사용되었다. 조선의 문정관(問情官)들이 경내에 들어온 이양선에 접근할 때 주로 이 선박을 이용했다.

진무영 내의 훈련장에서 일본군대가 군사 조련을 받고 이를 강화 군민들이 구경하고 있다.

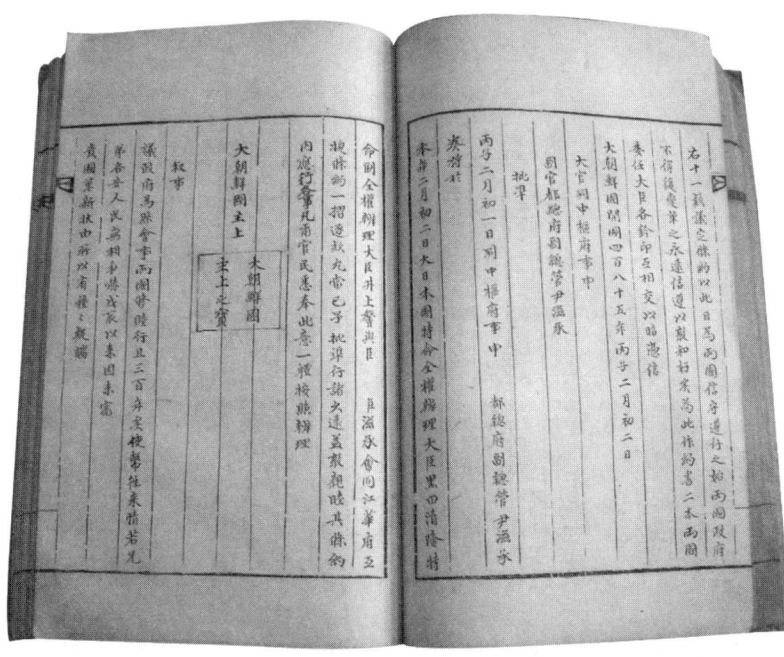

《심행일기》 원본
(국립중앙도서관 소장)

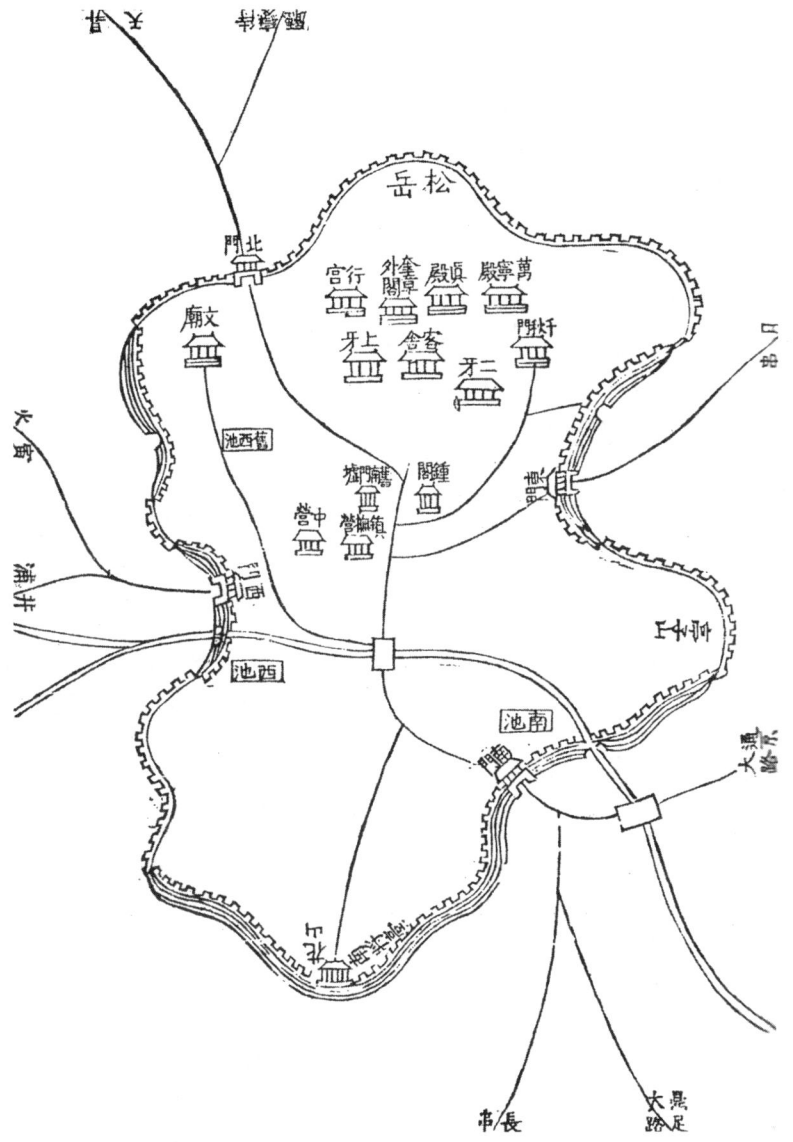

심부내성도. 1783년(정조 7) 강화유수 겸 진무사 김노진金魯鎭이 찬한 《江華府志》(서울대학교 규장 각 소장)에 수록된 지도이다. 지도에서 상아上衙라고 표시된 건물이 강화 유수의 동헌이며, 이아二 衙는 판관의 집무처로서 강화도조약 당시 신헌의 거처로 사용되었다. 구로다 변리사절단의 숙소 는 중영中營에 마련되었다. 강화도조약이 체결된 연무당練武堂은 1870년(고종 7)에 지어진 관계로 이 지도에는 표시되어 있지 않은데, 서문西門의 바로 안쪽에 자리하고 있었다.

신헌(1811~1884)

신헌의 사진이다. 《沁行日記》正月三十日條에 미야모
토 오카즈宮本小一가 신헌에게 사진 촬영을 제안했으나
신헌은 이를 거부하고 유수 조병식이 응했다는 기록이
있다. 이로 보아 이 사진은 강화도조약이 체결되고 시
일이 지난 후에 촬영한 것으로 보인다.

구로다 키요타카黑田淸隆(1840~1900)

사쓰마 번 출신으로서 사쓰마-쵸슈 연합의 성립에 기여했으
며, 보신 전쟁[戊辰戰爭, 1868~69]에 정부군으로 참전해서 전
공을 세웠다. 메이지 유신 이후에 개척차관 및 장관에 임명되
어 1870년부터 82년까지 홋카이도를 경영하는 업무를 담당
했다. 강화도조약의 체결 이후엔 제1차 이토 히로부미 내각에서 농상무대신을 역임했으며, 1881
년 4월에는 제2대 내각총리대신에 임명되었다. 그의 총리대신 재임기간 중에 대일본제국헌법이
반포되기도 했으나 불평등조약 개정의 실패에 대한 책임을 지고 이듬해 사임했다. 이후 원로가 되
었으며 추밀고문관, 체신대신, 추밀원의장 등의 관직을 역임했다.

강위姜瑋(1820~1884)

추금秋琴 강위姜瑋는 창강滄江 김택영金澤榮, 매천梅泉 황현黃玹과
함께 조선 근세의 3대 시인으로 꼽히는 인물이자 선구적인 개
화사상가였다. 강위는 1880년 김홍집이 제2차 수신사로 일본
에 파견될 때 서기로 동행했으며, 1882년 김옥균이 차관 교섭
의 비밀 임무를 띠고 일본을 방문할 때 그를 수행한 바 있는데,
이 사진은 두 차례 방일 기간 중에 촬영한 것으로 보인다.

오경석吳慶錫(1831~1879)

역매亦梅 오경석은 중인 출신으로 역관이 되어 청국을 왕래하면서 신학문에 눈을 뜨게 되었다. 그는 《海國圖志》, 《瀛環志略》 등의 서적을 조선에 들여왔으며, 김옥균金玉均, 박영효朴泳孝, 홍영식洪英植 등을 지도하여 이들을 중심으로 초기 개화파가 형성되는데 큰 영향을 주었다. 이 사진은 오경석이 1872년 박규수를 정사로 하는 연행사절에 수석 역관으로 참여했을 당시 북경 주재 프랑스 공사관에서 촬영한 것이다.

이노우에 카오루井上馨(1836~1915)

막말과 메이지 유신 초기의 정치가이자 원로이다. 다카스기 신사쿠高杉晋作 등과 함께 존왕양이 운동에 투신했으며, 메이지 유신 이후에는 대장대보大藏大輔, 참의 겸 공부경參議兼工部卿, 외무경 등을 역임했다. 강화도조약 체결 당시 일본의 부전권변리대신으로 파견되었다. 1885년의 제1차 이토 히로부미 내각에서는 외상外相을 역임했으며 로쿠메이칸鹿鳴館 외교로 상징되는 서구화 정책을 추진하는 한편 불평등 조약 개정에 진력했다. 이 후 구로다 내각의 농상무대신, 제2차 이토 내각의 내무대신, 제3차 이토 내각의 대장대신大藏大臣 등을 역임했다.

모리야마 시게루森山茂(1842~1919)

메이지 유신 직후 효고兵庫 재판소에 출사出仕했으며 1869년 4월에 외국관서기기外國官書記가 되고, 동년 7월에 외무성이 창설되자 외무소록外務少錄에 임명되었다. 1870년 4월 외무권대록外務權大錄이 되었으며, 같은 해 10월 요시오카 히로타케吉岡弘毅의 수행원으로 동래부에 파견되었으나 조선 측에서 대마 번에서 파견한 사절이 아니라는 이유로 접견을 거부하자 1871년 11월에 일단 귀국했다. 이듬해인 1872년 1월 폐번치현廢藩置縣에 의해 대마 번주에서 외무대승外務大丞이 된 소우 시게마사宗重正의 명의로 외교권이 대마 번에서 외무성으로 이관되었다는 취지의 서계를 가지고 다시 교섭을 시도했으나 역시 거절당했다. 1873년 12월 대원군의 하야, 1874년 4월 훈도 안동준의 처형 등 조선 내의 정치 환경이 급변하자 5월에 다시 파견되어 신임 훈도 현석운 등과 서계 문제로 교착된 조일 관계를 해결하기 위한 협의를 갖기도 했다. 같은 해 12월에 외무소승外務少丞, 1875년 12월에 외무권대승外務權大丞에 임명되었으며, 강화도조약 당시에는 구로다의 수행원으로 참여했다. 신헌이 오랫동안 동래 왜관에서 서계 접수가 거절된 것에 대해 앙심을 품고 배후에서 협상을 방해하는 인물로 지목한 바 있다.

조병식趙秉式(1832~1907)

강화도조약 체결 당시의 강화유수였다. 1888년에는 독판교섭통상사무督辦交涉通商事務가 되어 조선 대표로 러시아 대표 베베르와 조러육로통상장정朝露陸路通商章程을 체결했다. 1889년 함경도 관찰사 재직 시엔 흉년이 들자 방곡령防穀令을 선포해서 일본 정부에 11만 환의 배상금을 지불하는 결과를 초래했으며, 1892년 충청도 관찰사 재직 시엔 동학교도들의 교조 신원教祖伸寃 요구를 거절해서 동학농민운동의 원인遠因을 제공하기도 했다. 말년에는 황국협회皇國協會를 선동해서 독립협회를 탄압했으며, 이들을 무고하여 많은 개화당 요인을 투옥시켰다. 이후 1902년에 궁내부 특진관, 외부대신, 1905년에 참정대신, 돈녕부판사 등을 역임했다.

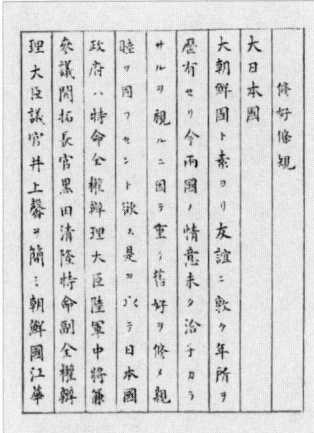

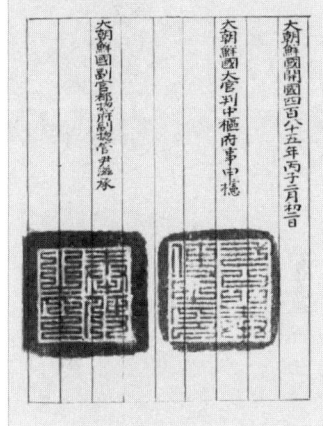

조일수호조규

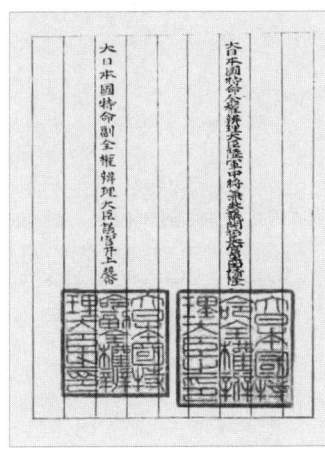

1876년 2월 27일(음력 2월 3일)에 체결된 강화도조약은 우리나라 최초의 근대적 형식의 조약이었다. 기존의 세계 양식과 달리 한문으로 번역된 조약문 한 권과 일본어로 된 조약문 한 권을 받았다. 조일수호조규의 제3관에서 일본은 조선에 공문을 보낼 때 일본어로 작성하는 것을 원칙으로 하되 향후 10년 동안만 한문 번역문을 구비한다고 규정했으므로 일본어와 그 문물에 정통한 인재를 양성하는 것이 시급한 당면 과제로 떠오르게 되었다. 위 사진은 일본어 조약문의 첫 장과 마지막 장이다. 日本 外交史料館 소장.

行諸久遠益敦親睦其條約內應行各
事凡爾官民悉奉此意一體按照辦理
大朝鮮國主上

丙子二月初一日判中樞府事申　櫶都
捴府副捴管尹滋承奏將於
本年二月初二日大日本國特命全權
辦理大臣黑田清隆特命副全權辦理
大臣井上馨與臣櫶臣滋承會同江華
府互換條約一摺逐款允當己子批准

조선 국왕 비준

조약문과 함께 구로다 전권변리대신에게 전달된 조선 국왕의 비준문서이다. 일본 측에서는 비준 양식에 조선 국왕의 서명 또는 그 이름이 들어간 국새로 조인할 것을 요구한 반면, 조선 측에서는 신자臣子에게 선포하는 문서에 국왕의 이름이 들어간 전례가 없다는 이유로 극력 반대했다. 이 문제는 강화도조약의 협상 과정에서 가장 첨예하게 대립한 사안 중 하나였는데 결국 조선 측의 주장에 따라 '大朝鮮國主上之寶'의 국새로 비준하게 되었다. 日本 外交史料館 소장.

메이지 천황 비준

조선 국왕의 비준문서는 조약문의 교환과 동시에 전달되었으나 일본 메이지 천황의 비준문서는
구로다 변리사절단이 귀국한 후인 3월 22일 자로 비준되어 별도로 전달되었다. 日本 外交史料館
소장.

大官判中樞府事	申櫶
副官都摠府副摠管	尹滋承
從事官弘文館副校理	洪大重
軍官龍驤衛副司果	徐贊輔
五衛將	金弘臣
差備官主簿	玄濟舜
訓導	玄昔運
知事	吳慶錫
知事	李凞聞
僉正	李應俊
中樞府錄事	高濟說
	高濟信
御營廳執事崇政	金宜植
嘉善	金正俊
前僉使	朴泰益
	朴鏜永
出身	梁柱夏
	金祥鉉
書吏	崔東寔
	林錫弼
	安中璟
書寫書吏	金尚沃
戶曹書吏	魯世煥
都摠府書吏	卞容善
畿營營吏	金景萬
藥房書員	崔景學
三軍府權頭	
金壽命	
奴胤根	
占孫	

大朝鮮國副摠府副摠管尹滋承

大朝鮮國大官判中樞府事申櫶

大官把總特命副判金權辨理大臣陸軍正尉

文書直二名

本營使令 五名

陪旗手 十名

牢子 三十四名

巡令手 三十五名

驅從 三名

攔後軍 十名

牙兵軍 三十八名

燈籠軍 十七名　　　　卜馬軍四名

三營帳幕軍 三十五名

本營十四名 訓局十一名 禁營十名

塘報手 二名

卜馬軍 四名

第三男龍驤衛副護軍　　樂熙

伴倘幼學　　姜瑋

前五衛將　　韓景

幼學　　李學淳

副房伴倘進士　　尹溪鎭

傔人金性俊

崔漢裕

許潤

金俊錫

駒從張萬石

柳萬吉

金聖完

洪興萬

25일 정사丁巳, 날씨가 맑고 차다.

담화증痰火症[202]이 조금 줄어들었다. 청양靑陽의 아사雅士[203] 윤대필尹
大弼이 종사관을 내방했는데, 창편倉扁[204]의 의술이 있어서 아침에 와서
진맥해 주었다. 파수 군졸을 위문하였다.

23일자 난보爛報를 보니 승정원에서 아뢰길, "직첩職牒을 환수還授[205]
한 인물 최익현의 상소[206]가 승정원에 올라왔습니다. 죄적罪籍에 이름
이 올라있는데도 함부로 글을 올렸으니, 언사言事[207]라 해서 관례대로
받아들일 수 없는 점이 있습니다. 어떻게 처리해야겠습니까? 감히 아
뢰니다"라고 하였다.

이에 상께서 "응당 처분이 있을 것이다. 원 상소는 환급하라"는 전

---

[202] 담화痰火: 가래로 인해 가슴이 번거롭고 답답한 병으로 천식, 기침, 두근거림, 졸도
등의 증상이 있다.

[203] 아사雅士: 단아하고 맑은 선비.

[204] 창편倉扁: 고대 중국의 명의 창공倉公과 편작扁鵲을 병칭하는 말이다.

[205] 직첩환수職牒還授: 죄를 지은 관리에게서 박탈한 직첩을 돌려주는 일. 직첩은 국가
에서 내리는 관리의 사령장을 뜻한다.

[206] 《高宗實錄》,《日省錄》,《承政院日記》高宗十三年 一月二十三日條 참조.

[207] 언사言事: 왕이나 정부에 대해 국가의 대사를 진언하거나 의논한다는 뜻으로 언사
소言事疏라고 하면 곧 국사에 관한 상소를 가리킨다.

교를 내리셨다.

○ 통진부사의 보고

현재 24일 유시酉時 경에 이종선異從船 세 척이 상류에서 내려 왔으며 대선大船 두 척이 손돌목을 넘어서 올라갔습니다.

○ 잇달아 올라온 통진부사의 보고

금일 오시午時 경에 이종선 한 척이 갑곶진에서 본포本浦 앞바다로 올라와서 수심을 측량한 후에 바로 갑곶진으로 내려갔습니다.

임관을 보내서 저쪽 대신을 위문했다. 저들이 답하기를, "오늘은 날씨가 매우 좋다. 두 대신이 평안하게 주무셨다고 하니 다행스런 일이다. 날마다 정성스럽게 위문해줘서 매우 감사하지만 임관의 빈번한 왕래는 도리어 편안치 않으니 다시는 이렇게 하지 않았으면 한다"고 했다.

전당專塘 편에 영의정과 우의정께서 내리신 서한을 받아보았다. 이조판서와 의정부 관문이 도착했다.

○ 의정부 관문

"방금 접견부관의 등보謄報를 보니 '일본 사신이 말한 수호통상의 일로 조규책자를 필사해서 올리오니, 부디 묘당에서 품처稟處하게 하소서'라고 했습니다. 우리나라는 일본과 300년 동안 수신사를 보내서 수목修睦하였고 왜관을 설치해서 호시互市했습니다. 근년에 비록 서계의 일로 대치했지만 이제 우호를 지속하려는 마당에 그들과의 통상을 굳게 거절할 필요가 없습니다. 하지만 조약 등의 사안에 있어선 충분히 더욱 상의하고 확정해서 양측에 모두 편의하게 하지 않을 수 없습니다. 우선 이러한 뜻을 접견 대관에게 지시하는 것이 어떻겠습니까?"

이에 윤허한다고 비답하셨다. 전교가 있으셨으니 그 뜻을 삼가 살펴서 시행하라.

지금 이 경관京關[208]을 갑자기 저들에게 보여주면 혹 자신들의 요청이 거의 대부분 수락된 것으로 오인해서 그 요구가 점차 커질 우려가 있었다. 그래서 관문을 우선 정지시키고 이러한 사유를 각처에 알렸다. 유수영 장계가 올라가는 편으로 부쳤다.

○ 강화 유수영 장계

월곶진 첨사 김형조의 보고에 따르면, 당일 오전 진시辰時 경에 저들의 화륜종선 한 척이 소종선小從船 한 척을 이끌고 갑곶진에서 연기를 뿜으면서 올라와 통진 강녕포 앞바다를 향해 갔다고 하오며, 초지 첨사 홍운태와 파수장 강영회 등의 치보에 따르면, 항산도 아래에 정박 중인 저들의 대선大船 일곱 척은 아직까지 움직임이 없다고 합니다. 성 안에 체류 중인 일본인들도 안주按住한 채 움직임이 없습니다.

○ 인천부사의 보고

현재 22일 유시酉時 경에 저들의 삼범선三帆船 한 척이 호도虎島 앞바

208 경관京關: 서울에서 하달된 관문.

다에서 연기를 뿜으면서 내려와서 영종진 앞바다를 지나 그대로 팔미도 앞바다로 향하였으나, 마침 날이 저물어 그 거류去留의 형적形跡을 감시할 수 없었습니다.

○ 잇달아 올라온 인천부사의 보고

순영문 감결巡營門甘結에 따르면, "각기 읍에서 발군撥軍[209]을 배치하여 그들에게 거행시키면 여러 건의 문첩을 별 탈 없이 정납呈納할 수 있다"고 하였는바, 이번 달 22일 유시酉時 경에 저들의 선박 한 척이 내려온 일에 관해서 보장報狀[210]을 옮겨 적고 수정한 다음에 발군撥軍을 통해 부쳤습니다. 그런데 그 보장이 현재 23일 술시戌時 경에 부평부에서 돌아왔습니다. 즉시 신칙해서 발군을 통해 다시 부쳤으나, 통진 경내의 문수참文殊站에 도착했을 때 시간이 다소 늦어서 전송하지 못하고, 현재 24일 해시亥時 경에 다시 본부本府로 돌아왔습니다. 막중한 변방의 보고가 두 번이나 되돌아 와서 이처럼 지체되었으니 극히 황송합니다. 보첩報牒이 비록 이미 때가 늦었으나 등보謄報를 계문啓聞[211]하는 일과 관계되기 때문에 관예官隸를 따로 정해서 동同 보장을 올려보냅니다. 이상의 연유로 치계합니다.

저쪽 대신 구로다가 접견을 요청했다. 병을 이유로 사절하자 다시 "문병을 가고자 한다. 전어관만 대동해서 갈 것이다. 또 공석에서 만날 때는 속마음을 모두 터놓을 수 없으니 조용히 사적으로 만나는 것

---

[209] 발군撥軍: 각 역참에 속하여 중요 공문서를 서로 전달하면서 변방에 전하는 군졸.

[210] 보장報狀: 상급 관청에 보고하는 공문.

[211] 계문啓聞: 관찰사, 어사, 절도사 및 봉명사신이 문서로 왕에게 상주하는 일. 계품啓稟, 계달啓達, 계주啓奏 등과 같은 말이다.

이 좋겠다"고 했다. 그래서 "피차 대신의 체모가 가볍지 않으니 사적으로 접대하는 것은 구첨具瞻[212]에 장애가 된다. 절대 경거輕遽하지 말라"는 뜻으로 답했다. 그러자 외무대승 미야모토 오카즈, 권대승 노무라 야스시, 전어관 최조를 대신 보내서 문병을 청했다. 다시 거절할 수 없어서 부득이 접견하게 되었다.[213]

○ 문답기

我: 귀 대신이 귀관을 보내서 나의 천질賤疾을 문병해 준 데 대단히 감사한다. 양위兩位 대신 및 여러 수행원들과 근자에 오랫동안 격조해서 매우 서운했다. 비록 공석에서 몇 차례 만났지만 조용히 말 한 마디 나눌 수 없어서 애석해 하던 차에 다행히 얼굴[顏範]을 보게 돼서 매우 반갑다.

彼: 운운云云.

彼: 일전의 조약을 어떻게 조처하실지 몰라서 멀리서 온 사람의 마음이 매우 안타깝고 답답했습니다.

그리고는 자기 조약책자를 꺼냈다. 그래서 나도 조약책자를 꺼냈다. 조목조목 손가락으로 설명하고 입으로 가르치면서 서로 논란하였다.

---

212 구첨具瞻: 모든 사람이 우러러 본다는 뜻으로 《詩經》〈小雅〉 "節南山" 장의 "빛나는 태사 윤씨여, 백성들이 모두 그대를 우러러 보도다[赫赫師尹 民具爾瞻]"라고 한 구절에서 유래했다. 흔히 재상을 비유하는 말로 사용된다.

213 일본 측 기록에는 본문과 반대로 신헌이 훈도 현석운을 먼저 보내서 조약안에 대한 조선 조정의 의견을 전달하기 위해 수행원을 보내줄 것을 요청한 것으로 되어 있다. 《大日本外交文書》 제9권, 문서번호 20. "日鮮修好通商條約案內議二關スル記事".

我: 조약책자 중에 권두[開卷] 제일의第一義[214]에 실로 난처한 사단이 있다. ‘大日本’의 ‘大’자와 양국 군상君上의 위호位號는 애초에 동래 왜관에서부터 대단히 신중히 다루어야 할 사단이었다. 지금의 일도 동래 왜관에서와 마찬가지로 신중하게 처리해야 하니, 예전에 받지 않은 것을 이제 와서 또한 무슨 구실로 받을 수 있겠는가?

彼: ‘大’자는 곧 국호입니다. 각국에 통용되는 국호가 귀국에 무슨 방해 될 것이 있겠습니까? 또 위호에 있어선, 각각 그 신자臣子가 군상을 호칭하는 것인데 어째서 제거해야 합니까? 귀국도 ‘陛下’라고 쓴다면 무슨 장애가 있겠습니까?

我: 그것이 무슨 말인가? 우리나라는 단군과 기자箕子 이래로 일찍이 ‘陛下’를 칭한 적이 없었는데 지금 어떻게 갑자기 더할 수 있겠는 가? 우리나라는 예로써 자수自守하여 오직 사대교린의 사이에서 낮추고 겸양할 뿐이니, 그것은 결코 입에 올릴 수 있는 일이 아니다.

내가 다시 말했다.

我: 이 조약책자는 신하가 받는 것인데 제 나라 군상보다 다른 나라 군 주를 높인다면 온 나라의 신민들 가운데 누가 별혐別嫌[215]의 뜻을 품 지 않겠는가? 함께 수호강목修好講睦을 하고자 하면서 온 나라 신민 들에게 편치 못한 마음을 남긴다면, 이는 겉으로만 우호를 내세울 뿐 실제 속으로는 우호하지 않는 것이니 수호의 본의가 어디에 있

---

[214] 제일의第一義: 가장 중요한 일, 급선무.

[215] 별혐別嫌: 嫌은 혼잡의 뜻으로 ‘別嫌’은 혼잡한 것을 분별한다는 뜻이다. 《禮記》 〈禮運〉에 “예라는 것은 군주의 대병大柄이니 이로써 혼잡한 것을 분별하고 미묘한 차이를 밝힌다[禮者 君之大柄也 所以別嫌明微]”는 구절이 있다.

겠는가? 그렇다면 귀국에서 반드시 받기를 청하는 것과 우리가 받기를 꺼리는 것이 반드시 서로 괴리됨은 형세상 당연한 것이다. 우리의 분의分義와 도리로 동래 왜관에서 받지 않은 것을 또한 어째서 오늘에 주려고 하는 것인가? 이 또한 강요해선 안 되는 것을 강요하는 것이다. 나는 이미 받을 도리가 없으니, 그렇다면 조정에서 어떻게 금일의 조규 등의 일을 논급할 수 있겠는가? 그렇다면 이는 우리가 막는 것이 아니요, 바로 귀국이 스스로 막는 것이다. 어째서 이를 헤아리지 않는가?

저쪽에서 묵묵히 말이 없었다. 한참을 끙끙대다가 말했다.

彼: 그 말씀이 옳습니다. 이 한 가지 일로 인해서 우호를 잃게 된다면 또한 양국의 불행일 것입니다. 좋은 말로 우리 대신께 품의해서 개정하겠습니다.

그리고는 자기 책자에서 '大' 자와 '日本國' 아래의 '皇帝陛下' 자와 '國王殿下' 자를 지웠다.

彼: 조선국 아래에는 무엇이라고 쓰면 되겠습니까? 반드시 명령을 받은 대목일 것이니 지적하는 대로 쓰는 것이 좋겠습니다.
我: 각각 정부라고 쓰는 것이 좋겠다.
彼: 좋습니다.
我: 이렇게까지 주선해서 우리 온 나라 신민들로 하여금 그 편치 못한 마음을 떨치게 해 주었으니 일이 타당하게 되었다. 이로부터 피차 사신의 일이 신속하게 성취될 수 있는 기틀이 마련되었으니 매우 다행스럽다. 지극히 감사하는 마음을 비길 데가 없다.

彼: 동래 왜관에서의 지난 8, 9년 동안 만약 오늘과 같은 만남이 있어서 남김없이 털어놓고 의혹을 풀었더라면 어찌 금일의 일에까지 이르렀겠습니까? 안타깝습니다.

我: 귀 대신은 이미 전권 사신으로서 온 것이니 서계를 가져오지 않은 것이 마땅하지만, 이후의 사행에서도 서계 없이 내왕할 수 있는가?

彼: 공사가 올 때는 당연히 서계가 있어야 합니다.

我: 서계가 있다면 국서國書도 있을 것이다.

彼: 공사에는 일등, 이등, 삼등이 있는데 국서가 없을 수 없으니 귀국에서도 마땅히 인견引見하는 예가 있어야 할 것입니다. 하지만 삼등공사는 원래 국서를 지참하지 않습니다.[216] 대체로 일등과 이등공사는 예모禮貌가 매우 중해서 비용이 많이 듭니다. 그러므로 일등은 가볍게 논의할 수 없는 것입니다. 이등은 예모와 비용이 조금 감소합니다. 삼등은 예가 낮아지고 비용도 절감되지만, 저절로 예경禮敬에 조금 흠결이 생기는 것을 면할 수 없습니다. 귀국에서 만약 비례卑禮를 탓하지 않는다면 삼등의 예로 시행할 수 있을 것입니다. 그러나 또한 제가 감히 청할 수 없는 바입니다.

我: 우리 예조와 귀 외무성 사이에 왕복할 서계에 관해선 이미 동래 왜

---

[216] 여기서의 일등, 이등, 삼등 공사는 곧 대사大使, 공사公使, 변리공사辨理公使 또는 대리공사代理公使를 가리킨다. 대사와 공사의 경우는 그 신임장을 파견국의 원수가 접수국의 원수에게 직접 보내지만, 변리공사와 대리공사는 파견국 외무장관의 명의로 신임장을 작성해서 접수국 외무장관에게 전달한다. 당시로는 일본의 외무경과 조선의 예조판서가 이에 해당된다. 본서 正月二十八日條에 수록된 의안擬案에서 대리공사 신임장의 작성과 전달 주체가 각각 일본 외무경과 조선 예조판서가 됨을 참조하라.

관에서 예전에 약조한 것이 있다. 비록 삼등의 예라도 어찌 꺼리겠는가? 다만 서계의 격식을 두고 매번 대치하였으니 지금 조약을 강정할 때 이후의 사단을 막기 위하여 미리 고려하지 않을 수 없다. 서계의 격식을 미리 상의하고 확정해서 장래에 서로 의거할 수 있게 한다면 매우 다행이겠다.

彼: 서계의 격식을 두고 전부터 서로 대치해 온 것은 평소부터 잘 알고 있습니다. 우리 대신과 숙론해서 저식著式[217]을 모색해야 할 것입니다.

彼: 귀국 사신이 우리 경내에 오면 우리 외무경을 직접 접견하고 사무를 상의할 것이며, 우리 사신이 귀국 서울에 가면 예조판서를 접견하고 사무를 상의할 것입니다.

我: 조규 가운데 6개월 후에 별도로 사신을 보내서 세부 항목을 협상하되 강화부에서 하거나 서울에서 한다는 말이 있다. 그러나 사신의 접견 장소는 반드시 강화부로 적시해서 규정하는 것이 좋겠다.

彼: 각국에서 사신을 보낼 때 모두 수도에서 일을 주간하는데 유독 귀국에서만 논의를 달리 할 수는 없습니다. 반드시 서울에 공사가 체류할 장소를 마련해 주신다면 매우 다행이겠습니다.

我: 이미 조관條款에 있으니 조정의 처분이 있을 것이다.

彼: 제 3관에 따르면, 왕복 공문에 귀국은 진문眞文으로 쓰고, 우리나라는 언해諺解가 포함된 국문으로 쓰되 매번 한문 번역본 한 건을 함께 보낸다고 되어 있습니다.

我: 당연하다.

我: 제 4관에서 부산 공관은 지금부터 종전의 관례를 개혁해서 이번에

---

[217] 저식著式: 규정에 따른 격식.

새로 입약한 조관에 따라 무역사무를 처리한다고 했다. 동래 왜관도 장차 신개항지의 설관設館 조관과 동일한 예를 적용하고 옛 조관은 모두 혁파한다는 뜻인가?

彼: 그렇습니다. 이미 새로운 조약을 맺었는데 지난날의 관례를 어떻게 인순因循할 수 있겠습니까? 대체로 양국이 통호通好해서 규칙을 정할 때는 공평하도록 노력해야 합니다. 과거 동래 왜관의 일은 단지 대마도[馬州]에만 유리하고 귀국에 해로운 것이었으니 공평하다고 할 수가 없었습니다. 오직 새 조약에서 정해진 규례에 따를 뿐입니다.

我: 그 말이 과연 옳다. 그렇다면 동래 왜관의 제반 업무를 제거할 수 있을 것이다. 공무역, 관료館料, 숯과 땔감 등 잡다한 종류와 왜관에 들여보내 주던 물품을 모두 혁제하고 똑같이 새로운 공관 조약에 따라 시행하는 것인가?

彼: 어찌 차이를 두겠습니까? 그렇게 해야만 일정한 규약이 될 것입니다. 통상에 있어서는, 귀국에서 판매되는 일본 재화에 대해선 귀국이 그 상세商稅를 거두고, 일본에서 판매되는 귀국 재화에 대해선 일본이 상세를 징수합니다. 관사 때문에 토지를 빌릴 경우에도 귀국에 그 지세를 납부합니다. 가옥을 신축하거나 혹 귀국 인민의 주택을 임대해서 거주하는 것은 각각 그 편의에 따르되, 모두 일본인 스스로 재물을 마련해서 시행할 따름이니 어찌 귀국에 번거로운 비용을 부담시킬 수 있겠습니까?

彼[最助]: 그렇게 된다면 동래 왜관도 값을 지불하고 매입할 수 있을 것입니다. 물론 귀국에 다시 지세를 납부해야 합니다.

彼: 그 또한 그렇습니다.

我: 그것도 조규 책자에 갖춰서 삽입하는 것이 좋겠다.

彼: 그렇습니다.

我: 영흥永興은 우리 태조대왕께서 용흥龍興[218]하신 땅으로 원묘原廟[219]가 있고, 또 인근 읍에는 선조의 능침陵寢[220]이 있다. 북관北關[221]은 조정에서 감히 허락해줄 수 없으니 다시 다른 도道에서 별도로 다른 곳을 택해서 정하는 것이 좋겠다.

그러자 그가 지도 한 장을 꺼내면서 말했다.

彼: 우리의 호쿠리쿠도北陸道 에비지마蝦島 등지가 영흥과 마주하고 있기 때문에 영흥부를 지정한 것입니다. 하지만 귀 조정에서 허락하기 어렵다면 우리 대신에게 품의해서 다른 곳으로 정할 것을 상의해 보겠습니다.

彼: 제 9관에 적혀있는 바, '피차 인민은 각자 임의대로 무역한다. 양국

---

[218] 용흥龍興: 용은 곧 제왕을 상징하는바 용흥은 왕업王業이 일어남을 비유하는 말이다. 조선 태조 이성계가 함경남도 영흥 출신이었다.

[219] 원묘原廟: 정식 종묘宗廟 외에 별도로 세운 종묘를 말한다. 중국 한漢나라 혜제惠帝가 고조高祖를 위해서 패궁沛宮을 원묘로 세운 고사에 그 연원을 둔다. 영흥의 원묘는 준원전濬源殿으로 원래는 태조 이성계의 태胎가 묻혀있던 곳이었는데 태조 5년(1396)에 태를 다른 곳으로 옮기고 연못을 메운 후에 전각을 세웠다. 그 후 세종 25년(1443) 정인지의 건의로 태조의 어진御眞을 봉안했다.

[220] 선조의 능침陵寢: 조선 건국 후 추증된 태조 이성계의 선조들의 능침을 가리킨다. 함경남도 함흥의 덕릉德陵(穆祖), 의릉義陵(度祖), 순릉純陵(度祖妃 敬順王后 朴氏), 정릉定陵(桓祖), 화릉和陵(桓祖妃 懿惠王后 崔氏), 안변의 지릉智陵(翼祖), 문천의 숙릉淑陵(翼祖妃 貞淑王后 崔氏) 등이 있다.

[221] 북관北關: 함경도의 별칭.

의 관리는 추호도 간섭할 수 없다'고 한 것은 다름이 아니라 만약 포부連負[222]나 사기[欺瞞] 등의 사건이 발생하면 반드시 당사자를 체포해서 엄하게 징계하고 배상 책임을 지우며, 그 관장官長에게 책임을 돌려서 배상을 논하지 않는다는 뜻입니다.

我: 사리 상 당연히 그렇게 해야 한다.

我: 제 12관에 적힌 것 중에 '이후 조선국이 타국과 수호' 운운한 것에 관해선, 우리나라가 소규素規를 자수自守해서 타국과 상통하지 않음은 곧 인신무외교人臣無外交[223]의 의리이다. 귀국에 있어선 300년 동안 형제의 우의가 있었다. 그러므로 지금 다시 수호하는 것이니 어찌 별도로 타국과의 통호를 허락할 리가 있겠는가? 이 한 조관은 지우는 것이 옳다.

彼: 그 문제는 우리 대신과 깊이 상의해서 선처하겠습니다.

我: 제 11관에 적혀있는 바, '6개월 내 위원을 별도로 임명해서 우리의 서울 또는 강화에서 만나 상의한다'고 한 것은 과연 무슨 일 때문이며 또한 위원은 장차 몇 품의 관리를 파견하는 것인가? 위원을 보내고 싶다면 반드시 지금 수호를 맺는 강화부에서 회의해야 하니, 서울이라는 말은 매우 부당하다.

彼: 6개월 내 파견할 위원이 몇 품의 직명이 될지는 아직 모르겠습니다

---

[222] 포부連負: 부세賦稅 미납 또는 채무 불이행을 말함.

[223] 인신무외교人臣無外交: 고대에 '外交'라는 말은 신하가 다른 제후를 사적으로 만나는 것을 의미했다. '人臣無外交'는 《禮記》〈郊特牲〉의 "남의 신하가 된 자는 외교할 수 없으며 두 군주를 섬길 수 없다[爲人臣者無外交 不敢貳君也]"고 한 데서 유래한 말로서, 전통적 사대교린 체제에 속하지 않은 다른 나라와의 통교를 거부하는 대표적인 명분으로 사용되었다.

만, 앞으로 조약의 세부 항목을 협상할 때는 서울로 가서 일을 처리
해야 시일이 지연되는 사단을 피할 수 있을 것입니다.

我: 세부 항목의 강정은 강화에서 만나서 상의해야 양측이 모두 편할
수 있는데 어째서 거창하게 서울에까지 갈 필요가 있는가? 걸리는
시간으로 말하더라도 어찌 강화에서 만난다고 늦어지고 서울에 간
다고 빨라지는 차이가 있겠는가? 서울로 간다는 한 조관은 자세히
따질 필요도 없다.

彼: 개항한 이후에 공사관公事官 각처가 나와서 수도에 체류하면서 사무
를 처리하는 것은 곧 각국에서 통용되는 일부의 규칙[規模]이므로 원
치 않더라도 하지 않을 수 없는 것입니다. 삼등관三等官이 나온 후에
는 또한 숙배肅拜[224]하는 의례가 없을 것입니다.

我: 공사 주경이 설령 각국의 공통된 규칙이라고 해도 지금 우리 양국
이 교제하는 자리에서는 이러한 일들에 대해 별도의 타당한 논의가
있어야 할 것이다.

我: 조약을 강정할 때 마땅히 금조禁條[225]의 여러 조관을 두어야 하며 간
음 등의 사건은 더욱더 엄중하게 처단해야 한다.

彼: 간음 등의 사건에 있어선 본래 절엄截嚴한 금조가 있었으니 상의해

----

224 숙배肅拜: 원래 사은숙배謝恩肅拜라고 해서 벼슬에 새로 제수된 자가 출사出仕할 때
대궐 뜰에서 임금에게 배사拜謝하는 일을 가리키지만, 여기서는 사절이 처음 다른
나라에 파견되었을 때 군주 혹은 지방관을 알현하는 예를 뜻한다. 전통적인 교린
질서 하에서도 차왜差倭나 통신사의 숙배례 절차가 엄격하게 규정되어 있었다. 수
신사 김기수金綺秀 또한 메이지 천황을 알현하기 전에 숙배례의 절차에 관해 질문
한 후 시행한 바 있다. 《日東記游》 제1권 〈行禮〉, 제2권 〈問答〉.

225 금조禁條: 어떠한 일을 금지하는 조례나 규정.

서 확정하면 됩니다.

彼: 일전의 조약 책자 말미에 진술한 바와 같이 어보御寶[226]를 찍은 조약
　　문서를 두 본 만들어서 하나는 조선 정부에 보관하고 다른 하나는
　　일본 정부에 보관하며, 우리나라의 어보를 찍은 조약문도 두 본을
　　만들어서 하나는 조선 정부에 보관하고 다른 하나는 일본 정부에
　　보관해서 양국의 영세적인 전범으로 삼은 후에야 영원불변함을 보
　　장할 수 있을 것입니다.
我: 어보를 찍는 것은 매우 중대한 일이다. 따라서 양국 정부의 공문으
　　로 상호 명백하게 증빙하는 것이 옳다.
彼: 그것은 부득이한 일입니다.
我: 그것은 나중에 다시 상의해서 확정할 것이지만, 우선 돌아가서 나
　　의 뜻을 귀 대신에게 아뢰도록 하라.
彼: 조약을 이정釐正[227]한 다음에 두 본을 만들어서 양국 대신께서 수결
　　手決과 직함을 갖추어 서명하고, 그것을 서로 받아 가서 빙신憑信의
　　자료로 삼을 것입니다.
我: 그 또한 조정의 처분에 달려 있으니 지금 분명히 말할 수 없다.

당마가 돌아와서 가서家書를 보았다. 밤 기온이 매우 차서 파수군졸
을 위로하였다.

---

[226] 어보御寶: 국왕의 옥새.
[227] 이정釐正: 문서나 글을 정리하여 바로잡음.

26일 무오戊午, 날씨가 맑고 차다.

가서家書와 영의정께서 내리신 서한을 보았다. 역관을 보내서 저쪽 두 대신과 어제 왔던 몇 사람의 안부를 물었다.

○ 의정부 관문종사관에게 도착함

이 책자를 즉시 대관에게 올려서 변리대신에게 전달하게 할 것.[228]

책자 등본冊子謄本
양국이 수목修睦한 지 곧 300년이 된다. 정분이 마치 형제와 같고 구례舊例를 준수해서 각자 인민을 편안하게 하고 서로 다투는 일이 없었다.

●

[228] 일본 측 기록에 따르면, 이 의정부 조회문은 당일 구로다에게 전달되었으나 주로 변명에 급급하고 사죄문안謝罪文안의 실제가 없다는 이유로 수리되지 않고 다음날인 21일에 환송되었다. 이와 관련해서 본선으로 돌아가려는 구로다를 만류하기 위해 찾아온 신헌에게 이노우에가 다음과 같이 발언한 기록이 있다.
"이미 구로다 대신께서 말씀하신 것과 같이 이번 회의는 용이하게 협성協成하기 어려울 것입니다. 왜냐하면, 귀국 정부에서 보내야 하는 사죄 문안의 초안을 보니, 말투가 주로 변명에 관계되고 사죄 문안으로서의 실제가 없습니다. 게다가 며칠 전에 이미 우리의 뜻을 전달한 운양함의 건에 관해서는 문안 가운데 한 마디도 언급하지 않았습니다."《大日本外交文書》 제 9권, 문서번호 24. "黑田辨理大臣等ノ歸國延期方要請ノ件" p. 110.

교빙交聘의 의례는 그 한도를 넘지 않았으며 위하慰賀의 안부는 서로 그 폐단을 염려했다. 가는 것이 있으면 반드시 오는 것이 있고 보내는 것이 있으면 반드시 받는 것이 있었다. 대마도에서는 수신사를 접견해서 사정을 알렸고 동래 왜관에서는 시장을 열어서 서로 국경을 침범하는 일이 없었다. 하지만 그 이웃나라의 우호를 영원히 보전하는 것으로 논한다면 예의성신禮義誠信의 네 글자에서 벗어나지 않을 뿐이었으니, 어찌 근년에 서계의 일로 양국이 의심하고 단절될 것을 생각했겠는가?

그 의심과 단절에는 곡절이 있다. 양국의 서계는 본래 근엄해서 한 글자라도 규식規式에 맞지 않으면 엄격하게 분변했으니, 이는 양국의 구례舊例가 그러하였다. 동래의 수신守臣과 역관이 감히 바로 받지 못했던 것도 이러한 예에 비추어 그렇게 했던 것이다.

정묘년丁卯(1867) 봄에 중국 예부에서 자문이 왔다. 총리각국사무아문總理各國事務衙門의 상주에 따르면, 천진상해통상대신天津上海通商大臣이 보낸 신문지에 다음과 같은 말이 있었다. 야도 마사요시八戸順叔라고 하는 어떤 일본 객인客人이 신문 원고를 보내 왔는데, 거기에 '근래 일본국은 화륜군함 80여 척을 보유하게 되었으며 조선을 토벌할 뜻을 가지고 있다', '조선 국왕은 5년마다 반드시 에도에 와서 대군大君을 배알拜謁하고 조공을 바치는 것이 고례古例이다. 그런데 조선 왕이 이러한 관례를 중단한지 오래되었다. 그러므로 군대를 일으켜서 그 죄를 문책하려는 것이다', 또 '지금 군대를 일으켜 조선을 토벌하려는 뜻을 가지게 된 것은 조선이 5년마다 한 번 조공하는 관례를 아직까지 험난한 지형만을 믿고 복종하지 않아서 오래전에 중단했기 때문이다' 라는 말이 있었다. 야도 마사요시는 귀국 사람이니, 그렇다면 마땅히 귀국의 사정을 잘 알고 있었을 것이다. 그런데도 허망한 말을 지어내고 모욕적인 언사를 가해서 배알과 조공 같은 말로 교린상경交隣相敬하는 나라를 무함함이 옳은가? 서로 수호하며 아무런 허물이 없는 땅을 군대를 일으켜 토벌함이 옳은가? 이처럼 터무니없는 말을 꾸며서 나라 안팎에 퍼뜨림은 참으로 무슨 의도인가? 우리나라 신민이 어찌 의아하게 여기지 않으며, 또 분노하지 않을 수 있겠는가? 무진년戊辰(1868)부터 경오년庚午(1870)에 이르기까지 서계를 감히 바로 받을 수 없었던 것은 비단 규식에 장애가 있었을 뿐만 아니라, 진실로 무함하는 말이 의심을 불러일으켰기 때문이다.

그러나 우리나라가 지키는 것은 바로 예의성신禮義誠信이다. 그러므로 전령을 핍박한 동래 수령을 멀리 귀양 보내고, 진실을 은폐하고 조정을 기망한 훈도를 효수형에 처했던 것[229]이다. 그런데 귀국 외무성에서 새 서계를 작성해서 가져온 후에 예복과 정문 출입 문제로 오랫동안 대치했다고 들었다. 우리나라 정부에서는 동래 수령에게 관문을 보내서 사소한 의절에 구애받지 말 것을 신칙하고 즉시 받아서 조정에 봉납하게 했으나, 때마침 외무성 관리가 돌아가서 공무를 처리하지 못했고 곧바로 귀 대신의 변리사행辨理使行이 국경에 도착했다는 말을 듣게 되었던 것이다. 이제 귀 대신과 우리나라 사상使相이 문답한 것을 들으니, 우리나라에서 귀국 사신을 물리친 일로 구실을 삼고 있지만 서계가 지체된 이유는 이상과 같이 모두 설명했다. 어찌 혹시라도 사신을 물리칠 뜻이 있었겠는가? 양국의 상호 의심과 단절이 이 지경에까지 이르렀으니 부끄럽고 통탄스러운 마음을 이루 다 말할 수가 없다.

•

[229] 동래부사 정현덕鄭顯德은 훈도 안동준安東晙의 간계에 속아 직임을 다하지 못했다는 이유로 고종 11년 7월에 함경남도 문천文川으로 유배되었으며, 훈도 안동준은 공미公米와 공목公木을 유용하고 이자놀음을 하며 농간을 부렸다는 죄목으로 이듬해 3월에 효수형을 당했다. 그러나 실제로 이는 1873년 고종이 친정을 시작한 이후 서계문제로 인해 교착된 대일 관계를 타개하기 위해서 취해진 관계개선 조처의 일환이었다. 《承政院日記》高宗十一年 六月二十九日條 참조.

조정의 의론이 어지러워지면 파면과 살육이 뒤따르고, 군민軍民이 전쟁을 벌이려고 하면 사자를 파견해서 진무鎭撫했다고 하니 귀국의 후의를 어찌 잊을 수 있겠는가? 지극히 감사한다. 다만 우리나라는 이미 동래 수령을 귀양 보냈고 또 훈도를 주살誅殺해서 우리의 도리를 다하려고 노력했는데, 귀국에서는 야도 마사요시의 허망하고 모욕적인 언사를 어떻게 처리했는지 아직 살피지 못했다.

귀 대신이 우리나라 사상使相과 접견했을 때 말의 기운이 충후하고 일처리가 분명해서 양국의 시기와 의심이 하루아침에 풀려버렸다. 이로써 대인군자의 마음가짐이 화평하고 나라를 위해 충성을 다하는 모습[勤蓋][230]을 볼 수 있었으니 삼가 흠앙하는 마음을 가눌 수 없다. 그 서계와 예물 '왕복往復' 두 글자로 고쳐도 무방하다. 부첨附籤[231]로 화목과 단결[和輯]을 회복하는 일로 말하자면 응당 300년 동안의 옛 법규를 따르면서, 큰 일은 귀국 정부와 우리나라 정부 사이에, 작은 일은 귀국 외무성과 우리나라 예조 사이에 등등하게 왕복해서 길이 우호를 도모해야 한다. 혹시 새로 정하는 약조가 있다면 통양상관痛癢相關[232]의 처지에서 반드시 양쪽에 편의한 방도를 연구해야 할 것이다. 혹시 저쪽에만 이롭고 이쪽에는 해롭거나 이쪽에서만 통하고 저쪽에서는 막히는 것이 있다면 마땅히 염두에 두어야 할 사리를 오직 인서仁恕로써 미루어 더욱 깊이 상의하기 바란다.

조선국 의정부에서 일본국 변리대신에게 조회함.

●

[230] 근신勤蓋: 蓋은 충성심이 두터워서 나아가기를 그치지 않는다는 뜻이다. 《詩經》〈大雅〉 文王 장에 "왕의 충성스러운 신하들이 어찌 네 조부文王을 가리킴를 생각하지 않을 수 있겠는가![王之蓋臣 無念爾祖]"라는 구절이 있다.

[231] 부첨附籤: 고쳐야 할 곳이나 참고할 부분에 종이쪽지를 붙이는 것.

[232] 통양상관痛癢相關: 고통과 가려움을 함께 나눈다는 뜻으로 이해관계가 밀접함을 비유하는 말이다.

○ 통진부사의 보고

이번 달 25일 사시巳時 경에 이종선異從船 두 척이 하류에서 올라와서 수심을 측량하고는 계속해서 올라가 조강祖江 앞바다를 지나갔습니다.

○ 통진부사의 재차 보고

같은 날 사시巳時 경에 이종선 한 척이 하류에서 올라와 강화 갑곶진에 상륙했습니다.

○ 김포군수의 보고

금일 미시未時 경에 저들의 종선從船 두 척이 통진 지역에서 올라와서 바로 수심을 측정한 후에 그대로 다시 통진 지역으로 내려갔습니다.

○ 통진부사의 보고

금일 오시午時 경에 이종선異從船 두 척이 교하계交河界 수막水幕 앞바다에 와서 정박했습니다.

훈도와 차비관을 저쪽 대신의 거처로 보내서 조규책자의 수정본[條規歸正冊子]을 필사해 오게 했다. 미야모토 오카즈가 짧은 글[書字]을 적어서 보내왔다. 그래서 원본을 정부에 올려 보냈다.

'大'자, '皇帝陛下', '國王殿下'자 및 열두 개의 조관은 모두 자안字眼[233]이자 긴요한 조목이므로 삭제할 수 없습니다. 그렇지만 귀국에서 만약 다른 조관과 말미의 어비御批에 관해 이의를 제기하지 않는다면 귀국에서 삭제를 요구하는 자구에 대해서 우리나라도 그것을 들어주

---

[233] 자안字眼: 문장 속에서 가장 중요하거나 문맥에 적당한 글자를 말한다.

겠습니다.

이상은 사죄 문안[訴擸咋][234]에 대한 우리 두 대신의 속뜻에 관한 것임.

○ 풍덕부사의 보고

25일 사시巳時 경에 저들의 종선從船 두 척이 갑곶항甲串項에서 연기를 뿜으면서 올라와 곧장 통진의 조강 앞바다로 향했습니다.

○ 강화 유수영 장계

저들의 화륜종선火輪從船 한 척이 소종선小從船 한 척을 이끌고 통진 경내로 향한 사유를 얼마 전에 치계하였거니와 월곶진 첨사 김형조의 치보에 따르면, "저들의 종선 두 척이 금일 신시申時 경에 통진 경내에서 다시 내려와 본진 앞바다에 정박했습니다. 왜인 네 명이 상륙해서 연미정燕尾亭을 둘러본 후에 다시 월곶진 북변北邊의 석우돈石隅墩으로 향했습니다"라 하옵고, 초지진 첨사 홍운태와 파수장 강영회 등의 치보에 따르면, 항산도에 정박 중인 저들의 대선大船 일곱 척은 아직까지 이동이 없다고 합니다. 성 안에 머물고 있는 왜인들은 여전히 움직이지 않고 있습니다.

○ 의정부 초기草記

"어제 수호통상의 일로 계품啓稟하고 관문을 보냈습니다. 조규 등의

---

[234] 사사訴擸咋: 사죄 문안이라는 뜻으로 바로 앞에 수록된 구로다 변리대신에게 보내는 조선 정부의 조회문을 가리킨다. 일본 측에선 이를 사죄 문안으로 간주했는데, 그 안에 사죄의 실제가 없다는 이유로 다시 작성해 올 것을 요구하였다.

제반 강정에 매번 번거롭게 묘당에 공문을 올려서 날짜의 지연을 자초하고 있으니, 백성을 편안케 하고 나라에 이롭게 할 수 있다면 전담시키는 것이 좋을 듯합니다. 옛 가르침이 그러하니, 편의에 맡겨서 사안에 따라 재량껏 결단하라는 뜻을 접견 대관에게 지시하는 것이 어떻겠사옵니까?"라고 아뢰자, 윤허한다고 전교하셨다.

어제 미야모토 오카즈와 만나서 대화할 때 조규 가운데 가장 따르기 어려운 것부터 차례대로 이야기해서 '大日本'의 '大'자, '皇帝陛下'자, '國王殿下'자에 이르러 힐난을 반복하다가 마침내 제 손으로 삭제하게 했다. 영흥을 개항한다는 조관도 폐기했다. 제12관의 '만약 타국과 통호한다면' 등의 말도 폐기했다. 동래 왜관의 구례舊例를 아울러 모두 혁제한다는 말을 삽입했으니 일이 모두 앞의 주장에 따라 이정釐正되었다.

그런데 조규책자를 정서할 때가 돼서 갑자기 마지막 단락에 조선국왕 어보를 찍어야 하며 어명御名[235]을 칠서漆書해야 한다는 말을 꺼냈다. 훈도 등이 먼저 천만부당한 일이라고 언쟁했지만, 들은 척도 하지 않고 다만 두 대관과의 접견을 요청한다고만 했다. 그래서 어쩔 수 없이 집사청執事廳에서 접견하게 되었다. 다소 이야기를 나누다가 파루罷漏[236]시까지 서로 지난持難[237]했지만 결론을 내리지 못한 채 일어났다. 저들의 정상이 갈수록 더 헤아리기 어려워지니 분한 마음을 참기 어렵다.

●

[235] 어명御名: 국왕의 이름을 가리키는 말로 어휘御諱라고도 한다.
[236] 파루罷漏: 야간 통행금지의 해제를 알리기 위해 종을 치는 것으로 새벽 4시 경에 해당된다. 밤 10시 경 종을 28번 쳐서 인정人定[통금]을 알렸으며, 새벽 4시 경[五更三點]에 종을 33번 쳐서 이를 해제했다.
[237] 지난持難: 결론을 내리지 못하고 지체함.

○ **문답기**[238]계문啓聞하지 않고 다만 정부에만 알렸다.

彼: 오늘 밤은 매우 춥다. 번거롭게 노고를 끼쳐서 매우 황송하다.

我: 무슨 노고라고 할 것이 있겠는가? 어제 문병을 오려 했고, 또 수행원을 보내서 문병해 주어 매우 감사한다.

彼: 사람을 보내서 위문해 주어 매우 감사한다.

我: 그동안 신우薪憂[239]때문에 만나지 못해서 매우 애석했다.

彼: 어제 수행원을 보냈을 때 매우 후하게 대접을 받았다고 하니 대단히 감사한다.

我: 무슨 후한 대접이 있었겠는가? 하지만 다소 대화를 나누어 강정한 것이 꽤 있어서 다행이었다.

彼: 미야모토 수행원도 함께 만나고 싶어 했지만 마침 숙병으로 인해 함께 오지 못했다.

我: 귀 수행원이 병 때문에 함께 오지 못했다니 안타깝다.

彼: 긴급히 상의할 일이 있는데 미야모토가 병으로 눕게 되었다. 그래서 감히 이렇게 접견을 요청한 것이다.

我: 우리 조정에서 공문을 보낸 것이 있다. 그래서 아까 훈도를 시켜서 보냈는데 미처 보여드리지 못하고 돌아오고 말았다. 이제 접견하게 되었으니 한 번 보지 않겠는가? 우리 정부에서는 개항과 통상에 관련된 사안, 그리고 여타 조건들을 상의해서 확정하되 대관의 편의에

---

238 일본 측 기록에 따르면, 이 회담은 신헌, 윤자승과 구로다 키요타카, 이노우에 카오루가 참석한 가운데 오후 7시 30분부터 자정까지 집사청執事廳에서 진행되었다. 통역은 우라세 유타카가 담당했으며, 모리야마 시게루, 노무라 야스시, 야스다 사다노리, 고마키 마사나리, 스즈키 다이스케, 아라카와 토쿠지 등이 배석했다. 《大日本外交文書》 제9권, 문서번호 21. "日朝條約ニ對スル朝鮮国側ノ批准様式等ニ關スル件".

239 신우薪憂: 부신지우負薪之憂의 준말로, 지난날 나무를 짊어진 고생으로 인해 병이 났다는 뜻이다. 자기의 병을 지칭하는 겸사謙辭이다.

맡기겠다는 뜻을 주달奏達해서 윤허를 받았다. 또 관문이 내려왔는데 서계가 단절된 이유에 관해서 별도로 책자를 만들어 귀측에 조회한 것이다. 그 외에도 우리 정부에서 조관을 상의해서 확정한 공문 한 건이 있다. 역관 오경석이 지금 가져 오고 있다고 하는데 아직 도착하지 않았다. 그러므로 전에 온 관문과 책자, 두 권을 먼저 보여 드리는 것이다.

彼: 가져가서 상세히 살펴 본 후에 돌려드리겠다.

我: 우리 정부에서 그대에게 전달해서 보게 하려고 보낸 것이니, 가져가서 상세히 살펴 본 다음에 보내 달라.

彼: 오늘밤 면접을 청한 사유를 차례대로 말하겠다. 아까 훈도가 들어와서 미야모토 오카즈와 만나 공무를 처리했는데, 대체로 조목조목 상의해서 양측에 모두 편의하게 된 후에야 일이 순조롭게 이뤄질 수 있을 것이다. 그런데 조규책자 마지막 부분의 양식엔 어명이 있는 어보[御名之御寶][240]가 없어서는 안 되니, 그렇게 한 후에야 영원불변의 자료로 삼을 수 있다. 그러므로 이 문제를 강정하기 위해서 접견을 요청한 것이다. 미야모토와 대화할 때 다소 개정한 것들이 있었

---

[240] 일본 측 기록에는 본문의 '御名之御寶', '御名御寶'가 모두 '署名鈐印'으로 되어 있다. 다음 구로다의 발언을 참조하라.

"그런데 비준의 건은 조약의 가장 중요한 부분[大眼目]이기 때문에 반드시 군주의 서명과 검인을 필요로 한다는 것은 예전에 미야모토가 말한 바와 같다. 지금 국왕의 어명御名을 쓰기가 어렵다고 한다면 조약을 체결할 방법이 없다. 처음 협의할 때 조관 가운데 긴요한 건들도 억지로 귀의貴意에 응하여, 우리 정부의 입장에서는 불만족스러운 일이라고 생각하면서도 초고에서 많이 삭제했다. 단, 비준에서 서명을 생략하는 일에 있어서는 절대로 귀의貴意에 따르기 어렵다. 곧 우리 황제폐하의 어비御批도 뒤따라 올 것이다. 그렇기 때문에 국왕의 비준 서명이 없는 조약서를 받고서 복명하기 어려운 것이다." 《大日本外交文書》, 위의 문서. p. 100.

지만 비준에 있어서는 반드시 어명이 들어간 어보가 있어야 진정한 수호가 될 수 있다. 만약 이러한 빙신憑信이 없으면 수호의 일이 모두 수포로 돌아가게 될 것이니, 이 한 가지 양식은 반드시 듣고서 시행하라. 양국 비준에 각각 어명이 있는 어보로 검인한다면 곧 피차가 동등한 예이니 무슨 장애될 것이 있겠는가? 다른 조항은 그래도 산정刪正할 수 있지만 이 일만큼은 절대로 하지 않을 수 없으니 부디 깊이 생각하라.

我: 자고로 교린의 도는 성신예경誠信禮敬이 제일의第一義가 되며 의절의 말단에 달린 것이 아니다. 어명어보御名御寶는 막중막엄莫重莫嚴해서 신자臣子가 감히 입에 올릴 수도 없는 것인데 하물며 감히 문서에 쓸 수 있겠는가? 조관책자條款冊子를 훈도 등이 지난번에 필사해 왔다. 그래서 정부로 올려 보내서 이미 우리 정부의 충분한 상의와 확정을 거친 다음에 두 차례 관문으로 지시하는 데에 이르렀으니, 우리나라 신민들도 모두 이를 들어서 알고 있다. 어제 저녁 미야모토와 상의할 때는 단지 어보만을 언급했으며, 최조가 그 어보에 새겨진 문양을 묻기에 '爲政以德'의 어보[241]라고 대답해 주었다. 애초에 어명御名은 언급하지도 않다가 지금 갑자기 번복해서 어명을 쓸 것을 요구하니, 우리 신자臣子의 도리에 어떻게 감히 이를 우러러 청할 수 있겠는가? 귀 대신으로 말하더라도 어제 없었던 일을 가지고 지금 갑자기 사단을 일으키니 이것이 어찌 상대를 공경하는 도이겠는가? 군주는 신하에 대해서 단지 아들에 대한 아비의 관계일 뿐만이 아니다. 아비가 그 아들에게 말할 때도 이름을 쓰지 않는데, 하물며 군

[241] 위정이덕爲政以德의 어보: 《增訂交隣志》〈國書式〉에 따르면, 일본과 왕래하는 국서에서 조선 국왕의 성姓과 휘諱를 써야 하는 곳에는 모두 '爲政以德'의 옥새를 찍는다고 되어 있다.

주가 그 신하에게 명할 때 어찌 이름을 쓰는 이치가 있겠는가? 사신의 일은 차라리 포기할 수 있지만 이 일만큼은 결단코 들어줄 도리가 없다. 말이 여기에까지 이르렀으니 다시는 그 문제를 제기하지 말라.

彼: 어명어보御名御寶가 비록 긴중緊重하다고는 하나 이는 곧 각국에서 통용되는 일인데 귀국에서만 유독 논의를 달리하는 것은 참으로 의아스럽다.

我: 그것은 천만 마디 말을 해도 입만 아플 뿐이다. 신자臣子의 도리에 있어서 행할 수 없는 일이다. 천하 각국의 예법이 같지 않으니, 저쪽에서 행해지는 일 가운데서도 이쪽에서는 행할 수 없는 것이 있다. 지금 결코 행할 수 없는 일을 억지로 시행시키려 하고 있으니, 귀 대신을 위하여 심히 개탄하는 바이다.

彼: 그렇게까지 말하니 어떻게 강박强迫할 수 있겠는가? 하지만 이제부터는 조규에 관한 의논을 재개할 필요가 없다. 나는 어보에 어명이 새겨져 있는 줄 알았다. 그러므로 이전에 제기하지 않았던 것이니, 그 어보에 어명이 없음을 미처 알지 못했던 것이다.

내가 최조를 돌아보고 말했다.

我: 네가 어제 어보의 문양에 대해서 상세히 질문했다. 그래서 내가 '爲政以德'의 어보라고 하자 네가 알았다고 대답했다. 그런데 지금 갑자기 알지 못했다고 말하는 것은 심히 의심스러운 일이다.

彼: 우리나라에서는 어명이 있은 연후에 빙신憑信할 수 있다. 우호를 단절하는 지경에 이르더라도 과연 허락하지 않겠는가?

我: 그것은 신자臣子된 자가 감히 군부君父께 청할 수 없는 일이다. 만약 귀국에서 이 일로 인해 절교한다면 그것은 아무 이유 없이 고의로 단절하려는 것이다. 말이 여기까지 이르렀으니 개탄스러움을 금할 수 없다. 양국이 수호하는 자리에서 이렇게까지 할 필요는 없을 것이다.

彼: 끝내 듣지 않을 것인가?

我: 만약 들어줄 수 있는 일이라면 어째서 듣지 않을 리가 있겠는가?

彼: 양국의 절화絶和가 지극히 애석한 일이기 때문에 이러한 말을 하는 것이다. 우리나라의 예가 이미 이와 같으니, 그렇다면 귀국의 예도 응당 이와 같이 해서 의론이 상부相孚[242]해진 후에야 수호의 도리가 될 것이다. 만약 어명御名을 받지 않고 돌아간다면 우리 국민들 또한 그 수호를 신뢰하지 않을 것이니, 사신의 일은 이로부터 중단되고야 말 것이다. 무기[干戈][243]를 동원하는 지경에 이르더라도 끝내 듣지 않을 것인가?

我: 예의는 무너질 수 없으며 강상綱常은 문란해질 수 없다. 예의와 강상이 무너지면 국가 또한 그 뒤를 따르게 되니 어찌 무기를 기다릴 것이 있겠는가? 이것이 차라리 절화絶和에 이를지언정 감히 들어줄 수 없는 이유이다. 강론講論을 하는 자는 반드시 저쪽에서는 통하지만 이쪽에서는 막힌 것을 살펴서 여지를 만든 후에야 함께 우호로 돌아갈 수 있다. 어제 미야모토의 말도 양국 정부에서 각각 군주의 명을 받들어 문적文蹟을 만들면 충분히 빙신憑信의 자료로 삼을 수 있다고 했는데, 지금 어째서 절대로 범할 수 없는 일을 가지고 이처럼 핍박하는 것인가?

[242] 상부相孚: 성실과 신의로 서로 신뢰함.
[243] 간과干戈: 방패와 창은 고대에 상용하던 병기인 바, 干戈는 병기를 총칭하는 말이다.
[244] 어서御書: 임금의 자필.

彼: 전교의 '允' 자는 모두 어서御書[244]인가, 좌우의 신하들이 쓰는 것인가?[245]

我: 어서御書 여부는 물어볼 필요가 없다. 이미 윤하允下하셨다면 누가 의심하겠는가? 어떤 일을 막론하고 조정에서 품주稟奏하면 가한 것은 윤허하시고 불가한 것은 윤허하지 않으신다. 금번의 일로 말하자면 우리 정부에서 귀국과의 개항과 통상의 일로 주달奏達해서 윤허를 받았다. '允' 자를 적어서 내린 후에는 조보朝報로 전파돼서 사람들의 이목을 도배한다. 천만 년이 지나도 영원히 변치 않아서 가히 금석지문金石之文이라고 할 만하니, 어찌 왕의 말씀이라고 믿지 않을 도리가 있겠는가?

彼: 다시 생각하라. 귀국은 비록 '允' 자를 신적信蹟으로 삼지만, 우리나라에 있어선 전적으로 수호만을 위해서 대신을 파견했는데 단지 '允' 자만 받고 돌아간다면 그것이 어찌 영구히 빙신憑信할 수 있는 신적이 되겠는가? 귀국은 홀로 지키는 예를 억지로 이웃나라에 행하려고 한다. 이는 다른 이유에서가 아니라 바로 교린을 좋아하지 않기 때문이니, 심히 의아하고 당혹스럽다.

我: 만약 교린의 우의가 없다면 300년 동안 무엇으로 수목修睦했으며,

---

[245] 일본 측 기록에는 이 말을 신헌이 먼저 제안한 것으로 되어 있다.

"신헌: 신하로서 군주에게 서명을 청하는 것은 예에 있어서 내가 할 수 없는 바인데, 어떻게든 본관本官이 할 수 없는 일을 계속 이야기하고 있으니, 비준 체제를 의정부의 주본奏本에 국왕으로부터 '允' 자를 받는 것으로 하면 어떤가?

이노우에: 국왕의 서명 없이 오직 '允' 자만을 기록한다면 증빙이라고 할 만한 것이 없어서 양국 군주의 조약 체결을 공인할 수 없다. 대체로 조약에 반드시 그 군주의 어비御批가 있음은 만국 보통의 법인데, 귀 대신 등이 말을 이리저리 돌리면서 거부하는 것은 교의交誼를 해치려는 뜻이 있기 때문이 아닌가?"《大日本外交文書》, 위의 문서. p. 101.

이번에도 왜 대관을 파견한 후 여러 차례 접견해서 이처럼 옛 관계를 다시 맺으려 하겠는가? 지금 그 교린을 좋아하지 않는다는 말은 대단히 서운하다.

彼: 우리는 우리의 조규 원안 중에서 귀국에서 원치 않는 것들을 또한 많이 들어주었다. 하지만 비준의 한 가지 양식만큼은 형편상 하지 않을 수가 없다. 그런데도 단지 국법만을 말하면서 끝끝내 도리어 냉담하게[浼浼]²⁴⁶ 대하고 있으니 순조로운 성사를 기대할 수가 없다. 우리가 돌아가서 이러한 사유를 아뢰면, 우리 조정에서는 반드시 "각국에서 일반적으로 시행하는 일을 유독 귀국에서만 시행하지 않고, 그 야도 마사요시의 허탄한 말로 공연히 구실[欛柄]²⁴⁷을 삼아 우리나라를 원망하고 탓하는가?"라고 할 것이다. 우리나라에서는 조정의 논의가 분분해졌을 때 차라리 대신을 죽일지언정 우호를 잃을 수는 없다고 생각했다. 그래서 지난번 히젠肥前 주의 수만 군대를 모두 우선 놓아두었던 것이니, 이는 진정 수호의 우의 때문이었다. 귀국에 만일 한 푼이라도 수호하려는 마음이 있다면 신적이 없을 수 없고, 신적이 있다면 또한 어명御名이 없을 수 없다. 그대는 단지 귀국의 예법만을 말하고 이웃나라의 사정은 헤아리지 않고 있는데 생각하고 또 생각하라. 먹고 자는 것이 불안해지면 장차 어떻게 좋을 수 있겠는가?

며칠 전에 우리나라 시나가와品川 함선이 뒤따라 왔던 것은 다른 이유에서가 아니다. 우리 조정에서 우리들이 죽어서 귀환하지 못할까 염려했기 때문이요, 또 국내의 의론이 다시 어지러워졌기 때문이

---

²⁴⁶ 매매浼浼: 민망할 정도로 쌀쌀맞게 대함.

²⁴⁷ 파병欛柄: 흔히 '권력의 장악을 비유하는 말로 쓰이지만 여기서는 상대의 착오나 과실 등을 입증하는 근거의 의미로 쓰였다.

다. 어명 한 가지 양식을 가지고 누누이 말하는데도 끝내 돌이켜 듣
지를 않으니 우리도 돌아가지 않을 수 없다. 훗날 군대가 일어나서
우호를 잃는 지경에 이르면 반드시 후회하게 될 것이다. 우리는 다
만 사신의 일이 순조롭게 성취되기만을 희망해서 이처럼 자세히 이
야기하고 있지만, 일이 마음대로 되지 않는 경우엔 또 어쩌겠는가?

我: 우리 조정에서 이미 그 개항과 통상을 허락했으며 품주해서 윤허까
지 받았다. 우리들도 사명使命을 받고 와서 여러 차례 만나서 충분히
상의한 후에 확정했다. 그리고 조정에 품달해서 이미 회하回下의 처
분이 있었으니, 이로 미루어보면 일이 순조롭게 이뤄지리라는 것을
알 수 있다. 그런데 어제 강론했던 모든 화평을 이제 와서 갑자기 번
복하니 이는 귀국이 스스로 막는 것이요, 우리나라가 저버리는 것이
아니다. 만약 이 어명御名 한 가지 양식만 없앤다면 조규 가운데 마
무리되지 않은 여러 조관을 지금 즉시 치주馳奏할 것이다. 그리하면
이번 사신의 일을 불일내로 완료할 수 있을 것이니 어찌 양국의 큰
다행이 아니겠는가?

彼: 대체로 물리物理의 변통變通을 이루 다 궁구할 수가 없다. 예를 들어
대포와 조총 등의 기기로 말하자면 예전에 조잡하고 둔중하던 것이
지금은 정밀하고 예리하게 되었으며, 예전에 총구로 장약裝藥하던 것
을 지금은 후방에서 장약한다. 옛날에는 오른손으로도 잘 맞출 수 없
었지만 지금은 왼손으로도 명중시키지 못하는 것이 없으며, 또 큰 총
으로도 멀리 쏘지 못했지만 이제는 작은 총이 도리어 큰 총보다 멀리
나간다. 이것이 모두 수시변통隨時變通의 도이다. 귀국은 변통하는
방법을 알지 못해서 집요하게 개혁하지 않으니 그것이 어찌 나라를
다스리는 도이겠는가? 귀국을 위해 참으로 안타깝게 생각한다.

我: 비유하는 논의를 다 이해 못하는 것은 아니지만 어떠한 기기를 막론하고 그 쓰임[用]의 방법은 수시변통해도 체體에는 변함이 없다. 비유로 든 총포와 같은 미물도 이와 같은데 하물며 예에 있어서겠는가! 예 또한 때에 따라 융쇄隆殺[248]하는 절목이 있지만 분의分義와 강상綱常에 이르러서는 어떻게 감히 위월違越할 수 있겠는가? 예는 변치 않고 그대로 존재하니 변통할 수 있는 것이 아니다.

대체로 우리나라는 본래 타국과 통교하지 않는데, 오직 귀국하고만 수호하는 것은 삼백년의 옛 우의 때문이다. 따라서 우리나라에서만 우리 군상君上을 높일 것이 아니요, 귀 대신도 우리 군상을 높여서 내가 높이는 것보다 낮춰선 안 되거늘, 어째서 이처럼 사람이 강요해서는 안 되는 말을 강요하면서 장황하게 번문煩悶하는 것인가?

彼: 신하된 도리에 감히 군부君父의 이름을 쓸 수 없음이 사리상 당연함을 모르는 것이 아니다. 그러나 지금의 이 비준은 다른 것과 차이가 있다. 귀 대신은 신중할 것을 말하지만, 우리나라 또한 그 말을 따를 이유가 없다. 누차 귀 대신과 만나서 이야기했지만 일이 끝내 타결되지 않으니 귀국해서 아뢰지 않을 수 없다. 오늘밤은 이대로 고별하고 우선 거처로 돌아갈 것이다. 혹시 내일 다시 만나서 고별할 수 있을지 모르겠다.

我: 통상의 한 가지 사항은 이미 조정에 품달해서 다행히 윤허를 받았고, 조규의 강정도 거의 완료되었으니 우리의 마음이 범홀하지 않음을 알 수 있을 것이다. 하지만 그 어쩔 수 없는 경우에 있어선 무슨 변통이 있을 수 있겠는가? 다시 깊이 양찰하라.

彼: 실로 애석하기 짝이 없다. 피차일반이다. 우리는 애초에 옛 우호를

---

[248] 융쇄隆殺: 높이고 낮춤.

중수할 것을 생각해서 신속히 사신의 일을 마치고, 좋은 낯으로 헤어질 때 조총과 대포를 귀 대신에게 드리려고 했다. 하지만 지금은 호의만 있을 뿐이다. 이대로 고별하고 내일 만약 생각이 있으면 다시 만날 것이다.

我: 오직 귀 대신의 깊은 양찰에 달렸을 뿐이다.

당마가 돌아와서 가서家書와 영의정, 우의정께서 내리신 글을 받아 보았다. 새벽녘에 노무라 야스시野寸靖와 최조가 찾아와서 다시 어명御名의 일로 끝없이 언쟁하다가 첫 닭이 울 때 돌아갔다.

27일 기미己未, 날씨가 맑고 차다.

통진부사가 보고하기를, "25일 현재 날씨가 어두워 이종선異從船 두 척이 내려와서 밤을 보낸 장소를 확인하지 못하다가 익일인 26일 새벽에 비로소 그 선박이 본포本浦 앞바다에 정박한 것을 보았습니다. 사시巳時 경에 왜인 9명이 본포 해안에 상륙해서 산천을 그린 후에 그대로 배를 타고 풍망석豊望石 모퉁이로 넘어가 정박했습니다"라고 했다.

정부의 초기草記와 관문이 도착했다. 어제 난보爛報 가운데 접견 대관으로 하여금 사안에 따라 재량껏 결단하게 한다고 했던 것과 같은 내용이었다. 영의정께 올리는 글과 도통都統[249]에게 보내는 서한을 미시未時 경에 전당專塘을 통해 보냈다.

미야모토 오카즈도쿄인 37세, 노무라 야스시나가토주인長門州人 21세, 모리야마 시게루대마도인馬州人 36세,[250] 스즈키 다이스케, 최조가 또 내방했다. 술

●

[249] 도통都統: 무위소 도통사武威所都統使를 가리킨다. 무위소는 고종 11년(1874)에 궁궐의 수비 강화를 위해서 설치한 기관이다. 그 책임자인 무위소 도통사는 금위영, 어영청, 훈련도감의 제조提調를 겸하면서 용호영과 총융청까지 통솔했기 때문에 실질적인 한성부의 치안 책임자가 되었다.

[250] 이 대목에서 세 사람의 나이에 관한 기록은 사실과 다르다. 실제로는 미야모토 오카즈가 1836년생으로 강화도 조약 체결 당시 우리나이로 41세였으며, 노무라 야스시와 모리야마 시게루는 똑같이 1842년생으로 35세였다.

과 안주를 대접했다. 이야기가 어제 어명御名의 사안에까지 이르러 밀고 당기기를 반복하다가 그들로 하여금 제 손으로 지우게 했다.[251] 그리고는 저녁에 돌아갔다. 자정 무렵[三鼓][252]에 노무라 야스시가 최조와 함께 다시 찾아왔다. 감자 오륙십 개와 청주 한 동이, 에조가시마蝦夷島[253]의 사슴 고기 두 덩이를 가져왔는데, 나에게 권하는 품이 자못 은

●
[251] 조약을 비준할 때 고종의 친필 서명, 또는 고종의 어명御名이 있는 옥새를 포함시킬 것인가의 문제는 협상 과정의 주요 쟁점 중 하나였다. 그런데 《沁行日記》에는 26일(양력 2월 20일)의 회견에서 구로다가 갑자기 이 문제를 제기한 것으로 기록되어 있으나, 일본 측 기록에는 반대로 훈도 현석운이 의도적으로 조약 초고에 있던 '王御寶'의 세 글자를 지워버려서 문제가 발생한 것으로 되어 있다. 이와 관련해서 《大日本外交文書》에 수록된 27일(양력 2월 21일)의 대화 기록 중 스즈키 다이스케의 발언을 살펴보면 다음과 같다.

〈스즈키: 이번 달 12일 집사청에서 응접할 때 우리 대신께서 이 초안을 가지고 수호 결약結約의 조관을 말씀하셨습니다. 잠시 후 훈도를 우리 공관에 보내서 조약안을 필사해 가겠다고 귀 대신께서 분명히 말씀하셨는데도, 그 다음날인 13일 오후 1시까지 해당 관원이 관館에 오지 않았습니다. 그래서 그날 담판할 때 우리 대신께서 귀 대신에게 독촉하셔서 오후 4시에 오경석과 현석운이 바로 왔습니다. 모리야마와 제가 그들을 응접하고 원고에 대해서 조관 별로 설명해 주었습니다. 그러자 현석운이 붓을 잡고 이를 한문으로 번역했는데, 어비안御批案의 말미에 '朝鮮國王李某'의 아래에 네모[方形]를 그리고 검인의 위치를 표시하는 것을 보더니 두 사람이 "신자臣子의 분수 상 국왕의 성명을 진짜로 옮겨 적을 수 없으니 '朝鮮國王御寶'라고 번역하고 싶다"고 했습니다. 이에 "의역을 하는 것은 굳이 금지하지 않겠지만, 양국이 교환할 본 문서는 실제로 어명으로 서명해야 한다"고 대답했습니다. 또 "이 번역문은 우리나라 글과 딱 맞아떨어지지 않는 자면字面이 많다. 그러므로 지금은 오직 그 주된 뜻을 승인할 뿐이지만 행문行文은 훗날 협의에 부쳐야 한다"는 뜻을 두 사람에게 확실하게 말해 두었습니다. 그런데 '王御寶'의 세 글자를 지워버리고, 특별히 대두擡頭하는 것으로 이를 개서改書한 다음에 단지 어보를 검인할 뿐이라고 하면서 조선 국왕의 어명을 적는 뜻이 아니었다고 하는 것은 심히 의심스럽습니다.〉, 《大日本外交文書》 제 9권, 문서번호 22. "日鮮條約ニ朝鮮國王ノ署名ヲ要スヘキ事ニ關スル件" pp. 105~106.

근했으니 필시 연일 관대한 대접을 받은 것에 대한 사례이리라. 유수
영과 강화부, 행중行中 각처에 나눠 주었다.

구로다가 곧 배에 오르려고 급히 여장을 꾸리고 있었다. 최조가 나
에게 편지를 보내서 만류할 것을 권했다. 그래서 그 말에 따라 편지를
써서 최조를 통해 보냈다.

서찰

멀리서 그대의 덕의德義를 흠모해서 한 번 뵙기를 바라다가 이제 막 먼
저 보게 것을 기쁨으로 여겼는데[先覩爲快],[254] 갑자기 여장을 꾸려서 떠
난다는 말을 들으니 마음이 서글퍼서 어찌할 바를 모르겠다. 존의尊意
의 소재를 알지 못해서 참으로 마음이 편치 않았는데 방금 수행원 제공
諸公을 만나서 피차 남김없이 마음을 열고 오해를 풀었으니 또한 매우
다행스러웠다. 또 미야모토, 노무라 두 공에게 논정論定한 것이 있었으
니 아마 또한 살펴보셨을 것이다. 이제까지 실로 미진한 것이 없었으니
그 사이에 무슨 유감이 남아 있겠는가? 오직 각자가 국사에 힘써 타당
하게 해야 할 뿐이다. 속히 수레를 멈춰서 이 구구한 마음에 부응하기
를 간절히 바란다. 즉시 찾아가서 말씀드려야 하지만 병이 아직 성심과
같지 않아서 이렇게 먼저 진심을 알려드리는 것이다. 내일 훈도를 서울
로 보낼 것이니 상의하고 돌아오는데 꼭 5일이면 될 것이다.

---

252 삼고三鼓: 하룻밤을 다섯으로 나눈 것의 세 번째 시각으로 밤 12시 경이다. 삼경三更
253 에조가시마蝦夷島: 홋카이도의 옛 이름.
254 선도위쾌先覩爲快: 먼저 본 것을 기쁘게 여긴다는 뜻이다. 당나라 한유韓愈가 쓴
　　"與少室李拾遺書"에 "마치 경성景星과 봉황이 처음 나타난 것처럼 다투어 먼저 본
　　것을 기쁨으로 여겼네[若景星鳳皇之始見也 爭先覩之爲快]"라고 한 데서 온 말이다.

역관 오경석이 내려와서 영의정께서 내리신 서한과 13개 조관에 대
해 강정한 공문^{뒤에 기록함}을 직접 전해 주었다.

28일 경신庚申, 맑다.

가서家書와 영의정께서 내리신 서한을 보았다. 파수군졸을 위문했다.

구로다가 야스다 사다노리와 전어관 금조를 보내서 "이제 곧 승선할 것이다. 바빠서 직접 고별하지 못한다"는 말을 전해왔다.[255] 야스다도 총총히 고별했다.

내가 말했다.

"우리 정부에서 이미 통상을 허락했으며, 다른 조관들은 이제 곧 문서를 작성해서 내려오기만 하면 된다. 일전에 생각지도 못한 어명御名의 말 때문에 이처럼 왕복이 지체된 것이다. 비록 오늘도 한나절이 지났지만, 금일을 위시해서 닷새만 남아서 기다려준다면 양국의 대사를

---

[255] 이날 구로다가 조선 측 회답의 지연을 이유로 일방적으로 협상 중단을 선언하고 본선으로 돌아간 것은 협상을 유리하게 이끌기 위해서 의도된 행동이었다. 이와 관련해서 《大日本外交文書》에 다음과 같은 기록이 있다.
"2월 21일 양 대신이 비밀리에 계획한 바가 있어서 막 이곳을 떠나 본선으로 돌아가려고 했다. 오전 10시 30분 야스다 소판관을 시켜서 대신 저쪽 두 대신에게 고별하게 했다. 소판관이 먼저 신헌의 숙소로 가서 면접을 요청했다. 아라카와 토쿠지가 통역했다." 《大日本外交文書》 제9권, 문서번호 23. "黑田辨理大臣ノ歸航出發ヲ安田開拓少判官ヨリ朝鮮國判中樞府事申櫶等ニ豫告セル記事並ニ其ノ後ノ經過ニ關スル記事" p. 24.

마칠 수 있을 것이다. 이러한 사유를 귀 대신에게 잘 아뢰어서 반드시 수레를 멈추게 하라."

야스다가 말했다.

"귀 대신의 은근한 성의는 돌아가서 잘 아뢸 것입니다. 하지만 우리 대신은 성품이 본래 강엄해서 한 번 명령을 내리면 반드시 실천하고야 맙니다. 아마 정지시킬 수가 없을 것입니다."

그래서 거듭 잘 주선해 달라고 부탁했다. 그리고 훈도와 역관 오경석을 저쪽 대신에게 보내서 만류하는 내 뜻을 먼저 전달하고 즉시 부관을 동반해서 중영으로 찾아가서 그를 만났다.

내가 말했다.

"닷새만 시한을 늦추면 양국의 대사를 마칠 수 있을 것이지만 지금 며칠을 기다리지 않고 승선한다면 순조롭게 진행되던 일이 중도에 와해될 것이니 어찌 애석하지 않겠는가? 깊이 생각해서 결정하라."

그러자 구로다가 말했다.

"이미 기한을 열흘로 정했으니 오늘이 바로 만기일이다.[256] 그런데 아직도 결론이 나지 않으니 닷새를 더 기다린다고 한들 일의 결실을 기약할 수가 없다. 날짜를 계속 미루는 것은 바로 하고 싶은 마음이 없기 때문이다. 조규책자 가운데 삭제할 수 없는 것들을 귀 대신이 편하게 품주할 수 있도록 많이 산삭刪削하고 우리 조정의 시비는 돌아보지 않았으니, 이처럼 뜻을 받들어 행한 것은 300년 동안의 옛 우호를 중수하려는 마음 때문이었다. 그런데 유독 귀국이 도리어 더 미루는 것

---

[256] 《沁行日記》에는 기록되어 있지 않지만, 일본 측 기록에는 2월 12일의 집사청 회견 시 구로다가 7일 이내로 조선 정부의 재결을 받아올 것을 요구하자 신헌이 간청해서 열흘의 기한을 정한 것으로 되어 있다. 《大日本外交文書》 제9권, 문서번호 17. "我 ヨリ日鮮修好通商條約案ヲ提示シ其ニ對スル彼ノ解答期日決定ノ件" pp. 91~92.

[靳持]²⁵⁷은 아마도 애과涯過²⁵⁸하려는 마음이 있기 때문일 것이니, 설령 닷새 후라도 다시 지금과 같을 것이다. 병졸 등을 이미 떠나보내서 이제는 정지할 수 없다."

"그동안 시일이 걸린 것은 다른 이유에서가 아니다. 귀 대신은 봉명奉命해서 국경을 넘었으니 전권의 임무가 있지만 나는 본래 전권 사신이 아니라서 매사를 번번이 조정에 품달하고 처분을 기다려야 한다. 그런데 우리 조정에서는 옛 우호를 중수하기 위해서 통상은 이미 허락했지만 그 사이에 다른 일이 생겨서 그 문서 등의 일에까지는 아직 미칠 겨를이 없었던 것이다. 게다가 일전에 어명御名 운운한 말로 며칠을 낭비했다. 원본책자를 오늘 발송하면 왕래하는 기간이 사흘이나 닷새를 넘기지 않을 것이다. 이는 시간을 지연하려는 계책이 아니라 형편이 진실로 그러하다. 이미 멀리서 바다를 건너오면서 갖은 고초를 겪었는데 지금 닷새만 조금 더 늦추는 것에 안 될 이유가 있겠는가? 나는 곧 이곳의 주인이니, 여러 차례 대화한 끝에 까닭 없이 급히 떠남은 실로 서운하고 의아스럽다. 부디 이쪽의 체면을 봐서라도 다시 생각하라."

"귀 대신의 말은 매우 감사하지만, 일정이 이미 정해져서 변경할 수 없다. 조수[潮信]²⁵⁹가 임박해서 오래 이야기할 수 없으니 못한 말은 부대신을 만나서 이야기하라."

그리고는 자리에서 일어나 휘장을 걷고 들어가 버렸다. 나는 다시 부대관을 향해서 애써 만류했다. 그러자 그가 말했다.

---

257 근지靳持: 마음이 내키지 않아서 결단을 내리지 않고 뒤로 미룸.
258 애과涯過: 미봉책으로 근근이 시간을 지연하면서 곤경을 모면함.
259 조신潮信: 조수潮水를 가리키는 말로 밀물과 썰물의 시각이 일정하다는 뜻에서 조신潮信이라고 한다.

"귀 대신의 뜻이 이처럼 정중하시니 우리 수행원 미야모토 오카즈와 노무라 야스시를 우선 여기에 잔류시키고, 저희들은 승선해서 초지진 앞바다에 정박하면서 며칠 더 기다리겠습니다. 뒷일은 미야모토, 노무라와 상의하십시오."

그리고 바로 고별한 후 정오에 승선하였다.[260] 저들은 매번 말 한 마디를 하거나 명령을 한 번 내리면 다시 계획을 어기는 법이 없다.

미야모토와 노무라가 찾아왔다. 조약 문제로 종일 논란하면서 차례대로 수정했다. 초저녁 무렵에 그들이 돌아간 다음, 저들이 승선한 사유로 먼저 치계하고,[261] 가서家書와 영의정께 올리는 서한을 부쳤다. 또 저들이 우선 초지에 머물게 된 연유와 조규책자 원본을 올려 보내는 사유로 장계를 작성했다. 저들이 4, 5일의 말미를 허락했으니 왕복할 일이 매우 촉박하게 되었다. 또 문서는 구두로 직접 설명하는 것만큼 상세하지 못하기 때문에 역관 오경석과 훈도를 술시戌時 경에 서울로 보냈다. 그리고 저들의 문적文蹟을 모두 모아서 의정부로 부쳤다.

일전에 협상의 전담을 지시한 관문의 말씀이 갈수록 더욱 황송해져서 감당하기 어려웠다. 그래서 상소를 쓴 후에 봉해서 발송했다. 집에 보내는 서신과 영의정, 우의정, 이조판서 세 분께 올리는 서한을 부쳤다. 새벽녘에 잠깐 잠들었다.

●

[260] 신헌이 알고 있던 것과 달리 이노우에 카오루 부대신은 구로다와 함께 본선으로 돌아가지 않고 비밀리에 강화부에 남아서 조선 측과의 협상을 막후에서 지휘했다. 이를테면 24일에 타마우라함瓊浦丸이 일본 정부의 지령을 가지고 제물포에 도착하자 구로다의 지시에 따라 이를 '사명使命을 재촉하기 위해서 일본 정부에서 파견한 군함'이라고 하면서 신헌을 압박했다. 《大日本外交文書》 제9권, p. 72, p. 110. 참조.

[261] 《日省錄》 高宗十三年 一月二十九日條 참조.

매번 저쪽 대관을 접견할 때마다 저쪽 사람들의 용모와 말투를 상세히 관찰했다. 구로다 키요타카는 사람됨이 외면은 비록 관유寬裕하지만 내면은 실로 강맹强猛했다. 이노우에 카오루는 옹용雍容[262]한 태도를 지녔다. 수행원 야스다 사다노리와 스즈키 다이스케도 모두 단상端詳[263]했다. 미야모토 오카즈와 노무라 야스시 두 사람은 용모가 유아儒雅[264]하고 말이 종상綜詳[265]해서 제 나라에 있을 때는 능히 세무世務에 참여할 수 있으며, 행중行中에 있을 때는 바로 이들이 주모자였다. 모리야마 시게루는 사람됨이 교휼狡譎하고 말투가 울불鬱怫[266]해서 은밀히 대사를 가로막을 뿐만 아니라 도리어 갈등을 빚는 자였다. 게다가 양쪽 대관이 협상하는 사이에 간섭해서 그 행동거지가 지극히 방자한데도 저쪽 대신은 대부분 그의 말에 따라 사기事機를 헤아렸으니, 모리야마의 장난질이야말로 가장 우려할 만한 것이었다. 그래서 나는 구로다에게 반간反間[267]을 써서 그의 기세를 꺾고 계략이 나올 곳이 없게 만들고 싶었다.

전어관 최조는 어렸을 때부터 동래 왜관에서 자라서 우리나라 물정을 상세히 알고 있는 자였다. 그래서 내가 최조를 찾아가서 말했다.

"그대의 힘줄과 뼈는 비록 귀국에서 낳은 것이지만, 피부와 살은 실로 우리나라에서 키운 것임을 그대라면 충분히 알 수 있지 않은가?"

최조가 합장하고 머리를 조아리면서 여러 번 절하고 답했다.

●

[262] 옹용雍容: 온화하고 박절하지 않음.

[263] 단상端詳: 단정하고 신중함.

[264] 유아儒雅: 학문이 깊고 점잖음.

[265] 종상綜詳: 치밀하고 상세함.

[266] 울불鬱怫: 맺힌 것이 많고 호탕하지 못함.

[267] 반간反間: 적의 간첩이나 인물을 유도해서 반대로 이쪽에서 적의 내홍을 일으키거나 기밀을 탐지하는데 쓰는 이중간첩을 말한다.

"과연 그렇습니다. 어떻게 감히 잊겠습니까?"

"그렇다면 우리나라 일에 대해서 그대가 성력誠力을 다할 수 있겠는가?"

"어떻게 감히 소홀할 수 있겠습니까?"

내가 그의 머리를 쓰다듬으며 말했다.

"기특하구나."

이날은 이 정도로 끝냈다. 그 후 최조가 찾아 왔을 때 술과 고기를 후하게 대접해서 은근한 뜻을 표시했다. 술에 취한 후에 말을 꺼냈다.

"모리야마 시게루는 어떤 사람인가? 우리나라의 일에 혹시 도움이 되겠는가?"

최조가 고개를 저으며 말했다.

"아닙니다. 그 사람은 본래 성품이 순탄하지 않고, 또 몇 년 동안 유감을 품어서 기어코 원한을 풀려고 합니다. 그래서 매사에 갈등을 빚는 것을 위주로 하고 있으니 귀 대신이 어떻게 이를 아시겠습니까?"

"양국의 대사에 그 사람이 이처럼 장난질을 치니 실로 안타까운 일이다. 어떻게 하면 좋겠는가? 귀 대신이 여러 수행원들과 만리 바닷길을 건너오면서 여러 날 동안 고초를 겪었던 것은 오직 수호 한 가지 일을 위해서였다. 그런데 이 한 사람으로 인해서 사신의 일이 지체되고 도리어 곡절이 생긴다면 귀국의 낭패가 아니겠는가? 그대는 반드시 사기事機를 깊이 헤아려서 별도로 좋은 계책을 내어 일이 순조롭게 이뤄지게 하라. 그대의 노고가 얼마나 크겠는가?"

"잘 알았습니다."

그리고 사례하고 떠났다.

며칠 후에 최조가 다시 찾아와서 술과 떡을 대접했다. 그가 말했다.

"비밀리에 말씀드릴 일이 있는데 자리가 번잡해서 감히 하지 못하겠습니다."

즉시 좌우를 물리쳤다. 그러자 그가 앞으로 다가와서 무릎을 꿇고 말했다.

"소인에게 과연 좋은 계책이 있었습니다. 우리 대신에게 이간책을 썼는데, 다행히 적중해서 모리야마가 전후로 놓은 훼방을 이제 모두 알게 되었습니다. 며칠 전부터 사신의 일을 의논할 때마다 모리야마의 참견을 허락하지 않아서 모리야마는 멍하니 그의 처소로 물러나 있습니다. 이로써 눈엣가시를 뽑아버렸으니 일이 순조롭게 이뤄질 것입니다. 귀 대신께서는 다시 염려하지 마십시오."

"그대가 우리나라 일에 대해 성심이 이와 같으니 참으로 가상하다."

그래도 시종 잘 주선하라는 말을 신신당부해서 보냈다. 그 후 미야모토 오카즈, 노무라 야스시가 찾아왔을 때 한밤중까지 논란하다가 결국 '大日本'의 '大' 자, '皇帝陛下' 자, '殿下' 자를 모두 삭제하고 영흥 문제도 승낙을 받아냈으니, 이는 비록 미야모토, 노무라와 밀고 당기기를 하면서 입술과 혀가 다 헤진 끝에 얻어낸 수락이었지만 사실은 최조가 내부에서 설계하여 모리야마를 배척한 효과였던 것이다.

저들의 조약책자 가운데 가장 따르기 어려운 것들을 모두 제거해서 사신의 일이 무난히 결실을 맺을 것으로 기대했다. 그런데 갑자기 25일에[268] 미야모토, 노무라가 최조와 함께 찾아와서는 "비준의 마지막 단락에 어명이 있는 어보[御名之御寶]를 찍은 후에야 빙신憑信

---

[268] 원문에 二十七日로 되어 있으나, 二十五日의 잘못인 것으로 보인다. 본문의 내용에서도 알 수 있듯이 미야모토와 노무라가 우라세[最助]와 함께 문병 차 찾아와서 '어명어보[署名鈐印]'의 말을 처음 제기한 것은 25일(양력 2월 19일)의 일이었다. 《使鮮日記》의 기록도 이와 같다.

할 수 있다"고 했다. 한없이 힐난하다가 심지어 저쪽 대관을 만나서 이치에 근거해서 설득하기까지 했지만 끝내 돌이켜 들으려고 하지 않았다.

다음날 두 대신이 노여운 기색으로 배에 올랐다. 순조롭게 진행되던 일이 졸지에 변해버렸으니 그 속사정을 알 수가 없었다. 그런데 저쪽 대신이 승선할 때 우선 미야모토와 노무라 두 사람을 남겨두고는 그들에게 다시 접견을 시켰다고 했다. 이 말을 듣고 가만히 생각해 보니, 이는 바로 누군가가 알선한 하나의 계략[機關]²⁶⁹이었다. 과연 그날 밤 미야모토 등 두 사람이 찾아왔다. 그래서 천만 마디 말을 소비한 끝에 다시 어보를 찍기로 약속했다. 그런데 두 사람의 속마음을 상세히 따져보니 모리야마가 저들 대신에게서 소외당한 후에 앙심을 품고 이러한 말을 지어낸 것이었다. 미야모토 등 두 사람이 비로소 모리야마의 허망함을 깨닫고, 돌아가서 자기들 대신에게 보고하면 모리야마는 그 무고로 인해 대신에게 미움을 받아 장차 죄책을 당하게 될 것이며 그들의 법령에 따라 모리야마를 가차 없이 엄히 다스릴 것이라고 했다.

다음날 미야모토와 노무라가 다시 찾아왔다. 그래서 와병 중임에도 억지로 맞이해서 접견했다. 화제가 일전의 일에 이르자 저들이 말했다.

"사실 우리 대신께서 잠시 착각하셨던 것이며, 사리판단[涇渭]²⁷⁰에 밝지 못하기 때문이 아닙니다."

●
²⁶⁹ 기관機關: 현대어로는 기계 혹은 조직을 가리키지만 여기서는 덫, 계략이라는 의미이다.
²⁷⁰ 경위涇渭: 경수涇水와 위수渭水는 중국의 강 이름으로 옛사람들은 경수는 맑고 위수는 혼탁하다고 생각했다. 이로부터 경위는 청탁, 우열, 시비 등을 비유하는 말로 쓰였다.

그러는 사이에 모리야마도 쫓아와서 이러한 말로 한없이 해명했다. 내가 웃으면서 미야모토에게 부탁했다.

"모리야마 공이 우리나라의 일을 상세히 알지 못하니 잠시 착오를 일으켰더라도 혹 괴이할 것이 없다. 이는 알면서도 고의로 범한 것과는 크게 다르다. 또 대사가 순조롭게 이뤄지는 자리에서 한 사람이라도 죄를 받는 지경에 처한다면 내 마음도 몹시 슬플 것이다. 두 공은 귀 대신에게 나의 뜻을 잘 아뢰어서 무사하게 잘 처리하라."

"귀 대신의 근교勤敎가 이러하시니 좋은 말로 아뢰겠습니다."

모리야마는 그대로 사례하고 나가서 헌중軒中에서 훈도를 만나 백배 사례하고 떠났다.

이것이 바로 임기응변[機變]의 대략이다. 그러므로 기록해 두는 것이다.

○ 서계정식書契定式

의안擬案

일본국 외무경 모가 삼가 조선국 예조판서 모 합하께 글을 보냅니다. 이번에 우리 정부에서는 화약和約을 의립한 취지에 따라 대리공사 모에게 명하여 귀국에 파견했습니다. 이 관원은 충직하고 재간이 있어서 이 임무에 매우 적합합니다. 바라건대 귀정부에서는 부디 이러한 뜻을 헤아려서 이 관원을 신의로써 대우하여 양국의 교제 사무 일체를 이 관원과 상의해서 결정하시고, 그가 진청陳請[271]하는 것이 있거든 특별히 은혜를 베풀어서 들어주시기 바랍니다. 이에 글을 보냅니다. 양국

---

[271] 진청陳請: 이유를 진술하며 요청함.

의 평안을 축원하며 아울러 귀공의 행복을 송축합니다. 이만 줄입니다.[272]

천우天佑를 보유하여 만세일계의 제위[帝祚]에 오른 대일본국 황제가 너희 백성들에게 이 글을 선포해서 알리노라. 짐의 양우良友 대조선국 군왕은 본디 이웃나라와의 교제를 두터이 했다. 이번에 흠명전권대신 모가 대조선국에 가서 전권 모와 체약한 조관을 짐이 열람하니 조관마다 윤당해서 이미 비준을 내렸다. 너희 백관은 짐의 이 뜻을 받들어 한 몸처럼 이에 비추어 처리하라. 이와 같이 선포하노라.

진무천황神武天皇 기원 2536년 메이지 9년월 일 도쿄 황궁에서 친히 국새國璽로 검인함

대일본국황제   大日本
                  皇帝璽

봉칙奉勅 외무경 모某
         화압花押[273]

* 의안擬案이 이와 같음. 외무대승 미야모토 오카즈
외무권대승 노무라 야스시

6개월 후 저들 나라에서 비준할 때 이와 같이 문서를 작성한다고 했다. 두 사람이 자필로 쓰고 서명했다.

●
272 원문에는 일본어 본이 첨부되어 있는데, 일본어의 자형字形이 분명하지 않다. 이에 따라 본서에서는 《修好條規附錄及貿易章程伺書》(부산시립시민도서관 소장)에 수록된 의안에 의거해서 수록했다.
273 화압花押: 문서 말미에 자기의 성명이나 직함 아래에 초서로 성명을 꽃처럼 그리거나 특정한 부호를 표시한 일종의 서명을 말한다.

심행일기

대일본황제 어명어보御名御寶 체재體裁

紀元二千五百三十六年明治九年 月

睦仁 황제 이름

大日本國皇帝　大日本 皇帝璽　天皇 玉璽

의정부 조회문

양국이 수목修睦한 지 곧 300년이 된다. 사신과 폐백이 왕래해서 정情이 마치 형제와도 같았으며 각자 인민을 편안히 해서 서로 다툰 적이 없었다. 그런데 무진년 이래 귀국이 혁신한 상황을 미처 살피지 못해서 종종 의단疑端을 초래했으며, 귀국에서 누차 사신과 서계를 보냈지만 바로 접수하지 못해서 끝내 이웃나라와의 우의가 단절되는 상황에 이르렀다. 작년 가을에 마침 귀국 기선이 강화도에 와서 다시 분요紛擾가 일어났는데, 이번에 귀 대신이 사명使命을 받들고 경내에 왕림하여 우리나라 사신과 만남에 이르러 깊은 뜻을 깨닫고 종전의 시의猜疑가 하루아침에 풀려버렸으니 어찌 통탄을 금하겠는가? 그 보내준 입약 각관立約各款은 우리 조정에서 이미 사신에게 위임해서 회상會商하게 했으니 무진년 이래 양국 간 왕래한 공문은 응당 똑같이 폐기해서 휴지로 만들어야 할 것이다. 이로써 영원한 친목을 기원하며 함께 양국의 경사를 도모했으니 또한 우리나라의 선린의 우의를 밝히기에 충분할 것이다.

병자년 2월

· 조약은 비준과 동시에 교환하는 일을 즉시 임관을 보내서 품의하고

주선한다.

· 大朝鮮國主上^비준규식批准規式

· 비준문서 내의 의미는 차이가 없더라도 자구字句는 윤색해야 한다.

· 의정부 조회 문자 또한 이 문간文簡의 뜻에 따라야 하며, 5일 후 교부하기로 약속한다.

· 조약의 각 조관 가운데 첨입添入해야 할 것은 세부 항목을 의정할 때 모아서 다시 논의한다.

이상의 여러 조관들에 대한 논의를 확정하는 일자는 5일을 기한으로 하는 것으로 정한다.^5일 내로 이들 문서를 수정해서 보내달라고 미야모토가 간청했다. 그러므로 써준 것이다.[274]

[274] 일본 측 기록에 따르면 이 문서는 양 대신(신헌과 윤자승)의 명의로 작성된 일종의 각서로서 28일(양력 2월 22일)에 미야모토 및 노무라에게 전달되었다. 이 문서는 같은 날 미야모토와 노무라가 미리 신헌에게 전달한 문안에 기초해서 거의 같은 내용으로 작성된 것이다. 미야모토와 노무라가 보낸 원래 문안의 내용은 다음과 같다.

1. 조약을 검인할 때 반드시 국왕의 어비御批도 동시에 교부할 것.

2. 어비의 양식은 다음과 같음.

朝鮮國王 口('爲政以德'의 문장을 사용함).

3. 어비는 반드시 일전에 보내 온 원고와 뜻이 조금이라도 달라서는 안 되지만, 그 자구를 조금 윤색하는 것은 무방함.

4. 금일부터 5일 후에 조약의 논의를 확정하기로 약속함. 그 날에 상호 검인하고 본 조약서 및 어비를 교부함.

5. 조약의 각 조관에 추가로 삽입하고자 하는 사항이 있거나 혹 귀국에 이의가 있더라도 양 대신신헌, 윤자승과 귀관 등이 그 일을 상량하고 직접 결정해서 반드시 5일 후의 교환 기일을 어기지 말 것.

6. 의정부 조회문은 그 문간文簡의 뜻이 반드시 지난 밤 노무라를 통해서 보내 온 문안의 뜻과 같아야 하며, 금일부터 5일 후에 교부함.

여기서 제 6항의 '노무라를 통해서 보내 온 문안'은 바로 앞의 '의정부 조회문 의안'을 가리킨다. 《大日本外交文書》 제 9권, 문서번호 25. "五日ヲ期シ批准問題照會文問題等ノ解決ヲ約束ノ件"의 附記 1과 2.

○ 장계

이번 달 28일 오시午時 경에 구로다 키요타카, 이노우에 카오루, 수행원 모리야마 시게루, 야스다 사다노리가 병졸 300여 명을 이끌고 제 선박이 있는 곳으로 다시 떠났으며, 수행원 미야모토 오카즈, 노무라 야스시, 전어관 최조 등이 병사 80여 명을 거느리고 전일 머물던 곳에 그대로 남았습니다.

저들이 거느리고 나간 병졸 가운데 130여 명이 당일 신시申時 경에 다시 성으로 들어와서 미야모토 쇼이치, 노무라 야스시가 머무는 곳에 잔류했습니다. 이상의 연유로 치계합니다.

○ 장계

구로다 키요타카, 이노우에 카오루가 떠난 사유를 이미 치계했거니와, 저들이 떠날 때 우선 사신의 일이 완료되기를 기다리면서 며칠간 초지 앞바다에서 정박하겠다고 했습니다. 그리고 조약책자 원본을 지금 현납現納[275]했습니다. 그러므로 단단히 봉해서 의정부에 올려 보냅니다. 이상의 연유로 치계합니다.

○ 신헌의 상소문

엎드려 아뢰옵나이다. 신이 방금 의정부의 관문[關辭]을 받아보니, '어제 수호통상의 일로 계품啓稟해서 관문을 보냈다. 조규 등의 제반 강정에 매번 번거롭게 묘당에 공문을 올려서 날짜의 지연을 자초하고 있으니, 백성을 편안하게 하고 나라를 이롭게 할 수 있다면 전담시키는 것이 좋을 듯하다. 옛 가르침이 그러하니, 편의에 맡겨서 사

---

[275] 현납現納: 왜인들이 직접 찾아와서 바쳤다는 뜻이다.

안에 따라 재량껏 결단하라는 뜻을 접견 대관에게 지시하는 일로 초기草記를 올려 윤허를 받았다'고 하여 수호통상의 중대한 사무와 조관의 강정을 전적으로 신이 주간할 것을 촉구하였으니, 명을 받음에 놀랍고 떨려서 어찌할 바를 몰랐습니다.

신이 평소에 저들의 실정에 밝지 못하고 시의[機宜]에 어두운데도 큰 임무를 담당해서 가는 곳마다 일을 그르치고 있으니, 신의 일신의 낭패는 진실로 돌볼 것이 없지만 나라의 계책은 어찌하며 백성의 일은 또 어찌하겠나이까. 《춘추전春秋傳》에 이르기를, "대부가 국경을 나설 때 사직을 편안히 하고 국가에 이롭게 할 수 있는 자라면 전담시켜도 괜찮다"[276]고 했습니다. 그러므로 옛적에 국경을 나서는 사신을 '전명專命'[277]이라고 했던 것입니다. 그렇다면 국경을 나서지 않는데 전명專命함은 예로부터 그러한 가르침이 없는 것입니다. 하물며 경기도[畿輔] 내에서 품복稟復하고 조회照會하는데 왕래하는 길이 며칠에 지나지 않고, 그 일은 곧 백성과 사직의 안위에 관계되는 경우에 있어서겠습니까!

저들이 지금 사절[使价]의 이름을 칭탁해서 말로는 옛 우호를 회복하겠다고 하지만 실제로는 정예병을 이끌고 바다를 건너 왔으니 그 뜻의 소재는 비록 헤아릴 수 없으나 반드시 대충 있다가 쉽게 돌아갈 자들이 아닙니다. 안으로는 포악함을 막는 방비를 갖추고 밖으

---

[276] 《春秋公羊傳》 莊公 十九年條에 "대부에게는 전결하는 권한이 없는데 여기서 전결이라고 한 것은 어째서인가. 빙례이기 때문이다. 대부가 사명使命만 받고 구체적인 지시 사항 없이 국경을 나섰을 때 사직을 이롭게 하고 국가에 이롭게 할 수 있는 자라면 전담시켜도 괜찮다[大夫無遂事 此其言遂何 聘禮 大夫受命 不受辭 出境 有可以安社稷 利國家者 則專之可也]"는 구절이 있다.

[277] 전명專命: 명을 받지 않고 독자적인 판단에 따라서 처리한다는 뜻이다.

로는 유원柔遠의 의리를 선양해서 이 유감을 쌓은 적들로 하여금 순응하고 일을 만들지 않게 하는 것은 일개 사신의 세 치 혀로써 할 수 있는 바가 아닙니다. 오직 묘당의 계책을 따라 저들에게 시행하게 하더라도 오히려 그 임무를 다하지 못할까 두렵거늘, 혼모昏耗한 신으로 하여금 자의로 재단하게 하시니 어찌 실수가 없기를 바라겠나이까. 저들과 접한 지가 또한 이미 며칠이 지났으니 저들도 우리 조정의 정무가 모두 의정부의 품정稟定을 거쳐서 시행되며, 봉명奉命한 신하는 명을 전할 뿐임을 알고 있습니다. 그러므로 매번 신 등에게 조정에 돌아가 자신들의 뜻을 전달할 것을 권하는 것이며, 또 집정대신을 만나서 직접 자결咨決을 받기를 구하는 것입니다. 저들이 조례의 강정이 신 등의 자의에 의해서 이뤄진다는 것을 안다면, 반드시 준신準信하지 않고 의정부에 굳게 요구하면서 사단을 일으킬 것이니 우려하지 않을 수 없습니다. 이 시기와 이 임무가 얼마나 긴중한 것인데 도리어 신과 같이 용렬하고 나약한 자에게 맡긴단 말입니까.

신은 본래 무관[韎韋]²⁷⁸ 출신으로 공훈이 과장되어 여기까지 이르렀습니다. 그래서 독원犢轅²⁷⁹의 경계를 두려워했는데 도리어 사상使相의 이름을 빌려 낭묘廊廟의 일을 대행하고 있으니, 적들 가운데 아는 자가 있다면 우리를 더욱 쉽게 볼 것입니다. 또 신은 어려서 배우지 못하고 장성한 후에도 견문이 없으니, 신에게 갑옷을 입고 무기를

---

²⁷⁸ 매위韎韋: 적색 가죽으로 만든 군복을 뜻하는 말로 무관을 뜻한다.
²⁷⁹ 독원犢轅: 송아지가 끄는 수레라는 뜻인데 전거가 상세하지 않다. 추측컨대 '수레 채 아래의 망아지[轅下駒]'라는 말에서 온 듯하다. 이는 멍에를 메고 수레를 끄는데 익숙하지 않은 망아지를 가리키는 말로서 힘이 부족하거나 기국이 작은 사람을 비유한다.

잡는 수고를 맡기신다면 사양할 수 없지만, 문사文事의 일을 신이 어떻게 맡을 수 있겠습니까? 게다가 서산에 해가 이미 저물어[榆景]²⁸⁰ 천리마의 뜻만이 공허하게 남아있을 뿐이요, 오랑캐를 물리치려는 뜻을 채 펴지 못하였습니다. 그래도 적개敵愾²⁸¹의 비원만은 간직하고 있었는데 갑자기 명을 받음에 현자를 천거할 겨를이 없었던 것입니다. 이미 평소에 익힌 것이 적은데 또 기질[氣性]만을 믿어서 풍속과 인정이 다르면 기꺼이 낮추려 하지 않으며, 혹은 일에 임할 때의 두려움[臨事之懼]²⁸²을 알지 못해서 결렬을 초래하니, 그렇다면 교섭하는 자리[樽組之席]에서 쉽게 비방하는 말[遺矢之言]²⁸³이 생김은 또한 무부武夫의 항정恒情일 것입니다. 이는 비단 신에게 일을 맡긴 자가 신을 잘 알지 못했던 것뿐만이 아니요, 신 또한 자신을 알지 못했던 것입니다.

●

²⁸⁰ 유경榆景: "상유만경桑榆晚景"의 줄임말로 만년晚年을 비유하는 말이다.

²⁸¹ 적개敵愾: "적왕소개敵王所愾"의 줄임말로 敵은 當과 같고 愾는 恨怒의 뜻이니, 《春秋左傳》 文公 四年條에 "제후가 왕이 노엽게 여기는 상대를 대적해서 공을 바친다[諸侯敵王所愾 而獻其功]"고 한 구절에서 유래한 말이다.

²⁸² 임사지구臨事之懼: 일에 임했을 때 두려워할 줄 안다는 뜻으로, 《論語》〈述而〉편에 "맨손으로 범을 잡으려 하고 맨몸으로 강하를 건너려다가 죽어도 후회함이 없는 자를 나는 함께 하지 않을 것이니, 반드시 일에 임하여 두려워하고 도모하기를 좋아해서 성공하는 자를 데리고 갈 것이다[暴虎憑河 死而無悔者 吾不與也 必也臨事而懼 好謀而成者也]"는 구절이 있다.

²⁸³ 유시遺矢: 矢는 屎와 통하니 곧 연로하고 쇠약해서 대변을 잘 가리지 못한다는 뜻이다. 전국시대 조趙나라의 명장 염파廉頗가 실세하고 위魏나라에 가 있었는데, 조왕이 그를 다시 등용하고자 사자를 보냈다. 그런데 뇌물을 받은 사자가 염파를 만나고 돌아와서는 "염 장군이 아직 밥은 잘 먹지만 신과 앉아 있으면서 잠깐 동안 세 번이나 변소를 갔습니다[廉將軍雖老 尚善飯 然與臣坐 頃之三遺矢矣]"라고 보고했다. 결국 조왕은 염파가 연로했다고 생각해서 부르지 않았다. 유시遺矢는 이 고사에서 유래한 말로 명장을 헐뜯는다는 뜻이다.

《시경詩經》에 이르길, "방숙이 매우 늙었지만 그 계책이 장대하다"[284]
라 하였고, 또 "문무를 겸비한 장군 길보여, 만국이 법으로 삼는도
다"[285]라 하였으니 이는 모두 묘당을 높이는 말입니다. 지금 묘당에
법으로 삼을 만한 이들과 계책을 가진 이들이 있으니, 어찌 혹시라
도 신과 같은 자에게 만분의 일이나마 의지할 것이 있겠나이까. 그
재주를 헤아리고 사체事體를 살펴보건대 지금 이 편의대로 재량껏 결
단하라는 명은 신이 만 번 죽더라도 감당할 수 없는 것입니다. 이에
감히 짧은 글을 올려 숭엄崇嚴을 어지럽혔사오니, 부디 성자聖慈께서
는 굽어 살피시어 이미 내리신 명령을 속히 거두셔서 국체를 중히 하
시고 사분私分을 편안하게 해주시옵소서.

**의정부에서 내려 보낸 여섯 가지 준칙과 검토[打點][286]한 조관들[政府下送
六則與打點者條]**

수호조규책자 전문[頭辭]에는 다만 국호만을 써야 하며 양국 군상君上의
위호位號는 쓸 필요가 없다는 뜻으로 이미 전에 책자를 내려 보냈다. 이
것이 대관절 편치 않은 사고事故가 되기 때문에 전에 책자를 보냈던 것
이다. 지금 한 가지 원용할 수 있는 사례가 있다. 중국의 현행 영국과의
조규 전문에는 단지 '대청국大淸國에서 대학사大學士 모某를 특별히 간택
해서', '대영국大英國에서 백작 모를 특별히 간택해서' 라고만 되어 있으
니, 지금 오직 국호만을 칭하는 것에 어찌 안 될 이유가 있겠는가?

[284] 〈小雅〉 "采芑"장에 "方叔元老 克壯其猷"라는 구절이 있다.
[285] 〈小雅〉 "六月"장에 "文武吉甫 萬邦爲憲"라는 구절이 있다.
[286] 타점打點: 일일이 검토함.

제1관: 특별히 논할 것이 없다.

제2관: 수호를 맺은 이후에 양국 사절의 왕래가 없어서는 안 될 것이지만, 우리 사신은 저쪽에 가서 외무성 귀관貴官을 접견하고 일본 사신은 이쪽에 와서 병권대신秉權大臣을 접견한다고 한 것은 아마도 평등한 예가 아닐 듯하다. 저쪽 사신이 우리 대신을 접견한다면 우리 사신도 저쪽 대신을 접견하고, 우리 사신이 단지 외무성 관리를 접견할 뿐이라면 저쪽 사신도 마땅히 예조의 관리를 접견해야 한다. 대체로 우리나라의 교린 사무를 예조에서 관장하니 저들의 외무성과 무슨 차이가 있겠는가?

관館과 항구를 열고 조약을 정해서 통상을 시작한 후에는 다시 정리 사무를 가질 필요가 없다. 설령 있다고 하더라도, 그 중요성에 따라 해당국 관리와 지방관이 회동해서 처리하면 되는데 어째서 사신이 서울에 체류할 필요가 있는가? 또 양국 사이에 깊은 바다가 있으니 위험을 무릅쓰고 보빙聘報하는 것이 실로 양국의 대사에 속하지만, 빈번하게 하기 어려우므로 부득불 수십 년 기한을 작정해서 왕래하지 않을 수 없다. 이것이 양국 모두 편한 방법이니 이러한 뜻을 명백하게 강정하라.

제3관: 구애될 필요 없다.

제4관: 이미 통상을 허락했다면 사무가 자연히 이와 같을 것이다. 단, 다른 곳에 관館을 설치하더라도 반드시 일정한 경계의 제한을 둬서 월경해서 나다니지 못하게 해야 한다. 우리 백성과 섞여서 살면 반드시 사단이 발생할 것이니 이는 크게 화호和好를 영구히 하는 방법이 아니다. 또 경계를 몇 리로 정할 것인가의 문제는 필시 지형에 따라서 획정하게 될 것이나 초량 왜관보다 조금이라도 커서는 안 된다.

제5관: 영흥은 바로 국가의 용흥지지龍興之地로 원묘原廟를 모시고 있어서 그 엄숙하고 공경하는 바가 다른 지역과 본디 구별되는데, 어째서 다른 곳을 놓아두고 여기를 고집하는 것인가? 함흥, 안변, 문천도 모두 선침先寢을 모시는 곳이기 때문에 절대로 허락할 수 없다. 또 1개 항구가 기호畿湖와 양남兩南[287] 가운데 있어야한다고 한 것에 대해서는, 경기와 양호兩湖[288]를 허락할 수 없음은 다시 언급할 필요가 없다. 영남 연해 가운데 저들이 지정하는 곳을 듣고 한 곳만 허락하라.

제6관

제7관

제8관: 모두 들어줄 수 있다.

제9관

제10관: 양국 인민이 범죄를 저질렀을 경우 각각 양측의 관리가 즉시 회동하여 조사하고 법률을 적용하는 것이 더욱 명백한 상부相孚의 방법이 된다.

제11관: 각각의 조관 가운데 세세한 절목은 오직 이번에 일일이 분해分解해서 강정해야 할 뿐이다. 어째서 다시 번거롭게 인원을 파견해서 회상會商할 필요가 있는가?

제12관: 우리나라는 본래 타국과 통교하지 않으며 오직 일본하고만 교린의 우의로 우호적으로 지낸 것이 오래되었으니, 어찌 다른 나라들과 통호하고 조약을 체결하는 등의 일이 있겠는가? 이

---

[287] 양남兩南: 호남과 영남, 즉 전라도와 경상도 지방.

[288] 양호兩湖: 호서와 호남. 즉 충청도와 전라도 지방.

는 본래 거론할 필요가 없는 것이다. 이러한 뜻을 명백하게 답하는 것이 좋겠다.

제13관: 또한 들어줄 수 있다.

책자의 마지막 단락에 관해서는, 양국의 대관이 회동해서 입약한 다음에 검인해서 빙신憑信한다면 영구히 변치 않을 것인데 어째서 이 단락의 문자를 거듭 서술하고 심지어 어보까지 찍을 필요가 있는가?

저들이 이미 이와 같이 여러 조관의 요구를 제시했으니 우리나라도 어찌 강정할 것이 없겠는가?

제1칙: 상평전常平錢의 사용은 불허한다.

제2칙: 미곡은 교역할 수 없다. 미곡은 동래 왜관에서도 일찍이 교역하지 않았던 것이다.

제3칙: 교역은 단지 물물교환만 가능하다. 물품은 외상으로 선매할 수 없으며 또한 사채를 풀어서 이자를 취할 수도 없다. 이 두 가지는 양국의 큰 폐단의 무궁한 근원이므로 반드시 명백하게 입약해야 한다.

제4칙: 우리나라는 오직 일본하고만 교호交好할 뿐이니 타국인이 섞여 들어와서 잡처雜處하는 일이 생긴다면 크게 안 될 일이다. 이 문제 또한 반드시 명백하게 입약해야 한다.

제5칙: 아편은 우리나라 사람들이 피우지 않는 것이며, 서교西教는 국법으로 엄금하는 것이다. 만일 아편이나 그 서적을 혹시라도 반입한다면 화호和好가 절대 영구히 지속될 방법이 없을 것이니 즉시 명백하게 입약하라.

제 6칙: 양국의 표류민을 상호 구조해서 돌려보내는 것은 본래 오래된 규칙이었다. 그러나 망명해서 고의로 표랑하는 부류는 마땅히 적발해서 본국으로 송환한 후에 법으로 다스려야 하니 반드시 명백하게 입약하라.

새벽녘에 가서家書와 영의정, 우의정, 그리고 이조판서 세 분께 올리는 서한을 부쳤다.

29일 신유辛酉, 날씨 맑고 따뜻하다.

강화부 장계 편에 가서家書를 부쳤다. 셋째 아들 첨정僉正 찬희[289]가 올라와서 강화부에 머물렀다. 강좌모姜佐模와 강필수姜弼秀가 김치 한 독을 보내서 군졸들에게 나누어 주었다. 초 10일에 위량면位良面의 종인宗人[290] 봉래鳳來가 두 차례에 걸쳐 짚신 여든 켤레와 예순 켤레를 도와줘서 군졸들에게 나누어 주었다. 14일과 27일에는 석성石城의 종인宗人 동수東洙가 탁주 아홉 동이와 북어 다섯 급을 도와줘서 각반各班 하속下屬들에게 나눠 먹었다.

○ 강화 유수영 장계

성 안에 체류하는 일본인들이 전에 가지고 들어온 대포 두 대와 각종 물건을 각각 짐수레[童車]와 거우[291]에 싣고서 병졸 50여 명으로 당일 오시午時 경에 줄지어 저들의 대선大船이 있는 곳으로 수송했습니다. 초지진 첨사 홍운태, 파수장 강영회 등의 치보馳報에 따르면, 항산도 아래에 정박 중인 저들의 대선 여덟 척은 아직까지 이동이 없다고 합니다.

---

[289] 신헌에게는 정희正熙, 석희奭熙, 낙희樂熙의 세 아들과 서남庶男 찬희贊熙가 있었다. 자세한 내용은 부록의 시장諡狀을 참고하라.

[290] 종인宗人: 촌수가 먼 친척.

[291] 거우車牛: 달구지를 끄는 소.

○ 26일자 난보爛報

시원임대신時原任大臣의 연명차자[聯箚]에 비답하셨다.

"차자箚子를 살펴보고 경들의 충간衷懇을 잘 알았다. 최익현崔益鉉의 패악함이 비단 경들을 무함했을 뿐만 아니라, 그 군부君父를 무핍誣逼함이 끝이 없으니 경들의 통완痛惋과 일제 성토는 충분忠憤에서 나온 것이다. 마땅히 처분이 있을 것이니 경들은 그리 알라."

이어서 전교하시길, "이 비답은 사관史官을 보내서 시원임대신들에게 전유傳諭하라"고 하셨다.

옥당玉堂[292]의 연명차자에 비답하시길, "차자를 보고 잘 알았다. 최익현의 상소가 무핍한 죄가 있으니 밝은 법률에 따른 토죄討罪를 어찌 그만둘 수 있겠는가? 마땅히 처분이 있을 것이다"라고 하셨다.

전교하시길, "내가 조병창趙秉昌의 일에 대해서 한 번 처분하려고 한 것이 오래되었다. 그는 대대로 녹을 먹는 사람으로서 지위가 높고 현달한 자리에까지 올랐으니 마땅히 다른 이들보다 배로 보은하려고 해야 할 것인데, 조정을 비웃고 헐뜯으며 항상 불만을 품어서 와주窩主[293]가 되어 조정[朝象]을 현혹했으니 이것이 어찌 인신人臣이 감히 할 수 있는 일이겠는가. 조병창을 추자도楸子島에 안치하라. 그의 요망한 자식 채하采夏는 은밀히 그 아비의 악을 도왔으니, 아비는 흉패凶悖하고 아들은 요특妖慝해서 조정의 반열에 둘 수가 없다. 조채하를 위원군渭原郡에 유배하여 인신으로서 불경한 죄를 징계하라"고 하

[292] 옥당玉堂: 홍문관弘文館의 별칭.

[293] 와주窩主: 원래 죄인이나 장물을 은닉한 사람을 가리키는 말인데, 여기서는 도적이나 간신배들의 우두머리라는 뜻으로 쓰였다.

셨다.

전교하시길, "장호근張皓根의 상소가 묘당을 헐뜯은 것이 이미 무엄하거늘, 마지막 단락의 문장은 더욱 지극히 도리에 어긋나서 두렵게 만들고 위협하기가 끝이 없다. 이들 무리의 정상이 어찌 통탄스럽지 않겠는가. 장호근에게 섬으로 귀양 보내는 형법을 시행하라"고 하셨다.

신시申時 경에 가서家書와 청영靑螢에 보내는 서신을 부쳤다. 전당專塘으로 영의정께 서한을 올렸다. 담화痰火가 가득 찬 것이 올라와서 신기神氣가 혼모昏耗[294]해져 거의 쓰러질 지경이니 딱하고도 딱하다.

---

[294] 혼모昏耗: 정신이 흐릿하고 기력이 쇠약해짐.

병자년 1월 30일
양력 1876. 2. 24

30일 임술壬戌, 맑다. 당마 편에 가서家書와 영의정께서 내리신 서한을 받아 보았다.

임관 현제순이 최조의 말을 전했다.

"금번 저들의 사행使行 비용과 화륜선 임대료가 도합 은銀 10만 냥가량 된다고 합니다."

그리고 또 전했다.

"미야모토 오카즈, 노무라 야스시가 성 안을 둘러보다가 장녕전長寧殿[295] 터에 이르러 유허비遺墟碑를 보고는 우리나라 사람에게 '이것은 병인양변丙寅洋變 때 이렇게 된 것인가?'라고 물었습니다. 그렇다고 답하자 재차 '이 터에는 예전에 무슨 건물이 있었는가?'라고 물었습니다. 그래서 '우리 선조의 어진御眞을 봉안하는 궁전이었는데 저 양인들이 불을 질렀다. 하지만 어진은 서울로 모셔갔다'고 답했습니다. 그러자 바로 비석을 향해서 경배하고 떠났습니다."

---

[295] 장녕전長寧殿: 숙종肅宗과 영조英祖의 어진을 봉안했던 전각이다. 병인양요 당시 프랑스 군의 침략으로 인해 전각이 소실되었으나 어진은 최씨 성을 가진 별검別檢 노인에 의해 서울로 무사히 옮겨졌다고 한다.

미야모토 오카즈가 차비관 현제순에게 요청했다.

"그간 처소에서 쓴 땔감과 숯의 값이 얼마나 되는가? 즉시 유수에게 가격을 지불하고 싶다."

"양국이 수호하는 자리에서 그처럼 별것 아닌 물건에 왜 값을 치르려 하는가?"

"우리 조정에서 사신을 파견할 때 엄칙嚴飭이 있었으니 비록 사소한 물건이라도 절대 귀국에 폐를 끼치지 말라는 것이었다. 만약 여기서 받지 않는다면 귀국하는 길에 값을 요량해서 합산한 다음에 부산진으로 보낼 것이다."

그래서 역관 현석운을 유수영에 보내서 일체 거절하게 했다.

일전에 미야모토 오카즈가 감자와 술, 안주를 보낸 일이 있었다. 그러므로 답례가 없을 수 없어서 큰 약과藥果 백 개와 건시乾柿 세 첩, 삶은 돼지 한 마리를 보내서 사례했다. 그러자 매우 감사하다고 답했다.

미야모토 오카즈가 최조를 보내서 말을 전했다.

"행중行中에 사진의 묘수妙手가 있는데 사진을 찍고 싶으면 즉시 그를 보내드리겠습니다."

그래서 "마음은 비록 감사하지만 내가 지금 병에 걸려서 바람을 쐬거나 노천에 앉을 수가 없다. 놓아두는 것이 좋겠다"고 답했다.

또 금조를 시켜서 왜화倭畫 서른 두 폭과 유리화琉璃畫[296] 여덟 편을 포장해서 보내 왔다.

---

[296] 유리화琉璃畫: 미상이다. 추측컨대 중국 북경의 고서적, 골동품 거리로 유명한 유리창琉璃廠에서 나온 그림을 가리키는 듯하다.

"이것은 우리나라 명승지의 경관입니다. 보고서 돌려주지 않으셔도 무방합니다."

"한 번 보면 충분하니 어찌 반드시 아껴서 놓지 못할 것이 있겠는가? 부관, 유수들과 돌려 본 뒤에 그대로 돌려주겠다."

그 후 유수의 사진을 보았는데, 과연 정묘해서 입신의 경지에 이르렀다고 할만 했다.

일전에 미야모토 오카즈와 노무라 야스시가 와서 만났을 때 대화 중간에 노무라가 말했다.

"나라를 다스리는 계책은 부국만한 것이 없고, 부국을 이루는 방법은 근농勤農만한 것이 없습니다. 백성이 많아지고 나라가 부유해진 연후에 군대가 강해질 수 있으니 귀 대신께서는 나이 어린 자의 말이라고 범홀히 듣지 마시고 더욱 유념하십시오. 지금 우리나라의 농사 기구는 편리하고 군대 기계는 정예로우니 나중에 귀국에서 우리나라의 군대 기계와 농사 기구를 모방해 가면 좋을 것입니다."

강화 유수부 장계 편에 가서家書와 영의정께 올리는 글을 부쳤다. 17일의 접견 문답기를 강계江界, 자산慈山, 영유永柔, 영변寧邊 등 4개 읍에 반송伴送했다. 포수 90여 명과 인솔 장교 5명이 강화 유수영으로 와서 합류했다.

○ 통진부사의 보고

현재 30일 사시巳時 경 이종선異從船 한 척이 손돌목을 넘어서 올라갔습니다.

안중경이 돌아오는 편에 가서家書를 받아 보았다. 의정부 권두權頭[297]가 다시 내려왔다.

○ 강화 유수영 장계

　　성 안에 체류하는 저들의 병사 중 70여 명이 행장을 꾸린 다음에 초지로 나가서 대선大船들이 정박 중인 곳으로 향했으며, 10여 명이 화물을 수송하면서 갑곶로甲串路를 따라 밖으로 나갔습니다.

　　초지진 첨사와 파수장교의 치보에 따르면, 항산도 아래 정박 중인 저들의 대선 여덟 척이 아직 이동하지 않는다고 합니다.

　　스즈키 다이스케가 전어관 금조와 함께 신을 찾아와서 저쪽 대신의 뜻에 따라 말을 전했습니다. "익사한 병사 두 명의 사체 인양으로 연해 각 지방의 선박들이 며칠 동안 노력해준데 매우 감사한다. 그러나 아직도 건져내지 못한 것은 필시 큰 파도 속에서 표류하고 있기 때문일 것이니, 인양 작업 중인 각 선박을 우선 철수시키고 일후에라도 혹시 발견되면 바로 우리에게 알려 달라"는 뜻을 누누이 요청했지만, 조정의 명령에 따라 거행한 일이기 때문에 지금 저들의 말에 따라 철수할 수가 없습니다. 그래서 기필코 인양하라는 뜻을 더욱 엄하게 연해 읍진邑鎭에 신칙했습니다.

○ 강화 유수영에 도착한 의정부 관문

　　이제 곧 조약책자에 어보를 찍어서 별정 금군別定禁軍이 가지고 갈 것이니, 본부本府 판관은 미리 대령해서 갑곶 나루머리에서 머물고 있

297 권두權頭: 조선시대 각 부府에 소속된 하례下隸들의 우두머리를 가리킨다. 권도勸導라고도 한다.

다가 의장儀仗과 고취鼓吹를 인솔하고, 향정자香亭子[298]는 전도前導가 모시고 나아가되, 관문이 도착하는 대로 즉시 지체 없이 거행하라. 이에 역관 오경석과 현석운을 다시 내려 보내니 선박도 즉시 미리 대기시키고, 저들에게 증급贈給할 물품을 연달아 내려 보낼 것이니 운송 절차를 일사불란하게 신칙해서 거행하라.

일본 사신이 돌아갈 때 연향 절차가 없어서는 안 되니, 전에 보낸 관문에 따라 풍성하게 대접해서 소략하다는 탄식이 나오지 않게 하라.

○ 의정부 사통私通
부관께서 사용하실 봉사인장[奉使之印] 한 과顆[299]를 곧 내려 보낼 것이니 이것을 쓰시라고 고과告課[300]하라.

강화 유수의 서목書目에 지사知事 신헌의 상소를 올린 일에 대해 비답하시길, "상소를 보고 잘 알았다. 사명使命의 중함이 어느 때고 그렇지 않겠는가마는, 이번에 왜국 사신이 온 것은 비록 수호를 칭탁하고 있지만 안위에 관계되는 바가 없지 않다. 경은 문무의 재주를 겸비해서 일찍부터 중한 명망을 드러냈다. 그러므로 조정의 논의가 모두 이 사람이 아니면 안 된다고 하였고, 임기응변을 위해서는 전담을 맡기지 않을 수 없었기 때문에 비록 국경을 나서는 것은 아니지만 고례古例를 원용해서 참조했던 것이다. 그런데 경은 어째서 이렇게까지 사양하는

---

[298] 향정자香亭子: 원문에는 香卓子로 되어 있으나, 香亭子의 오기인 것으로 보인다. 향정자는 신주 등을 모시는 작은 가마를 말한다.
[299] 과顆: 도장을 세는 단위.
[300] 고과告課: 하급관리나 하인이 상관에게 아뢴다는 뜻이다.

가. 묘당에서 반복 논의한 끝에 계책을 마련하고 인협寅協[301]해서 사신의 일이 이제 완료되었으니 어찌 국가의 다행이 아니겠는가? 나는 공을 장성長城과 같이 믿으니 경은 반드시 나의 지극한 뜻을 체행하라"고 하셨다. 비지批旨가 내려온 것을 보고는 지극히 황송하고 부끄러운 마음을 감당할 수 없어서 몸둘 바를 알지 못했다. 아무 일도 이룬 것이 없는데 이처럼 크신 은혜를 입으니 감격의 눈물이 계속 솟구쳐 올라 멈출 수가 없었다.

최조가 차비관 현제순을 만나서 말했다.

"사신의 일이 마무리되는 날 귀 국가에 진헌하는 예물이 없을 수 없다. 귀 대관과 부관, 유수, 그리고 오경석, 현제순 두 사람에게 모두 예물을 드릴 것이다. 물품의 종류를 적어서 드릴 테니 이것을 보여드리고 만약 품처稟處할 일이 있으면 미리 통촉하라."

최조가 자필로 쓴 예물 목록을 영의정께 올리는 서한 속에 끼워놓고 그것의 봉납捧納 여부와 답례 물품을 미리 하량하셔서 밤사이에 지교指敎를 내려 달라는 내용으로 서한을 써서 전당專塘으로 아뢰었다.

미야모토 오카즈가 직접 만나서 알릴 것이 있다고 하면서 누차 접견을 요청했다. 그래서 병 때문에 아직 접대를 할 수 없으니, 내일 조금 차도가 있으면 이쪽에서 먼저 연락해서 만나는 것이 좋겠다고 답했다. 그러자 해시亥時 경에 미야모토 오카즈가 금조와 함께 문밖까지 와서 접견을 요청했다. 그래서 부득이 불러들여서 만나게 되었다.

---

301 인협寅協:《書經》〈皋陶謨〉에 나오는 '동인협공同寅協恭'에서 유래한 말로 백관이 함께 공손히 군주를 섬기고 협력해서 훌륭한 정사를 이룬다는 뜻이다.

미야모토가 말했다.

"아까 안녕치 못하시다는 소식을 듣고 몹시 걱정했습니다. 이렇게 한밤중에 접견을 청하는 것이 매우 외람되지만, 한 가지 말씀드려야 할 일이 있어서 이처럼 황송함을 무릅쓰고 온 것입니다."

이어서 말했다.

"우리 도쿄 정부의 대신들이 사신의 일의 순조로운 성사 여부를 탐문하려고 또 타마우라 함瓊浦艦[302] 한 척을 보냈는데 그것이 아까 도착했습니다. 일정[行李]의 촉박함이 이와 같습니다. 또 정부에서 우리 대신께 서찰을 보낸 것이 있습니다."

그리고 품속에서 꺼내서 보여주었는데 저들의 국문國文으로 한문을 풀어놓은 것이어서 상세히 알 수는 없었지만, 대략적인 뜻은 '사신의 일이 지체되고 있어서 온 나라 신민의 의론이 들끓고 있다. 그래서 육군경陸軍卿 야마가타 아리토모山縣有朋로 하여금 군대를 아카마가세키赤間關[303]에 숙영하게 했다'는 것이었다.

"오경석과 현석운 두 역관이 기한에 맞추어 오리라는 것은 알고 있습니다만, 그 전에 이러한 사유를 먼저 와서 알려드리는 것이니 부디 반드시 비밀로 해 주십시오."[304]

"일부러 와 기별까지 해줘서 매우 감사하다. 조약 한 가지 사안은 우리 조정에서 이미 시행을 허락하는 처분을 내렸으니, 이제 와서 절대

---

[302] 원문에는 '瓊浦'로 되어 있으나 '瓊浦'의 오기이다.

[303] 아카마가세키赤間關: 일본 혼슈本州 최서단에 위치한 해관海關으로 시모노세키下關를 가리킨다. 1889년 아카마가세키 시로 제정되었다가 1902년 현재의 시모노세키 시로 개칭되었다. 대대로 조선 통신사가 일본 본토에 진입하기 위해 경유하는 해관이었으며, 1895년에는 청일전쟁의 강화회의가 열려서 이른바 시모노세키 조약이 체결되었다.

계획을 어길 리가 없다. 문서가 수정되는 대로 오경석과 현석운 두 사람이 반드시 가져오리라는 것은 추호도 의심할 여지가 없다. 귀 선박 가운데 화륜선 한 척을 먼저 귀국에 들여보내서 사신의 일이 순조롭게 성사되었다는 사유를 통지해도 무방할 것이다. 이러한 뜻을 즉시 귀 대신에게 보고하는 것이 어떻겠는가?"

"그 말씀을 들으니 실로 양국의 큰 다행이라 기쁨과 감격스러움을 이기지 못하겠습니다."

내가 정부에서 내려 보낸 여섯 가지 준칙을 꺼내어 보여주면서 말했다.

"우리 조정에서 먼저 적어서 보낸 것이다. 이는 세부 항목을 강정할 때 추가로 삽입해야 할 것들이지만, 모두 우리나라의 금조禁條이므로 명백하게 입약하지 않을 수 없는 것들이다. 이 종이를 귀 대신에게 보여드린 다음에 좋은 말로 주선해서 반드시 귀 대신의 양해각서[諒會之書字]를 받아오라. 그리하면 내가 조정에 돌아가 아뢴 다음에 온 나라에 효유曉諭해서 중민衆民들의 의혹을 타파할 것이다."

"상평전의 사용 불허는 아마 실행할 수 없는 일일 것입니다. 상평전은 우리나라에 들어오면 비록 쓸모없는 물건이지만, 왜관에서는 사소한 매매도 그것이 아니면 할 수 없습니다. 이는 곧 손을 묶어버리는 것'

---

304 이상 미야모토 오카즈가 한 말은 타마우라 함의 도착을 이용해서 조선 측과의 협상을 유리하게 이끌려는 구로다의 지시에 따라 행한 것이었다. 이와 관련해서 《使鮮日記》에 다음과 같은 기록이 있다.
〈대신[구로다]이 부대신[이노우에]에게 글을 보내서 지시했다. '타마우라 마루瓊浦丸가 왔으니 이 기회를 잘 이용해야 한다. 저들에게 우리 정부에서 독촉하는 명령이 왔음을 통보하고 또 전에 남겨두었던 의장병 일부를 보낼 것이라고 말하라.' 그리고 또 지시했다. "여러 함선에 명하여 화전火箭을 맹렬히 발사해서 타마우라 마루의 도착을 알린다면 아마도 무언가 움직이는 바가 있을 것이다.〉, 《使鮮日記》 2월 24일 조.

과 같으니 무엇으로 교역을 하겠습니까? 또 미곡의 일은, 양국이 만약 흉년을 만나서 백성들이 기아에 허덕이다가[顧頷]³⁰⁵ 심지어 다 굶어 죽게 된 상황에 처하게 되었을 때 서로 곡식을 매매해서 창생을 구제하려고 해도 구매를 허락하지 않고 한결같이 남의 일 보듯 하겠다는 것입니까? 그렇다면 그 교린수호의 우의가 어디에 있습니까? 이 두 조항은 우리 대신께서 반드시 들어주시지 않을 것입니다. 이제 곧 사신의 일이 완료되려고 하는 때에 이처럼 사소한 일들로 우리 대신께 번거로움을 끼쳐서 또 한 가지 곡절을 만들려는 것입니까? 우리 대신은 성품이 편협해서 만약 이러한 말을 듣는다면 의심해서 교섭을 단절할 우려가 있으니, 우선 놓아두고 나중에 세부항목을 협상할 때 조정하는 것이 좋겠습니다."

"우리나라는 땅덩이가 작고 지력이 척박[斥鹵]³⁰⁶해서 한 해 미곡의 소출이 우리 백성들이 먹고 사는데 불과하니, 사실상 이웃나라에 유입될 만큼의 남는 곡식이 없다. 하지만 만약 귀국과 우리나라 사이에 큰 흉년을 만나서 백성들이 모두 죽게 된 지경에 처했는데 귀국에서 백성의 구호를 요청하는 공문을 보낸다면 어떻게 남의 일 보듯이 하면서 돌아보지 않을 수 있겠는가? 미곡의 출입은 모두 공문으로 증빙해서 사무역의 폐단을 엄중하게 막는 것이 좋겠다."

"귀 대신의 가르침이 명백합니다. 또 외상 선매와 사채노름의 근절은 곧 양국 인민 사이의 송사를 그치게 하는 계책이니 매우 좋습니다. 서학과 아편은 우리나라에서도 금령이 지엄하기 때문에 귀국의 부탁이 아니더라도 절대 범할 리가 없습니다. 좌계문자左契文字³⁰⁷를 손수

---

³⁰⁵ 함함顧頷: 기아로 인해 얼굴이 누렇게 뜬 모양.
³⁰⁶ 척로斥鹵: 땅에 소금기가 많아서 경작하기 어려운 모양.

써서 내일 아침에 보내드릴 테니 신적信蹟으로 삼아서 사람들의 의혹을 해소하는 것이 어떻겠습니까?"

또 말했다.

"내일 사신의 일을 마무리할 때 우리 대신께서 반드시 하선하셔서 이곳 강화부에 들어오실 것입니다. 그리고 귀 대신과 면접한 후에 각 문서에 서명, 검인하시고 또한 사소한 물건들을 귀국 조정 및 대관, 부관, 유수에게 진헌하실 것입니다. 수행원과 역관 인원들에게도 각각 예물이 있을 것입니다. 그 물건의 종류는 다음과 같습니다. 귀 조정에 봉납할 것은 대포, 조총, 사紗와 비단, 시계[時表] 등의 물건이며, 두 대신께는 권총[手銃], 사와 비단, 패도佩刀 등의 물건을 드릴 것입니다. 미리 헤아려 살피셔서 부디 우리 대신의 정성을 저버리는 일이 없도록 하시기 바랍니다. 만약 받지 않는 상황이 되면 우리 대신께서는 반드시 노여운 마음을 품어서 연향에 참석하지 않고 돌아가 버리실 것입니다. 대사가 순조롭게 성사되는 날에 시종 우호적인 것이 즐겁지 않겠습니까? 이 또한 미리 헤아리시기 바랍니다."

"조정에 아뢰어 서로 우호적으로 만들 것이다."

"귀 대신께서 응당 하선례下船禮를 거행하실 것이니, 우리 대신 또한 답례가 없어서는 안 될 것입니다. 한편으로는 귀국의 성대한 예에 사례하고, 다른 한편으로는 저희의 서운한 마음을 표시하기 위해서 반드시 두 대신과 유수를 저희 배 위에 초청해서 연향을 갖고 고별할 것입니다. 부디 거절하지 마시기 바랍니다."

---

307 좌계문자左契文字: 좌계는 부신符信을 둘로 쪼갠 다음 하나는 좌계左契로 삼아서 자신이 갖고 다른 하나는 우계右契로 삼아서 상대에게 주었다가 나중에 마주 붙여 보아서 증거로 삼는 물건을 말하는 바, 좌계문자는 현대어로 하면 일종의 각서를 뜻한다.

"나는 지금 풍현증風眩証[308]으로 고생하고 있기 때문에 높은데 오르거나 위험한 곳을 건너는 일을 바랄 수가 없다. 하지만 주인 된 도리에 앉아서 고별할 수는 없으니 초지로 가서 함께 서운함을 풀 것이다. 그러니 배에 오르는 한 가지 일은 부디 처음부터 없던 말로 해주기 바란다. 부관도 봉사奉使의 행동거지를 마음대로 할 수 없다. 초지는 경내라서 그래도 가서 고별할 수 있지만, 배에 오르는 일에 있어서는 강역疆域 바깥과 다를 바 없으니 장계로 아뢴 다음에 결정하지 않을 수 없다. 어찌 이 문제를 가지고 또 며칠을 허비할 수 있겠는가? 유수도 마찬가지이다. 이러한 사유를 미리 귀 대신에게 고해서 혹시라도 서운한 마음을 갖지 않게 하라."

"가서 좋은 말로 아뢰고 회답을 기다렸다가 다시 말씀드리겠습니다. 그러나 우리 대신께서는 반드시 초지에서 소략하게 고별하려고 하지 않으실 것이니, 만약 그러한 경우엔 어떻게 하시겠습니까?"

그리고 차를 마신 뒤에 돌아갔다. 이 문답기와 함께 예물 봉납의 절차, 답례 물품 등을 미리 생각해서 획정劃定해 달라는 내용으로 영의정께 서한을 써서 전당專塘으로 발송했다. 자시子時 경에 잠들었다.

○ 강화 유수영 장계

금일 자시子時 경에 도착한 덕적진德積鎭 첨사 한진귀韓鎭龜가 이번 달 29일 신시申時에 성첩해서 치보한 내용에 따르면, 같은 날 미시未時 경에 이양선 한 척이 서남쪽 대양大洋에서 연기를 뿜으면서 충청도 태안 앞바다로 올라왔다가 그대로 남양 경내의 풍도楓島로 향했다고 하며, 정족산성 별장別將 김규채金奎彩가 신시申時에 성첩해서 치보한

---

[308] 풍현風眩: 풍사風邪로 인해 생기는 현기증.

내용에 따르면, 당일 미시未時 경에 이양선 한 척이 영종 경내의 하류에서 연기를 뿜으면서 올라왔지만 감시하기에 조금 멀어서 돛대[帆竹]는 보지 못했다고 합니다.

병자년 2월 1일
양력 1876. 2. 25

2월 초하루 계해癸亥, 비가 내렸다. 현석운과 오경석 두 사람이 내려
왔다.

○ 인천부사의 보고

정월 28일 진시辰時 경에 본부本府 경내의 비랑포飛浪浦 앞바다에 정
박 중이던 저들의 삼범선三帆船 한 척이 배를 움직여 부평 경내의 호
도虎島로 올라간 사유를 이미 치보하였거니와, 금일 오시午時 경에 이
양이범선異樣二帆船 두 척이 다시 남양 경내의 장경목長頸項에서 연기
를 뿜으면서 팔미도 앞바다를 지나 본부本府 경내의 비랑포 앞바다로
올라와서 그대로 정박했습니다.

○ 통진부사의 보고

30일 오후 술시戌時 경에 이종선異從船 세 척이 상류에서 대선大船이
있는 곳으로 내려왔습니다. 이상의 연유로 치계합니다.

○ 접견종사관에게 도착한 정부 관문

의정부에서 상고相考함. 현재 정월 30일 전교하시길, "조약책자가 이
제 올라왔으니 비준문서[批準文字]를 의정부에서 별도로 작성해서 내

려 보내라"고 하셨다. 전교가 있으셨으므로 같은 날 의정부에서 다시 아뢰었다. "삼가 하교에 따라 비준문서를 수호조규와 함께 책자로 만들어 들였사오니, 다시 내리시기를 기다렸다가 내려 보내겠습니다. 감히 아룁니다." 그러자 알았다고 비답하셨다. 전교가 있으셨으니 전교 내의 뜻을 살펴서 시행하되 비준 두 책, 조약 두 책, 서사敍事 한 책을 금군禁軍 진경희陳敬熙와 현재룡玄在龍에게 가져가게 했으니 수령하는 상황[祗受形止][309]을 바로 치문馳聞하라.

○ 장계

접견종사관에게 내려온 의정부의 계하啓下[310] 관문에, "현재 정월 30일 전교하시길, '조약책자가 이제 올라왔으니 비준문서를 의정부에서 별도로 작성해서 내려 보내라'고 하셨다. 전교가 있으셨으므로 같은 날 의정부에서 다시 아뢰었다. '삼가 하교에 따라 비준문서를 수호조규와 함께 책자로 만들어 들였사오니, 다시 내리시기를 기다렸다가 내려 보내겠습니다. 감히 아룁니다.' 그러자 알았다고 비답하셨다. 전교가 있으셨으니 그 뜻을 살펴서 시행하되 비준 두 책, 조약 두 책, 서사 한 책을 금군 진경희와 현재룡玄在龍에게 가져가게 했으니 수령하는 상황을 바로 치문할 것"이라고 했습니다. 비준 두 책, 조약 두 책, 서사 두 책을 금군 진경희와 현재룡이 받들고 내려왔기에 당일 정오 경에 신 등이 강화부에서 공경히 받은 다음에 우선 부아府衙 정청正廳에 봉안했습니다.

●

[309] 지수형지祗受形止: 지수祗受는 하사한 물건을 공경히 받는다는 뜻이며 형지形止는 일이 되어가는 경위, 정황을 말한다.

[310] 계하啓下: 임금의 재가를 받는다는 뜻으로 상주한 문건을 임금이 본 뒤에 '啓' 자의 인장을 찍어서 해당 부서로 내리는 것을 말한다.

미야모토 오카즈에게 차비관을 보내서 선상에서 연향하고 고별하는 것은 사정상 할 수 없다는 뜻을 상세히 말하고 결국 승낙을 받았다. 당마가 돌아와서 가서家書와 영의정과 이조판서께서 내리신 서한을 받아 보았다. 어제 도정都政[311]이 내려왔는데 아직까지 한 번 읽어볼 겨를도 없었다. 어보와 예물, 조규책자 등을 공경히 맞이한 다음에 강화부 향청으로 모셔왔다. 비록 이러한 물건들을 모신 전례가 없었지만 어보를 살펴보고 책자 등의 물건을 조검照檢[312]하지 않을 수 없었다. 그래서 부관에게 청해서 관복을 입고 함께 향청으로 가서 살펴본 후에 돌아왔다. 그리고 바로 영의정과 이조판서께 올리는 서한을 써서 다시 당마로 보냈다. 가서家書와 도목都目을 한 번 보았다.

훈도를 저들에게 보내서 "일전에 '朝鮮國君王之寶'라고 한 것은 본래 '君王' 두 글자가 아니라 바로 '主上'이라는 글자였다. 대궐에 비장秘藏돼 있어서 미처 상세히 확인하지 못했다"는 말을 전하게 했다.

彼: 다만 우리 대신께 아뢰어 결정할 뿐이다.

我: 귀국의 비준 문서에는 반드시 '主上'이라는 글자로 채워서 오라.

彼: 그것은 귀국한 후에 상의해서 처리할 것이다.

我: 우리 두 대신의 승선 문제는 어쩔 수가 없다. 반드시 초지로 가서 작별하실 것이다.

彼: 귀 대신이 초지로 행차하면 우리 대신도 하선하셔야 하는데 피차간

---

[311] 도정都政: 도목정사都目政事의 줄임말로 관원의 근무성적을 고과해서 그 결과에 따라 진급이나 좌천, 파면을 시키는 것을 가리킨다. 도목都目, 도목정都目政이라고도 한다. 1월 30일에 도목 대정大政이 있었다. 《承政院日記》一月三十日條 참조.

[312] 조검照檢: 문서 또는 장부와 대조하며 검사함.

에 그렇게 할 필요가 없다. 오경석과 현석운 두 사람이 선박이 있는 곳으로 나와서 전별하면 생색을 내기에 충분할 것이다.

我: 당연히 나갈 것이다.

彼: 지금 이렇게 사신의 일이 완료된 것은 실로 양국의 막대한 경사다. 우리나라의 법례에 경사가 생기면 축포 21발을 쏘게 되어 있다. 이제 초삼일 연향을 마친 뒤 우리 대신께서 승선하실 때 귀국 주상 전하를 축복하기 위해서 21발의 축포를 쏠 것이니, 귀국도 이에 호응해서 21발의 축포를 쏘는 것이 좋겠다.

我: 유수영에 아뢰어 시행할 것이다.

彼: 우리 대신과 귀 대관의 접견은 초삼일 진시辰時 경에 거행할 것이다. 장소는 어디로 정했는가?

我: 지난번에 접견했던 서문 내 열무정閱武亭에서 거행할 것이다.

저쪽 대관, 부관 및 전어관 수행원에게 증급할 물품이 서울에서 내려왔다.

● 이쪽 대관과 부관이 변리대신과 부대신에게 증급할 단자單子[313] 4장
  각 은자銀子 300냥
    대단자大緞子 2필
    백면주白綿紬 10필
    백저포白苧布 10필
    백목면白木綿 10필
    호피虎皮 3벌

[313] 단자單子: 부조나 선물 등의 품목과 수량을 적은 종이로 물건과 함께 보낸다.

표피豹皮 3벌

각색필各色筆 100자루

진현眞玄 50개

백지白紙 5권

● 이쪽 대관과 부관이 이사관理事官 6명에게 증급할 단자 12장

각 은자銀子 100냥

대단자大緞子 1필

백면주白綿紬 5필

백저포白苧布 5필

호피虎皮 1벌

황모필黃毛筆 50자루

진묵眞墨 30개

색지色紙 3권

● 이쪽 대관과 부관이 전어관 세 명에게 증급할 단자 6장

각 은자 50냥

백면주 3필

백저포 3필

백목면 3필

색지 2권

● 이쪽 대관이 별도로 증급함

최조 나무 30동同[314]

금조 나무 10동 ⎫
　　　　　　　 ⎬ 동래부에서 비용을 지불함
노무라 나무 10동 ⎭

● 이쪽 대관이 별도로 증급함

미야모토 오카즈 ⎫
　　　　　　　 ⎬
노무라 야스시 　 인삼 3근, 녹용 1대
　　　　　　　 ⎬
모리야마 시게루 ⎭

○ 강화 유수영 장계

이양선 한 척이 영종 경내에서 연기를 뿜으면서 올라온 사유를 조금 전에 치계하였거니와, 방금 도착한 본영本營 소속 해방장海防將 영종진 첨사 양주성이 지난 정월 30일 정오에 성첩成貼해서 치보한 바에 따르면, 이양이범선異樣二帆船 한 척이 팔미도 내양에서 연기를 뿜으면서 올라와 본진本鎭 경내 형제포兄弟浦에 정박했다고 하였는바, 이양선의 숫자가 점차 증가해서 의아스럽고 괴이한 생각이 없지 않았습니다. 그래서 저들이 체류하는 곳에 통역[通事]을 보내서 탐문케 하니, 저들이 전어관 금조를 보내어 일본국에서 사사使事의 복명을 재촉해서 육군경 야마가타 아리토모가 나온 것이라고 회답했습니다.

초지진 첨사 홍운태와 파수장 강영회 등의 치보에 따르면, 항산도 아래 정박 중인 저들의 대선大船 여덟 척은 시종 움직임이 없으며 체류 중인 왜인들 또한 이동이 없다고 합니다.

---

[314] 동同: 볏집, 풀, 약초, 나무토막 등의 묶음을 세는 단위로 백 단이 한 동同이다.

수호조규 개래본改來本

대일본국과 대조선국이 평소 우의를 돈독히 한지 오랜 세월이 지났는데 양국의 정의情誼가 미흡한 것을 보고 옛 우호를 중수하여 친목을 다지고자 했다. 그러므로 일본국 정부에서는 특명전권변리대신 육군중장 겸 참의 개척장관 구로다 키요타카와 특명부전권변리대신 의관 이노우에 카오루를 간택해서 조선국 강화부에 나아가게 하고, 조선국 정부에서는 판중추부사 신헌과 도총부 부총관 윤자승을 간택해서 각자 유지諭旨를 받들어 조관을 의립하게 한 것이다. 아래에 개열하노라.

제1관

조선국은 자주국[自主之邦]으로서 일본국과 평등한 주권[不等之權]을 보유한다. 사후 양국에서 화친의 실제를 표시하고자 한다면 반드시 피차가 동등한 예로 대우해서 조금이라도 침월侵越이나 시혐猜嫌이 있어서는 안 된다. 우선 종전에 교정交情을 가로막는 근심이 있던 제반 예규를 일체 혁제하고, 관유홍통寬裕弘通한 법을 넓히는데 노력하여 영원히 서로 평안할 것을 기약한다.

제2관

일본국 정부는 지금부터 15개월 후에 수시로 조선국 서울에 사신을 파견해서 예조판서를 직접 만나 교제 사무를 상의할 수 있다. 사신의 체류 기간은 공히 시의에 맡긴다. 조선국 정부도 수시로 사신을 일본국 도쿄에 파견해서 외무경을 직접 만나 교제 사무를 상의할 수 있다. 해당 사신의 체류 기간 또한 시의에 맡긴다.

제3관

사후 양국 간 왕복하는 공문은, 일본은 그 국문을 사용하되 지금부터 10년 간 별도로 한문 번역 1본을 구비하며 조선은 진문眞文을 사용한다.

제4관

조선국 부산 초량항에 일본 공관을 설립한 지 오래 되어 이미 양국 인민의 통상 구역이 되었으나 이제부터는 종전의 관례 및 세견선歲遣船[315] 등의 일을 혁제하고 새로 수립된 조관에 빙준憑準하여 무역 사무를 조판措辦한다. 또 조선국 정부는 제5관에 기재된 2개 항구를 별도로 열어서 일본국 민인民人의 왕래와 통상을 허락한다. 해당 토지에서 가옥을 짓거나 소재 인민의 옥택屋宅을 임차해서 거주하는 것은 각각 그 편의에 따른다.

제5관

경기, 충청, 전라, 경상, 함경 5개도의 연해에서 통상에 편리한 항구 두 곳을 택하여 지명을 지정한다. 개항 시기는 일본력으로 메이지 9년 2월, 조선력으로 병자 2월부터 계산해서 공히 20개월 후로 한다.

제6관

사후 일본국 선척이 조선국 연해에서 대풍大風을 만나거나 연료와 식량이 고갈되어 지정된 항구에 도달할 수 없으면 어느 곳이든 연안의 지항

[315] 세견선歲遣船: 매년 정례적으로 대마도에서 조선으로 파견한 무역선을 가리킨다. 세종 때 대마도를 정벌한 이후 대마도에서 식량이 부족해지자 대마도주 소우 사다모리宗貞盛의 간청을 들어주어 삼포를 개항하고 일정한 수의 무역선을 보내게 한 것이 효시가 되었다.

支港에 들어가서 위험을 피하고 결손을 보충하며, 선구를 수선하고 땔감과 연료 등을 구매할 수 있다. 지방에서의 공급비용은 반드시 선주가 배상한다. 모든 이러한 일에 있어서 지방관민地方官民은 특별히 구휼에 유의해서 필요한 모든 구원을 베풀고 보급에 감히 인색하지 말아야 한다. 혹 양국의 선박이 해상에서 파괴되어 주인舟人[316]이 표류해 오면 어디에서나 지방 인민은 즉시 구휼해서 생명을 보전하고 해당 지방관에게 보고한다. 해당 지방관은 이들을 호송해서 본국에 돌려보내거나 혹은 그 근방에 체류하는 본국 관원에게 인도한다.

제7관
조선국 연해의 도서와 암초는 예전부터 심검審檢을 하지 않아서 극히 위태롭다. 따라서 일본국 항해자의 자유로운 해안 측량을 허락해서 그 위치와 수심을 조사한 후 도지圖誌를 제작해서 양국 선객이 위험을 피해 편안히 통항할 수 있게 한다.

제8관
사후 일본국 정부는 조선국의 지정된 각 항구에 시의에 따라 일본국 상민을 관리하는 관을 설치하고, 양국에 관계되는 안건이 있으면 소재 지방 장관과 상의하여 처리한다.

제9관
양국이 이미 통호했으니 피차 인민은 각자 임의대로 무역한다. 양국

---

[316] 원문에 主人으로 되어 있으나 舟人의 오기이다. 일본 측 기록에는 舟人으로 되어 있다.

관리는 추호도 간섭할 수 없으며 또 이를 제한하거나 금지할 수 없다. 혹시 양국 상민이 거짓으로 물품을 판매하거나 채무를 변제하지 않는 등의 일이 발생하면 양국 관리가 그 달아난 상민을 엄중히 나문拿問해서 부채를 변상하게 한다. 단, 양국 정부는 그것을 대리 변상할 수 없다.

제10관

일본국 인민이 조선국의 지정 항구에서 조선국 인민과 관계된 죄를 범하면 모두 일본 관리의 심단審斷에 귀속시키고, 조선국 인민이 일본국 인민과 관계된 죄를 범하면 똑같이 조선 관리의 사판査辦에 귀속시킨다. 각자 그 국률에 의거해서 조사하고 판결하되 추호도 은폐나 비호가 없게 함으로써 공평과 윤당을 밝히는데 노력한다.

제11관

양국이 이미 통호했으니 반드시 별도로 통상장정을 설립해서 양국 상민의 편의를 도모해야 하며, 아울러 현재 의립한 각 조관 가운데 다시 세부항목을 보첨補添해서 적용遵照을 편하게 해야 하는 조건들을 모아서, 지금부터 6개월 이내에 양국에서 별도로 위원을 파견하여 조선국의 서울 혹은 강화부에서 만나 상의한 후 정립한다.

제12관

앞에서 의정한 11개 관의 조약은 이날부터 양국이 성실히 준수하고 시행한다. 양국 정부는 다시 이를 변혁할 수 없으며 영원히 성실하게 준수하여 화호를 돈독히 한다. 이를 위해 조약서 2본을 작성해서 양국의 위임대신이 각자 검인하고 교부해서[317] 빙신憑信의 자료로 삼는다.

대조선국 개국 485년 병자 2월 2일

　　대관 판중추부사 신헌

　　부관 도총부부총관 윤자승

비준

병자년 2월 1일二月一日 판중추부사 신헌과 도총부 부총관 윤자승이 아뢰길, 금년 2월 2일二月二日에 대일본국 특명전권변리대신 구로다 키요타카와 특명 부전권변리대신 이노우에 카오루가 신匝 헌, 신匝 자승과 강화부에서 회동해서 조약문 한 접㨔을 교환한다고 했다. 조항마다 타당하여 이미 비준을 내렸으니 영원토록 이를 시행해서 친목을 더욱 돈독히 하라. 그 조약 내의 시행해야 할 각 사안들을 모든 너희 관민들은 이 뜻을 받들어 한 몸이 되어 이에 비추어 처리하라.

대조선국주상大朝鮮國主上　　大朝鮮國
　　　　　　　　　　　　　　　主上之寶

서사敍事

의정부에서 조회照會함.

양국이 수목修睦한지 곧 300년이 된다. 사신과 폐백이 왕래해서 정이 마치 형제와도 같았으며 각자 인민을 편안히 해서 서로 다툰 적이 없었다.

---

[317] 원문에는 '各鈐印互相交'라고 되어 있으나 《大日本外交文書》의 기록과 비교해보면 '各鈐印互相交付'에서 '付' 자가 누락된 것으로 보인다.

그런데 무진년 이래 귀국이 혁신한 상황을 미처 살피지 못해서 종종 의단_{疑端}을 초래했으며, 귀국에서 누차 사신과 서계를 보냈지만 바로 접수하지 못해서 끝내 이웃나라와의 우의가 단절되는 상황에 이르렀다. 작년 가을에 마침 귀국 기선이 강화도에 와서 다시 분요_{紛擾}가 일어났는데, 이번에 귀 대신이 사명_{使命}을 받들고 경내에 왕림해서 우리나라 사신과 만남에 이르러 깊은 뜻을 깨닫고 종전의 시의_{猜疑}가 하루아침에 풀려버렸으니 어찌 통탄을 금하겠는가? 그 보내준 입약 각관_{立約各款}은 우리 조정에서 이미 사신에게 위임해서 회상_{會商}하게 했으니 무진년 이래 양국 간 왕래한 공문은 응당 똑같이 폐기해서 휴지로 만들어야 할 것이다. 이로써 영원히 친목하며 함께 양국의 경사를 도모했으니 또한 우리나라의 선린의 우의를 밝히기에 충분할 것이다.

이상과 같이 대일본국 변리대신에게 조회함.

대조선국 개국 485년 병자 2월 2일　議政府印 (銀印)

신시_{申時} 경에 가서_{家書}와 영의정께 올리는 서한을 전당_{專塘}으로 부쳤다. 저들에게 증급할 예물 다섯 수레가 술시_{戌時} 경에 내려왔다. 포교 두 명과 사역원_{司譯院} 서리 두 명이 가지고 왔다. 사람과 말을 잘 먹이고 재우라고 본부_{本府} 교리의 집에 신칙했다. 물품은 내일 아침에 봉상_{捧上}하라고 훈도에게 신칙했다. 도목_{都目}을 보니 어제 내리신 전교에 "이번에 왜사_{倭使}가 돌아갈 때 우리나라 대관이 저쪽 대신과 부대신에게 증급하는 물건이 없어선 안 된다. 그것에 사용할 물품을 호조[度支]

에서 채비해서 보내라"[318]고 하셨다.

○ 강화 유수영 장계

　　이양이범선異樣二帆船 한 척이 영종 경내의 형제포에 정박한 사유를 얼마 전에 치계하였거니와, 초지진 첨사 홍운태와 파수장 강영회 등의 치보에 따르면, 당일 신시申時 경에 영종 경내에 정박 중이던 이양이범선異樣二帆船 한 척이 올라와 항산도 아래 여덟 척이 정박 중인 곳에서 회합했다고 합니다.

　　저들이 오경석을 불러서 노고를 칭찬하고 술과 장국을 대접했는데 다 먹을 수 없을 정도로 많았다고 한다.

[318]《日省錄》,《承政院日記》,《備邊司謄錄》一月三十日條.

초이틀, 갑자甲子. 날씨가 맑고 차다.

　가서家書와 영의정께서 내리신 서한을 보았다. 담화증이 더해지기만 하고 차도가 없으니 딱한 노릇이다. 구록지황탕龜鹿地黃湯을 복용했다. 차비관을 보내서 저들을 위문했다. 그러자 '이처럼 자주 위문해 주시니 매우 감사하다. 지난 며칠간 병환에 차도가 있으셨는가? 쾌차하시길 바란다' 라고 답했다.

　미야모토 오카즈가 최조와 찾아왔다. 안부 인사를 나눈 후에 종이 한 장을 꺼냈는데, 바로 일전에 언급한 서양 선박, 아편, 서학 등을 엄금하는 일과 관련된 것이었다. 자필로 쓴 것이라서 좌계左契로 삼을 만했다.
　또 말했다.
　"저희가 여기 와서 며칠간 후한 대접을 받았습니다. 그 깊은 은택에 모두 보답할 수는 없겠지만 땔감과 숯, 방세, 삯꾼[雇軍] 등으로 끼친 허다한 폐는 값을 치르지 않을 수 없습니다. 이를 통촉하셔서 혹시라도 거절하지 마십시오."
　"귀 사신이 우리나라에 왔는데 정성껏 대접하지 못한 것이 부끄러울 따름이다. 그처럼 사소한 물건에 어찌 값을 치르려 하는가? 그것은 조약을 정하기 이전이니, 양국이 옛 우호를 중수하는 자리에서 바로 손님을 대접하는 일이었다. 이후로는 조약에 의거해서 시행하겠지만 지금은 절대 안 된다. 염두에 두지 말기 바란다."

"우리 조정에서 귀국에 추호도 폐를 끼치지 말라는 신칙이 있었습니다. 지금 만약 그 값을 치르지 않고 조정에 돌아간다면 반드시 논책이 있을 것입니다. 부디 귀 대신께서는 이 일을 깊이 양해하시어 절대 물리치지 마시기 바랍니다."

"주인이 멀리서 온 손님을 대접하는 도리에 땔감이나 삯꾼 등의 일을 가지고 어찌 폐를 끼쳤다고 여기겠는가? 유수도 우리 조정의 처분에 따라 공급한 것이니, 만약 귀 사신의 간청으로 인해 값을 받게 된다면 유수 또한 우리 조정의 논책을 면하기 어려울 것이다. 책임을 면하고자 하는 마음은 피차일반이니 다시 말하지 말라. 만약 귀 대신에게 보답하려는 마음이 있다면 이들 사소한 물건의 보상을 염두에 둘 것이 아니라 앞으로 수백 년 동안 우리나라의 일을 끝까지 성실하게 염려하라. 그것이 바로 영원히 보답하는 뜻이다."

"귀 대신의 말씀이 그러하시니 다시는 감히 여쭙지 않겠습니다. 돌아가서 이러한 사유를 우리 대신께 고하겠습니다."

당마가 돌아오는 편에 영의정께서 내리신 서한과 가신家信을 받았다. 바로 답장을 써서 전당專塘으로 보냈다. 미야모토의 수계手契는 옮겨 적은 다음에 영의정께 올리는 서한 속에 넣어서 보냈다. 원본은 조정에 돌아가는 날에 직접 올리는 것이 좋을 것 같았다. 그래서 우선 남겨두었다. 저쪽 대관과 부관에게 증급하는 물품과 은냥銀兩을 후하게 마련하면 나중에 폐단이 생길 우려가 있었다. 이러한 뜻을 영의정께 아뢰고, 우리 측 대관과 부관이 처음에 각단各單으로 마련했던 것을 이 제 단자 하나로 정했다. 그러자 저쪽 부대신을 위해 마련한 물품이 남 게 되었다. 그래서 호조로 돌려보냈다.

저들이 진헌하는 물품과 대충 비교한 후에야[319] 우리나라에서 내려 주는 물품을 적당히 맞출 수 있었다. 그래서 훈도를 최조에게 보내서 조용히 탐지하게 했다. 그러자 최조가 글을 보내주었다. 물품을 기록 한 원본은 바로 영의정께 보냈다. 등출謄出[320]을 아래에 기록한다.

회선포回旋砲 1문門
　첨부 탄약 2,000발
　　전거前車 1량輛
육연단총六連短銃 1정挺
　첨부 탄약 100발
칠연총七連銃 2정
　첨부 탄약 200발
비추緋縐 2필
백추白縐 2필
수진장금시표袖珍裝金時表 1개
　첨부 금동金鍊 1조條
　　청풍양침晴風兩針 1개
　　자침磁針 1개

---

319 원문에는 '與彼之進獻物種假量然我國賜給之物可以停當'이라고 되어 있는데 문맥상 어색하다. 여기서는 '然' 자 뒤에 '後' 자가 빠진 것으로 보고 해석했다.

회선포回旋砲를 진헌한다고 했으므로 시험 발사법을 배우지 않을 수 없었다. 그래서 본부本府 장교와 오위장五衛將 김홍신金弘臣에게 저들이 열무당에서 시험 발사할 때 참관[眼同]하게 했다.

저쪽 부관 이노우에 카오루는 어제 저녁에 들어왔고 대관 구로다는 지금 막 들어왔다. 그래서 이러한 사유로 장계를 썼다. 장계 편에 가서 家書와 저동苧洞 영부사[321] 어른께 올리는 답서를 부쳤다.

○ 강화 유수영 장계

당일 신시申時 경에 일본국 변리대신 구로다 키요타카, 부신副臣 이노우에 카오루가 그 수행원 외무권대승 모리야마 시게루, 개척소판관 야스다 사다노리, 개척간사 고마키 마사나리와 함께 병사 70여 명을 인솔해서 종선從船을 타고 갑곶진에 상륙한 후에 입성했습니다. 그리고 예전과 같이 머무르고 있습니다.

○ 장계

금일 신시申時 경에 구로다 키요타카, 이노우에 카오루, 수행원 모리야마 시게루, 야스다 사다노리, 고마키 마사나리가 병졸 70여 명을 거느리고 성에 들어와서 예전에 거처하던 곳에 머물고 있기에 내일 연향을 베풀 계획입니다.

---

[320] 등출謄出: 원본을 베낀 종이. 등초謄抄.

[321] 저동 영부사苧洞 領府事: 이유원李裕元을 가리킨다. 영부사는 영중추부사領中樞府事의 준말로 정 1품 무관직이다.

미야모토 오카즈 수계手契[322]

무역 등의 일로 타국에 가는 모든 일본국 선박은 반드시 [일본 정부에서-역자] 교부한 선패船牌 및 항해공증航海公證을 소지해야 한다. 항구에 도착해서 48시간[323] 이내에[귀국의 24시] 해당 선주가 선패와 공증을 그 지방의 주재영사관에게 제출해서 증명을 받은 후에야 본국 선박임이 확실하게 입증된다. 또 각 선박은 반드시 국기를 세워야 한다. 국기는 지극히 귀중한 물건이므로 만일 갑국 선박이 을국의 국기[旗號]를 허위로 게양하면 해적과 동일하게 간주해서 을국 병함이 체포[緝拿][324]하여 징벌한다.

하나, 조선 정부는 아편이 항구에 진입하는 것을 금지하되 일본 인민에게 피해가 없어야 한다.

*

[322] 이 수계手契는 의정부에서 하달한 6칙六則에 대해 미야모토 오카즈가 사적으로 작성한 일종의 각서이다. 미야모토가 귀국한 후에 데라시마 외무경에게 보고한 내용에 따르면, 조선 측에서 갑자기 여섯 가지 요구 사항을 제시했는데 조약 체결 기한이 촉박해서 다시 협상하지 못하고 아편 및 서교의 금지, 외국인(서양인)의 입항 등 당시 일본의 현행법 상 문제가 되지 않는 사항만 적기해서 전달했다고 보고하였다. 기타 요구 사항은 6개월 후 세부항목을 협상할 때 별도로 논의하기로 정했다. 수계의 전문前文에서 선적 증명과 관련된 사항이 추가된 것은 2월 2일(양력 2월 26일) 아침 훈도 현석운이 각서를 받아가려고 미야모토를 찾아갔을 때, 이에 관한 사항을 문의하고는 이에 대한 미야모토의 답변 내용도 명문화할 것을 요청했기 때문이다. 《大日本外交文書》 제9권, 문서번호 32. "朝鮮國判中樞府事申櫶ヨリ日鮮 修好條規ニ六ケ條追加方ノ希望アリ右ニ關シ同人ニ手錄ヲ手交セル經緯俱申ノ件".

[323] 원문에는 '二十四時'로 되어 있으나, 뒤에 작은 글씨로 '貴國二十四時'로 되어 있는 것으로 보아 '48시간'이 옳을 것으로 보인다. 일본 측 기록에도 48시간으로 되어 있다. 《大日本外交文書》 제9권, p. 133.

[324] 원문에는 '拿'자가 '合手'로 파자破字 되어 있다.

하나, 현재 일본 인민이 예수교를 신봉한다는 말은 듣지 못했으나 조선
　　정부에서 일본 인민이 혹시 조선 인민에게 예수교를 전파하는 일
　　을 예방하기 위해 금지하려는 것이니 일본 정부는 이를 인정해야
　　한다.
하나, 타국 인민이 조선국 각 통상 항구에서 일본 인민의 명적名籍을 빌
　　려서 거주 혹은 무역을 하는 것은 일본 정부가 불허하는 바이다.

이상의 건은 신 대관의 문의[詢問]를 받았다. 그러므로 비견鄙見을 이와
같이 진술한 것이다.

　　　　　　　　　　　　　　　　　　　　　　　외무대승 미야모토 오카즈

○ 일전 상소의 비답批答을 전유[傳諭]하신 일로 강화 유수영에 유지有旨가
　　내려왔다.

　　경이 지사知事 신헌의 상소를 올린 일에 비답하시길, "상소를 보고
　　잘 알았다"고 하셨다.

　　유시酉時와 술시戌時 경에 연이어 영의정께 서신을 올려서 '저들에게
증급하는 물품에 은자銀子를 지급하면 훗날의 폐단이 없지 않을 것이
요, 뺀다면 저쪽은 후한데 우리는 박하게 했다는 혐의가 있을 것 같
다' 는 뜻을 아뢰었다.

　　밤기운이 매우 차다. 파수군졸을 위문했다.

초사흘, 을축乙丑. 날씨가 맑고 차다.

당마가 돌아와서 가서家書와 영의정, 이조판서, 호조판서께서 내리신 서한을 받아보았다.

진시辰時 경에 연무당에 개좌開坐했다. 구로다 키요타카, 부관 이노우에 카오루, 수행원들, 그리고 뒤의 배를 타고 나중에 온 무장武將 육군소장 오이타 아키리種田明, 육군 중좌[325] 카바야마 스케노리樺山資紀, 전어관 최조와 금조가 왔다. 즉시 접견을 행하고 비준과 조규책자에 상호 서명하고 검인한 후에 교환했다. 저쪽 대신이 종이 한 장을 꺼내 보이면서 말했다.

"이제 기쁘고 행복한 날을 맞이해서 귀貴 두 대관을 위해 축복하는 글이다."

연례宴禮를 마친 뒤 저쪽 대관과 부관은 수행원, 병졸들과 함께 바로 성을 떠나고 미야모토 오카즈, 노무라 야스시, 최조만 전에 머물던 거처에 남겨두었다. 저들이 진헌한 물품과 우리 일행이 받아온 물품은 모아서 강화 유수영에 보관해 둔 다음에 장계를 봉해서 발송했다. 저들에게 증급하기 위해 내려온 물품 가운데 은화와 다른 남은 물건들은

---

[325] 육군중좌 카바야마 스케노리: 원문에는 중장中將으로 기록되어 있는데 당시 카바야마의 계급은 중좌中佐였다.

개봉하지 않은 채 관문을 보내고 호조로 돌려보냈다. 저들의 물품 또한 관문을 보낸 다음에 유수영에 남겨두었다. 유수가 찾아왔다. 장계 편에 가서家書 및 영의정, 이조판서, 호조판서께 답하는 서한을 부쳤다.

최조가 고려자기 두 개를 구해달라고 청한 일이 있었다. 그래서 서울에 사람을 보내서 알렸는데 그것이 아까 도착했다. 최조에게 전달한 뒤에 훈도를 보내서 누가 구한 것인지 알아보게 하니 구로다가 부탁한 것이라고 했다.

저들에게 증급할 《동몽선습童蒙先習》과 《계몽편啓蒙篇》 각 10권을 단단히 봉해서 저들의 행중行中에 보냈다. 모리야마 시게루, 미야모토 오카즈, 노무라 야스시에게 각각 별도로 증급할 녹용 한 대와 인삼 세 근씩을 영의정께 아뢰어 구해왔다.

미시未時 경에 미야모토, 노무라, 최조 세 사람이 찾아왔다. 또 다소 이야기를 나누다가 초저녁에 고별하고 돌아갔다.

구로다의 쪽지
우리나라와 귀국은 아세아주 동양에 위치하여 강토가 인접하고 해안이 마주하고 있다. 사절과 폐백이 오간 지 300년이 되었는데 다만 중간에 서로 어긋남이 생겨서 정의情誼가 미흡하게 되었다. 본 대신 등이 귀국에 봉사奉使해서 귀 대신 등과 회동해서 옛 우호를 중수하고 새 조약을 의립하여 양국이 함께 지켜야 할 신의를 밝혀 만대불역萬代不易의 법을 완성했으니 이는 국가의 가없는 복일뿐만 아니라 본 대신 등에게도 영광이었다. 삼가 귀국의 군왕과 모든 관리들의 강녕을 축원하며, 아울러 귀 대신 등이 성심으로 협화協和해서 본 대신들로 하여금 사명使命을 완수할 수 있게 해준 후의에 대해서도 감사한다.

메이지 9년 2월 27일

○ 영종첨사의 보고

금일 묘시卯時 경에 형제포에 정박 중이던 저들의 선박이 연기를 뿜으면서 팔미도 외양으로 내려갔으나 선박의 형체는 보지 못했습니다.

○ 장계[326]

저들의 연향을 다음날 베풀 계획이라는 사유를 어제 치계하였거니와, 금일 진시辰時 경에 신 등이 저들과의 연향 차 각자 공복을 차려 입고 유수영 연무당에 개좌하고 있었더니 저쪽 대신 구로다 키요타카, 부대신 이노우에 카오루, 수행원 미야모토 오카즈, 모리야마 시게루, 야스다 사다노리, 고마키 마사나리, 스즈키 다이스케, 육군소장 오이타 아키라, 육군중좌 카바야마 스케노리 및 전어관 최조, 금조가 병졸 70여 명을 거느리고 왔습니다. 접견을 행하고 수호조규 두 책에 상호 서명, 검인한 후에 한 본과 비준 한 책, 서사 한 책을 모아서 저들에게 전달했고, 저들도 조규의 한문 번역본 한 책과 저들의 국문본 한 책을 우리에게 전달했습니다. 그래서 상세히 검사한 다음에 비준 원본 한 책, 저쪽 사신의 임행서증臨行書贈[327] 한 본, 미야모토

---

[326] 《日省錄》二月五日條에 접견부관 윤자승이 치계한 것으로 되어 있다.

[327] 임행서증臨行書贈: 서증書贈은 글을 써서 증정한다는 뜻으로 구로다가 연향 석상에서 전달한 쪽지를 가리킨다.

오카즈가 이양선, 아편, 서학 등을 엄하게 배척하는 사안으로 작성한 수록手錄 한 본과 함께 차비관 현제순으로 하여금 의정부로 가지고 올라가게 했습니다.

저들이 진헌한 물품 및 신 등과 종사관, 역관들에게 보내온 물품은 저들의 단자單子에 의거해서 일일이 숫자를 대조한 후에 본부本府 유수 신臣 조병식의 처소에 보관해 두었습니다. 유수와 초지첨사 홍운태, 그리고 본부 장교 가운데 관내館內에서 거행한 자들에게도 증급한 물품이 있었습니다. 그래서 즉시 유수 신 조병식에게 보낸 후에 장계로 아뢰었습니다.

저쪽 대신 구로다 키요타카와 부대신 이노우에 카오루는 수행원 및 병졸들을 거느리고 바로 제 선박으로 돌아갔으며, 미야모토 오카즈, 노무라 야스시, 전어관 최조, 금조 그리고 여타 인원 7, 80명만을 예전의 거처에 잔류시켰으므로 저들이 모두 나가는 것을 기다렸다가 다시 아뢸 계획입니다. 저들과의 문답기를 아래에 개록합니다.

○ 문답기 2월 초사흘

彼: 날씨가 매우 좋다. 수호책자에 이제 곧 검인하고 교환할 것이니 실로 양국의 큰 다행이다.

我: 며칠 동안 해상에서 노고가 많았으리라. 막 서운해 하던 차에 이렇게 다시 청의淸儀를 접하게 되어 매우 반갑고 위안이 되는데, 더구나 300년의 옛 우호를 이제 중수해서 피차 사신의 일을 완수하게 되었으니 모두 큰 다행이다.

이어서 저쪽에서 조규책자 정본正本을 꺼내서 함께 검인할 것을 요청했다. 나도 비준책자 보문寶文을 꺼냈다.

彼: 일전에는 '大朝鮮國君王之寶'라는 문양이 새겨진 옥새로 찍겠다고
  했는데 지금 갑자기 '主上之寶'로 찍는 것은 참으로 의아하고 당혹
  스럽다. 출발 일정이 촉박해서 어쩔 수 없이 우선은 받아가지만, 우
  리 조정에서 아마 의론이 있을 것이니 그것 때문에 마음이 불안하
  다.

我: '主上'과 '君王'은 동일한 위호位號이다. 또 군상君上이 관민官民에게
  효유曉諭하는 것에 어찌 주상이라는 칭호를 쓰면 안 될 이유가 있겠
  는가?

彼: 대체로 교린을 하는 방법은 풍속을 상세히 살핀 후에야 의심의 단
  서를 타파할 수 있는 법이다. 6개월 후에 공무[公幹]328를 처리하기
  이전이라도 귀국에서 우선 사리를 이해하는 자 한 사람을 보내서
  물정을 상세히 살핀다면 우리나라가 금번 수호를 위해서 오랫동안
  소비한 심력心力을 저절로 환히 알게 돼서 많은 사람들의 의혹이 모
  두 풀릴 것이니, 그 세부 항목을 강정할 때 다시 다툴 염려가 없을
  것이다.

  이제부터는 귀 사신의 왕래가 매우 편하고 신속해질 것이다. 부산
  에서 아카마가세키赤間關의 화륜선을 빌려 타면 6, 7일 사이에 도쿄
  에 도착할 수 있으며, 또한 예폐禮幣를 마련하고 식량을 가지고 다녀
  야 하는 폐단도 없을 것이다. 반드시 신속히 사람을 파견할 수단을
  도모하라. 그리하면 비단 우리나라 인민들이 충분히 신뢰할 수 있
  을 뿐만이 아니요, 귀국의 일에 있어서도 유익함이 많지 않으리라

---

328 강화도조약 제 11관에서 규정된 바 세부항목의 보완, 소위 조일수호조규 부록의
  협상과 체결을 가리킨다.

고 어찌 예단할 수 있겠는가?

我: 예전의 통신사행은 거창한 의절이 많아서 과연 빈번하게 보낼 수가 없었다. 하지만 제반 구례舊例를 모두 혁제한다면 다시 양국에 폐를 끼치는 일이 없을 것이다. 또 귀 대신의 말에 우리 사신이 갈 때 화륜선으로 왕래하면 재력財力을 소비하지 않아서 일이 매우 편하고 신속해진다고 했으니 우선 조정에 돌아가서 아뢸 것이다. 이제부터는 우리 사신이 귀국에 들어갈 때 체류 등의 절차와 제반 사무를 두 대신이 잘 주선해서 어긋나는 일이 없게 하라. 그리고 우리나라에 속하는 모든 일에 대해서 그 대소경중을 막론하고 끝까지 보살피고 자기 일처럼 여겨서 금일 수목修睦하는 의의가 보존되기를 깊이 바란다.

彼: 어찌 감히 범홀히 하겠는가? 혹시 타국이 넘보는 사단이 생기면 또한 사전에 먼저 통지할 것이며, 그 밖의 일도 조정에 돌아가 의논해서 수목修睦의 도리를 다하기 위하여 노력할 것이니 부디 염려하지 말라.

구로다가 종이 한 장을 꺼내 보이면서 말했다.

彼: 이처럼 양국이 기쁘고 행복한 날을 맞이해서 귀 대신의 깊은 뜻에 보답할 길이 없어 감히 덕담의 글 한 편을 썼다.

我: 매우 감사하다.

그리고 단자 하나를 꺼내며 말했다.

彼: 비록 정성도 부족하고 선물도 보잘 것 없지만 부디 진헌해 주기 바란다.

我: 마땅히 진헌할 것이다.

이어서 이쪽에서 저쪽의 두 대관 및 수행원, 전어관에게 증급할 단자를
전달하며 말했다.

我: 물건은 비록 보잘 것 없지만 정을 표시하고자 마련했다.
彼: 신물贐物[329]이 이처럼 후한데다가 수행원들까지 배려해줘서 매우 감
　　사하다.

저쪽에서도 이쪽의 대관과 부관, 종사관, 통역 및 강화부 유수에게 보내
는 물품의 단자를 전달했다. 그래서 감사하다고 답했다.

彼: 육군소장 오이타 아키라, 육군중좌 카바야마 스케노리는 나중에 도
　　착한 배로 뒤따라왔는데, 이 두 사람은 우리나라에서 군공軍功을 세
　　운 무신들이다. 금일 연향에 참석했으니 만나서 이야기를 나눠보기
　　를 바란다.
我: 들리는 말에 군공이 매우 크다고 했다. 함께 이 연석에 참여했다니
　　또한 다행이다.
彼: 조신潮信이 이미 임박해서 급히 고별해야 하니 애석하기 짝이 없다.
我: 몇 시에 발선發船하는가?
彼 :내일 새벽에 떠날 것이다.
我: 귀 선상에서의 연향에 초청한 성의盛意에 응하지도 못했는데 병 때
　　문에 멀리 나가서 고별할 수도 없어서 매우 서운하다. 부디 대신과
　　수행원들이 별 탈 없이 바다를 건너가기 바란다.

329 신물贐物: 먼 길을 떠나는 사람에게 선사하는 물건.

○ 강화 유수영 장계

일본국 대신과 부대신이 성에 들어온 사유를 얼마 전에 치계하였거니와, 당일 연향을 진시辰時 정각에 행하기로 정했습니다. 조약책자는 강화부 판관 박제근으로 하여금 의장儀仗과 고취鼓吹를 갖추고 공손히 받들면서 행렬을 인도해서 연무당의 연향 장소로 가 우리 접견 대관과 부관에게 전달하게 했습니다. 연향 물품은 의정부 관사關辭에 따라 풍성하게 준비해서 보냈습니다. 잠시 후 일본의 대관과 부관이 수행원들과 함께 줄지어 도착했습니다. 연향을 행해서 사시巳時에 마쳤습니다. 저쪽 대신과 부대신은 병사 200여 명을 거느리고 즉시 선박이 있는 곳으로 떠났으며, 수행원 가운데 미야모토 오카즈 등 몇 사람을 잔류시켜서 행장[行李]을 수습하게 했습니다. 내일 뒤따라 떠난다고 합니다.

○ 의정부 사통私通

접견 대관을 배행陪行하는 서리가 열어볼 것.

방금 상위相位께서 내리신 분부에 "《동몽선습童蒙先習》,《계몽편啓蒙篇》 각 10권을 당마塘馬 마병馬兵[330] 김유영金有永에게 함께 봉해서 내려 보냈으니 즉시 봉납捧納하라"고 하셨으니, 숫자를 대조하고 봉납한 후에 바로 회답하여 고과告課할 수 있게 하라.

● 우리가 저들에게 증급한 물품 목록

• 저쪽 대관과 부관 각各
  대단자大緞子 3필

[330] 마병馬兵: 훈련도감에 소속된 기병.

백면주白綿紬 10필

백저포白苧布 10필

백목면白木綿 20필

호피虎皮 3장

표피豹皮 3장

각색필各色筆 100자루

진묵眞墨 50정 .

각색지各色紙 5권

색원선色圓扇 10자루

별접선別摺扇 10자루

진소眞梳 3동同

• 수행원 6명 각

대단大緞 2필

호피虎皮 2장

표피豹皮 1장

백면주白綿紬 10필

백저포白苧布 10필

백목면白木綿 10필

각색지各色紙 3권

황필黃筆 50자루

진묵眞墨 30정

별접선別摺扇 10자루

- 전어관 3명 각

  대단大緞 1필

  호피虎皮 1장

  백면주白綿紬 5필

  백저포白苧布 5필

  백목면白木綿 5필

  각색지各色紙 3권

  진소眞梳 1동

  색단선色團扇 3자루

- 모리야마 시게루 ⎤

  미야모토 오카즈 ⎬ 각각 인삼 3근과 녹용 1대를 별도로 증급함

  노무라 야스시 ⎦

- 《동몽선습童蒙先習》《계몽편啓蒙篇》 각 10권을 단단히 봉해서 저들의 배로 보내주었다.
- 고려자기 두 개를 최조가 요청했다. 그래서 얻어주었는데 이는 아마도 저쪽 대관의 부탁인 것 같다고 했다.

- 내사內賜[331] 물품

  사서四書 각 1질

  시전지詩牋紙 5권

  각색필各色筆 100자루

---

[331] 내사內賜: 임금이 신하에게 친히 물건을 하사하는 것.

채묵彩墨 50정

백세저白細苧 10필

백면주白綿紬 10필

● 저들이 진헌한 물품 목록앞을 볼 것

● 저들이 우리 일행에게 증급한 물품 목록

• 대관

장금도裝金刀 1자루

육연단총六連短銃 1정

　첨부 탄약 100발

은루동호銀鏤銅壺 1대

《국사략國史略》[332] 일부

《속국사략후편續國史略後編》 일부

술 1동이

말 1필

• 부관

장은도裝銀刀 1자루

---

332 《國史略》: 에도의 유학자 이와가키 마츠나에岩垣松苗(1774~1849)가 한문으로 쓴 편
년체 사서이다. 일본 건국으로부터 도요토미 히데요시의 전국통일 시기까지를 다
루었으며, 1826년에 간행되어 이후 메이지 초기에 교과서로서 널리 읽혔다. 《續國
史略》과 《續國史略後編》은 각각 타니마츠 야마하라谷松山原와 오가사와라 고교小笠
原午橋에 의해 편수된 사서이다.

육연단총 1정

　첨부 탄약 100발

자추紫縐 1필

칠보병七寶瓶 1대

《국사략國史略》일부

《속국사략續國史略》일부

《속국사략후편續國史略後編》일부

술 1동이

말 1필

• 강화 유수

칠연총七連銃 1정

　첨부 탄약 100발

해기견海氣絹 1필

홍견紅絹 1필

《일본외사日本外史》[333] 일부

술 1동이

• 종사관

해기견海氣絹 2필

홍견紅絹 1필

---

[333] 《日本外史》: 에도시대의 역사가 라이 산요賴山陽(1780~1832)가 한문으로 쓴 사서이
다. 무신 가문의 흥망을 중심으로 가계별로 나누어 서술하였다는 특징이 있다.
1826년에 완성되었으며, 그의 사후 출판되어 막부 말 유신지사를 비롯한 일본인들
에게 널리 읽혔다.

《일본정기日本政記》[334] 일부

연초烟草 10묶음

- 수행원 서徐

  해기견海氣絹 1필

  홍견紅絹 1필

  연초烟草 10묶음

- 수행원 강姜

  해기견海氣絹 1필

  홍견紅絹 1필

  연초烟草 10묶음

- 수행원 윤尹

  해기견海氣絹 1필

  홍견紅絹 1필

  연초烟草 10묶음

- 훈도 현玄

  칼 1자루

  해기견海氣絹 1필

  《일본외사日本外史》 일부

---

[334] 《日本政記》: 라이 산요가 1832년 병사하기 직전에 탈고한 편년체 사서이다. 한문으로 썼으며 진무 천황으로부터 전국통일 시기의 일본사를 다루고 있다. 막부 말과 메이지 시기에 널리 읽혔다.

척동尺銅 200근

술 1동이

- 당상관 오吳

  칼 1자루

  해기견海氣絹 1필

  《일본외사日本外史》 일부

  척동尺銅 200근

  술 1동이

- 역관 이李

  해기견海氣絹 1필

  홍견紅絹 1필

  연초烟草 10묶음

- 역관 현玄

  해기견海氣絹 1필

  홍견紅絹 1필

  연초烟草 10묶음

- 역관 이지사李知事

  해기견海氣絹 2필

  홍견紅絹 1필

  연초烟草 10묶음

- 통사 2인

  각 해기견海氣絹 1필

  연초烟草 10묶음

- 이경근李京根

  해기견海氣絹 1필

  연초烟草 10묶음

- 김성완金聖完

  해기견海氣絹 1필

  연초烟草 10묶음

- 김학서金學書

  해기견海氣絹 1필

  연초烟草 10묶음

- 초지첨사

  해기견海氣絹 1필

  홍견紅絹 1필

  연초烟草 10묶음

- 초지 집사執事 박朴

  연초烟草 10묶음

○ 호조戶曹, 강화 유수영 두 곳에 보낸 관문

저들에게 증급 차 두 차례 내려온 물품 가운데 지금 남은 것들이 있다. 그러므로 다시 올려 보내는 것이니 후록後錄에 의거해서 일일이 숫자를 대조한 뒤에 봉상捧上하고, 바로 사역원司譯院[335]에 회답 공문을 보내서 그것에 근거하여 검사할 수 있게 하라.

● 후록後錄

은자 두 궤짝, 개봉하지 않음.

백면주白綿紬 23필

백저포白苧布 23필

호피虎皮 3장

각색필各色筆 500자루

진묵眞墨 280정

색지色紙 31권

원선圓扇 1자루

별접선別摺扇 19자루

진소眞梳 1동同

백저白苧 30필뒤에 온 물건

경광지鏡光紙 20권뒤에 온 물건

○ 강화 유수영 관문

상고相考함. 저들이 진헌한 물품 및 대관, 부관, 종사관, 군관, 통역

[335] 사역원司譯院: 고려와 조선시대 중국어, 몽골어, 만주어, 일본어 등 외국어의 통번역 및 교육을 담당하던 관청으로서 1275년 통문관通文館을 개편해서 설치되었고 1894년 갑오경장과 함께 폐지되었다.

들에게 온 증급 물품을 모아서 수송하니 후록後錄에 의거해서 숫자를 대조한 뒤에 봉상捧上하고 즉시 치계하라. 물품 목록은 이미 앞에 기재했다. 그러므로 거듭 기록하지 않는 것이다.

유수가 밤참을 보냈다. 새벽닭이 울 때 비로소 잠이 들었다.

초나흘, 병인丙寅. 날씨가 맑고 차다.

당마가 돌아와서 가서家書와 영의정께서 내리신 서한을 받아 보았다. 미야모토 오카즈, 노무라 야스시가 최조, 금조와 함께 남은 병졸을 이끌고 성에서 나가 배로 돌아갔다. 장계를 작성한 후 봉해서 발송했다. 가서家書와 영의정께 올리는 서한을 부쳤다.

○ 장계

저쪽 대신 구로다 키요타카, 부대신 이노우에 카오루 등은 연향을 마친 후에 바로 저들의 배로 돌아가고 미야모토 오카즈 등이 잔류한 것과 저들이 증급한 물품을 강화부 유수의 처소에 보관해 둔 사유를 어제 치계하였거니와, 저들이 진헌한 물품 목록과 신들 이하 각 사람들에게 온 물품 단자, 그리고 미야모토 오카즈가 바친 〈조선전도朝鮮全圖〉와 그 부록인 〈아세아동부여지도亞細亞東部輿地圖〉 도합 세 책[336]을 모아서 의정부로 올려 보냈습니다.

---

[336] 일본 측 기록에 따르면, 전날인 양력 2월 27일에 미야모토 오카즈와 노무라 야스시가 신헌을 방문해서 지도를 꺼내놓고 러시아의 포시에트Posyet(ポセット)를 가리키면서 러시아의 남침 의도를 밝히고, 또 대만을 가리키면서 1874년의 대만 침공의 경위와 국경의 중요성을 설명한 일이 있었다. 이 과정에서 아세아동부도亞細亞東部圖와 조선도朝鮮圖를 신헌에게 증정한 것으로 되어 있다. 《大日本外交文書》 제9권, 문서번호 30. "朝鮮國ヨリノ答禮使 通商章程 露國ノ南下等ニ關スル件" pp. 126~128.

내하內下하신[337] 사서四書 각 한 질과 시전지詩箋紙 다섯 묶음, 색필色筆 백 자루, 채묵彩墨 쉰 정, 백세저白細苧 열 필, 백면주白綿紬 열 필은 당일 축시丑時 경에 훈도 현석운을 시켜서 전해 주었습니다.

이어서 인시寅時 경에 미야모토 오카즈, 노무라 야스시 등이 남은 병졸을 인솔해서 저들의 배로 돌아갔으므로 신 등은 통진부로 출발해서 저들 선박의 출발을 상세히 살핀 다음에 즉시 복귀할 계획입니다.

역관들에게 들으니 모두 먼저 떠난다고 했다. 그래서 여비 열 냥을 지급했다. 사시巳時 경에 출발했다. 지나는 길에 서원청書員廳을 방문해서 강화부 판관에게 작별하고 떠났다. 갑곶진을 건넜다. 당마가 돌아와서 가서家書와 청영靑營의 안신安信을 받아보았다.

○ 통진부사의 보고

본부本府의 초경 요망색리 임종우의 보고에 따르면, 이번 달 초나흘 묘시卯時 경에 이양대선異樣大船 다섯 척이 연기를 뿜으면서 하류로 내려갔다고 합니다.

○ 연이어 도착한 통진부사의 보고

방금 덕포진 요망색리 이판석李判石이 보고하기를, 이양종선異樣從船 세 척이 당일 진시辰時 경에 상류에서 내려와 대선大船이 정박 중인 곳에 도착했다고 합니다.

---

[337] 내하內下: 임금이 신하에게 비공식적으로 물건을 하사하는 일.

○ 연이어 도착한 통진부사의 보고

이양대선異樣大船 두 척이 금일 사시巳時 경에 다시 닻을 올리고 하류로 내려갔으며, 우리 선박 두 척이 각각 이종선異從船 한 척을 뒤따라 갔는데 아마도 상류에서 내려와 저들의 대선大船이 있는 곳으로 간 듯합니다.

당마 편에 가서家書를 부쳤다. 통진부사가 출방出防해서 아직 돌아오지 않았다. 그래서 서한을 써서 보냈다. 학현鶴峴 심 생원沈生員 댁에도 서한을 보냈다. 점심을 먹은 후에 출발했다. 김포 경내에 이르자 군수가 나와서 접대했다. 가마에서 내려 잠시 이야기를 나누었다. 저녁이 다 돼서야 읍내에 도착했다. 동헌에 하처를 정했다. 당마가 돌아와서 가서家書를 받아보았다.

○ 김포군수의 보고

본군本郡의 안동포安東浦 요망장 허계종許計宗의 보고에 따르면, 이양선 두 척이 금일 사시巳時 경에 통과한 연유로 보고하는 글들이 연이어 도착했으며 또 전에 보고했던 이양선 한 척이 신시申時 경에 통과했다고 합니다.

○ 종사관에게 도착한 의정부 관문

상고함. 의정부에서 "접견대관과 부관의 복명復命은 일이 끝나기를 기다렸다가 편한 대로 시행하라고 지시하시는 것이 어떻겠사옵니까?"라고 아뢰자 윤허한다고 비답하셨다. 전교가 있으셨으니 그 뜻을 잘 살펴서 시행하라.

○ 초사흘 미야모토 오카즈가 찾아왔을 때의 문답[338]

彼: 11월 3일은 바로 우리나라 황제의 탄신일이니 이를 천장절天長節이라고 부릅니다. 매년 이 날이 되면 흰 바탕에 붉은 중심이 그려진 국기를 게양하고 축포 21발을 발사합니다. 귀국 주상의 탄신일에도 대조선 국기를 게양하고 축포 21발을 발사하며, 다른 모든 경축일에도 그렇게 하면 매우 좋을 것입니다. 이제 보니 귀국의 각처 공해公廨 대문에 태극이 그려져 있으니, 귀 국기의 그림은 그것으로 정식定式을 삼는 것이 좋겠습니다.

我: 우리나라엔 본래 깃발을 세우거나 축포를 쏘는 전례가 없다. 전에 시행하지 않던 일을 지금 갑자기 모방한다면 아마 사람들의 이목을 두렵게 할 것이다. 그 한 가지 일은 우리 조정에서 필시 인가하지 않을 것이다.

彼: 6개월 안에 먼저 귀국 공사를 보내서 우리의 풍속과 사업을 관찰한다면 저절로 상세히 깨닫는 길이 생길 것입니다. 이제부터는 사절의 행차에 증급贈給 따위의 일에 힘써서는 안 되며 또한 인원을 많이 거느릴 필요도 없습니다. 단지 5, 6명만을 대동해서 만약 10여 명 정도가 왕래한다면 폐단을 제거하는데 이보다 더 나은 방법이 없을 것입니다. 6개월 뒤 세부항목을 강정하기 전에 먼저 사리를 이해하는 사람을 우리나라에 들여보낸다면 산천과 풍물은 비록 장관이라고 하기엔 부족하지만, 우리나라와 귀국이 이처럼 수호를 맺게 되었으니 반드시 국내의 물정을 상세히 살핀 연후에야 세부항목

[338] 일본 측 기록에 따르면 양력 2월 27일에 구로다와 이노우에 등이 먼저 성에서 나간 후 잔류한 미야모토 오카즈와 노무라 야스시가 신헌의 처소를 방문한 것으로 되어 있다. 《大日本外交文書》 제 9권, 문서번호 30. "朝鮮國ョリノ答禮使, 通商章程, 露國ノ南下等二關スル件".

을 다룰 때 다시 다투는 사단이 없을 것입니다. 또 귀국 사신의 행차에 부산에서 아카마가세키赤間關 화륜선을 임대해서 타면 불과 6, 7일 만에 도쿄에 도착할 수 있으니 어찌 편하고 또 신속하지 않겠습니까?[339] 귀 대신께서 조정에 돌아가신 뒤에 상의하여 반드시 6개월 안에 사절을 파견하신다면, 비단 우리나라의 인민들이 이 수호를 신뢰할 뿐만 아니라, 또 귀국의 일에 있어서도 유익하지 않으리라고 어찌 예단할 수 있겠습니까?

我: 그것은 아까 귀 대신에게서도 들은 말이다. 사절 파견의 한 가지 사안은 다만 조정에 돌아가서 아뢸 뿐이다. 하지만 옛날 통신사의 행차는 의절이 거창해서 빈번하게 파견할 수 없었는데 지금은 구례舊例를 모두 혁파해서 왕래가 지극히 편리하고 신속해졌으며, 양국의 비용 절감이 이와 같다고 하니 반드시 가까운 시일 내로 사절을 파견하는 처분이 있을 것이다.

彼: 만약 6개월 안으로 귀 사신이 와서 풍속을 살피지 않는다면 세부항목을 강정할 때 반드시 다소 힐난이 생길 것입니다.

我: 서로가 한 번 규식을 정한 후에 어찌 번복할 리가 있겠는가? 그 문제는 번거롭게 제기할 필요가 없다.

彼: 우리나라와 귀국은 아세아주에 있습니다. 지금 함께 옛 우호를 중수한 뜻은 부국강병을 이루려는 데 있으며, 강병을 이루려는 것은 바로 서양인을 물리치고자 하기 때문입니다. 우리나라는 병기와 농기가 정예精銳하고 편리해서 다른 나라에서 감히 넘보지 못합니다. 귀국 또한 즉시 사람을 보내서 기계를 모방하여 제작한다면 외부의

---

339 일본 측 기록에는 부산에서 아카마가세키(시모노세키)까지는 그 사이를 때때로 왕복하는 증기선을 이용하고, 거기서 다시 우편선郵便船으로 환승해서 도쿄까지 올 것을 제안한 것으로 되어 있다. 《大日本外交文書》, 앞의 문서. p. 123.

도적을 충분히 막을 수 있고 농업도 반드시 진흥될 것이니, 군대를 강하게 하고 나라를 부유하게 하는 방법으로 이보다 더 나은 것이 없습니다. 또 서양인들은 러시아 인이 호시탐탐 넘보는 것을 미워해서 그들을 막을 방책을 상의하고 있으니 귀국에는 큰 다행입니다. 이러한 말씀을 조정에 아뢰십시오. 어떻게 조처할지는 모르겠지만, 귀국이 단지 홀로 안분安分하고 수졸守拙해서[340] 각국에서 통상적으로 행해지는 모든 일을 하려고 들지 않는다면 인민들이 필시 안온치 못할 것이며 외부의 도적 또한 막을 수 없을 것입니다. 또 통상과 무역 등의 일은 국가와 백성을 위하는 일이므로 하지 않을 수 없는 것입니다. 우리나라도 20년 전에는 귀국과 마찬가지로 자기의 규범만을 홀로 지켜서 외국과 상관하는 것을 달갑게 여기지 않았습니다. 하지만 그 후로 점차 깨달음이 생겨서 근년 이래로는 온전히 부강지술富强之術에만 종사했더니 지금은 외부 도적의 침범과 업신여김을 충분히 막을 수 있게 되었습니다.

我: 귀국의 병기와 농기는 이후 마땅히 모방해서 제작할 것이지만 우리나라는 본래 타국과 통교하지 않는데 유독 귀국하고만 수교하는 것은 바로 300년 동안의 옛 교분 때문이다. 그런데 그 교린의 우의에 있어서 어찌 다만 병기와 농기를 모방해서 만드는 일만을 입에 올리는 것인가? 대소경중을 막론하고 우리나라에 속하는 모든 일들에 대해 귀국에서 끝까지 돌보고 보호할 것이며, 설령 불의의 사단이 생기더라도 귀국에서는 자기 일처럼 맡아서 극력 금지하여 수목修睦의 뜻이 보존되게 하라.

---

340 수졸守拙: 우직하고 졸렬함을 편안히 여겨서 화려함과 허식을 멀리하고 세속의 명리를 다투지 않음.

彼: 6개월 후 세부항목을 강정하기 전까지는 동래 왜관의 호시互市 등의 일을 당분간 존치시키고, 설령 위월違越하는 일이 생기더라도 가혹하게 책벌하지 말라는 뜻을 즉시 동래 수령에게 관문을 보내서 지시해 주십시오.

我: 돌아가서 상의한 다음에 관문을 내릴 것이다.

彼: 귀국은 마치 깊은 산속에 앉아 있는 것과 같아서 단지 자기의 소박한 법규[拙規]만을 지키고 국외局外의 일을 돌아보지 않았습니다. 하지만 이제 크게 각성한 이후로는 응당 후회할 만한 부분이 있을 것입니다. 일후에 절목을 세분할 때도 만약 자기의 견해만을 내세워서 서로 가부를 따지게 된다면 금번 수호의 의의가 수포로 돌아갈 것입니다.

我: 지금 그 말을 들으니 또한 한 번 크게 웃지 않을 수 없다[掀髯].[341] 세부항목을 강정하는 일에 대해선 이미 언급이 있었다. 우리나라도 보태어 넣을 것이 없지 않고 귀국도 덜어낼 것이 없지 않을 것이다. 양측에 모두 편의하게 된 후에야 비로소 수호의 뜻이라고 할 수 있을 것인데 어째서 이처럼 중언부언하는가? 부디 귀국에서 힘껏 성실과 신의를 좇아 영원히 변치 않게 하기만을 바란다.

彼: 예전에 상평전의 사용은 절대 허락할 수 없다고 말씀하신 적이 있습니다. 하지만 그것은 시행할 수 없는 일입니다.

이어서 저들의 동전 두세 닢을 꺼냈는데, 어떤 것은 도금鍍金이 되고 어떤 것은 도은鍍銀이 되어 있었다. 조각이 자못 정밀했으니 바로 메이지

---

[341] 흔염掀髯: 수염이 흔들릴 정도로 크게 웃는 모양.

통보明治通寶였다.

彼: 이 동전의 사용은 허가할 수 있습니까? 그렇지 않으면 지폐[紙錢]의
　　통용은 허가할 수 있습니까?

我: 통화는 나라의 제도가 각각 다른데 어떻게 통용할 수 있겠는가? 우
　　리 백성들이 신용하지 않아서 명령을 내리더라도 실효를 거두지 못
　　할 것이니 그것은 우리 조정에서 결코 들어줄 리가 없다.

彼: 훗날 개항할 때 설문設門의 범위는 반드시 사방 10리로 정해야 합
　　니다.

我: 우리나라는 땅덩이가 작아서 10리로 경계를 정하는 문제는 논할
　　수 있는 바가 아니다. 하지만 그 문제는 금일 가부를 따질 필요가
　　없으니 개항할 때 상의해서 약정할 것이다.

彼: 이번에 수호를 맺은 사유로 공문을 작성한 후에 온 나라에 간행해
　　서 어느 한 사람 알지 못하는 이가 없게 해 주십시오. 우리나라도
　　천하에 간행할 것입니다.

我: 그 또한 정부에 돌아가서 상의할 것이다.

초닷새, 정묘丁卯. 날씨가 맑고 차다.

○ 통진부사의 보고

요망색리의 보고에 따르면, 당일 미시未時 경에 아직 남아 있던 대선
大船 한 척도 닻을 올리고 하류로 내려갔다고 합니다.

저들에게 증급할 물품이 부족해서 백목白木 스물일곱 필과 영초英綃
한 필을 강화부에서 가져다 쓰고 호조에 공문을 보냈다.

○ 접견소接見所에서 상고함. 저들에게 증급할 물품 중에 부족한 것이
있어서 백목 스물일곱 필과 영초 한 필을 강화부에서 가져다 사용했
다. 이에 공문을 보내니 양찰할 것.^{정부 관문}

묘시卯時 경에 출발했다. 30리 되는 양천陽川에 도착해서 점심을 먹
었다. 양천군수가 경내 밖까지 나와서 영접해 주었다. 금일 복명하는
일을 영의정과 이조판서께 여쭙기 위해 서리 안중경을 먼저 도성에 들
어가게 했다. 식사를 마친 후에 길을 나섰는데 불과 몇 걸음 가지 않아
서 차남 석희奭熙가 나왔다. 그래서 가마에서 내려서 잠깐 본 다음에

출발했다. 양화진을 건너서 잠시 진아鎭衙에 들어갔다. 총융사 조희복이 방진防陣한 곳을 둘러보았는데 주물畵物[342]을 대접하기에 먹고서 바로 출발했다. 그런데 아손兒孫[343]과 인아姻婭, 친지들이 계속해서 나왔다. 그래서 간략하게 이야기를 나눈 뒤 바로 남문 밖에 이르렀다. 하처下處에서 관복으로 갈아입었다. 날이 다 저문 후에 복명했다. 대관과 부관은 내일 대령하라는 전교가 있으셨다.

[342] 주물畵物: 귀한 손님을 대접하기 위해 간략하게 마련하는 다과茶菓.
[343] 아손兒孫: 살아있는 사람이 그 자손들을 일컫는 말.

○ 연설筵說

上: 무사히 다녀왔는가?

大官: 왕령王靈[344]이 미치는 바라 무사히 다녀왔습니다.

副官: 운운云云.[345]

上: 이번에 노고가 많았을 것이다.

大官: 왕의 일을 견고히 하지 않을 수 없으니[王事靡鹽],[346] 어찌 감히 수
고롭다고 하겠나이까?

上: 저들의 배들이 모두 물러갔으니 실로 다행이로다.

大官: 당초엔 과연 안위安危에 관계되는 바가 있었는데 이제 물러갔으
니 참으로 국가의 홍복洪福이옵니다.

上: 지난번에 문답장계를 보니 실로 잘 응수하였다.

大官: 왕령王靈에 의지하고 조정의 계책을 앙성仰成[347]해서 요행히 사명

---

344 왕령王靈: 왕조의 덕위德威.

345 《高宗實錄》,《承政院日記》 등에 "왕령에 의지하여 신 등이 무사히 다녀왔습니다[憑
仗王靈 臣等無事往返矣]"라고 말한 것으로 기록되어 있다.

346 왕사미고王事靡鹽: 《詩經》〈小雅〉"四牧"장에 "어찌 돌아감을 생각하지 않으리오마
는 왕의 일을 견고히 하지 않을 수 없다[豈不懷歸 王事靡鹽]"는 구절이 있다.

347 앙성仰成: 다른 사람이 이루어 놓은 성공에 의뢰한다는 뜻이다. 《書經》〈畢命〉에 "선왕
께서 아름다운 공적을 많이 이루어 놓으셨으니 우리 소자小子들은 옷소매를 늘어뜨리
고 공수拱手한 채 그 성공에 의뢰한다[嘉績多於先王 予小子垂拱仰成]"는 구절이 있다.

을 완수할 수 있었습니다.

上: 이번의 노고를 내가 잘 알고 있다.

大官: 온화한 말씀이 이와 같으시니 신은 황송하고 감격스러운 마음을 가누지 못하겠나이다.

上: 장계 외에도 접견하면서 주고받은 말 가운데 아뢸 만한 것들이 있을 테니 상세히 아뢰도록 하라.

大官: 사실 비준 문제로 서로 대치한 바가 있었습니다. 저들의 나라의 풍속이 상법常法과 달라 제 군주의 이름을 그다지 휘諱하지 않아서, 심지어 대소 문서에 어보御寶를 찍을 때도 반드시 어명御名을 적습니다. 그러므로 저들이 우리나라도 그러한 예를 모방할 것을 요구했던 것입니다. 그러나 신 등은 의리에 근거하여 논쟁해서 하루 밤낮이 지나도록 허락하지 않았습니다. 그래서 구로다 기요타카가 노여운 마음이 생겨서 곧장 자기들의 배로 떠나버리기에 이르렀던 것입니다.

副官: 신 등은 비록 우호를 단절하는 지경에 이르더라도 그 요청만큼은 절대 들어줄 수 없다고 말했습니다.

大官: 입장을 바꿔서 생각해보니, 저들이 이미 멀리서 험한 바다를 넘어왔으며 그 요청을 허락받았으니 또한 문서와 같이 부차적인 일 때문에 바로 돌아갈 이유가 없었습니다. 저들의 사정을 짐작하고 일부러 며칠을 끌었더니 과연 미야모토 오카즈, 노무라 야스시가 찾아와서 결국 어보를 찍는 일에 관해 발설했습니다. 그래서 저 또한 조정의 처분이 아니면 감히 마음대로 허락할 수 없다고 대답해서 마침내 비준문서에 단지 어보만 찍는 것으로 시행하게 되었던 것입니다.

上: 미야모토 오카즈와 노무라 야스시의 직품職品은 우리나라로 논하면 몇 등에 비견할 수 있는가?

大官: 미야모토 오카즈는 대승大丞이니 아마도 종 2품이 될 것이며 노무라 야스시는 권대승權大丞이니 3, 4품직이 될 듯합니다.

上: 나중에 온 자들은 무슨 일을 주관했는가?

大官: 노무라 야스시는 마치 군중軍中의 어사御使처럼 사신의 일의 성패를 탐지하려고 왔으며, 오이타 아키라와 카바야마 스케노리는 군공軍功이 있는 무장들로 역시 사신의 일을 탐지하기 위해 왔습니다. 저들 내부의 소문에 '아카마가세키에 군대를 주둔시켜서 후원後援으로 삼았다'고 했으니 이로써 미루어본다면 헤아리기 어려운 의도가 없지 않았을 것입니다.

上: 아카마가세키는 어디에 있는가?

大官: 우리나라 경내에서 가장 가까운 곳에 있는데 부산과 멀지 않다고 합니다.

上: 모리야마 시게루는 사람됨이 어떠한가?

大官: 외모가 자못 준수하지 못하니 또한 일개 비루한 인물[弊人]일 뿐입니다. 심지가 순량馴良하지 않은 듯 했습니다.

上: 미야모토 오카즈는 어떤가?

大官: 신이 그때 마침 병이 있었는데 구로다 키요타카가 사람을 보내서 몸소 문병을 오고 싶다는 말을 전했습니다. 그래서 체통이 중한 처지에 왕래하며 사적으로 만날 필요가 없다고[348] 답했습니다. 그러자 그 수행원 미야모토 오카즈, 노무라 야스시와 전어관 최조 등이 찾아왔습니다. 그런데 이 두 사람이 꽤 영리해서 그들과

---

[348] 원문에는 "答以體重之地 必往來私見云矣"로 되어 있으나 《高宗實錄》 등에 근거해서 "不必往來私見云矣"로 수정했다.

함께 사신의 일을 논의했습니다. '大' 자와 '皇帝陛下' 자를 제거하고, 그 외에도 다소 개정을 한 데는 그들의 힘이 자못 컸습니다. 이른바 최조라는 자는 열다섯 살 적부터 동래 왜관에 와서 거류해서 역어譯語를 가장 잘 익혔기 때문에 협상을 중개했습니다. 그러나 말 밖의 뜻은 이해하기 어려웠으며, 양측이 협상하는 자리에서 중간에서 말을 전달하는데 또한 의아스러운 부분이 없지 않았습니다. 지금 역원譯員 중에서도 저들의 국문과 역어를 해득할 수 있거나 학습한 자가 없으니, 이처럼 다사한 때를 당하여 실로 안타까운 일입니다. 반드시 별도로 신칙하셔서 정통하게 학습시키는 것이 또한 급선무일 것입니다.

上: 이제부터는 국서를 없애는가?

大官: 그렇습니다. 우리나라 의정부와 저들의 태정부太政府, 그리고 예조와 외무성이 상호 왕복하기로 굳게 약정했습니다. 신이 들으니, 저들의 교육법은 여덟 살에 입학해서 열여섯 살이 될 때까지 책을 읽히며 그 이후로는 오직 명물도수名物度數의 학문만을 숭상한다고 했습니다. 따라서 이제부터 한문에 점차 어두워지게 될 것입니다. 심지어 조규에서도 한문 번역은 단지 십년을 기한으로 시행하기로 정했습니다. 그렇다면 10년 후에는 이해할 수도 없게 될 것이니 실로 작은 문제가 아닙니다. 반드시 저들의 글을 능숙하게 익혀야 저들의 실정에 통달하고 사무를 논할 수 있을 것입니다.

上: 또 아뢸 말이 있는가?

大官: 키요타카의 말에, 6개월 안에 즉시 사신을 보내서 한편으로 회사回辭하고 다른 한편으로 풍속을 채탐하며 또 다른 한편으로 유람을 시키는 것이 좋겠다고 했습니다. 그런데 부산에서 아카마가세키의 화륜선을 타고, 아카마가세키에서 도쿄로 오면 7, 8일 내로 도착할 수 있으니 별반 노고가 없을 것이라고 했습니다.

上: 그렇다면 통신사를 보내는 것인가?

大官: 품질品秩의 상례常例에 구애받지 말고 단지 사리를 이해하는 사람을 보내라고 했습니다. 이제부터는 피차 사행에 예폐禮幣를 모두 없애고, 저 나라에 가면 방세를 지급하면서 체류하고 식대를 지불하면서 밥을 먹게 되니 이것이 통신사와 다른 점입니다.

이어서 아뢰었다.

大官: 미야모토 오카즈와 노무라 야스시 등이 말하길, "일본의 병기와 농기는 천하에서 으뜸이다. 만약 구입하거나 장인을 보내어 모방해서 제작할 뜻이 있다면 모두 최대한 주선할 것이다. 만약 그 묘법을 터득해서 귀국에 시행한다면 실로 많은 효과를 거둘 수 있을 것이다"라고 하였습니다.

上: 농사일에 보탬이 되겠는가?

大官: 기계가 정밀하고 예리해서 농사에 편하고 적합하므로 그 공효功效를 거두는 것이 전에 비해 세 배나 이롭다고 했습니다.

上: 저들이 진헌한 병기는 과연 정밀하고 예리한가?

大官: 이른바 회선포回旋砲라는 것은 옛 법에 없던 것입니다. 총신 11개를 합쳐서 한 대를 만들고 수레 위에 탑재합니다. 그리고 총신의 뒤로 탄약을 장전해서 발사합니다. 그 손잡이를 마치 솜을 잣는 물레처럼 돌리는데, 왼쪽으로 돌리면 연속 발사가 되고 오른쪽으로 돌리면 탄약을 장전하는 구리 통이 나옵니다. 탄약을 장전하는 방법은 붓통 모양으로 두 치 정도 되게 통을 주조한 다음에 가운데를 비워서 화약을 채워 넣고, 위에 동화모銅火帽[349]를 얹습니다. 그리고 그 위로 탄환을 넣는데 숫자의 제한 없이 총통銃筒의 뒤에 손으로 넣는 대로 끊임없이 연속 발사가 됩니다. 그 제도가 매우 교묘하니 과연 적을 막는 좋은 기계입니다.

上: 혹시 쏘아보았는가?

大官: 신이 직접 시험해보지는 못했지만 신이 데리고 간 군관 가운데 병사兵事를 잘 아는 자와 강화 별파진別破陣[350]에서 병기를 익힌 자로 하여금 발사해 보게 했습니다.

上: 저들과 함께 쏘아보았는가?

大官: 그렇습니다.

上: 동화모는 나도 예전에 본 적이 있다.

大官: 신이 훈련대장을 맡았을 때도[待罪][351] 본영에 구입해 둔 것이 있었습니다. 동화모의 성냥[洋吹燈]은 천하가 모두 사용하는데 우리나라에만 이 물건이 없습니다. 그런데 저들이 최근에 만들기 시작했으니, 그 제조법을 모방해서 배울 수 있을 것이라고 했습니다.

上: 제조하기 어렵지 않겠는가?

大官: 그 묘법을 배운다면 어찌 심히 어렵기야 하겠나이까?

上: 그 포의 사정거리는 몇 보나 되는가?

---

349 동화모銅火帽: 중국에서 수입한 뇌관의 일종.

350 별파진別破陣: 병기 관리병.

351 대죄待罪: 직책을 맡은 것에 대해 겸칭하는 말로 자신의 능력이 직책에 미치지 못해서 장차 죄를 얻게 될 것이라는 의미이다.

大官: 사정거리는 총구의 각도에 달렸는데 저들의 말에 천여 보를 넘을 수 있다고 했습니다.

上: 어떻게 그처럼 멀리 쏠 수 있는가?

大官: 기계가 매우 정밀하고 탄약의 힘이 또 맹렬하므로 멀리까지 쏠 수 있는 것입니다.

上: 저들이 진헌한 물품 가운데 과연 서양의 물건은 없었는가? 이미 정부에서 왕복했으니 아마 들었을 것이다.

大官: 정부의 왕복 공문이 구로다가 떠난 저녁에 도착해서 그제야 신이 뜯어보았는데 여러 물건에 서양 글자[字號]가 매우 많았습니다. 그래서 미야모토 오카즈와 노무라 야스시 등에게 훈도를 보내서 그러한 사유를 말한 다음에 힐문하자, "실제로 서양에서 제조한 것이 아니라 일본에서 제조한 것이다. 궁정 무기고에 비장되어 있던 것을 이번 사행에 내출[內出]해서 사신을 통해 귀국에 진헌함으로써 이를 본떠 제작해서 적을 막을 수 있게 한 것이니 달리 의심할 것이 없다. 서양 글자는 제조할 때 서양 기술자들을 많이 고용했기 때문에 표식이 그러한 것이다. 혹시라도 귀국에서 물리치신다면 실로 귀국해서 아뢸 말씀이 없을 뿐만 아니라, 사신이 이미 출발했으니 또한 어떻게 할 수도 없다"라고 했습니다. 그래서 어쩔 수 없이 받게 된 것이니 신 또한 황송하옵니다.

上: 화륜선의 제작법은 어떠한가?

大官: 신도 아직 본 일이 없고, 단지 문자 상으로만 대략 그 제조법을 봤기 때문에 상세히 알지는 못합니다. 하지만 물자가 지나치게 많이 들고 목재가 미얀마[緬甸]에서만 난다고 하니 또한 용이한 일이 아닐 것입니다.

上: 그렇다면 미얀마에서 목재를 구입하는 것인가?

大官: 그렇습니다.

上: 저들도 그 선박을 건조할 수 있는가?

大官: 이번에 나온 선박 중에도 저들이 건조한 것이 있었습니다. 그런데 그 움직임이 서양 선박보다 조금 늦다고 했습니다. 만약 우리나라에서 이 선박을 이용한다면 조운漕運에 매우 편리할 것입니다.

上: 양속洋屬을 금단禁斷한다는 것을 저들에게 언급했는가?

大官: 실로 누누이 언급했으며 또한 미야모토 오카즈로부터 양선洋船과 양인을 데리고 들어올 수 없고, 서학과 아편도 엄금한다는 내용으로 수록手錄을 받아 와서 좌계左契로 삼았습니다.

上: 저들은 무슨 이유로 서양 의복을 입는 것인가?

大官: 저들이 말하길, '소매가 넓고 헐렁한 옷을 입고서는 화륜선을 오르내릴 수 없다. 그래서 어쩔 수 없이 이 서양 의복을 입지만 나라 안에는 간혹 여전히 의복을 바꾸지 않은 자들도 있다'고 했습니다.

上: 그렇다면 복색이 매우 난잡하겠다.

大官: 그렇습니다.

이어서 아뢰었다.

大官: 저들이 '이제 천하 각국이 군대를 쓰는[用兵] 시대를 당하여 귀국의 험준한 산천으로는 싸워서 수비하기엔 충분하지만 병비兵備는 매우 허술하다'고 하면서 부국강병의 방법을 누누이 말했습니다.

上: 그 말은 아마도 교린의 성심에서 나온 듯하다. 우리나라는 군대의 수가 매우 부족하다.

大官: 신이 현재 어영청을 맡고 있사온데 정병正兵[352]이 많지 않으며 금
위영도 마찬가지입니다. 훈련도감이 조금 크지만 정병만 본다면
그 또한 얼마 되지 않으며, 지방에는 또 규율을 갖춘 군사가 없으
니 이러한 군대로 용병한다면 비록 지혜로운 자라도 어떻게 장수
노릇을 하겠나이까. 이미 오랑캐들도 우리 병력의 미약함을 간파
하고 있을 것입니다. 신은 무장이니 우려할만한 일을 보고서도
사실대로 아뢰지 않는다면 신의 죄는 만 번 죽어 마땅할 것입니
다. 지금 천하의 대세를 돌아보건대 각국이 군대를 쓰고 있습니
다. 전후로 수모를 받은 것이 이미 여러 번인데, 병력이 이와 같
다는 사실이 혹시라도 각국에 전파된다면 그 업신여김이 또 장차
어떠할지 알 수 없으니 신이 실로 매우 근심하옵나이다. 병서에
이르길, '공격하기엔 부족하지만 수비하기엔 여유가 있다攻則不
足 守則有餘'[353]고 했으니, 천하에 어찌 그 백성을 가지고 제 나라
를 지키지 못하는 자가 있겠나이까. 이 때문에 등滕이나 설薛처럼
작은 나라도 한편으로는 사대교린을 하고 다른 한편으로는 방비
로 나라를 지켜서 또한 전국시대에 능히 보전할 수 있었던 것입
니다. 하물며 전하께서는 삼천리의 봉강封疆을 가지고 계시니 어
찌 수비할 양책良策이 없겠나이까. 이것이 이른바 '하지 않는 것
일지언정 하지 못하는 것이 아니다'[354]라는 것입니다. 엎드려 바

---

[352] 정병正兵: 조선시대 육군의 주력으로 일반 양인 농민으로 이루어진 병종을 말한다.

[353] 攻則不足 守則有餘: 《孫子》〈軍形〉에 나오는 "守則不足 攻則有餘"라는 말을 반대
로 인용했다. 원래는 "이길 수 없는 적에 대해선 수비하고, 이길 수 있는 적에 대해
선 공격을 하니 수비하는 것은 부족하기 때문이요, 공격하는 것은 남음이 있기 때
문이다不可勝者 守也 可勝者 攻也 守則不足 攻則有餘"는 말이지만, 여기서는 문맥에
맞추어 풀이하였다.

라옵건대 전하께서는 성지聖志를 분발하셔서 신속하게 우환을 막을 수 있는 처분을 내려주시옵소서. 그리하시면 군국軍國[355]에 큰 다행일 것입니다. 신은 이미 노쇠하고 정신이 혼미해서 장병의 반열에 나란히 서기에 부족하오나, 몸소 겪고 목도한 것중에 스스로 아뢰지 않을 수 없는 것이 있기에 감히 이렇게 황송함을 무릅쓰고 아뢰옵나이다.

上: 경의 말이 매우 타당하다.

●
[354] 《孟子》〈梁惠王〉 상편에 "그러므로 왕께서 왕 노릇 하지 않음은 하지 않는 것일지언정 하지 못하는 것이 아닙니다[故王之不王 不爲也 非不能也]"라는 구절이 있다.
[355] 군국軍國: 통군치국統軍治國의 줄임말로 군대를 통솔하고 나라를 다스린다는 뜻이다.

부록 1

심행잡기沁行雜記분실한 후에 추기追記함

1.

이번에 일본에서 사신을 파견했을 때 어찌 그리도 우리나라 사람들 가운데 그 까닭을 깊이 아는 자가 적었는가? 그러므로 적을 쉽게 보는 마음이 없지 않아서 여러 의론들의 난립을 초래했으며 사람들의 마음속엔 울분이 가득 했던 것이다. 터럭만큼의 차질이 큰 환란을 초래할 수 있었는데, 다행히 조정의 계책에 힘입어 우선 예의를 갖춰 접대하기로 결정하고 힘껏 그 요구에 응함으로써 저들이 빌미로 삼을 만한 어떠한 흔단釁端도 없이 유감을 풀고 돌아가게 했다. 이로써 사직과 생령의 복을 구했으니 어찌 다행이 아니겠는가? 당시 나는 새주가 없음에도 불구하고 황송하게 대관께 인정을 받아서 뒷수레[356]에 앉게 되었다. 매번 험난한 일을 당할 때마다 "좋은 사료로다!"라고 탄식하면서 즉시 기록하고, 잠시 후 그 일이 지나면 다시 "좋은 사료로다!"라고 탄식하면서 즉시 기록해 두었다. 그래서 마침내 한 권에 가득한 분량이 되었는데 서울로 가지고 온 다음에 감쪽같이 사라져버렸

---

[356] 뒷수레[後車]: 주周나라 문왕文王이 사냥을 나서기 전에 점을 쳤는데, "잡을 것은 범도 곰도 아니고 왕패王霸를 보좌할 인물이다"라는 점괘가 나왔다. 그리고 사냥을 나갔다가 위수渭水에서 강태공姜太公 여상呂尙을 처음 만나서 뒷수레에 태우고 돌아와서 재상을 삼았다는 고사가 있다.

다[神物攝去].[357] 이미 총명함이 쇠퇴해서 다시 기억할 수 없으니 우선 비루한 견해 몇 조목을 아래에 기록하여 지자知者들의 한 번 웃음거리로 삼는다.

2.

2년 전에 일본이 중국 조정에 사신을 보내서 세 가지 일을 간청했는데 우리를 공벌攻伐하는 것이 그중에 하나였다. 중국 조정에서 이미 이를 엄하게 물리쳤으며, 개관開館과 통상의 입약을 허락할 때 특별히 속국의 방토邦土를 침월하지 말라는 한 조목을 세웠으니,[358] 우리나라에 대한 배려가 지극히 깊고도 두터웠다. 저들은 우리를 침략하고 싶어 하면서도 중국 조정과의 맹약을 어기는 것을 꺼렸다. 그러므로 먼저 사신을 파견해서 우리를 시험했던 것이다. 만약 우리가 먼저 잘못을 범하면 그것을 구실로 삼아 중국 조정에 할 말이 있게 될 것이요, 또 여러 오랑캐들에게 퍼뜨려서 벌과 개미떼처럼 모이게 함으로써 우리를 겁박하는 계책을 행하려고 했던 것이다. 앞에서는 프랑스와 미국이 원한을 쌓고 뒤에서는 러시아가 구실을 노리고 있었으니, 저쪽 통역관

---

[357] 신물섭거神物攝去: 신물神物은 귀신이나 신령을 뜻하는 말로서 직역하면 귀신이 가져가버렸다는 말이다.

[358] 1871년에 체결된 청일수호조규淸日修好條規의 제 1관에서 "이후 대청국과 대일본국은 화의和誼를 더욱 돈독히 해서 천지와 더불어 다함이 없게 한다. 양국에 소속된 방토邦土 또한 각각 예로써 서로 대하여 조금이라도 침월侵越할 수 없으며 이를 통해 영구한 안전을 도모한다"라고 규정했다. 청조의 입장에서 이 조문은 본토뿐만 아니라 조선을 비롯한 타이완, 류큐琉球 등 번방藩邦의 영토까지 보장받기 위한 것이었으나 일본은 이들에 대한 청조의 종주권을 인정하지 않고 1874년 타이완 침공, 1876년 조일수호조규의 체결, 1879년 류큐 병합을 단행했다.

들이 말한 것이 마치 공갈하려는 의도에서 나온 것 같지만 중국 조정에서 알린 내용을 참작해보면 자못 빈 말만은 아니었다.^{만상서萬尙書359}가 말하길, "귀국의 근심은 비단 서양뿐만이 아니요, 바로 동쪽의 일본과 북쪽의 러시아다"라고 했다. 장숙평張叔平과 황효후黃孝侯도 같은 말을 했다. 만약 우리가 그 술책에 빠져서 대비가 없는 상태에서 강한 적과 결판을 냈더라면 승패의 결과를 알 수 없었을 것이다. 이것이 바로 저 나라에서 사신을 보낸 가장 핵심적인 이유[肯綮]³⁶⁰였으며 또한 우리에게는 임기응변의 관건이었으니, 한 번 그 중대사를 놓치면 헤아릴 수도 없는 일이 발생할 것이었다. 또 저들이 수고와 비용을 아끼지 않고 멀리서 바다를 건너왔으니 이는 저 나라에 있어서도 매우 큰일이었다. 반드시 계책을 정하고 깊은 생각을 한 후에 왔을 것이니 우선 전쟁을 벌인 다음에 승리를 구하는 자³⁶¹가 대적할 수 있는 상대가 아니었다. 그런데 어떻게 쉽게 볼 수 있겠는가?

저들이 강화도에 정박한 것과 서울로 곧장 진입한다고 한 것이 모두 평소에 정해둔 계획이었다. 그러므로 저쪽 사신이 발선發船하기 전에 우리에게 미리 알렸던 것이다. 이는 사신을 보내는 체통을 잃지 않았다고 할 만한 것이니, 만약 우리가 군대로 맞이해서 싸웠더라면 어찌 우리가 대체大體를 잃었다고 하지 않았겠는가? 《춘추春秋》에는 의로운 전쟁이 없으며³⁶² 또한 사신을 막은 나라도 없다. 오직 등鄧나라 남쪽 변방[南鄙]의 우인鄘人이 사절을 살해하고 폐물을 빼앗았다가 곧바로

---

359 당시 청국의 예부상서 만청려萬靑藜를 가리킨다.

360 긍경肯綮: 근육과 뼈가 결합된 부위를 가리키는 말로 사물의 가장 중요하거나 난해한 부분을 비유하는 말이다.

361 《孫子》〈軍刑〉에 "승리하는 부대는 우선 승리하는 상황을 만들어 놓은 다음에 전쟁을 구하고, 패배하는 부대는 우선 전쟁을 벌인 다음에 승리를 구한다[勝兵 先勝而後求戰 敗兵 先戰而後求勝]"라고 한 구절에서 인용한 말이다.

패망하는 재앙을 자초했으니[363] 어찌 경계할 만한 일이 아니겠는가? 그렇다면 우리가 예로써 사신을 접대한 것은 실로 타당하였다. 당시에 오직 환재 상공瓛齋相公[364]만이 예로써 접대해야 한다는 논의를 극력 주장하셔서 조정의 의론이 이를 따르게 되었다. 옛말에 '재상은 반드시 독서인을 등용해야 한다[宰相須用讀書人]'[365]고 한 것이 어찌 사실이 아니겠는가!

362 춘추무의전春秋無義戰: 《孟子》〈盡心〉 하편에 나오는 말로, 공자가 《春秋》를 편수編修할 때 제후들이 전벌戰伐한 일을 기록할 때마다 반드시 비판을 가해서 제후가 멋대로 군대를 일으킨 죄를 드러냈으며, 또한 의에 부합한다고 여겨서 허여許與한 일이 없었다는 뜻이다.

363 《春秋左傳》 桓公 九年條에 "파자巴子가 한복韓服을 초나라에 보내어 등鄧나라와 우호를 맺도록 주선해 주기를 요청하니, 초자楚子가 도삭道朔을 시켜 한복을 데리고 등나라를 빙문하게 했다. 그런데 등나라 남쪽 변방의 우인鄤人이 그 일행을 공격해서 폐백幣帛을 탈취하고 도삭과 파巴의 사절[行人]을 살해했다[巴子使韓服告于楚 請與鄧爲好 楚子使道朔將巴客以聘於鄧 鄧南鄙鄤人攻而奪之幣 殺道朔及巴行人]"는 구절이 있다. 그 후 우鄤는 초군과 파군의 공격을 받아서 그 백성이 모두 흩어지고 말았다.

364 환재 상공瓛齋相公: 환재 박규수朴珪壽(1807~1877)를 가리킨다. 그는 1873년 고종의 친정이 시작된 이후 서계를 접수해야 한다는 논의를 주도했으며, 그의 문하에서 박영교朴泳敎, 김윤식金允植, 김옥균金玉均, 박영효朴泳孝, 홍영식洪英植, 유길준俞吉濬, 서광범徐光範 등 이른바 초기 개화파가 형성됨으로써 조선 후기 북학과 개화파의 사상적 가교 역할을 했다고 평가받는 인물이다. 서계 문제와 관련한 그의 입장에 관해선 본서의 부록 4. 〈답상대원군서〉를 참조하라.

365 재상수용독서인宰相須用讀書人: 송나라 태조太祖가 연호를 '乾德'으로 삼은 후에 두의竇儀로부터 그에 대한 설명을 듣고는 "재상은 반드시 독서인을 등용해야 한다[宰相須用讀書人]"고 탄식한 고사가 있다.

3.

　저쪽 사신이 왔을 때 우리가 접견했던 것은 옛 우호를 중수하기 위한 것이요, 새로 강화하려는 것이 아니었다. 양국의 교시交市도 동래부에 왜관을 설치했던 초기부터 있었던 것이며 지금 통상을 처음 허락하면서 생긴 것이 아니었으니 2개 항구를 추가하는데 불과할 뿐이었다. 그런데 도리어 지금 비난하는 자들이 본말을 따지지 않고 갑자기 배척하는 것이 옳은가? 혹자는 말하길, "말류의 폐단을 결코 미리 막지 않을 수 없다"고 한다. 그러나 먼 근심 때문에 가까운 우환을 망각해서 도적에게 군주를 넘기려는 자는 어리석지 않으면 망령된 사람일 것이다. 또 혹자는 말하길, "도가 아닌 방법으로 생존하기보다는 차라리 도를 지키다가 망하는 것이 낫다"고 한다. 그러나 이른바 도라는 것은 보국안민保國安民을 위한 물건일 뿐이다. 그런데도 지금 나라를 위태롭게 하고 백성을 죽인 이후에 도를 지킬 수 있다고 한다면, 나는 그 이른바 도라는 것이 과연 어떠한 물건인지 모르겠다. 전傳에 이르길, "어질지 못한 사람과 계책을 결정하는 자는 위험하다"고 했으니, 혹시라도 이러한 논의가 실행되었다면 어찌 위험하지 않았겠는가?

4.

　처음에 묘당에서 먼저 침범하지 말라는 칙령을 내리자 수비하는 장졸들이 저들과 우리의 형세를 알지 못했기 때문에 모두 울분을 품어서 장소章疏가 어지럽게 올라왔다. 또 이에 따라 격동되어 심지어 대문을 열고 도적을 불러들인다는 말도 있었고, 화살 한 대, 대포 한 발도 쏘지 못하고 앉아서 성지城池[366]를 바친다는 말도 있었다. 방비가 해이함을 탄식하는 자들과 적을 풀어놓음을 한스러워 하는 자들도 있었다. 매번 이러한 말들이 들릴 때마다 미처 깨닫지 못하는 사이에 실망스러워져서 마침내 깊은 식견을 가진 자가 입을 닫고 감히 말하지 못하게 되었다. 나는 성격이 좁고 급한 사람이라 도저히 인내할 수 없게 되면 바로 사람들에게 "사신의 일이 순조롭게 이뤄진다면 이후로는 전혀 이러한 말들이 없을 것이다. 하지만 만일 일이 순조롭게 이뤄지지 않는다면 이러한 몇 가지 말들에 대해서 모두 반드시 책임지는 사람이 있어야 할 것이다"라고 말하곤 했다. 조정의 여러 공들의 계책이 과연 여기까지 이르렀는지의 여부를 알지 못해서 답답해했는데, 또한 며칠이 지난 후에 정부에서 답서를 보냈다는 소식을 접하고는 임금님이 계시는 북쪽을 향해 두 손을 모으고 감사를 올렸으니, 그 위태로움은 비단 염여灩澦[367]를 지나는 나룻배 정도가 아니었던 것이다.

5.

저쪽 사신 구로다 키요타카가 우리 대관께 사람을 보내서 거처 안에서 군사 조련을 하고 싶다는 말을 전해왔다. 우리 대관께서는 백성들을 놀라게 한다는 이유로 금지시키려고 하셨지만, 저쪽에서는 건물을 닫아서 백성들이 못 보게 하면 괜찮을 것이라고 하고는 그 이후로 매일 일정하게 시험과 무예 단련을 실시했다. 우리 군대가 처음엔 숨어서 몰래 보다가 마침내는 제멋대로 쳐다보았다. 악기를 한 번 울릴 때

---

366 성지城池: 성과 그 방어를 위해 주변에 파놓은 해자垓字.
367 염여灩澦: 염여퇴灩澦堆의 준말로 장강長江 구당협瞿塘峽의 여울물을 가리킨다. 나룻배로 무사히 건너기 어려울 정도로 물살이 매우 거세다고 한다.

마다 동작이 절도에 맞았으며 총을 들고 칼을 휘두르다가 마치 나는 듯 회전했다. 한 길 남짓 되는 높이로 노끈 다섯 개를 매어둔 다음에 한 번에 하나씩 넘다가 줄을 다 넘으면 멈춰 섰는데, 그리고도 남은 용력을 과시해서 몇 길씩 뛰어오르니 이를 본 우리 군사들이 모두 경탄하면서 신기神技라고 여겼다. 또 저들이 총포를 진헌해서 한 번 쏘아보게 했다. 150보 밖에 작은 표적을 세워둔 다음 한 번에 40여 발을 쏘았는데 한 발도 빗나가지 않고 모두 표적에까지 도달했을 뿐만 아니라 그것을 꿰뚫고 지나갔다. 이를 본 우리 군사들이 모두 얼굴빛이 변하며 "우리가 까마귀밥[蟲沙][368] 신세를 면한 것은 조정의 은택이며 사신의 힘이로구나"라고 했다. 울분에 찼던 기세 또한 일시에 모두 사라졌다. 병서에 이르길, "적을 알고 나를 알면 백전백승이요, 적을 알지 못하고 나를 알지 못하면 싸울 때마다 반드시 패할 것이다"라고 했다. 이와 같이 논구해야 비로소 절실한 말이자 시행할 수 있는 논의가 될 것이다.

6.

　저쪽 사신이 강화도에 건물을 빌려서 거처할 곳을 마련하고 조약을 강정한 것은 정확히 저 나라의 정해진 계산에 따른 것이었다. 그러므로 발선發船하기 전에 이미 예고하고, 강화도에 도착하자마자 즉시 유수와의 회견을 요구해서 건물을 빌리려고 했던 것이다. 강화 유수는 사신의 일에는 사신이 별도로 있으니 거류하는 신하가 감히 간여할 수

●

[368] 충사蟲沙: 《抱朴子》에 "주나라 목왕이 남정할 때 한 군대가 전멸했는데 군자(장수)는 원숭이가 되고 학이 되었으며, 소인(병졸)은 벌레가 되고 모래가 되었다[周穆王南征一軍盡化 君子爲猿爲鶴 小人爲蟲爲沙]"고 한 데서 유래한 말로 전사한 병졸을 가리킨다.

없다는 말로 물리쳤다. 그리고는 즉시 앉아서 모든 성을 잃었다는 이유로 익직溺職을 자인自引해서 심지어 폐무廢務하는 지경에까지 이르자 모리야마 시게루 등이 다시 유수를 만날 수 없음에 분노해서 시끄럽게 떠들기를 그치지 않았다. 그러다가 부관과의 접견을 요구했는데, 여러 사람들의 논의가 모두 흔단釁端이 생길 것을 우려해서 만나지 않을 수 없다고 하였다. 따라서 부관이 저쪽 수행원을 접견한 것은 어쩔 수 없는 상황에 몰려서 한 것이었다. 저쪽 수행원이 바로 요청하기를, 강화부 안의 건물을 빌려준 후에야 비로소 저쪽 대관이 상륙해서 일을 의논할 수 있을 것이라고 했다. 저들을 강화부 내의 건물에서 접견하는 것은 이미 묘당에서 지시한 바가 있었다. 그러므로 부관이 인색하게 굴지 않고 허락했던 것이다. 저쪽 수행원이 계속해서 말하길, 데리고 올 병사가 400명이 되니 용접容接할 수 있을 만큼 넓은 건물을 받아야 한다고 했다. 이 말을 들은 사람들의 눈이 모두 휘둥그레졌지만 이미 건물을 허락했기 때문에 다시 인색하게 할 수 없었다. 이에 간략하게 하는 것이 좋겠다고 했지만 저들은 이미 지극히 간솔하니 더 줄일 수는 없다고 했으며, 또 2,000명의 군대가 장차 인천과 부천 사이에 상륙할 것이니 연해의 군郡에 알려서 미리 용접할 장소를 마련해 달라고 했다. 부관이 처음에는 완곡한 말로 거절하다가 끝내 막을 수 없게 되자 비로소 대관에게 미루었던 것이다. 또 땔감과 장목長木 등을 요청할 때도 모두 아끼지 않고 허락해 주었다. 이에 소식을 들은 사람들이 대부분 부관이 처음부터 엄하게 물리치지 못했던 것을 한스럽게 여겼다. 그러나 이제 와서 생각해보면, 저들이 제멋대로 경내에 들어온 이후로 다만 우리나라가 자기들을 예로써 대접하는 것만 보았을 뿐이며 추호라도 의심하거나 멀리하는 모습은 보지 못했다. 그러므로 한편으로 감사하고 한편으로 기뻐해서 사신의 일이 순조롭게 이뤄진 것이니 어찌 다행이 아니겠는가? 만일 처음 만났을 때 바로 건물을 빌려주는 문제로 대치했더라면 나는 그 결과가 어떻게 됐을지 모르겠다.

7.

저쪽 사신의 이른바 변리라는 것은 바로 동래부의 서계와 초지에서의 발포 두 가지 사안에 관한 것이었다. 두 사안의 시비를 가린 뒤에야 비로소 조정에 돌아가 복명할 수 있다고 하였으니 저쪽 사신의 말에 진실로 그럴 법한 이유가 있었다. 그러나 皇, 勅 등의 글자가 구식舊式에 위배되기 때문에 바로 받을 수 없다는 등의 말로 동래부의 진부한 투식을 답습한다면 저들의 마음을 굴복시키기에 부족할 것이었다. 그런데 다행히 정묘丁卯(1867)년에 북쪽에서 온 자문 가운데 신문지 다섯 항목이 기대어 말할 만 했다.

"수공修貢, 폐공廢貢 등의 말은 무함과 모멸이 심해서 온 나라 사람이 모두 분노하였다. 이 종이는 귀국 사람에게서 나와서 천하에 유포된 것이다. 귀 사신은 우리와 시비를 가리면 되지만 우리는 누구와 시비를 가려야 하는가?"

저쪽에서 말했다.

"신문지라는 것은 모두 전해들은 말을 기록한 것이라 허구와 진실이 서로 가리기 때문에 천하에 이를 보는 자들이 본래 깊이 신뢰하지 않는다. 또 몇해 전 귀국에서 우리 정부에 자문咨文을 보냈을 때 우리 정부에서는 그러한 일이 없다고 답변했다. 이제 근거 없는 말만을 믿고 정부를 믿지 않으니 이것이 어찌 300년 수호의 우의이겠는가?"

이것은 우리에게도 따질 문제가 있고 저들에게도 따질 문제가 있는 것이었다. 온종일 말들이 오가고 반복되다가 심지어 '회오悔悟한다', '회오하지 않는다', '옳은가?', '옳지 않다' 등의 말까지 나왔으니 끝내는 마치 서로 핍박하는 것처럼 되었다. 그래서 우리 대관께서 정색하면서 말씀하시길, "그 일은 우리 조정에서도 무수한 논의가 아직 결론이 나지 않았는데 밖에 있는 사신이 어찌 감히 그 시비를 결단할 수 있겠는가? 그런데도 이처럼 추궁하며 묻는 것은 예경禮敬의 도를 크게 결여한 것이다"라고 하셨다. 그러자 저쪽 사신이 크게 깨달은 듯 얼굴빛을 환하게 하며 물러갔다. 이튿날 바로 통상에 관한 말이 있었는데 연회석상에서 적들을 막아내서[尊俎折衝]369 여가가 생겼다. 그러나 이러한 장소에서 설전하는 고통은 보통 사람들이 감당할 수 있는 바가 아니다. 속담에 이르기를, "코로 세 말의 식초를 마실 수 있어야 재상의 사업을 이룰 수 있다"고 하니 참으로 그 말이 옳다.

8.

초지에서의 발포가 비록 저들이 구실로 삼는 사단이었지만 또한 저들의 실정을 알 수 있는 것이 있으니 이제 문답한 말을 아래에 기재한다.

저쪽 사신이 말했다.

---

369 준조절충尊俎折衝: 준조尊俎는 술과 고기를 담는 그릇으로서 연회를 뜻하며 절충折衝은 적을 막아낸다는 뜻이다. 《晏子春秋》에 "공자가 듣고 말씀하시길, '훌륭하구나! 연회의 자리를 벗어나지 않으면서도 천리 밖의 적을 막아낸다고 하니 안자를 두고 한 말일 것이다'[仲尼聞之曰 善哉 不出尊俎之間 而折衝於千里之外 晏子之謂也]"라고 한 데서 연유한 말로 연회석상에서 담판하는 가운데 상대를 제압한다는 뜻이다.

"우리 선박이 뉴장牛莊을 향해 가던 도중에 귀 경내에서 취수를 하려고 했는데 갑자기 귀국 사람들의 포격을 받아서 매우 곤란했다. 심지어 국기를 세 대나 세웠는데도 포격을 중지하지 않은 것은 어째서였는가?"

"변경 군사들이 본 것은 황기黃旗였다고 하니, 그렇다면 귀국의 국기[旗號]임을 인식하지 못했던 것이요, 또 변경 군사들이 고루해서 보고 들은 것이 적다. 그래서 여러 나라들의 국기를 혹 알지 못하는 자가 있었을 것이다."

"예전에 우리나라의 국기를 귀국에 알리고 변경에 포유布諭해 줄 것을 희망했는데 어째서 아직까지 알리지 않은 것인가?"

국기를 분명하게 인식하는 것이 비록 큰 관계가 없는 것처럼 보이지만, 또한 우리나라의 변정邊情의 허술함을 알 수 있으니 속히 여러 나라의 국기의 형태를 조사해서 널리 알려야 할 것이다.

9.

어떤 사람이 물었다.

"모리야마 시게루는 어떤 사람인가?"

"너그럽고 관대한 사람이다."

그러자 질문한 사람이 놀라면서 말했다.

"이번에 사신의 일이 지체된 것이 대부분 그 때문인데 어째서 너그럽고 관대하다고 하는가?"

"그가 동래부에 있었던 몇 년 사이에 우리나라 사람들에게서 받은 속박[羈縻]370과 고생이 어떠했는가? 게다가 야단치고 욕해서 여지를

326
심
행
일
기

남겨주지 않았으니 사람이 감당할 수 없는 일을 감당하면서 오늘에까지 이른 것이다. 그런데도 사신의 일이 순조롭게 성사될 것을 희망해서 수호의 사업에 참여했으니 우리나라 사람이라면 이렇게 할 수 있었겠는가? 내가 보기에 저쪽 관리들이 모두 정숙한 기운과 따뜻하고 신실한 용모가 있었다. 그 신의와 화목을 추구하는 것이 성심에서 나온 듯해서 마치 처음부터 동래부에서의 일이 없었던 것 같았다. 그런데 우리나라 사람은 며칠 동안의 수고를 견디지 못하고 번번이 모리야마가 원한을 풀려고 하지나 않을까 의심했다. 이를 가지고 논한다면 우리가 저들보다 훨씬 더 관대하지 못하다고 할 것이다."

10.

저 나라의 법에는 신하에게 포고하는 글에도 어명御名이 있는 옥새 문양을 찍는다. 그것이 천하 각국에서 통용되는 규칙이라고 하면서 우리 또한 그러한 관례를 따르게 하려고 비준문서에 어명이 있는 옥새를 찍을 것을 요구했다. 그래서 대관과의 접견을 요청해서 밤이 새도록 논란했다.

우리 대관께서 말씀하셨다.

"아비가 자식에 대해서도 이름을 쓰지 않는 법인데, 하물며 주상은 여러 신하들에 대해서 사체事體가 더욱 엄하니 어떻게 그렇게 할 수 있겠는가? 이는 결코 감히 우러러 청할 수 없는 것이니 비록 우호를 단절하는 지경에 이르더라도 어쩔 수가 없다."

●

370 기미羈縻: 말에 굴레를 씌우고 소에 코뚜레를 뚫어서 일정한 범위 내에 묶어둔다는 뜻으로 주로 오랑캐를 다스림에 관계를 단절하지 않고 일정한 범위 내에서 제한된 자유를 허용하는 정책을 비유하는 말로 사용된다.

양쪽 대관이 마침내 모두 낯빛을 붉히면서 일어났다. 그리고 저들은 숙소를 떠나 배로 돌아가 버렸다. 다음날 그 수행원을 모리야마 시게루와 함께 보내 왔다. 들어보니 모리야마 시게루가 예전에 우리나라[東國]의 보문寶文에 어명이 새겨져 있다고 보고한 일이 있었다. 그런데 미야모토 오카즈가 우리 대신께 어보의 문양을 질문했을 때 우리 대신께서 교린 문서에는 '爲政以德'의 어보를 쓴다고 대답하셨다. 그 때 처음으로 저쪽 대관이 우리나라에서 자기들을 낮추어서 어명이 있는 어보를 쓰지 않는다고 의심했는데, 얼마 후에 우리 대관의 말씀으로 인해서 바로 스스로 의심하고는 우리에게 따졌던 것이다. 이에 모리야마 시게루가 장차 제 나라에서 죄를 얻게 되었다. 그런데 우리 대관께서 좋은 말씀으로 해명해 주시자 모리야마 시게루가 비로소 크게 감복해서 다시는 지연되는 일이 없게 되었다. 예전에 저쪽 관원이 강화 유수에게 공첩公牒을 보낼 때 맨 처음에 '강화유수 조병식 귀하'라고 쓰고 왼편에 저쪽 관원의 관직과 성명을 열서列書했으니 저들 풍속에서 이름을 심하게 휘諱하지 않음을 미루어 알 수 있었다. 그런데 어명 문제로 논란한 다음부터는 우리 수행원에게 물건을 보낼 때 오직 성姓만을 쓰고 다시 이름을 쓰지 않았다. 만 상서萬尚書가 말하길, "저들이 예로써 오면 예로써 대접하고, 예로써 오지 않더라도 예로써 거절한다"고 했으니 중국 조정의 선비가 오랑캐의 실정을 꿰뚫어본 것이 이와 같았다.

11.
설인舌人[371]이 우리 대관께 아뢰었다.

"귀국의 사람들은 하나같이 깊은 산중에서 홀로 늙어가는 사람과 같아서 바깥의 일을 알지 못하고 단지 수졸守拙과 안분安分만을 일삼을 뿐이니, 이처럼 다사한 때를 만나 무엇으로 외부의 업신여김을 막겠습니까? 부강해지는 방법에 힘써야 할 것이로되 그 방법은 기기를 정밀하게 하는 것이 최선입니다. 하지만 귀국의 기기는 모두 거칠고 조잡한 옛 제도에 따른 것이어서 적을 이길 수 없습니다. 우리나라의 농기 또한 옛 제도가 아니며, 새롭고 기이한 것을 창출해서 곡식의 수확량이 세 배가 되었고 주州와 군郡에는 모두 농정을 담당하는 관리를 세워서 마치 미치지 못할 듯 보조해 주었습니다. 그 결과 백성들이 모두 부유해지고 군량이 몹시 풍족해져서 천하에 부강의 명성을 떨치게 되었습니다. 이것이 실로 지난 십년 내 정교政敎의 결과입니다.

귀국 경내를 두루 살펴보건대 여염은 적막[蕭條]하고 민생은 게으르니[怠疲], 이 또한 본무本務에 결여된 것이 있어서가 아니겠습니까? 반드시 속히 정교한 사람을 선발해서 우리나라에 들여보낸 다음에 제반 병기와 농기를 모방해서 제작하는 것이 가장 상책이며, 그 다음은 완제품을 사들이는 것입니다. 비록 그 숫자가 많더라도 모두 주선해 드릴 것입니다."

이러한 말들이 모두 지난 봄 장숙평張叔平이 말한바 '오랑캐는 스스로 비밀로 할 줄 모르고 남한테 떠벌이기를 좋아한다' 고 한 것과 대략 부합하니 또한 기이하지 않은가?

---

[371] 설인舌人: 일반적으로 역관譯官을 지칭하는 말이다.

12.

정묘년 신문지에 이미 '통상과 화약和約을 협박해서 취한다迫取通商
和約'[372]는 말이 있었고, 이번에 온 절략서節略書[373]에 또 '우리의 요구
를 거절하지 말라不拒我所求'[374]는 말이 있었으니 이 두 구절을 보면
저 나라에서 오랫동안 생각해 온 바를 알 수 있다. 만약 우리가 허락하
지 않으면 반드시 병란을 초래할 것이었다. 약세인 우리가 강한 적에
대항하기는 어려웠으니, 예로써 사신을 접대해서 그들의 요청을 들어
준 것은 비록 성인聖人으로 하여금 담당하게 했더라도 이와 같은데 지
나지 않았을 것이다. 한 가지 괴이한 것은 저 나라에서 우리나라와 통
상한 후에 무슨 이득이 있어서 수고와 비용을 아끼지 않고 이렇게 거
창한 일을 시행했는가라는 점이다. 이미 서로가 영구히 우의를 돈독히
하기로 약조했으니 명호名號를 따지기 위해서 침핍侵逼한 일은 아닐 것
이요, 또 각국의 호시互市에 이미 완성된 규칙이 있으니 상세商稅에 편

[372] 정묘년에 청나라에서 보낸 자문에 "풍문에 영국, 미국, 프랑스 삼국이 봄에 각각 포
함을 거느리고 고려로 가서 통상과 화약을 협박해서 취하기록 약속했다고 한다風聞
英美法三國 約於春間 各帶砲船 往高麗 迫取通商和約"는 말이 있었다. 주석 133번 참조.
[373] 절략서節略書: 외교문서의 일종으로서 서명이나 인장이 찍히지 않으며 일반적으로
조회문照會文보다 중요성이 떨어진다.
[374] 강위의 문집인 《古歡堂收艸》에 병자년(1876)에 강위가 신헌을 대신해서 박규수에게
올린 서한이 수록되어 있는데, 여기에 다음과 같은 구절이 있다. "일본 정부에서 말
한바 '조선국에서 우리 사신을 예로 접대하고 우리의 요구를 거절하지 않아서 평화
를 영구히 보전할 수 있기를 바란다. 만약 그렇게 하지 않아서 일이 끝내 어그러지게
된다면 반드시 한인韓人이 헤아릴 수 없는 재앙을 자초하게 될 것이다'라고 한 단락
을 온전히 공갈하는 말로 돌릴 수는 없으며, 진실로 또한 일본이 무력 동원의 구실로
삼는 골자의 말입니다日本政府所云 竊所朝鮮羊國以禮接我使臣 不拒我所求 以能永保平和也
若不然而事達至敗 則韓人自取不測之禍必矣 此一段 不可專歸之恐嚇語 誠亦日本稱兵之骨子語
也." 《古歡堂收艸文稿》 제3권 "代申大官上桓齋朴相國"(민족문화추진회, 2003).

330
심
행
일
기

중된 뜻도 아니었을 것이다. 중국 조정에서 알려온 바에 따르면, 항구에서 유출되는 은이 오십 만이며 유입되는 은이 팔십 만이라고 했다. 중국 조정에서는 그 잉여 삼십 만을 취해서 경비에 보태니 이익만 있고 손해는 없다고 했다.

13.

우리가 우려하는 바를 가지고 정부에서 6칙六則을 내려서 상의하여 확정한 다음에 저들은 세부항목을 협상할 때 다시 가부를 다투는 사단이 생길까 우려해서 심지어 사리를 이해하는 사람을 먼저 보내어 물정을 상세히 살피고 국속國俗을 익숙히 알게 할 것을 요청하기까지 했으니 이는 모두 훗날의 협상을 위한 것이었다. 그렇다면 우리나라 사람을 먼저 보내지 않을 수 없지만, 요는 사방의 땅을 잘 다스리고 멀리 보고 넓게 기록하며 깊이 생각해서 대처하는데 있다. 우리나라는 토산물이 본디 드물고 장인들의 솜씨가 또 졸렬해서 많은 이익을 거둘 수 있는 가축과 제조품이 없다. 오직 바다를 헤치고 나가서 그물을 던지며 산을 파서 보물을 취하는 것만이 우리나라 사람들이 뜻을 두지 않았던 일들이니 어쩌면 그 이유가 여기 있는지도 모르겠다. 여러 사람들의 생각이 이와 같으니 우선 말미에 적어둔다.

14.

설인舌人이 또 말했다.

"만약 세부항목을 협상할 때 다시 가부를 가지고 대치한다면 금일의 조약이 모두 수포로 돌아갈 것입니다."

사람들이 모두 이 말을 의심해서 이후 조약의 체결이 반드시 지금 조약보다 난항을 겪을 것이라고 생각했다. 그 말뜻을 음미하면 그러한 우려가 없지 않다. 하지만 저들이 동래부에서 고생을 거듭한 8년 동안에 오직 대치하기만 했는데 갑자기 그 오랜 시간이 생각나서 그러한 말을 한 것이겠는가? 만일 그렇지 않다면 서계의 명호名號를 분변하는 것보다 막중한 일이 없는데 저들이 이미 폐기했고, 하납下納[375]을 들이는 것보다 막대한 이익이 없는데 저들이 이미 혁파했으니 이러한 어려운 일들을 제거한 것을 보면 다시는 논란할 일이 없어야 할 것이다. 그런데도 저들의 말이 이와 같음은 어째서인가?

어떤 사람은 저 나라에서 새로 화폐[三幣][376]를 주조했는데 그것을 우리나라에 유통시키고자 하는 것이 그 한 가지 이유라고 한다. 참으로 그 말이 사실이라면 이를 거부할 수 있는 말을 찾아야 할 것이다. 만일 우리가 그러한 말을 찾는다면 저들도 강요할 수 없을 것이지만, 말을 찾지 못하면 들어줄 수밖에 없다. 그렇다면 응당 언변에 능통한 자[贍辭者]를 구해서 응대해야 할 것이다. 그러나 이 한 마디 말로 인해서 기어코 장래의 공연한 의심[疑端]을 키우려고 한다면 행인行人이 장차 할 말을 잃게 될 것이다. 모某 종사從事[377]가 벽 뒤에서 이 말을 주워듣고는 마치 기이한 보화라도 얻은 듯이 여겨서 재빨리 요지要地에 퍼뜨려버렸다. 이로 인해 중대한 논의[樞議]가 갑자기 변했으니 애석함을 어찌 하리오!

---

375 하납下納: 세곡稅穀 등을 조정에 바치지 않고 바로 지방 관아에 바치는 것을 하납下納이라고 하는데, 여기서는 왜관倭館을 보조하기 위해서 해마다 보내주는 하납미下納米를 가리킨다. 동래東萊, 기장機張, 울산蔚山 세 고을의 대동大同을 정부에 올리지 않고 부산에 있는 왜관에 공급하였다.

376 삼폐三幣: 주옥珠玉, 황금黃金, 도폐刀幣를 가리키는데, 고대의 성왕이 이를 화폐로 유통시켰다고 한다. 여기서는 화폐의 뜻으로 쓰였다.

377 종사從事: 무반 잡직武班雜織의 종8품 벼슬.

15.

천하의 일을 널리 논함에 약한 나라의 경卿보다 더 고통스러운 이가 없다. 춘추시대에 자산子産[378]이 없었더라면 정鄭나라도 없었을 것이다. 그러나 진晉나라와 초楚나라 사이에서 미봉할 따름이었으니 그 고생을 이루 다 말할 수 있겠는가. 약한 나라의 형세는 비록 성현으로 하여금 계책을 도모하게 하더라도 또한 상도常道를 따를 수밖에 없으니, 어찌 기계奇計를 낼 수 있겠는가? 그러므로 가죽과 폐백으로 섬겨도 화를 면할 수 없었고 구슬과 옥으로 섬겨도 화를 면할 수 없었던 것이다.[379] 이러한 때를 당하면 어떻게 대처해야겠는가? 천하의 일 중에 이보다 더 어려운 것이 없다. 그러므로 "오직 지혜로운 자만이 능히 소국으로서 대국을 섬길 수 있다"[380]라고 한 것이다. 진실로 지혜로운 자가 아니라면 비록 섬기고자 해도 할 수 없는 것이 있다. 그러므로 성인께서 이러한 가르침을 내리셨던 것이다. 그런데 어떤 사람은 "구차히 섬기는 것일 뿐인데 무슨 어려움이 있겠는가?"라고 한다. 하지만 이는 모두 지혜롭지 못한 자의 말이다. 그렇다면 어떻게 해야 하는가? 힘써

●

[378] 자산子産(?~BC. 522): 춘추시대 정鄭나라 대부 공손교公孫僑의 자字이다. 자미子美라고도 한다. 춘추시대의 강대국 진晉나라와 초楚나라 사이에서 뛰어난 외교적 수완을 발휘하여 약소국 정나라를 부흥시킨 명재상으로 알려져 있다.

[379] 《孟子》〈梁惠王〉하편에 "옛날 태왕께서 빈邠에 거처하셨을 때 오랑캐가 침략했는데 가죽과 비단으로 섬기셔도 화를 면하지 못하셨고, 견마犬馬로 섬기셔도 화를 면하지 못하셨고, 구슬과 옥으로 섬기셔도 화를 면하지 못하셨다[昔者 大王居邠 狄人侵之 事之以皮幣 不得免焉 事之以犬馬 不得免焉 事之以珠玉 不得免焉]"는 구절이 있다.

[380] 《孟子》〈梁惠王〉하편에 "오직 어진 자라야 대국으로서 소국을 섬길 수 있다. 그러므로 탕왕께서 갈葛나라를 섬기셨던 것이며, 오직 지혜로운 자라야 소국으로서 대국을 섬길 수 있다. 그러므로 태왕께서 훈육獯鬻을 섬기셨고 구천이 오나라를 섬겼던 것이다[惟仁者爲能以大事小 是故湯事葛 文王事昆夷 惟智者爲能以小事大 故太王事獯鬻 句踐事吳]"라는 구절이 있다.

서 선린善隣을 해야 할 뿐이다. 선린은 어떻게 하는가? 자기를 귀하다고 여겨서 남을 천시하지 않으며 자기를 크다고 여겨서 남을 작게 보지 않는 것이다. 이는 모두 천도天道의 교제[所與][381]이다. 그러므로 "대국으로서 소국을 섬기는 자는 천리를 즐거워하는 자"[382]라고 한 것이다. 대국으로서 소국에 임하는데 오히려 섬긴다고 한 것은 어째서인가? 반드시 북면北面[383]해서 몸을 낮추고 복종한 후에야 섬긴다고 하는 것이 아니요, 그 마음이 겸손하고 공손해서 예로써 대하여 감히 추호도 남을 업신여기지 않음이 섬김에 가까운 것이다.

하지만 우리나라 사람들은 그렇지 않아서 강대한 이웃나라 보기를 마치 보이지 않는 듯이 한다. 오랑캐로 여기는 것으로도 부족해서 금수로 여긴다. 자신에게 금수를 제어할 힘도 없으면서 한갓 한 번 꾸짖음으로 당해내려고 하니 어떻게 그 발톱과 이빨을 막아낼 수 있겠는가? 고승이 산중에 있을 때 뱀과 호랑이가 모두 순응하며 복종하는 것

334

심행일기

[381] 소여所與: 여기서 與는 동맹 또는 우방의 의미이다. 《春秋左傳》僖公 三十年條에 "그 사람의 도움으로 인해 오늘의 내가 있게 되었는데 도리어 그를 패배시키는 것은 불인不仁이고, 우방友邦을 잃는 것은 부지不知며, 난亂으로 안정을 바꾸는 것은 불무不武니, 나는 돌아갈 것이다[因人之力而敝之 不仁 失其所與 不知 以亂易整 不武 吾其還也]"라고 하였다.

[382] 앞의 《孟子》〈梁惠王〉에서 인용한 구절 아래에 "대국으로서 소국을 섬기는 자는 천리를 즐거워하는 자이며, 소국으로서 대국을 섬기는 자는 천리를 두려워하는 자이니, 천리를 즐거워하는 자는 천하를 보전하고 천리를 두려워하는 자는 제 나라를 보전한다[以大事小者 樂天者也 以小事大者 畏天者也 樂天者保天下 畏天者保其國]"는 말이 있다.

[383] 북면北面: 고대에는 북쪽에 앉아서 남쪽을 향하는 자리를 높은 자리라고 여겼다. 그래서 제왕이나 제후가 신하의 조회를 받을 때나 경, 대부가 하속들을 대할 때는 모두 남쪽을 향해 앉았다. 이에 남면南面은 군림 혹은 군림하는 자를 뜻하게 되었다. 북면은 이와 반대로 신하로서 섬긴다는 의미이다.

은 자애로써 대하기 때문이요, 성왕聖王께서 세상을 다스리실 때 미더움이 돼지와 물고기에까지 미쳤던 것은 진심으로써 감화시키셨기 때문이다. 충신忠信한 말과 독경篤敬한 행실은 오랑캐 인들도 똑같이 타고난 바로서 자기만 홀로 가진 것이 아니다. 그러므로 저들을 대할 때 거슬림이 없게 해서 행동에까지 이르게 해야 하는 것이다. 만약 모두 이를 버리고 한갓 과장된 말과 득의양양한 빛으로 저들에게 임하여 굴복시키려고 한다면 될 리가 있겠는가?

참으로 옳구나! 장숙평의 말에 "중국[中邦]이 경신년庚申(1860)의 곤액을 당했을 때 지론을 가진 자들이 많아서 패망에 이르게 되었다. 이는 모두 편이便易한 말을 떠들어 댄 것일 뿐이니 누가 그 속의 어려움을 알겠는가? 오직 내부의 왕공王公과 외부의 독무督撫[384], 대리大吏[385]가 근근이 만회할 뿐이었으니 간악한 자들이 조소하고 비방하더라도 감히 사양할 수 없었다"고 했다. 이는 참으로 일을 겪은 다음에 한 말이니 곱씹어볼수록 의미가 있다. 중국의 강대함으로도 오히려 이러한 고통이 있었는데 하물며 중국에 한없이 미치지 못하는 나라에 있어서겠는가! 그러나 돌이켜 생각해보면 모든 잘못은 약함에 있을 뿐이다. 약함이 쌓여서 패망에까지 이르고 강함이 쌓여서 승리를 얻게 된다. 그 기틀은 나에게 달려 있으며 적에게 달려 있지 않으니 쌓은 것이 무엇인가를 되돌아볼 뿐이다. 일로 인해서 말을 하게 되었고 말을 하다 보니 여기까지 오게 된 것일 뿐, 감히 스스로 사정에 깊이 통달했다고 말하려는 것이 아니다. 마음을 평안히 하고 이치를 강구하면서 귀감을 내려

---

[384] 독무督撫: 총독總督과 순무巡撫를 함께 칭하는 말로 군정軍政과 형옥刑獄을 모두 관장한 중국 명청시대의 최고위 지방관을 뜻한다.

[385] 대리大吏: 대신, 대관을 가리키기도 하지만 여기서는 일정한 지역을 담당하는 지방관의 의미로 사용되었다.

줄 군자를 더욱 기다리노라.

16.

최근에 중국 조정의 경보京報[386]를 보니 이홍장과 심보정沈葆禎이 사신이 될 만한 인재[使才]의 축적을 청원한 상주문 한 편이 있었다. 재난才難[387]의 탄식은 옛날에도 이미 같았으니 그들이 미리 축적해서 대비待備하려 한 것은 옳다. 한나라 무제武帝의 조칙詔勅에 '그 재주가 장군, 재상 및 먼 나라로 갈 사신의 임무를 감당할 수 있는 자[才堪將相及使絶國者]'[388]라고 했다. 그렇다면 사신으로 삼을 인재를 구하기 어려움이 장군, 재상과 같은 것이니 쉽게 얻을 수 있겠는가? 그러나 우리 조정에서는 최근의 사건들에서 교린사대의 허다한 중대 사무를 전적으로 역관[象寄][389]에게만 맡겼으며, 조신朝紳의 반열에서 한어漢語에 통달한 사

●

[386] 경보京報: 관보와 유사한 성격을 갖는 청대의 출판물로서 병부제당관兵部堤塘官이 그 발행 책임을 맡았다. 주로 내각에서 초록한 황제의 유지諭旨, 대신의 주의奏議 등 관방문서 및 정치와 관련된 정보가 수록되었으며 많게는 10여 쪽, 적게는 5~6 쪽 정도의 분량이었다. 영어로는 *Peking Gazette*라고 했다.

[387] 재난才難: 인재를 얻기 어렵다는 뜻으로 《論語》〈泰伯〉편에 "인재를 얻기 어렵다고 한 것이 맞는 말이 아니겠는가?[才難 不其然乎]"라는 구절이 있다.

[388] 《前漢書》〈武帝紀〉에 "한나라 무제武帝가 주군州郡에 명령하기를, 관리와 백성 가운데 훌륭한 재주가 남보다 특출 나서 장수와 재상 및 먼 나라에 사신으로 보낼 수 있는 자를 살피라고 했다[其令州郡 察吏民有茂材異等 可爲將相及使絶國者]"는 구절이 있다.

[389] 상기象寄: 상기역제象寄譯鞮의 준말로 역관을 가리킨다. 《禮記》〈王制〉편에 "다섯 방향의 백성들이 언어가 통하지 않고 기호가 같지 않기 때문에 그 뜻을 전달하고 그 욕구를 통하게 했으니, 동방은 '寄'라 하고, 남방은 '象'이라 하며, 서방은 '狄鞮'라 하고, 북방은 '譯'이라 한다[五方之民 言語不通 嗜欲不同 達其志 通其欲 東方曰寄 南方曰象 西方曰狄鞮 北方曰譯]"라고 하였다.

람이 있다는 말은 듣지 못했다. 지금처럼 세상이 다사한 때 각국의 정형에 일체 어두움은 나라를 다스리는 방법이 크게 아니다. 또 듣건대 저 나라에서는 한문을 조금만 익혀서 10년 후에는 국문을 쓸 것이라고 하니, 그렇다면 왜어[倭語] 하나만을 배운 자가 통역[鞮譯]하는 것 외에 전일하게 파고들어 익히는데 더욱 유의해야 한다. 그런 후에야 비로소 이국의 정세에 통달할 수 있을 것이며, 조신朝紳 중에서도 사신으로 삼을 만한 인재를 축적할 수 있을 것이다.

부록 2―1

선고[390] 판중추부사 부군 행장先考判中樞府事府君行狀

부군의 휘諱는 헌憲이요, 자字는 국빈國賓이요, 초휘初諱는 관호觀浩요, 호號는 위당威堂이시니, 평산 신씨 고려 태사太師 장절공壯節公 휘諱 숭겸崇謙의 후손이시다.

현 임금님 갑자년甲子(1864)에 병조판서에 임명되어 정헌正憲[정 2품]의 지위에 오르셨으며, 을축년乙丑(1865)에 지중추부사知中樞府事가 되시고 숭정崇政[종 1품]의 반열에 드셨으며, 판의금부사判義禁府事를 지내셨다. 병인년丙寅(1866)에는 총융사摠戎使에 제수되시고 다시 경복궁 건영당상營建堂上에 임명되셨다. 9월에 서양 도적이 강화에 침입하자 임금님께서 부군에게 명하셔서 경병京兵을 거느리고 양화도楊花渡에 진주하면서 안팎에서 책응策應[391]하게 하셨다. 진영에 계신 40여 일 동안 갑옷을 벗지 않으셨으며, 군리軍吏에게 엄히 신칙하셔서 추호도 백성을 범하지 못하게 하셨다. 사졸士卒들과 침식을 함께 하시니 군사들의 마음이 열복悅服해서 오강五江[392]의 사이에서 스스로 달려오는 자들이 날로 많아지고 피난한 자들이 다시 돌아와서 서울이 이에 힘입어 안정되었다. 도적이 물러가 조정에 돌아오신 후에 의정부 좌참찬에 임명되

●

[390] 선고先考: 선친先親.

[391] 책응策應: 서로 다른 지역에서 우군과 호응하면서 대적하는 작전.

[392] 오강五江: 서울 근처의 한강漢江, 용산龍山, 마포麻浦, 현호玄湖, 서강西江을 가리킨다.

셨고 훈련대장訓鍊大將에 제수되셨다. 이 때 병략兵略 몇 가지 사안에 관해 아뢰셨다. 그것이 시행된 것은 오직 훈련도감뿐이었지만, 이로 인해 군제軍制가 변통되고 군용軍容이 더욱 성대해졌다. 훈련도감의 공용公用이 넉넉하지 못해서 항상 임시로 추렴해서 처리했는데 승호陞戶 자장전資裝錢을 가져다가 각 초哨 색리에게 나눠준 다음에 이자를 취해서 쓰게 했으며, 또 군료軍料가 부족해지자 별고別庫의 남는 쌀 가운데 영황營況에 속한 것 칠백 석을 나눠서 지급하시니 모든 군사가 기뻐했다. 정묘년丁卯(1867)에는 어가御駕를 수행해서 남한南漢³⁹³을 지나시다가 마반차磨盤車로 대포를 시험하시고,³⁹⁴ 다시 한강에 이르러서 수뢰포水雷砲를 시험하셨으니 두 기계는 모두 부군께서 도설圖說을 본떠서 스스로 제조하신 것들이었다.³⁹⁵ 이에 숭록崇祿 지삼군부사知三軍府事에 포승褒陞되셨으며, 무진년戊辰(1868)에는 상께서 신궁新宮으로 이어移御하실 때³⁹⁶ 감동監董³⁹⁷한 공로로 보국輔國 판삼군부사判三軍府事에 오르셨다.

훈련도감에 계신지 6년째인 신미년辛未(1871)이 돼서야 비로소 병권[兵柄]을 놓으실 수 있었다. 고령을 이유로 은퇴하신 후 한해 남짓 과천

---

³⁹³ 남한南漢: 남한산성.

³⁹⁴ 조선 중기에 제작된 서양식 청동제 화포인 불랑기佛狼機에는 원래 특별한 포가砲架가 없이 일반 화포와 같은 포가가 사용되었으나, 병인양요 이후에 신헌이 네 바퀴 수레인 마반차磨盤車를 개발해서 그 위에 불랑기를 탑재함으로써 회전과 사격 각도를 자유롭게 조절할 수 있게 개선했다.

³⁹⁵ 위원魏源의 《海國圖志》에 수록된 도설을 가리킨다. 1852년에 간행된 《海國圖志》 100권 본에서 제 87권의 "樞機砲架新式圖說"과 제 92, 93권의 "攻船水雷圖說"이 이에 해당된다.

³⁹⁶ 임진왜란 때 소실된 경복궁을 1865년부터 1868년까지 중건해서 그해 7월 2일에 새 궁궐로 이사한 일을 가리킨다.

³⁹⁷ 감동監董: 서적 편찬이나 성역城役 등을 감독하는 일.

果川에서 기거하시다가 계유년癸酉(1873)부터 판중추부사判中樞府事직을 맡으셨으며, 갑술년甲戌(1874)에는 진무사겸강화유수鎭撫使兼江華留守에 제수되셔서 연해의 포대 50여 개소를 창설하셨다. 그리고 얼마 후에 체환遞還[398]하셔서 을해년乙亥(1875)에는 어영대장에 임명되셨다.

병자년丙子(1876)에 일본 변리대신 구로다 키요타카와 수행원 모리야마 시게루 등이 병선 10여 척을 이끌고 풍도楓島 앞바다에 와서 정박하면서 우리 대신과의 접견을 요청했다. 조정의 의론이 모두 부군을 위촉해서 마침내 판부사로서 대관의 임무를 맡아 키요타카와 강화에서 회동하시고 조약을 정하셨다. 그에 앞서 천하만국이 각자 존귀함을 자칭하면서 서로 교분을 맺고 왕래했지만 우리는 실로 알지 못했다. 그러므로 무진년에 모리야마 시게루가 서계를 보내왔을 때 그 안에 '大日本', '大皇帝陛下'의 문자가 있는 것을 가지고 우리는 그것이 패만悖慢하다고 여겨서 거절하고 받지 않았던 것이다. 그렇게 대치한 8, 9년 동안에 그가 우리에게 유감이 쌓였다가 이 때 이르러 키요타카를 꼬드겨 들어주기 어려운 일을 가지고 강제로 조약을 맺게 함으로써 기어코 흔단釁端을 빚는 것으로 설욕하려고 했으니 화기禍機가 경각에 달려 있었다. 하지만 부군께서는 계책을 쓰셔서 반간反間[399]을 키요타카에게 풀어 놓아 시게루를 물리치고 쓰지 않게 하심으로써 마침내 무사히 복명復命하실 수 있었다. 그 후 무위도통사武衛都統使에 제수되셨으며, 정축년丁丑(1877)에는 다시 총융사가 되셨으니 이는 한국開局[400]에

398 체환遞還: 임무가 교체되어 돌아옴.
399 반간反間: 적의 간첩이나 인물을 유도해서 반대로 우리가 적의 내홍을 일으키거나 기밀을 탐지하는데 쓰는 이중간첩을 말한다. 《沁行日記》 본문에서는 우라세 유타카, 즉 최조를 사주해서 반간으로 활용한 것으로 기록되어 있다. 正月二十八日條를 참조하라.

취임하신 것이었다. 무인년戊寅(1878)에는 신병을 이유로 사직하시고 노호鷺湖[401]의 은휴정恩休亭에 거처하셨는데 '은휴恩休'는 임금님께서 내려주신 이름이었다.

임오년壬午(1882)에는 경리통리기무아문사經理統理機務衙門事에 임명되셨다. 당시 청나라의 북양대신 이홍장이 수사제독水師提督 정여창丁汝昌 등을 파견해서 미국 사신 슈펠트[薛斐爾]를 인도하여 화약和約의 체결을 청했다. 이에 부군께서는 다시 전권대신專權大臣으로 인천에 가셔서 조약을 맺고 돌아오셨다. 7월에 경군京軍이 난을 일으켰는데, 불초한 나는 당시 장수의 임무를 다하지 못한 죄로 1년 남짓 섬에 유배를 당했다.[402] 이에 부군께서도 결국 진천의 고향집에 병거屛居[403]하시게 되었다. 그 후 갑신년甲申(1884) 10월에 난리가 나자[404] 부군께서는 억지로 병석에서 일어나셔서 대궐로 달려가 임금님의 안부를 살피셨다. 이에 임금님께서는 당신을 위로한 후 돌려보내셨다. 귀가하신 뒤 12월 10일에 병으로 돌아가셨으니 향년 74세셨다.

병이 심해지시자 집안사람들에게 상을 치를 때 불사佛事를 쓰지 말라고 경계하셨고, 불초에게 글을 보내셔서 충의에 힘쓸 것을 당부하셨

●
[400] 한국閒局: 한가한 관청이라는 뜻으로 조정에서 공훈이 있는 노신을 우대해서 은사를 베푼 것이다.
[401] 노호鷺湖: 현재 노량진을 가리킨다.
[402] 고종 9년 6월에 임오군란壬午軍亂이 발생했는데, 당시 이 글의 저자 신정희申正熙는 어영대장 직을 맡고 있었다. 군란 발생에 대한 처벌로 신정희는 영광군靈光郡 임자도荏子島로 유배되었다가 고종 10년 5월에 다시 방축향리放逐鄉里로 감형되었으며, 고종 11년 5월에 석방되었다. 원문에 '七月京軍作亂'이라고 한 것은 六月의 잘못인 것으로 보인다.
[403] 병거屛居: 세상일에서 손을 떼고 은거함.
[404] 이른바 갑신정변甲申政變을 가리킨다.

다. 돌아가시는 날에도 집안일에 관해선 한 마디도 언급하지 않으신 채 다만 "지금 국가의 위태로움이 깃대에 달린 술[綴旒]405과 같으니, 내 돌아가면 장차 지하에서 무슨 낯으로 선왕을 뵙겠는가!"라 하시고, 의관을 바로 하신 뒤에 단정히 앉아서 운명하셨다. 임금님께서는 부음을 들으시고 애통해 하신 뒤에 예에 맞게 부석賻錫하셨다. 이듬해 2월 24일 춘천 유점鍮店의 계좌癸坐406 한 언덕에서 장사를 지내드렸다.

405 철류綴旒: 깃술을 뜻하는 말로 깃술이 바람에 따라 위태롭게 흔들리는 것처럼 임금이 신하들에게 위협을 당해서 군권을 행사하지 못하는 모양이나 국가의 형세가 위태로운 모양을 비유하는 말로 사용된다.

406 계좌癸坐: 계방癸方, 즉 정북에서 동으로 15도 정도 이내의 방향을 등지고 남쪽을 향하는 것을 말한다.

보국숭록대부 판중추부사 신공 시장輔國崇祿大夫判中樞府事申
公諡狀

현 임금님 병인년에 서양 도적들이 강화도[江都]에 침입했을 적에 태
평한 날이 오래되어 백성들이 전쟁을 보지 못했으므로 중외中外가 놀
라고 소요해서 피난하는 자들이 길에서 끊이질 않았으니 이 때문에 마
을이 텅 비게 되었다. 공께서는 총융사로서 군대를 거느리고 양화도楊
花渡로 나가서 주둔하셨는데 군령을 내려서 대오를 엄숙하게 하고 군
음軍音을 정돈하면서 군영에서 철병하지 않으시자, 백성들이 병란이
있음을 알지 못했고 오강五江의 사이에서 모집에 자원하는 자들이 날
로 많아졌다. 공께서 몸에 두른 갑주를 벗지 않으시고 병사들과 먹고
자기를 같이 하시니 군용軍容이 날로 더욱 성대해졌다. 이에 민지民志
가 차츰 진정되고 원근이 안정되었으며 서양 도적들도 물러가게 되었
다. 병자년에는 일본 변리대신 구로다 키요타카가 병선 10여 척을 이
끌고 풍도 앞바다에 와서 정박하면서 우리 대신과의 접견을 요청했다.
묘당의 의론이 유예猶豫하다가 비로소 공을 천거하여 판부사로서 대관
의 임무를 맡게 했다. 공께서는 단도單刀로 달려가서[407] 강화도에서

---

[407] 원문은 단도부지單刀赴之로 되어 있는데, 이는 단도부회單刀赴會라는 말에서 비롯
된 말이다. 단도부회는 《三國志》에서 촉나라 장수 관우關羽가 짧은 칼 하나를 들고
독자적으로 오나라 장수 노숙魯肅에게 간 고사에서 연유한 말로서 담대하게 적의
진영으로 들어가서 협상을 하는 것을 비유하는 말로 쓰인다.

회동하여 교린의 우의로 깨우치시고 또 이해利害를 명료하게 풀이하시니, 의리가 명쾌하고 담론이 자약自若해서 저들이 끝내 감히 일을 벌이지 못하고 이에 조약을 정하고 떠나갔다. 임오년에는 청나라 북양대신 이홍장이 수사제독 정여창 등을 보내어 미국 공사 슈펠트를 이끌고 와서 화약和約의 체결을 청했는데, 조정에서는 바깥의 정세가 헤아리기 어렵다 하여 매우 어렵게 여겼다. 이에 공께서 전권대신專權大臣의 자격으로 인천에 가셔서 부드럽게 조제調制하여 그들과 조약을 성사시키셨으니, 공께서는 국가의 대사를 주간하는데 큰 능력을 발휘하셨다. 손무孫武의 책에 이르길, "전쟁을 잘하는 자는 싸우지 않고도 다른 사람의 군대를 굴복시키는 자다"[408]라고 했으니 아마도 이를 두고 한 말일 것이다. 이것이 공의 대절大節이니 이를 창끝과 활촉 사이에서 교전하여 척촌尺寸의 공을 세우는 것과 비교하면 단지 몇십 배 더 클 뿐만이 아닌 것이다. 진실로 도략韜略이 넓고 깊으며 위망威望이 평소부터 미더운 사람이 아니라면 어떻게 그렇게 할 수 있었겠는가!

공의 휘諱는 헌櫶이요, 자字는 국빈國賓이요, 초휘初諱는 관호觀浩요, 호號는 위당威堂이다. 성은 신씨이고, 관관貫은 평산平山이니 고려태사 장절공壯節公 휘 숭겸崇謙을 비조鼻祖로 한다. 고려조로부터 고관簪紱들이 끊이질 않았다. 본조本朝에 들어와서는 휘 개槩라는 분이 좌의정을 지내셨으니 시호가 문희文僖이고 세종 묘정廟廷에 배향되셨다. 휘 상鎵이라는 분은 이조판서를 역임하셨고 시호가 문절文節이다. 휘 잡磼이

---

[408] 《孫子》〈謀攻〉에 "그러므로 백전백승이 최선이 아니며, 싸우지 않고서도 남의 군대를 굴복시키는 것이 최선인 것이다[是故百戰百勝 非善之善者也 不戰而屈人之兵 善之善者也]"는 구절이 있다.

[409] 호성훈扈聖勳: 임진왜란 때 선조를 호종扈從해서 의주까지 간 신하들에게 내린 공훈 칭호이다.

라는 분은 선조조宣祖朝 때 호성훈扈聖勳[409]에 책정되어 평천부원군平川府院君에 봉해졌으며, 관직은 병조판서에 이르셨고 시호가 충헌忠憲이다. 4대를 내려와서 휘 한장漢章이라는 분이 부총관副摠管으로 원종훈原從勳에 책정되고 병조참판에 추증되셨으니 이 분이 공의 5세조이다. 고조부의 휘는 협梜으로 좌승지에 추증되셨으며 호가 정묵제靜默齊이고, 증조부의 휘는 대준大儁으로 방어사를 지내시고 병조참판에 추증되셨다. 조부의 휘는 홍주鴻周로 훈련대장을 지내시고 좌찬성에 추증되셨으며, 선친 의직義直은 부사를 지내시고 좌찬성에 추증되셨다. 선부인 해평 윤씨海平尹氏는 수사水使 휘 이동頤東의 따님이시며 계비繼妣 순천 김씨順川金氏는 사인士人 휘 우명宇明의 따님이시다. 모두 정경부인貞敬夫人에 추증되셨으니 부군府君의 귀함 때문이었다.[410]

공은 순조 신미년辛未(1811) 윤 3월 25일에 태어나셨다. 그 전에 공의 조부가 영변寧邊을 다스리실 적에 묘향산에서 기도를 올리며 손자 안기를 바랐더니 꿈에 산승山僧이 큰 나무를 짊어지고 와서 하는 말이 "너에게 큰 대들보를 주노라"하였다. 이에 기뻐하면서 장차 국가의 동량棟樑이 되리라고 여겼다.

공은 어렸을 적부터 응중凝重[411]이 범상치 않고 유희를 좋아하지 않았으며 독서에 부지런하셨다. 그리고 동복童僕을 다루실 때는 엄하기가 마치 어른과 같으셨다. 공이 일찍이 부모를 여의자 공의 조부가 더욱 불쌍히 여기면서 보살펴주셨다. 익종翼宗이 대리청정을 하던 정해

---

[410] 원문에는 '妣海平尹氏水使諱貞敬夫人'으로 되어 있는데 문맥상 어색하다. 이에 신헌 묘비명에 '妣海平尹氏 水使 諱頤東女 繼妣順川金氏 士人諱宇明女 竝贈貞敬夫人 以府君之貴也'라고 되어 있는 구절을 참고했다.

[411] 응중凝重: 침착하고 사람됨이 가볍지 않음.

[412] 사제賜第: 임금의 명령으로 특별히 과거 급제자와 동등한 자격을 부여하는 것.

년丁亥(1827)에 별군직別軍職에 발탁되시고 곧 사제賜第[412]를 받아서 6품에 오르셨다. 기축년己丑(1829)에 조부상을 당해서 승중承重[413]의 복服을 입으셨다. 복을 마친 후에 선전관宣傳官으로 서용되셨다가 사복시 내승司僕寺內乘, 훈련원 부정訓鍊院副正으로 옮기셨다. 헌종 을미년乙未(1835)에 중화부사中和府使에 임명되셨다. 재임하신 4년 동안 전부田賦를 바르게 재단裁斷해서 성적聲積이 매우 드러나셨다. 그 후 다시 조정에 들어가서 훈련원 정訓鍊院正이 되셨으며 절충折衝[무반 정 3품]에 오르시고 경기중군京畿中軍이 되셨다. 경자년庚子(1840)에는 성진첩사城津僉使에 제수되셨는데, 곳간과 전대를 털어서 성해城廨를 수축修築하셨다.[414] 계묘년癸卯(1843)에는 승정원承政院 동부승지同副承旨와 전라우수사에 제수되셨다. 당시 무사를 교련해서 도륙島陸에서 활을 쏘는 자들이[415] 4, 5,000명이 되었다. 또 육영재育英齋를 세우시고는 스승을 모시고 녹봉을 지급해서 유생들[縫掖][416]이 많은 성취를 이루었으니, 지금까지도 문옹文翁의 교화[417]로 칭송받고 있다. 병오년丙午(1846)에는 봉산군수鳳山郡守, 무신년戊申(1848)에는 전라병사全羅兵使가 되셨으나 혐피嫌避로 인해 벼슬을 내놓고 물러나셨다. 하지만 그 후에 동지중추부사同知中樞府事, 도총부 부총관都總府副摠管을 지내셨고 기유년己酉(1849)에는 금위대장

•

[413] 승중承重: 아비가 죽은 적장손嫡長孫이 조부모의 상을 당했을 때 상주가 되는 것.

[414] 묘비에는 "경자년에 성진첨사에 제수되어 성해城廨를 크게 수축하다가 곳간을 다 털어도 부족하자 심지어 착용하고 있던 갓끈마저 팔아서 사업을 계속하였다[庚子 除城津僉使 大修城廨 捐廩而不足 至賣所服珠纓 以繼之]"라고 되어 있다.

[415] 원문에는 '探弦者'로 되어 있으나 '控弦者'의 잘못으로 보인다. '控弦'은 활시위를 당긴다는 뜻으로 비단 궁수뿐만이 아니라 군사를 범칭하는 말로 사용된다.

[416] 봉액縫掖: 유생들이 입는 옆이 넓게 터진 도포.

[417] 문옹의 교화[文翁之化]: 문옹은 중국 한나라 경제景帝 때의 인물로 촉군蜀郡의 태수가 되어 저잣거리에 학교를 세운 다음에 입학한 자들에게는 요역을 면제시키고 성적 우수자는 관리로 등용하는 등의 진학 정책을 써서 문풍文風을 크게 진작시킨 인물이다.

에 제수되셨다.

헌종께서 일찍이 병을 앓으셨는데, 탕제湯劑를 올릴 때마다 매번 채수滯祟[418]가 있으셨다. 이에 공에게 취로取露 기구에 관해 하순下詢하시자 공이 직접 지어서 올렸는데, 언자言者[419]들이 사실私室에서 탕약을 조제했다고 무함해서 끝내 녹도鹿島로 유배되어 위리가극圍籬加棘의 형벌을 받게 되셨다. 그 후 철종 계축년癸丑(1853)에 무주茂朱로 양이量移[420]되고 정사년丁巳(1857)에 사면되어 돌아오셨다. 이즈음 계비繼妣의 상을 당하셨다. 복을 마친 후 좌승지에 서용되셨다가 병조참판과 한성부 좌윤左尹으로 옮기셨다. 경신년庚申(1860)에는 우포장右捕長이 되셨는데 괘서죄인掛書罪人[421]을 잡지 못했다는 이유로 중화中和로 유배되었다가 곧 사면되셨다. 신유년辛酉(1861)에는 통제사에 제수되셨으며, 임술년壬戌(1862)에는 자헌資憲[정 2품]에 오르고 병조판서가 되셨다. 계해년癸亥(1863)에는 판윤과 공조판서를 역임하시고 다시 우포장이 되셨다. 그런데 이 때 도둑이 용성 부대부인龍城府大夫人[422]의 묘에 방화한 사건이 발생했는데 범인을 잡지 못해서 태안泰安으로 귀양을 가셨으나 얼마 지나지 않아 사면되셨다. 현 임금님 갑자년甲子(1864)에 병조판서에 제수되시고 정헌正憲[정 2품]에 오르셨으며, 을축년乙丑(1865)에 숭정崇政[종 1품]의 반열에 오르셨다. 병인년에는 총융사, 좌참찬左參贊, 훈련대장을

---

418 채수滯祟: 한의학에서 먹은 음식이 잘 삭지 않아서 생기는 병이다.

419 언자言者: '말하는 사람'으로 볼 수도 있으나, 여기서는 대간臺諫의 직책을 맡은 언관言官, 즉 사헌부와 사간원의 관원을 가리키는 것으로 보인다.

420 양이量移: 귀양 간 죄인의 형벌을 감해서 보다 가까운 지역으로 옮기는 것.

421 괘서죄인掛書罪人: 괘서를 한 죄인을 말한다. 괘서는 남을 무고하거나 민심을 선동하기 위해서 은밀히 벽보 등을 붙이는 행위이다.

422 용성 부대부인龍城府大夫人: 철종의 생모인 용성 부대부인 염씨를 가리킨다. 부대부인은 대원군大院君의 아내에게 주는 작호爵號이다.

지내셨고, 정묘년丁卯(1867)에는 숭록崇祿[종 1품]에 가자加資되고 지돈녕부사知敦寧府使가 되셨으며, 무진년戊辰(1868)에는 보국輔國[정 1품]에 오르셨다. 계유년癸酉(1873)에는 판중추부사, 갑술년甲戌(1874)에는 진무사 겸 강화부유수, 을해년乙亥(1875)에는 어영대장이 되셨다. 이것이 공의 이력이다. 갑신년甲申(1884) 12월 10일에 졸卒하시니 향년 74세였다. 임금님께서는 부음을 들으시고 애석해하시면서 관례에 따라 부수賻襚[423]를 하사하셨다.

아내 정경부인은 기계 유씨杞溪俞氏 돈녕도정敦寧都正 휘 준환駿煥의 따님으로 세 아들을 낳으셨으니, 정희正熙는 공조판서이고, 석희奭熙는 전前 판윤이며, 낙희樂熙는 수사水使이다. 서남庶男 찬희贊熙는 현재 군수로 있다.

공께서는 도량이 크시면서도 성품이 관대하셔서 멀리서 뵈면 엄정하시고 가까이 다가가면 따스하셨다. 평소에 다른 사람의 과실을 입에 올리시거나 은밀한 일을 적발하지 않으셨다. 지극한 효성으로 계모를 섬기셔서 탕약을 반드시 손수 달이셨으며, 추운 날에는 간혹 직접 장작을 때곤 하셨다. 남에게 베풀기를 좋아하셔서 타인의 곤궁함을 보시면 힘써 구제해주셨다.

공은 헌종께 인정을 받았다. 임금님께서는 "그 충근忠謹이 큰일을 맡길 만하다"라 하시고 격일마다 공을 소견召見하셨다. 일찍이 선전관이 되셨는데,[424] 임금님께서 친히 시강試講하시는 자리에서 "요즘 무사들은 병학兵學에 안일해서 청장廳將을 시강할 때도 다만 수편首篇에 그치고 말 뿐입니다. 부디 지금부터는 권卷을 마치는 것을 법도로 삼으소

---

423 부수賻襚: 부의로 하사하는 수의.

424 원문에 '嘗爲長宣傳官'이라고 되어 있는데, '長' 자의 의미가 분명치 않다. 그 뒤의 '廳長試講'도 '廳將試講'의 오기인 것으로 생각된다.

서"라고 아뢰자 그 말을 따르셨다. 그 후에 어떤 사람이 상소를 올려서 이를 어긴 중신을 구명하려고 했다. 임금님께서는 대신에게 정죄定罪를 명하셨는데 불가하다고 아뢰다가 마침내 대신 자리에서 물러나게 되었다. 그리고 공을 인견引見하셨는데 공이 아뢰길, "천지는 포용하는 것을 덕의 원리로 삼습니다. 전하께서는 깊이 생각하소서"라고 하였다. 헌종께서 크게 노하여 지팡이를 던지시자 삿갓이 움푹 들어갔다. 이 때문에 좌우가 크게 놀라며 두려워했으나 공의 신색神色은 오히려 더욱 평온할 뿐이었으니, 그제야 사리를 이해하시고 그만 두셨다. 또 일찍이 효문공孝文公 윤정현尹定鉉과 입시入侍했을 때 임금님께서 군제軍制에 관해 말씀하셨다.[425] 당시는 총위영總衛營의 친군親軍을 설치한지 몇 해가 지난 때였다.[426] 공이 아뢰었다. "당나라, 송나라의 위병衛兵과 명나라의 12단영團營[427]은 별 쓸모가 없고 단지 난리의 계제가 될 뿐이었습니다." 그 후 결국 이를 없앴다.

공이 봉산 수령으로 나갈 적에 사폐辭陛[428]를 하는데 임금님께서 읍사邑事에 관해 순문詢問하시고 또 어떤 책을 읽는 것이 좋은지 물어보셨다.

"《대학大學》만한 것이 없고, 거기다가 《진씨연의眞氏衍義》[429]를 참조

•

[425] 원래 시장諡狀에는 이 문장이 없지만, 바로 뒷 문장 첫머리의 '그때[時]'의 의미가 불분명하여 신헌 묘비에서 "甞與尹孝文公定鉉 同入侍 上語及軍制 時新設摠衛營 已數年"라고 한 것에 의거하여 첨가했다.

[426] 총위영總衛營: 헌종 12년(1846)에 총융청摠戎廳을 총위영으로 개칭했다가 철종 즉위년(1849)에 다시 원래대로 복구시켰다.

[427] 원문에는 '二十團營'으로 잘못 적혀 있다.

[428] 사폐辭陛: 지방의 수령 혹은 외국 사신으로 나가는 자가 임금에게 하직 인사를 올리는 일.

[429] 《眞氏衍義》: 송나라 유학자 진덕수陳德秀가 편찬한 《大學衍義》를 가리킨다.

해서 보시면 제왕치평지도帝王治平之道에 크게 유익할 것입니다."

"병서는 어떤 책을 우선해야 하는가?"

"무경칠가武經七家[430] 외에도 병서가 매우 많지만 권모술수가 섞여서 심술心術에 해로우니 제왕이 마음을 둘 만한 것이 아닙니다."

공께서는 군무[橐鞬]에 종사하셨지만 유술儒術로 이를 보완하셨다. 그러므로 교유하는 자들이 모두 문인과 단사端士였던 것이다. 거처에는 화려한 것을 쌓아두지 않으셔서 적적하기가 마치 빈한한 선비와 같았다. 시문詩文은 담백하고 여유로웠으며 《위당집威堂集》을 저술하셨다. 특히 《주역周易》을 좋아하셔서 한스럽고 어려운 상황[吝蹇][431]에서도 마음을 오로지해서 읽기를 그치지 않으셨으며, 읽으시면서 손 가는 대로 적어두곤 하셨다. 서법書法에도 정묘精妙하셨으니 세상에서 명가名家라고 하였다.

공께서 훈련도감을 맡으셨을 때 병략兵略을 아뢰시고 군제를 정비하심에 반듯하게 조리가 분명하셨다[井井有條].[432] 군수물자[軍興]가 부족하자 승호陞戶 자장전資裝錢을 가져다가 각 초哨에 나눠주시고 그 이자를 취해서 결손을 충당하게 하셨다. 또 별고別庫의 남는 쌀을 덜어내어 군량을 보조하셨다. 마반차磨盤車를 만들어서 대포를 쏘시고, 또 수뢰포를 제작하셨으니 이것들은 모두 도설圖說은 있었지만 공인工人들이 본떠서 제조하지 못했는데 공께서 방법을 지시하셔서 추호도 오차가 없게 만드신 것이다. 그리고 강화에 포대 50여 곳을 설치하셨으니 이로

---

[430] 무경칠가武經七家: 《孫子》, 《吳子》, 《司馬法》, 《尉繚子》, 《黃石公三略》, 《六韜》, 《李衛公問對》 등 일곱 가지 병서를 말한다.

[431] 인건吝蹇: '吝'은 후회의 뜻이고 '蹇'은 《周易》 건괘蹇卦 단사彖辭에 〈彖傳〉에 이르길, 건蹇은 어려움이니 위험이 앞에 있는 것이다[彖曰 蹇 難也 險在前也]'라고 했다.

[432] 정정유조井井有條: 조리가 분명하고 정리가 잘 돼서 어지럽지 않은 모습을 형용하는 말이다. 원문에는 '井有條'로 잘못 적혀 있다.

부터 연해 요충지에 방비가 있게 되었다.

공은 만년에 노호鷺湖의 은휴정恩休亭으로 퇴거하셨는데, 은휴는 현 임금님께서 하사하신 이름이다. 발길 닿는 대로 거니시면서 문묵文墨으로 홀로 즐기시다가 세시의 문안과 경하할 일이 있으면 동자 하나가 끄는 나귀에 걸터앉아 도성에 들어오셨으니 아직까지도 아름다운 일로 전해져온다. 공의 가슴속에는 수만 갑병甲兵이 있었으며,[433] 사중師中하여 길함이 있었다[師中有吉].[434] 전략을 수립하는데 부지런하고 일처리가 타당해서 환란에 대비[綢繆][435]하는 장구한 계책을 마련하는 것이 마치 장성이나 태산처럼 무거웠다. 공께서는 충성을 다하고 정도를 지키는데 간절하셔서 임금을 섬기며 조정에 계셨던 58년 동안 동정動靜과 사위事爲가 오직 경전만을 법으로 삼으셨으니 어찌 다만 유자儒者의 기상만 보유하셨겠는가? 공이야말로 문무를 겸비한 당대의 위인이라

●

[433] 병략이 매우 뛰어남을 비유하는 말이다. 중국 송나라 때 오랑캐인 서하인西夏人들이 송나라의 명재상 범중엄范仲淹을 두려워하면서 "연주延州는 생각하지도 말아야 한다. 지금 소범노자小范老子(범중엄)의 뱃속에는 수만 명의 갑병甲兵이 들었으니 우리가 속일 수 있는 대범노자大范老子에 비할 수 있는 사람이 아니다"라고 한 말에서 유래했다.

[434] 사중유길師中有吉: 장수로서 중도를 지키고 굳세서 왕의 총애를 입었다는 뜻이다. 《周易》 사괘師卦 구이九二 효사爻辭에 "구이九二는 사師의 중中에 있어서 길하고 허물이 없으니 왕이 명을 세 번 내린다[九二 在師中 吉 無咎 王三錫命]"고 하였고, 그 상전象傳에서 "'사師의 중中에 있어서 길하다'는 것은 왕[天]의 총애를 받는다는 뜻이요, '왕이 세 번 명령을 내린 것'은 만방을 회유하는 것이다"라고 했다.

[435] 주무綢繆: 단단히 매어놓는다는 뜻으로 환란을 당하지 않도록 미리 대비하는 것을 비유한다. 《詩經》 〈豳風〉 "鴟鴞" 장에서 "하늘이 어두워져 비가 내리기 전에 저 뽕나무 뿌리를 거두어다가 이 둥지의 창문과 문을 단단히 매어둔다면 이제 저 아래에 있는 인간들이 혹시라도 감히 나를 업신여길 수 있겠는가?[迨天之未陰雨 徹彼桑土 綢繆牖戶 今此下民 或敢侮予]"라고 한 데서 연유했다.

고 할 수 있을 것이다.

공의 둘째 아들 판서判書가 장차 조정에 시호를 청하고자 나에게 말을 구하였다. 돌아보건대 내 어찌 후세에 전할 만한 말을 남길 수 있는 사람[立言者][436]이겠는가마는, 부탁을 차마 거절할 수 없어서 그 가장家狀[437]을 엮은 다음에 순서대로 정리해서 태상씨太常氏[438]에게 고하노라.

정이품 정헌대부 의정부참정 겸 장예원경 원임 규장각학사 시강원 일강관 해평海平 윤용선尹容善이 글을 짓노라.

[436] 입언자立言者:《春秋左傳》襄公 二十四年條에 "가장 위대한 것은 덕을 세우는 것이요, 그 다음은 공을 세우는 것이요, 그 다음은 말을 남기는 것[立言]이다. 이것들은 시간이 오래 지나도 사라지지 않으니 이를 일러서 불후不朽라고 한다[大上有立德 其次有立功 其次有立言 雖久不廢 此之謂不朽]"라고 하였고,《前漢書》〈王莽傳〉에서 "앞의 세 가지는 오직 지극한 덕을 갖춘 큰 현인이 된 이후에야 가능하다[唯至德大賢 然後能之]"라고 했다.

[437] 가장家狀: 조상의 행적에 관한 기록이나 행장行狀을 말한다.

[438] 태상씨太常氏: 태상太常은 한나라 이후로 중국에서 제사와 예악, 시호를 내리는 일 등을 주관하는 관리였던 바, 조선시대에서는 봉상시奉常寺가 이에 해당한다.

부록 3

구로다 카요타카黑田淸隆의 《사선일기使鮮日記》에 따른 일본 변리사절단의 주요 행적

《사선일기》는 구로다 키요타카黑田淸隆가 1875년 12월 9일 특명전권변리 대신으로 임명된 후부터 강화도로 파견되어 조일수호조규를 체결하고 다시 귀국해서 복명復命한 1876년 3월 5일까지의 행적과 협상 경과를 일기 형식으로 기록한 책자이다. 이 부록은 사건 진행 경과에 대한 독자의 이해를 돕기 위해 《사선일기》의 기록에 의거해서 일본변리사절단의 주요 행적을 일자별로 정리한 다음에 《심행일기》와 《대일본외교문서》에 수록된 관련 기사 및 문서를 표기한 것이다(《심행일기》: 《沁行》 / 《대일본외교문서》: 《日外》). 따라서 여기서의 서술 관점은 《심행일기》의 그것과 정반대이며, 경우에 따라서는 사실의 기록에 있어서도 상이한 부분이 있다는 점에 유념해야 한다. 한편, 야마베 겐타로山邊健太郎의 《日本の韓國倂合》(太平出版社, 1966. pp. 32~37.)에도 이와 유사한 내용이 있으나 《사선일기》와 비교해볼 때 중요 사건이 누락되었거나 혹은 해설이 추가된 부분이 있다. 이에 따라 《사선일기》의 기록에 의거해서 일본 사절단의 행적을 정리하되 야마베의 책에서 추가된 부분은 *로 구분하여 병기해 두었다.

1월 6일(음력 12월 10일)
· 군함 닛신日進, 모슌孟春, 운송선 타카오마루高雄丸, 쿄류마루矯龍

丸, 하코다테마루函館丸 및 본함本艦 겐부마루玄武丸로 조선 변리
사절선단을 구성함. 이 가운데 닛신은 요코하마에서 출발하고
모슌은 이미 나가사키에 있었음. 이 두 척을 제외한 세 척의 운
송선과 본함이 시나카이品海에서 출항하여 대마도의 다케시키
만竹敷灣에서 집결하기로 함.

1월 8일(음력 12월 12일)
· 오후 12시 5분, 본함이 고베神戶 항에 입항함.
· 1시 30분, 다카오마루도 입항함.

1월 10일(음력 12월 14일)
· 오전 9시 40분, 본함이 시모노세키馬關에 정박함.

1월 13일(음력 12월 17일)
· 오전 8시, 본함이 다케시키 만에 입항해서 이미 도착한 모슌과
  합류함.
· 오전 11시 30분, 다카오마루가 입항함.
* 이보다 앞서 일본 조정에서는 부산에 파견되어 있던 외무소승
  히로츠 히로노부를 통해 조선국 관원에게 구진서口陳書를 전달해
  서 변리대신 파견 계획을 통보하였다. 구로다가 입항하기 이전
  에 히로노부는 이미 귀국하여 이시하라嚴原에 머물면서 그의 도
  착을 기다리고 있었다. 구로다가 입항하자 히로노부가 즉시 다
  케시키로 와서 변리사절단 파견 계획의 전달 상황을 보고했다.

1월 14일(음력 12월 18일)

· 하코다테, 쿄류가 입항함.

1월 15일(음력 12월 19일)

· 오전 7시, 모슌, 하코다테마루, 쿄류마루가 부산을 향해 출항.

· 9시, 다카오마루와 본함 출항.

· 9시 35분, 닛신이 오자키尾崎 항에 들어가는 것을 보고 깃발로 신호해서 부산으로 방향을 돌릴 것을 명령함.

· 오후 2시 50분, 선단이 부산포에 입항함.

· 구로다가 관장대리館長代理 외무 4등서기 야마노죠 스케나가山之城祐長에게, 별차別差를 왜관으로 불러서 사절단이 이미 함대를 이끌고 강화도로 출발했다고 통보하고 이를 서울에 보고할 것을 요구하라고 명령함.

1월 17일(음력 12월 21일)

· 정부에 보고할 문서를 이틀에 걸쳐 정리한 후에 부산포에 정박 중이던 만주마루滿珠丸를 빌려서 고데라 히데노부小寺秀信에게 명하여 시모노세키로 가져가게 함.

· 정오에 닛신, 모슌, 하코다테, 쿄류 등 4척이 출항함. 출항할 때 각각 대포 10여 발 씩을 발사하면서 해전 연습을 실시함.

* 이이다 토시스케飯田俊助도 명을 받고 조정으로 복귀했다.

1월 18일(음력 12월 22일)

· 오후 5시, 다카오마루도 출항함.

* 구로다는 부산에 머물면서 만주마루의 회보回報를 기다렸으나, 풍파로 인해서 며칠 동안이나 돌아오지 않자 다시 호쇼함鳳翔艦으로 공신公信을 시모노세키로 보낸 다음에 그 회신을 풍도楓島[ホルネル][439]로 가져오라고 명령했다.

1월 23일(음력 12월 27일)

· 오후 1시, 호쇼함 출항.
· 같은 시각, 본함도 풍도를 향해 출항.

1월 25일(음력 12월 29일)

· 오후 3시 10분, 본함이 풍도에 도착해서 이미 도착한 닛신, 다카오, 모슌, 하코다테, 쿄류와 합류함.
· 강화부 진입에 앞서 먼저 모슌과 쿄류를 보내서 각각 강화해협의 남쪽 어귀와 북쪽 어귀를 통해 강화부로 진입할 수 있는 수로를 탐측하기로 한 사전계획에 따라 익일 오전 7시에 출발할 것을 명령함.

1월 26일(음력 1월 1일)

· 새벽녘에 모슌을 출발시키려고 했으나 담수淡水를 구하기 위해

[439] 원문은 'ホルネル島'로 되어 있다. 그 지명을 상고할 수는 없으나 추측컨대 현재 아산만에 있는 풍도楓島 혹은 그 근방의 섬을 가리키는 것으로 보인다. 왜냐하면 1월 2일(양력 1월 27일)에 남양부사 강윤이 ホルネル에 정박 중인 닛신 함에 승선해서 문정을 하는데, 《日省錄》正月四日條에서 그 지명을 풍도로 기록하고 있기 때문이다. 풍도는 1894년 7월 25일에 선전포고도 없이 가오슝高升호 등 청국의 선박을 습격함으로써 청일전쟁의 시발이 된 풍도해전으로 널리 알려진 곳이다. 일단 ホルネル는 풍도로 옮기기로 한다.

연안에 나갔던 소기선小汽船이 귀환하지 않고, 닛신함으로 가던 각정脚艇이 조류에 밀려 표류하는 사건이 발생하자 원래 계획을 중단하고 해당 선박들을 구조하기 위해 8시 15분에 모슌을 보냄.
· 오전 9시 15분, 쿄류 함이 강화도를 향해서 떠남. 부대신 이노우에 카오루, 다네다 마사아키種田政明, 야스다 사다노리, 선장 제임스 등이 승선함.

1월 27일(음력 1월 2일)
· 오전 7시 30분, 모슌이 강화 남쪽 어귀를 향해 출발함. 카바야마樺山 중좌 등이 승선함.
· 10시, 하코다테마루를 보내서 남양, 인천 연해를 측량하고 정박에 편의한 장소와 담수淡水의 소재를 구함.
· 남양부사 강윤姜潤이 문정 차 풍도에 정박 중인 닛신함에 접근함. 미야모토 오카즈, 고마키 마사나리가 닛신함에서 응접함.

1월 28일(음력 1월 3일)
· 오후 7시 10분, 하코다테마루가 귀환함.

1월 29일(음력 1월 4일)
· 오후 1시, 본함인 겐부, 닛신, 다카오마루가 대부도大阜島를 향해서 출발. 하코다테마루에 풍도에 남아서 쿄류마루가 귀환하면 본함의 소재를 알려주고, 호쇼함의 귀환을 기다렸다가 함께 대부도로 올 것을 명령함.

1월 30일(음력 1월 5일)

· 오전 9시 15분, 오경석과 현석운이 2척의 배를 타고 접근해서 문정에 응할 것을 요청함. 미야모토 오카즈, 모리야마 시게루 등을 보내서 닛신 함에서 응접함(《심행》正月七日條/《日外》제 9권, 문서번호 6).

1월 31일(음력 1월 6일)

· 오전 9시 15분, 모슌이 강화 남쪽 어귀에서의 측량을 마치고 복귀함.

2월 1일(음력 1월 7일)

· 오전 4시, 급수汲水를 위해 우라세 유타카와 사관 2명을 인천으로 보냄. 방어사 겸 인천부사 윤협尹陜이 직접 나와서 문정함(《沁行》正月八日條).

· 오후 3시, 쿄류마루가 강화 북쪽 어귀에서의 측량을 마치고 복귀함.

2월 2일(음력 1월 8일)

· 12시 30분, 모리야마 시게루와 우라세 유타카가 인천으로 가서 부사 윤협을 만나 상의한 후 오후 10시에 돌아옴(《沁行》正月九日條/《日外》제 9권, 문서번호 9).

2월 4일(음력 1월 10일)

· 오전 10시, 풍도에 잔류한 하코다테를 제외한 모든 선박이 강화

도를 향해서 출발해서 남쪽 어귀를 통해 강화해협에 진입함. 오후 1시 30분, 초지진 앞 항산도項山島에 정박함.

· 오경석, 현석운이 경직 오품관京職五品官 고영주高永周와 함께 접근해서 문정을 시도함. 닛신함으로 오게 한 다음에 모리야마 시게루, 스즈키 다이스케를 보내서 응접함(《沁行》正月十一日條/《日外》 제9권, 문서번호 10).

2월 5일(음력 1월 11일)

· 오전 7시 20분, 모리야마 시게루, 야스다 사다노리, 우라세 유타카 등을 강화부로 보내서 구로다가 상륙할 예정임을 통보하고 거처 등의 일을 협의하게 함.

* 인천부를 향해 내려간 조선 측 접견단이 아직 돌아오지 않아서 먼저 강화부 유수 조병식과 협의했다(《日外》 제9권, 문서번호 11). 오후에 조선 측 접견 사절단이 복귀한 후 접견부관 윤자승과 협의했다(《沁行》正月十二日條/《日外》 제9권, 문서번호 13).

· 오전 10시. 쿄류마루를 풍도로 보내서 하코다테마루와 교대시킴.

2월 6일(음력 1월 12일)

· 오후 7시 45분, 모리야마, 야스다 등이 강화부에서 복귀함.

2월 7일(음력 1월 13일)

· 오후 1시 40분, 하코다테마루가 만주마루를 인도해서 항산도에 도착함. 외무권대승 노무라 야스시와 고데라 히데노부가 이 배

를 타고 옴.

2월 8일(음력 1월 14일)

· 오전 3시, 쿄류마루가 풍도에서 돌아옴.

· 오전 10시 50분, 모리야마, 아라카와, 나가노 교타로長野許太郎 등을 다시 강화부로 보내서 구로다가 모레 상륙할 예정이라는 사실을 통보하고, 제반 준비를 시행하게 함.

2월 9일(음력 1월 15일)

· 의장병 일부를 초지진에 상륙시켜서 강화부로 진입하게 함. 이 과정에서 다카오마루에서 각정脚艇으로 옮겨타다가 배가 전복되어 의장병 2명이 익사하는 사건이 발생함.

2월 10일(음력 1월 16일)

· 오후 1시, 구로다와 이노우에가 수행원들과 해병 30명을 거느리고 본함을 떠나서 강화부로 출발함. 3시 40분, 강화부 부수영副帥營[中營]에 마련된 숙소에 도착함. 곧장 접견대관 신헌의 거처를 방문함. 4시 30분, 신헌, 윤자승 등이 바로 회사回謝 차 내방함(《沁行》 正月十六日條/《日外》 제 9권, 문서번호 14).

2월 11일(음력 1월 17일)

· 오후 1시, 두 대신이 서문西門 내 연무당鍊武堂에서 신헌, 윤자승과 회담함. 미야모토 오카즈, 모리야마 시게루, 고마키 마사나리, 우라세 유타카 등이 수행함(《沁行》 正月十七日條/《日外》 제 9권,

문서번호 16).

2월 12일(음력 1월 18일)
· 오후 1시, 두 대신이 진무보리영문鎭撫保釐營門 밖 집사청執事廳
에서 신헌, 윤자승과 회담함. 미야모토 오카즈, 모리야마 시게
루, 야스다 사다노리, 고마키 마사나리, 우라세 유타카, 아라카
와 토쿠지 등이 수행함. 조약서 초안을 보여주고 금번 사사使事
의 요점을 설명함. 조선 측에서 조정의 재결을 받기까지 열흘의
기한을 요청해서 이를 허락함(《沁行》 正月十八日條/《日外》 제9권, 문
서번호 17).
· 오후 2시, 시나가와마루品川丸가 해군성에서 보낸 석탄과 양식
을 싣고 도착함.

2월 13일(음력 1월 19일)
· 오후 1시, 두 대신이 집사청에서 신헌, 윤자승과 회담함. 미야모
토 오카즈, 모리야마 시게루, 야스다 사다노리, 스즈키 다이스
케, 우라세 유타카, 아라카와 토쿠지 등이 수행함(《沁行》 正月十九
日條/《日外》 제9권, 문서번호 18).
· 오후 3시, 오경석과 현석운이 내방하여 조약안을 한문으로 번
역함. 모리야마, 스즈키가 응접함(《日外》 제9권, 문서번호 19).

2월 14일(음력 1월 20일)
· 낮 12시 40분, 현석운이 내방해서 모리야마 시게루가 응접함.

2월 15일(음력 1월 21일)

· 낮 12시 50분, 오경석이 내방해서 미야모토 오카즈가 응접함.

2월 16일(음력 1월 22일)

· 오후 4시, 인천, 부평 등지의 연해를 측량하기 위해 모슌이 항산도에서 출발함.

· 오후 8시, 비상 신호의 점검 차 강화부 내 정자산亭子山[440]에서 화전火箭을 세 번 발사함. 현석운이 와서 이를 힐문함. 잠시 후 현제순이 와서 일본인들이 통진에서 백기白旗 세 개를 세운 일과 일본 병사 세 명이 남문南門의 통행금지 시간을 위반한 일에 대해서 힐문함.

2월 17일(음력 1월 23일)

· 오후 7시, 현제순이 와서 한강을 측량한 일을 힐문하고 이를 중지할 것을 청함. 이미 효과를 거두었으므로 응낙함.

2월 19일(음력 1월 25일)

· 오전 8시, 현석운이 우라세 유타카를 자기 거처로 불러서 의논함.

· 오후 4시, 미야모토 오카즈, 노무라 야스시가 신헌을 방문해서 의논함(《沁行》正月二十五日條/《日外》제9권, 문서번호 20).

2월 20일(음력 1월 26일)

· 오전 10시, 현석운이 내방해서 미야모토 오카즈가 응접함.

---

[440] 정자산亭子山: 강화읍 관청리에 있는 견자산見子山을 가리킨다.

· 오후 2시, 노무라 야스시가 우라세 유타카를 대동해서 신헌을 방문하고 5시에 돌아옴.

· 오후 7시 30분, 두 대신이 노무라 야스시, 모리야마 시게루, 야스다 사다노리, 고마키 마사나리, 스즈키 다이스케 등을 데리고 집사청으로 가서 신헌, 윤자승과 회담함. 협상의 결렬을 선언하고 선박으로 돌아가겠다고 통보함(《沁行》正月二十六日條/《日外》제9권, 문서번호 21).

· 즉시 노무라가 우라세 유타카를 데리고 신헌의 거처를 방문해서 의논하고 새벽에 돌아옴.

* 이보다 앞서 조선 정부에서 오경석을 불러 올렸다. 이는 조약의 일을 의논하기 위한 것이었다. 오경석이 서울에 있으면서 조약안 가운데 정부에서 이의가 있는 것들을 신헌과 윤자승에게 알렸다. 신헌과 윤자승이 현석운을 시켜서 그 뜻을 대신에게 전달하고 삭제나 개정을 요구한 것이 몇 건 있었는데, 대신이 그 요청에 응했다. 현석운이 다시 우리 여관에 와서 조약안을 교정했다. 미야모토 오카즈가 그것을 살피다가 조약 비준에 국왕의 서명이 들어가는 문제에 관해 저들에게 이의가 있음을 알게 되었다. 그래서 이날 밤 대신이 갑자기 신헌과 윤자승에게 면접을 요청했던 것이다. 저들이 이날 의정부에서 보내온 사사謝辭 문안[441]을 보여주었다. 그것을 보니 말이 주로 변명에 관계될 뿐만 아니라, 강화포격의 일에 관해선 한 마디 언급도 없어서 후회하고 사죄하는 뜻을 볼 수 없었다. 게다가 비준 서명의 사안이 끝내 타협되지 않았으므로 대신이 사신의 일이 순조롭게 이뤄지지 않

---

[441] 본문 二月二十六日條에 수록된 의정부 조회문('冊子謄本')을 가리킨다.

으니 어쩔 수 없이 귀국해야 한다고 말했던 것이다.

2월 21일(음력 1월 27일)

· 오후 3시, 미야모토 오카즈, 모리야마 시게루, 노무라 야스시, 스즈키 다이스케가 현제순을 앞세우고 신헌을 방문해서 의논함. 모리야마와 스즈키가 먼저 돌아오고, 미야모토와 노무라는 6시가 넘어서 돌아옴(《日外》 제9권, 문서번호 22).

2월 22일(음력 1월 28일)

· 오전 9시 30분, 두 대신이 떠나기 전에 야스다 사다노리를 대신 보내서 고별함(《沁行》 正月二十八日條/《日外》 제9권, 문서번호 23).

· 오전 11시 30분, 오경석과 현제순이 찾아오고 잠시 후 신헌과 윤자승이 찾아와서 떠나지 말 것을 간청함. 이에 앞으로 5일 동안 선박에서 기다리기로 하고, 이 기일을 어길 경우엔 바로 귀국할 것이라고 최후 통보함(《沁行》 正月二十八日條/《日外》 제9권, 문서번호 24).

· 오후 1시, 대신이 모리야마, 야스다 등을 거느리고 강화부를 떠나서 항산도의 선박으로 복귀함.

· 이 때 부대신은 강화부에 몰래 남아 있었음. 그 외 미야모토, 노무라, 고마키, 스즈키 등과 약간의 병력을 잔류시킴.

 * 당시 오경석이 이미 서울에서 돌아와 있었는데, 신헌과 윤자승이 다시 오경석과 현석운을 서울로 올려 보내서 품의하게 했다.

2월 23일(음력 1월 29일)

· 오전 11시, 강화부에서의 사진 촬영 요청에 따라 가와다 키이치

河田紀一를 촬영 도구와 함께 보냄(《沁行》正月三十日條).

- 스즈키 다이스케를 강화 유수에게 보내서 익사한 병사의 시신 인양 작업을 중단해줄 것을 요청함(《沁行》正月三十日條).

2월 24일(음력 1월 23일)

- 정오에 조선 국왕 및 신하들에게 증급할 물품 및 공문을 강화부로 보냄.
- 시모노세키에서 출항한 타마우라마루瓊浦丸가 제물포에 정박함. 이이다飯田 중위가 사서使書를 가지고 옴. 오후 3시, 수부水夫 2명에게 도쿄의 공신公信을 가지고 강화부로 가게 함. 대신이 부대신에게 글을 보내서 '타마우라함이 도착했으니 이 기회를 잘 이용해야 한다. 저들에게 우리 정부로부터 독촉 명령이 왔다고 말하라'는 취지의 지시를 내림.

2월 25일(음력 2월 1일)

- 오전 10시 30분, 타마우라마루가 항산도에 도착함.
- 오전 11시 30분, 오경석과 현석운이 찾아와서 응접함. 그들은 자신들이 어제 밤에 서울에서 돌아왔으며, 또 조선 정부는 모든 문제를 우리가 논의한 바에 따라서 조약을 체결할 것이라고 알려준 뒤에 자신들이 가지고 온 조약서와 의정부 사사謝辭의 정본淨本을 보여줌.
- 오후 4시에 강화부에서 온 공서公書를 받고, 27일 오전 9시에 저쪽 대관을 만나서 조약을 교환하기로 결정함.

2월 26일(음력 2월 2일)

· 오후 1시 30분, 대신이 수행원을 인솔해서 본함을 출발, 4시에 강화부에 도착함.

· 조약 체결과 함께 조선 군주에게 진헌하기로 한 회전포回轉砲의 발사 시범을 보이고 그 외 권총[短銃]의 사용법을 전수함.

2월 27일(음력 2월 3일)

· 오전 9시, 연무당으로 가서 신헌, 윤자승과 회동함. 타네다 마사아키, 카바야마 스케노리, 야스다 사다노리, 고마키 마사나리, 스즈키 다이스케, 우라세 유타카 등이 수행함. 상호 조약에 검인하고 교환함. 저쪽에서 다시 조약 비준문과 의정부 조회문을 전함. 대신이 축사를 낭독함. 연향을 마치고 12시에 고별한 후 곧장 선박으로 돌아옴. 정리를 위해서 미야모토, 노무라, 스즈키 등을 잔류시킴(《沁行》二月三日條/《日外》 제9권, 문서번호 29).

· 미야모토, 노무라 등이 신헌의 처소로 가서 대화함(《沁行》二月四日條/《日外》 제9권, 문서번호 30).

2월 28일(음력 2월 4일)

· 미야모토 등이 돌아옴. 오전 9시에 모든 선박이 출발함.

3월 5일(음력 2월 10일)

· 4일 오전 10시에 도쿄에 상륙. 5일 두 대신이 조회에 참석해서 복명함.

정월 18일 운현서 正月十八日 雲峴書

《沁行日記》正月八日條에 현석운과 오경석이 직접 대원군의 서한을 신헌에게 전달했다는 기록이 나온다. 그 서한의 내용은 현재 확인할 수 없다. 하지만 대원군이 正月十八日에 조정의 대신들에게 서계 접수 문제와 관련해서 보낸 서한이 《용호한록龍湖閒錄》에 전해지는데 이를 통해 신헌에게 보낸 서한의 내용을 짐작할 수 있을 것 같다. 또 이 서한은 고종의 친정이 시작된 이후에도 대원군이 여전히 정계에 막강한 영향력을 행사하고 있었음을 보여준다.

여러 군자들이 날마다 모여서 나라를 위해 노고가 많지만 무슨 일을 의논하고 있는지 내가 참여해서 듣지 못한 것이 오래되었다. 비록 말을 해도 채택되지 않고 계획을 세워도 시행되지 않지만, 500년 종사가 폐허처럼 되었으니 이는 나의 죄이다. 내가 어떻게 묵묵히 있을 수 있겠는가? 몇 가지 조목을 다음과 같이 분변하노라.

1. 왜倭와 우리는 예로부터 형제의 나라로 일컬어졌다. 300년 동안 약조가 정연했는데 금일 이른바 서계라고 하는 것이 옛 법규를 문란케 해서 '大

日本', '大皇帝', 그리고 '勅' 자를 스스로 칭했으니 모두가 지극히 흉악하다. 우리나라에 이르러서는 평행하게 써서 마치 황제가 명령하는 문서[詔制文字]와 같았다. 예전에 감히 쓰지 못하던 것을 방자하게 우리에게 칭하고 있으니 어찌 크게 부끄럽지 않겠는가?

1. 근래 동래부에 와서 공갈을 한 왜인들의 선박 도구와 의복이 모두 서양제였으니, 이는 다른 이유에서가 아니다. 양이洋夷의 의식과 제도를 수용해서 양인이 되고자 하는 계책으로서 다만 그들의 앞잡이[前茅]가 된 것에 불과하니 어찌 앉아서 그 기만 술책에 당하여 멸망을 자초하겠는가?

1. 사신을 들여보내 연향을 하는 일에는 본래 정해진 장소가 있다. 그런데 금일 사신은 갑자기 병선을 거느리고 곧장 내양을 침범했으니, 조정에 사람 없음을 이미 알고 있었다. 지난번에도 온 조정이 두려워할 뿐, 저들을 물리치자는 말은 한마디도 들리지 않고 은연중에 받아들이는 뜻이 있었음은 어째서인가?

1. 8년 동안 대치하면서 특별히 책언責言이 없었는데 지난번 별함[別函][442]으로 말하자면 동래부사 박 아무개를[443] 칭탁했으니 어찌 흔단을 자초한 것이 아니겠는가?

1. 한 번 금일의 국가를 보라. 이것이 끝내 누구의 국가인가? 조정의 의론이 창졸간에 이렇게까지 어지러워질 것이라고는 생각지도 못했다. 서계를 접수하고 접수하지 않음은 묘당이 따로 있으니 알아서 결정하겠지만, 국가가 보존되고 보존되지 않음을 염려하는 것은 오직 나 한사람만이 있을 뿐이다. 나에게는 가동家僮이 있으니 거느리고 순국할 수 있지만, 청구靑邱 삼천리로 말하자면 어찌 현성賢聖한 조종祖宗들께서 배양하신 후예가

---

[442] 부록 4-3의 〈히로츠 히로노부의 구진서와 별함〉을 참조하라.
[443] 1873년에 동래부사 정현덕이 체임되고 그 후임으로 온 박제관朴齊寬을 가리킨다.

아니겠는가? 이제 와서 여러 군자들은 혹시 내가 망발한다고 여기는가?
말이 여기까지 이르렀으니 그대들이 양찰하기만을 바란다.

— 《용호한록》, 서울대학교 규장각 소장본, 제 22책

왜관시말倭館始末

순암順菴 안정복安鼎福(1712~1791)은 성호星湖 이익李瀷의 제자로서 조선 후기의 저명한 실학자이자 《동사강목東史綱目》을 비롯한 많은 국사 서적을 찬술한 역사학자였다. 그의 문집 《순암집順菴集》에 왜관의 역사에 관해 기술한 서한이 전해진다. 강화도 조약 당시 관館의 설치 문제를 두고 일본 측에서는 근대적 외교 공관의 의미로 접근한 반면, 조선 측에서는 전통적 왜관의 확대 설치로 이해하는 등 양국 간에 인식의 차이가 있었다는 사실은 이미 본문의 주석에서 지적한 바 있다. 왜관의 유래에 관한 안정복의 글을 수록하여 독자의 이해를 돕고자 한다.

신라시대에 왜구가 자주 침범했지만 화친과 전벌戰伐이 역사에 상세하지 않으니 지금 상고할 수 없다. 고려 시대에 대마도 인이 항상 금주金州지금 김해이다.에 왕래하면서 시장을 열고 무역을 했기 때문에 접대하는 장소가 있었지만 본조本朝의 제도처럼 거류하는 관[留館]이 있다는 말은 듣지 못했다.

고려 말에 대마도주가 종경宗慶이었는데 그 이후로 종씨宗氏가 대대로 도주가 되었다. 우리 태조 때 종경의 아들 영감靈鑑이 우리에게 귀순했다. 영감이 죽고 그의 아들 정무貞茂가 그 뒤를 이었는데 대대로 성심으로 귀의하자 태종께서 명하셔서 경상도 곡식 수만 석을 보내서 매년 그 생계를 도와주셨다. 또 그의 무리들을 진도와 남해 등지로 이주해줄 것을 청하자 상께서 허락하려고 하셨는데 그때 마침 정무가 죽고 그 아들 정성貞盛이 뒤를 이었으니 그가 바로 소위 도도태와都都態瓦라는 자였다. 그가 누차 변경 해안 지역에서 소요를 일으키자 세종 기해년己亥(1419)에 대마도 정벌을 단행했다. 당시 최윤덕崔潤德이 웅천 내이포乃而浦지금은 제포라고 한다.에 이르러 포구에서 장사와 어업을 하던 왜인들을 사로잡아 700여 명을 참수했으니, 그렇다면 그 이전부터 무역이 이뤄지고 있었음을 알 수 있다. 그러나 관館을 세웠는지의 여부는 상세하지 않다.

그 이후로 대마도에서 위엄을 두려워해서 감히 방자하게 굴지 못했다. 그리고 삼포三浦에 와서 살면서 무역과 어업을 하게 해달라고 청하자 조정에서 허락하고 마침내 관館을 건축해서 거처하게 했다. 또 삼포에 왜역倭譯을 둔 것이 내이포와 울산의 염포鹽浦, 그리고 동래의 부산포지금 부산釜山이다였는데 그것은 저들의 왕래와 정박이 이곳에서 가장 편리하기 때문이었다. 그 후 거류로 인해 대마도 인들이 점차 번식하게 되자 16년 갑인년甲寅(1434)에 상께서 예조에 명하여 정성에게 공문을 보내 쇄환刷還하게 하셨다. 그런데 그 가운데 가장 오래 있었던 자 60명이 당분간 머물게 해달라고 청하자 상께서 허락하셨다. 이에 재상 허조許稠가 극력 간언을 올렸지만 상께서 듣지 않으셨다.

세조 정해년丁亥(1467)에 정성이 죽고 그의 아들 성직成職이 후사를 이었다. 당시 삼포의 왜인 호구수가 점차 증가해서 466가구, 남녀 인구 1,650여 명에 이르렀다. 그러자 상께서 예조판서 신숙주申叔舟에게 명하여 성직에게 서계를 보내서 옛 약조에 따라 대마도 인들을 쇄환시킨 다음에 보고하라고 하셨다. 그런데 성직이 그 명에 따르려 하던 참

지워짐

에 죽어버려서 시행되지 않고, 종제從弟 정국貞國이 대신해서 도주가 되었다. 예종 원년 기축년己丑(1469)에 재차 정국에게 왜인의 쇄환을 명했지만 정국이 시일을 끌어서 다 돌려보내지 못했다.

중종 5년 경오년庚午(1510) 4월에는 삼포에서 왜인들이 반란을 일으켜서 웅천을 함락시켰다. 이에 유담년柳聃年과 황형黃衡 등을 파견해서 그들을 토벌한 후에 그 소굴을 불태우고 주택을 허물어뜨렸다. 그리고 세 관館을 모두 무너뜨려서 절화絶和의 뜻을 보였다. 황형이 그 위세를 몰아 대마도까지 진격해서 점거하려고 했지만 실행하지는 못했다. 이듬해 신미년辛未(1511)에 일본 승려 붕중弸中이 경내까지 와서 화친을 간청했지만 물리쳤다가 다시 그 이듬해인 임신년壬申(1512)이 돼서야 비로소 화친을 허락하고 부산에 왜관을 다시 설치했다.

그보다 앞서 정국이 죽은 다음에 그 아들 익성杙盛이 뒤를 이었고, 익성의 사후엔 성장盛長이 뒤를 이었는데, 그 후에 다시 사량진蛇梁鎭을 노략하자 조정에서는 부산 왜관에서 거류하는 왜인들을 모두 추방하라는 명을 내려서 그들을 응징했다. 그 이후로는 다시 관館을 설치하지 않았다.

선조 임진년壬辰(1592)에 이르러 왜인의 추장酋長 수길秀吉이 우리나라에 큰 상처를 입혔다. 난리가 안정된 후에 다시 관계가 회복되어 예전처럼 관館을 짓고 무역하게 되었는데 두모포豆毛浦로 왜관의 자리를 옮겼다. 인조 말년부터 관왜舘倭가 관이 협소하다는 이유로 옮겨줄 것을 청했지만 허락하지 않다가, 30여 년이 지난 숙종 4년 무오년戊午(1678)에 이르러서야 비로소 초량포草梁浦로의 이주를 허락했다. 왜관 내부에는 동과 서, 두 관館이 있는데 그 거리가 370여 보나 되어 전에 비해 두 배나 넓다고 한다. 왜관의 시말이 대체로 이와 같다. 성장의 사후로부터 의조義調에 이르기까지는 계보가 상세하지 않다. 의조의 아들이 의지義智이고, 의지의 아들이 의술義戌이고, 의술의 아들이 의진義眞이고, 의진의 아들이 의륜義崙이다. 지금 주상 무진년戊辰(1736)에 수신사가 갔을 때 도주가 의여義如였는데, 의륜과는 무슨 관계인지 알 수 없다.

관館을 설치해서 왜인을 접대하는 것이 비록 왕자王者가 회유하는 큰 덕이기는 하지만 마침내 오랑캐[介鱗]로 하여금 우리 문명[衣裳]과 뒤섞이게 했으며, 마지막에는 저들이 번식해서 중종 경오년과 명종 을묘년의 변란이 발생했으니, 허문정許文正의 말이 대체로 입증되었다. 처음엔 비록 저들의 간청 때문에 허락해 주었지만 저들이 약속을 저버리고 반란[犯順]을 일으킨 다음엔 어찌 다시 전철을 밟을 이유가 있겠는가? 임진년 이후 화친을 회복했을 때, 비록 무역은 허락해 주더라도 응당 지금의 의주義州와 육진六鎭의 예에 따라 우선 날짜를 정했다가 기일이 되면 모여서 무역을 하고, 그 다음엔 다시 돌려보내어 체류하지 못하게 해야 했다. 그렇지 않으면 절영도絶影島나 기타 회합할 수 있는 섬에 관館을 설치하여 양국이 기일을 정해서 만나기만 하면 될 뿐이며, 내지에 관館을 설치해서 우리 백성들의 가옥과 연결시킬 필요가 없었다. 아침저녁으로 상종해서 변방의 금령을 허술하게 만들고 국사를 외부로 누설하고 있으니 어찌 타당한 계책이겠는가? 듣건대 게다가 왜역倭譯의 집들을 왜관 근처에 거류하게 해서 그 수가 매우 많다고 한다. 이들 무리는 오직 이익의 유혹만을 탐할 뿐이니 어찌 국가의 대계를 알겠는가? 이 때문에 나라 안의 비밀문서와 은미한 일들을 저들이 먼저 알고 있으니 어찌 잘 대처할 방도가 없어서 이처럼 소홀히 한단 말인가! 참으로 탄식할 일이다.

— 《순암집》 제 9권, "答李仲命別紙"(한국고전번역원, 2008)

히로츠 히로노부廣津弘信의 구진서와 별함

구로다 키요타카가 정식으로 특명전권변리대신으로 임명된 것은 1875년 12월 9일의 일이었다. 당시 동래 왜관에 파견되어 있던 일본 외무성 이사관理事官 히로츠 히로노부는 12월 19일에 구진서口陳書와 별함別函을 훈도 현석운에게 전달하면서 구로다의 파견 계획을 일방적으로 통고했다. 아래 수록된 글은 히로츠 히로노부의 구진서와 별함의 전문이다. 이 문서들을 통해 구로다의 파견이 명목상 서계 문제와 운요호 사건의 변리를 위한 것임을 확인할 수 있다.

우리 조정에서 현재 특명전권변리대신을 파견했으니 강화만江華灣을 경유해서 곧장 서울로 전진할 것이다. 이 때문에 우리 외무경이 본관을 특별히 파견해서 사전에 통보하는 것이다. 다시 사명使命의 취지의 개략을 별함別函에 서술하여 사전 통지의 편의를 도모하는 바이다.

[별함]
우리 조정이 중흥할 때[444] 전서專書를 보내서 통고한 것은 옛 우호를 지

---

[444] 메이지 유신을 가리킨다.

속하려는 뜻이었다. 하지만 이후 사신이 서너 차례 나갔는데 7, 8년이 지나도록 한 글자, 한 서신도 통보 받은 일이 없었다. 작년에 우리 외무 관원 모리야마가 동래부사 박朴 아무개[445]로부터 외무경 서계를 다시 작성해 오면 동래에서 접견하겠다는 약속을 받았다. 이에 우리 조정에서는 약속한 기한에 맞춰서 보냈으니, 어찌 약속을 어기고 접견하지 않으리라고 생각이나 했겠는가? 또 우리 날짜로 9월 20일에 우리 화륜선이 뉴장牛莊으로 갈 때 강화도를 지나다가 강어귀로 가서 담수를 구하려고 했는데 갑자기 포격을 당했다. 그러나 우리 조정에서는 귀국의 뜻을 알지 못해서 차마 양국의 우호를 수렁에 빠뜨릴 수 없었다. 이에 육군중장 겸 참의 구로다를 특명전권변리대신으로 임명해서 귀국에 파견한 다음에 진상을 정확하게 조사하고 질문해서 반드시 요체[要領]를 알아내고자 한다. 우리 날짜로 메이지 9년 1월 중순에[귀국 날짜로는 금년 12월 10일부터 24일 사이] 바로 강화도로 갈 예정이지만, 그때 만약 접견해서 답을 구하지 못한다면 곧장 서울로 갈 것이다. 머뭇거리거나 고의로 시일을 늦추는 관법慣法은 결코 용납하지 않겠지만, 또한 도적이 아니라 혼인을 구함이니 옛 우호로 돌아가려는 것이다.[446] 단, 사신의 일이 중대하고 변방 군사와 백성들의 정상이 헤아리기 어렵다. 그러므로 지금 병선[兵舶]으로 사신을 호위하는 것은 부득이한 일이다.

— 《일한외교사료日韓外交史料》 제1권, pp. 66~67.

●

[445] 동래부사 정현덕의 후임 박제관朴齊寬을 가리킨다.

[446] 여기서 '도적이 아니라 혼인을 구함이다[匪寇婚媾]'는 구절은 《周易》 분괘賁卦 육사六四 효사爻辭에서 인용한 말로 사행使行의 목적이 수호에 있음을 강조하기 위한 것이다. '옛 우호로 돌아간다[言歸于好]'는 구절은 《春秋左傳》 僖公 九年條에 나온다. 《日韓外交史料》에는 '言婦于好'로 잘못 기록되어 있다.

대원위록기大院位錄記 · 답상대원군서答上大院君書

아래 〈대원위록기大院位錄記〉와 〈답상대원군서答上大院君書〉는 1873년 고종
의 친정 이후 일본과의 서계 문제가 첨예한 정치적 사안으로 대두되던 상
황 속에서 각각 서계 접수 거부론과 서계 접수 불가피론을 대표했던 흥선
대원군과 환재瓛齋 박규수朴珪壽의 서한을 옮긴 것이다. 박규수의 문집인
《환재집瓛齋集》에는 서계 문제와 관련해서 대원군에게 보낸 서한 5편과 좌
의정 이최응李最應에게 보낸 서한 9편이 수록되어 있는데 여기에 수록한 글
은 대원군에게 보낸 서한 중 한 편이다. 당시 서계 문제의 구체적인 쟁점과
양측의 논거를 비교할 수 있도록 두 편의 서한을 나란히 수록했다.

대원위록기大院位錄記직곡直谷에서[447] 헛되이 왜인의 정세를 상량하고 조목별로 분변함

　근자에 들으니, 왜국의 정세가 헤아리기 어려워서 비난하는 말들이
자주 오고 전해지는 말에 헛소문이 많아서 인심이 두려워하며, 서계를
받지 않음이 화를 초래하는 단서가 될 것을 우려해서 못난 논의를 하
는 자들에게 차츰 빠져들고 있다고 하는데 이는 크게 잘못된 것이다.

---

[447] 직곡直曲: 1873년 대원군이 실각한 이후 머물렀던 양주 곧은골[直谷]을 가리킨다.

만약 강약의 형세만을 믿고서 옛 맹약을 저버렸다면 등藤, 설薛과 같이 작은 나라는 제齊, 초楚와 같은 큰 나라에 의해 이미 오래전에 폐허가 됐을 것이다. 더구나 우리 삼천리 봉강封疆은 명분이 바르기 때문에 군대의 사기가 왕성한 반면 저들의 만리 중명重溟은 명분이 없기 때문에 쇠퇴하리라는 것은[448] 꼭 지혜로운 자의 계산이 아니더라도 알 수 있는 일이다. 그러므로 아래와 같이 조목 별로 분변하노라.

예전에 서계를 물리친 것은 망령되게 존칭을 붙이고 약조를 위배했기 때문이다. 비록 저 왜인들이 교활하고 간악하긴 하지만 그래도 말이 엄정하고 의리가 바름을 알아서 감히 다시는 시끄럽게 굴지 못했는데 지금 어째서 또 온 것인가? 저들이 '皇'과 '大'를 쓴 것이 또 예전의 호칭을 제거하지 않았다. 더구나 '新' 한 글자를 더 첨가해서 '皇' 자와 함께 극항極行에 쓰고[449] 우리나라는 한 글자를 낮춰서 적었다. 이는 우리나라를 우방의 대등한 예로 대한 것이니[450] 그것을 접수해야 한다는 말은 우리나라 신자臣子가 감히 논의할 수 있는 바가 아니다. 대청大淸은 본래 황제의 나라이므로 서로 호칭할 때 '皇'과 '大'를 쓰더라도 조금도 문제가 없지만, 우리나라의 경우엔 '大朝鮮', '大皇帝'라고 칭할 수가 없고 단지 '國王'이라고만 해야 한다. 그런데 저들이 '大日本', '大皇帝'의 아래에 '國王'이라고 우리를 호칭한다면 그 등

---

[448] 원문의 "況我之三千里封疆 師直爲壯 彼之萬里重溟 師曲爲老"라는 구절은 《春秋左傳》 宣公 十二年條에 "명분이 바른 군대는 사기가 왕성한 반면에 명분이 없는 군대는 쇠하기 마련이다師直爲壯 曲爲老"라고 한 데서 유래한 것이다.

[449] 극항極行: 임금이나 국가 등 지고至高의 뜻을 내포하는 글자는 통상 한 글자를 높여서 쓰는데 이 줄을 극항이라 하고, 그렇지 않은 줄을 평항平行이라고 한다. 이와 관련해서는 아래 박규수의 서한을 참조하라.

[450] 문맥상 '우리나라를 우방의 대등한 예로 대한 것이 아니다'라고 되어야 할 듯하지만, 우선 원문에 따라 해석했다.

급과 분수가 확실하게 존재하니 이를 용인할 수 있겠는가? 또 나중에 통신사가 나갈 때 우리나라 서계 중에서 전에 '大君殿下'라고 칭하던 것을 장차 '皇帝陛下'라고 고칠 수 있겠는가? 게다가 그 서계의 어구 중에 속히 전사專使를[451] 파견해 달라는 말이 있었다. 만약 그렇게 한다면 앞으로 우리와 저들을 호칭할 때 무엇이라고 할 것인가? 금일 전사를 파견해 달라는 것은 우리를 귀순하게 만드는 것과 다를 바가 없으니 통탄스럽고도 통탄스럽도다!

하나, 관백關伯을 없앤 후에 비로소 '大日本'을 칭하게 되었다는 말은 어불성설이다. 《왜한삼재도회倭韓三才圖會》를 보면 일본지도에 이미 '大日本'이라고 써놓았다. 그렇다면 예전부터 제 나라에서는 '皇'과 '大'를 자칭했으나 감히 서계에 쓰지 못하던 것을 이제 와서 갑자기 칭하고 있으니 그 뜻이 과연 어디에 있는가? 예조판서에게 온 서계를 보면 황제가 반포한 조칙과 다를 바가 없고, 예조참판에게 온 서계를 보면 '사민士民들이 격노했다'고 하는 것이 명백히 공갈하는 말이다. 더구나 교린 서계의 문장은 사리에 따라 작성해야 할 뿐인데, 지금 '간신을 내쫓고 교활한 자를 벌하라'고 하고, 또 '인심에 마뜩치 않다'고 했으니 마치 기어코 원한을 풀려고 하는 자처럼 보인다. 그렇다면 그 뜻을 단연코 알 수 있는 것이다.

하나, 팔도 관찰사八伯를 보내지 않는다면 연향을 시행하지 않고 교역을 하려는 뜻만 있는 것이다. 하지만 만약 그렇게 한다면 저들이 동래부에 올 필요가 없게 되어 연해 밖에 가지 않는 곳이 없을 것이며, 오직 현재 중국의 자유롭게 통행하는 전례에 따라서 할 것이다. 그러한 지경에 이른다면 나라가 어떻게 나라가 되며, 사람이 어떻게 사람이 되겠는가?

---

[451] 전사專使: 특정한 임무만을 위해 보내는 사신.

자들이 반드시 원망하고 있을 것이다. 그리고 대마도는 우리나라와 땅이 인접해 있으니 양추洋醜가 뜻을 이루는 것과 우리와의 교역을 잃는 것을 달갑게 여기지 않을 것이다. 그렇다면 이번의 일은 임진년과 크게 같지 않은 것이다.

영사관이라는 것은 양인들이 북경에서 부르는 이름이다. 이제 이 관례를 우리에게 시행하려고 하니 이는 왜인들의 소행이 아니라 바로 양추洋醜에게서 나온 것이다. 본디 관수왜館守倭가 있는데 무슨 이유로 이를 폐기하고 예전에 명칭이 없던 것을 새롭게 만들려는 것인가? 이른바 영사관이라고 하는 것은 예전 관수館守의 칭호를 이어서 시행하는 것이 옳다. 신문지로 말하더라도 일본을 칭찬하고 장려하는 것이 모두 양추洋醜의 말이니 이는 다른 나라를 유혹하려는 계책이다. 우리나라의 일에 대해서 쓴 것을 보면 단연코 헤아릴 수가 있다.

하나, 서계에 한문과 일본어를 반반씩 쓴 것이 비록 저들의 국속이지만 종전에 온 서계에는 그러한 일이 없었는데 어째서 행하지 않던 일을 끝내 행하는 것인가? 또 우리나라 한글은 저 왜인들이 처음부터 학습해서 완전히 통달했으며 양이 또한 알고 있지만, 이른바 일본어倭諺와 서양어洋諺는 우리가 아는 사람이 없으니 그 서계가 진짜로 일본어와 동일한지의 여부를 누가 알 수 있겠는가? 중국은 우리나라에 대해서 일찍이 청나라 글을 병행 작성해서 보낸 적이 없었으며, 일본도 전에는 그러한 일이 없었으니 서계를 물리쳐서 봉납捧納받지 않은 것은 사리 상 당연한 일이었다.

하나, 혹자는 "지금 만약 서계를 받지 않으면 목전의 화가 생길 것이다"라고 한다. 하지만 사람이 큰 종기를 앓고 있는데 우선 침과 약초를 감히 쓰지 못하였다가 나중에 터져버리게 되면 그 상해가 어떻겠는가? 참으로 이른바 제가 누운 장작더미 밑에서 불이 나기 시작하는데 그 위에서 자면서 아직 타지 않았다고 여유작작하게 편안히 여기는 자와 같다.

내 생각에 바로잡아야 할 일이 두 가지 있다. 그 하나는 금번 서계를 일부러 받지 않으면서 저쪽 나라에서 바르게 고치기를 기다렸다가 그 후에 다시 강구해도 무방하다는 것이다. 다른 하나는, 지금 외무성이라고 하는 것은 바로 예전의 관백이며, 외무승外務丞이라고 하는 것은 예전의 대마도주이다. 외무승부터 오직 대마도주 서계의 전례만을 따르고, 단지 직함만을 고쳐서 시행한다면 우리나라 입장에서는 그 나라의 봉건의 연혁이 어떠한지를 논구할 필요가 없을 것이다. 이 두 가지 조목 이외에 다른 방도는 아마 없을 것이다.

— 《용호한록龍湖閑錄》, 서울대학교 규장각 소장본, 제 21책.

답상대원군서答上大院君書

소생이 평양에 있을 때 갑자기 동래 왜관의 일을 듣게 되었습니다. 방우서方禹舒가 한 본을 베껴서 보내주었는데, 휴지 속에 들어가 있다가 일전에 크게 고생해서 다시 찾아냈습니다. 그때 서계를 받지 않았던 곡절을 소생이 헤아린 바에 따라 다음과 같이 적습니다.

첫째, 예로부터 서계가 왕래할 때는 피차가 격식을 신중히 준수해서 만약 위식違式이 있으면 비록 한 자, 한 획이라도 반드시 다투면서 받지 않았습니다. 일본인들이 더욱 까다롭게 했기 때문에 우리나라도 그렇

게 해서 서로 양보하지 않았던 것입니다. 이것이 전해져 내려오는 철
규鐵規입니다. 그런데 지금 온 서계는 '대마주태수對馬州太守'라고 쓰
지 않고, 직함을 칠서漆書로 '좌근위소장 대마태수 평의달左近衛小將對
馬守平義達'이라고 썼으니 이것이 위식이 됩니다.

둘째, '皇室'을 쓸 때는 한 글자를 높여서 적고, '勅', '京師' 등의 말을 쓴
것입니다.

셋째, '皇室'은 한 글자를 높여 쓰면서 '貴國'은 한 글자를 낮춰 쓴 것입니
다.

넷째, 우리나라에서 만들어 보낸 도장[圖書]으로 인압印押하지 않고 갑자기
그 나라에서 만들어 보낸 인신印信을 찍은 것입니다.

이것이 모두 동래부에서 서계를 접수하지 않은 큰 의체義諦입니다.

서계에서 '皇室', '皇上'을 쓸 때는 과연 한 글자를 높여 썼으며,
'日本國', '朝鮮國', '本邦', '貴國', '朝廷', '勅', '京師', '睿意'[453] 등
의 글자를 쓸 때는 모두 똑같이 평항平行으로 높여 적었습니다. 하지만
유독 '皇室'과 '皇上'만 한 글자를 높여 쓴 예를 보건대, 만약 우리나
라의 지존至尊에 관한 언급이 있었다면 반드시 '皇'과 똑같이 높였을
것입니다. 단지 이에 관한 언급이 아직 없었기 때문에 서계 중에서 실
제로 이러한 경우를 미처 보지 못했던 것입니다. 그런데 지금 만약 우
리가 먼저 저들이 반드시 저들의 '皇' 자보다 낮춰서 쓸 것이라고 예측
한다면, 이는 바로 형체가 없는 일을 가지고 모멸을 자초하는 것이니
어찌 반드시 그렇게 할 것이 있겠습니까?

서계에서 직함을 덧붙여 쓴 것은 저들이 스스로 그 나라의 정령政令

[453] 예의睿意: 황제나 왕의 뜻을 가리킴.

이 일신―新되었음을 과시하고 저들 군주의 우상優賞[454]을 입은 것일 뿐이니, 그 이른바 '진작進爵'[455]이라는 것이 우리나라와 무슨 상관이 있겠습니까? 이를 가지고 전의 서식과 다르다고 하면서 힐책하고 받지 않는다면 임역任譯의 견식에 있어선 괴이할 것이 없겠으나, 어찌 반드시 조정에서도 달갑지 않게 여기면서 그것을 따질 것이 있겠습니까? 일소에 부치면 될 일입니다.

저들이 '천황'을 칭한 것이 수천 년이 되었습니다. 그것은 나라 안에서 자칭, 자존하는 것이니 타국에 무슨 관계가 있겠습니까? 당나라 고종의 전성시대에 왜국 사신이 경사京師에 왔는데, 그 국서에서 "해가 뜨는 곳의 천자가 해가 지는 곳에 천자에게 글을 보내노라"라고 했습니다. 그런데도 당나라 조정의 군신들은 일찍이 거절하고 받지 않은 적이 없었으며, 단지 연회를 베풀어 주고 의복을 하사해서 우호적으로 돌려보낼 뿐이었습니다. 자고로 멀리서 온 자들을 대하는 방법이 또한 이와 같을 따름이니 지금 어찌 저들과 칭호를 따질 것이 있겠습니까? 장차 일후에 실제로 오만한 말이 보이면 그때 가서 거절하고 책망해도 늦지 않을 것입니다.

우리나라에서 만들어 보낸 도장으로 찍지 않고 저들의 새로 만든 인장으로 압인한 일로 말하자면, 우리나라의 도장이 본래 연문衍文이자[456] 가소로운 일이었습니다. 그 도장을 보내면 저들이 우리에게 신복臣僕이 되며, 우리나라에서 봉건해 준 모양이 되겠습니까? 영남 절반의 고혈을 모두 벗겨다가 저들에게 보내고 있으면서도 일개 도장을 만들어

[454] 우상優賞: 후한 상을 내리는 것. 또는 그런 상.
[455] 진작進爵: 벼슬길에 나아감.
[456] 연문衍文: 쓸데없는 겉치레, 허식.

보내는 것을 능사로 여긴다면 천하의 어떤 일이 이보다 더 가소롭겠습니까? 지금 저들이 우리가 보낸 도장을 쓰지 않고 새로 만든 인장을 쓰고 있습니다. 그러나 저들도 약조를 변개變改했기 때문에 부끄러운 기색이 서계 속에 드러나 있습니다. 만일 우리의 옛 약조를 세우고자 한다면 응당 서폭書幅과 봉투에 저들의 인장과 우리의 도장을 겸용하게 해야 합니다. 그렇게 한다면 또한 마땅히 우리의 명령을 따를 것이니, 이 어찌 성대한 일이 아니겠습니까?

대체로 사람이 글을 보내는 것은 본래 과거의 우호가 있기 때문인데 이를 갑자기 거절하면서 받지 않다가 몇 년 쌓이게 되면 저들이 분노할 것은 필연지세입니다. 하물며 저들이 서양과 한편임을 분명히 들어서 알고 있는데 어째서 다시 우호를 잃어 적국 하나를 더한단 말입니까? 지난 정묘년丁卯(1867)과 병자년丙子(1876) 사이에 신문지가 청나라 자문과 함께 왔습니다. 당시엔 일본인과 우호를 잃은 적이 없었는데도 그 맹랑하기 짝이 없던 말을 각하께서도 아마 기억하고 계실 것입니다. 도리어 지금은 일본인이 원한을 품은 것이 양인보다 작지 않으니 이 어찌 감당하기 어려운 일이 아니겠습니까?

지금 이 안야安也의 일이 효자 충신이 일심으로 나라와 공公만을 알아서 한 것이겠습니까? 종래 왜역倭譯이라는 것들이 역원 가운데서도 모두 속을 알 수 없는 자들이었습니다. 더구나 이미 각하의 돌보심을 받고 있었으니, 이들 무리가 반드시 총애만을 믿고 두려워하는 것이 없어서 제멋대로 방종하지 않았을 것이라고 누가 알 수 있겠습니까? 온 세상이 시끄러워서 비록 그 내부의 말을 많이 알지는 못하지만 필시 한 가지 실책도 전혀 없지는 않을 것입니다. 이제 그것을 폭로하기 시작하면서 허다한 해 동안 받아들이지 않던 서계를 허락한다면 일본

인들로 하여금 이 자들의 소행이었음을 깨닫게 해서 옛 우호를 되찾을
수 있을 것이니, 아마도 적국 하나를 제거할 수 있는 방법이 될 것입니
다. 바다를 건너가는 일은 지난번 금역金譯의 말이 옳을 듯합니다. 설
령 바다를 건너지 않더라도 단지 새로 내려간 훈도에게 관왜館倭를 힐
문하게 한다면 또한 잘 대처하는 방법이 있을 것입니다. 원래 서계가
패서만사悖書慢辭가 아니었는데도 이제까지 굳게 거절했으니 소생이
이해할 수 없는 바입니다. 그 등본을 함께 보내드리오니 살펴보신 후
에 깊이 헤아리심이 어떠하시겠나이까.

— 《환재집瓛齋集》 제 11권, 〈書牘〉(민족문화추진위원회, 2003)

原文

沁行日記 上

丙子正月五日

丙子正月初五日丁卯 晴 議政府草記 連接問情辭緣 則期欲見我大官云矣 其在柔遠之義 依其願 一番接話 恐爲允當 判府事申[櫶] 除下直出去而接見處所 臨時從便爲之何如 傳曰 允 又啓曰 接見大官 纔已啓稟蒙允矣 不可無副官 副摠管尹滋承 使之除下直 同爲下去何如 傳曰 允 畿伯以大官陪行之由 修報例也 而不欲以大官自處 不題還送

丙子正月七日

初七日己亥 晴 開東發行 通津四十里 中火 歷路送校 勞問於塘馬所 本倅李奎遠 自孫石項留防所來見 因下直出去 中路逢問情譯官李溏聞李應俊自江華府回還 請入中火站 槪問彼船動靜 因付領閣宅去書 楊花鎭別將報 禁衛中軍申櫶出陳該鎭 摠戎中軍梁柱台出陳幸洲項 自通津邑離發渡甲串津 入鎭海門 申時量 抵江華府 共二十里 下處于貳衙 留守趙秉式判官朴齊近來見 是夜 到沁狀啓封發 付家書

啓草 臣等 今正月初七日申時量 行到江華府 仍留是乎旀 彼船旣爲下去 連探消息 約日擧行計料 緣由馳啓

政府書吏防僞私通　釜山訓導玄昔運譯官吳慶錫　以差備官　別定下送
使之擧行

永宗僉使梁柱星報　彼人十七名　乘小船來泊月尾島　仍還之由　昨已馳
報爲有在果　舊鎭瞭望將姜龍浚所告內　今月[日]卯時量　彼中船二隻　上
來于仁川濟物津　仍爲下去　辰時量　火輪小船一隻　尾繫從船三隻　起烟
上來　直向濟物津　至申時尙未下去　而其動靜　遠未詳察　申時量　彼船一
隻　自延興外洋　起烟上來于八尾島內洋　留碇於彼船四隻所住處云云

訓導玄昔運譯官吳慶錫問情記　仁川府使尹陜報留營者　問情官　今月
初五日到延興項內洋　先問於三帆船留碇處　則最助倭出迎　故同入該船
先責曰　爾於入歸時　以書契變通使行停止另圖事　有所爛量　至於訓導
之歸朝稟事　而今此使船至此　是何無信之甚乎　彼曰　僕以幹事之任　積
年勤勞之餘　遽當兩國安危之時　不忍束手坐視　故有所奉議倖望者　而及
到馬州　則使船卽至　時致已晚　計無可施　故間有專書於住永　使之轉及
於訓導者　則庶可參恕　而此豈今日可執之說乎　相詰之際　有一倭請入
故隨入一處　則外務省大丞宮本小一與權大乘森山茂　出接曰　我國派出
全權大臣一事　已有我官吏在釜山兩次通知者　而今又見公等　相報則我
大臣先送兵船二隻　從江華前江南北二口　擇衆軍艦可以便往之路　而暫
住此處　俟測水二船回報　直入江華城中　我兩人則卽與留守面談後　陪我
大臣　直進京城云　故我答曰　廣津弘信入歸時　有另圖停止使行云矣　何
不踐言而出來乎　彼曰　出使小官　安得擅便於國之大事乎　此非吾等之辨
說者也　我曰　江華卽我海門重地　豈可使他國人　無難入城　與守臣面
談乎　況直進京城之說　蔑有事體矣　貴國若如是無禮　則我國防禦益嚴

亦豈可縱入乎 彼曰 此非吾輩 與公等所可言 須以此意 歸告貴朝廷云
故我曰 我等旣奉命來此 則見黑田 詳探其意後 歸告我朝廷矣 彼曰 我
大臣卽一等大臣 豈可與公等面談乎 我曰 今來船 共爲幾隻乎 彼曰 今
來六隻 又當有追來者 而吾等亦未可詳知云 故極駭然 更欲辨言 則彼
曰 公等雖千言萬語 毫無有益 且我輩不可與公等 更爲問答云云

丙子正月八日

以彼大臣接見時問答諸事件 書質於京中各處 并見別錄 塘馬便 承覽領
閤丈書胎入仁川府使問情記錄報巡營者

仁川府使錄報巡營問情記 今月初七日未明時 彼人十五名 乘從船二隻
又爲來泊於濟物津汲水 而其中有能作我語者一人 領率而來云 故下官
微服 屛人潛行 往尋 與之酬酌 則其虛實 未可據得 而箇中頗有可採者
其問答記 錄上 而境內諸處 彼人頻頻汲水 往來無常 若無別般層節 番
番修啓 還爲煩瑣 故汲水以來 不爲登啓 以此洞燭 公議後下示之伏望
下官寒喧後 問其姓名 引其衣服曰 此與貴國服似異 無乃洋人乎 彼答
曰 戊辰以後 我皇帝悉變國制 皆從此服也 我曰 我與貴國 視無彼此
而今見此服 還爲羞恥 彼赧然大有羞愧之色 强答曰 此未嘗不古制也
我曰 貴國人 皆如一而樂爲之乎 彼曰 我皇帝之令 不得不從 江戶以東
北 間有不叶者尙多 我問 今番此擧 別有意趣乎 彼問下官姓名 記諸彼
冊後 答曰 大人以微服來此 露誠問之 俺豈不隨我聞知之事 而略言之
乎 俺乃對馬島人 方在黑田船中 周旋水軍之小職 今汲水之行 軍人到

하나, 옛날에는 왜차倭差가 서울에 올 때마다 지금 원접사遠接使[452]처럼 선위사宣慰使에게 영접하게 했다가 그 후에 초량에 객사를 설치해서 왜인의 숙배肅拜를 받았다. 이 때 단지 접위관接慰官만을 보내고 다시 동래 수령에게 전담 관리하게 했는데, 예사로운 일들은 반드시 임역任譯의 주선을 따르게 하고 연향 외에는 동래 수령이 왜인들을 직접 접견하지 않았으니 이는 조정을 높이고 변경의 체통을 엄하게 하기 위한 것이었다. 그런데 이제 만약 임역을 쓰지도 않고 연향을 베풀지도 않은 채 바로 동래부로 향하게 한다면, 사체가 크게 무너져서 방한防限이 사라지고 말 것이다. 저들이 그래도 동래부에서 만족하지 않으면 곧장 감영으로 갈 것이고, 또 상경할 것을 주장해서 그 욕심을 자행함이 끝이 없게 될 것이니 그렇게 된다면 누가 그 허물을 쓸 것이며, 누가 그 뒷일을 수습하겠는가?

하나, 일본은 양이洋夷와 통교해서 사법邪法에 미혹되고 그 기계를 학습하여 심지어 머리를 자르고 복장까지 바꿨는데도 그 수치스러움을 알지 못하니 저들은 실제로 왜倭가 아니라 바로 양이이다. 그러므로 명목상으로는 비록 왜인들이 정납呈納한 것이지만 양이의 서계와 다를 바 없는 것이다. 옛날에 조趙나라 무령왕武靈王은 오랑캐의 의복을 따랐지만 풍속이 끝내 변화되지 않았고, 제나라 민왕湣王은 군대가 천하에서 강대했지만 순식간에 재앙이 미쳤으며, 진시황은 봉건제를 폐기하고 군현제를 시행했다가 그 후에 멸망하고 말았다. 그런데 왜인들은 이 세 가지를 겸비했으니 그 나라에 어찌 화란禍亂이 없을 수 있겠는가?

또 왜인 가운데 반드시 사술邪術을 익히지 않은 자가 많이 있을 것이며, 관백의 잔당과 여러 섬의 세습하는 자들 가운데 관직에서 쫓겨난

---

[452] 원접사遠接使: 조선시대 중국 사신을 영접하기 위해 만든 임시 관직.

貴境 慮有撓攘 故大人[臣]使俺禁束而來矣 今番之舉 我大臣主意 未

可知 而大略則實無惡意 但與貴國大臣面約而已 大抵我國公論 日本

與貴國及中國 書同文之間 近者日本爲洋人所困 勢莫自振 則將與三

國合誼 乘便逐洋 先以書契開路 器械技用 彼此講習 相資之本意也 戊

辰初年 貴國若順聽 則但東萊可以約成 今不至此舉也 實非我國稱尊

之事 而貴國過爲固執 我豈爲洋而爲哉 我國慨然於貴國書契之拒絕

不可不有此行也 我曰 若洋人則雖汲水 我當以兵臨之 豈可微服來見

耶 我則無間 而爾之言頗有未盡 可歎 彼曰 大人爲仁川幾時 我曰 纔

去月也 彼笑曰 貴朝廷過慮 故如是張大 不過兩大臣面逢 一言而決矣

小無惡意 俺雖在卑賤之列 指天爲告也 我曰 然則何時行船 彼曰 上流

之船 昨日下來 西路船一隻 今明間入來 將向江華云 我曰 水政宜求於

陸 貴船人每下陸 則我境頗有疑怯 我每以無憂諭飭也 彼曰 我大臣 已

有戒飭 故昨今兩日 果有一卒入人家者乎 以大人之意 將歸告於黑田

凡於粮備 各船上 將四箇月需 少無弊於於貴國也

瀨問答大槪如此 其言雖不可半分準信 而旣爲問答 故錄上

彼人所書紙本 封上

浦瀨裕 ^{問答彼人姓名}

睦仁 ^{倭皇名 彼云姓自來不用云}

二十三四間 ^{倭皇年歲}

太政大臣 三條實美 ^{倭國相}

永宗僉使報 月尾島尊位金義重所告內 彼小船四隻 昨日戌時量 自濟
物津下去 而風逆之致 渡津末由 今纔來告 今日卯時量 彼小船二隻 來
泊濟物津 汲水以去 辰時量 彼火輪小船一隻 携其小船一隻 來泊本島
十六名下陸 言汲水 故指示泉井 則稱以乾水 仍抵濟物津 登高觀望 卽
爲還去 申時量 彼小船二隻 又爲上來濟物津 彼船往來 卽當來告 而彼
船去來 連續不絕 以其日暮 未得詳察云云

釜山訓導玄昔運譯官吳慶錫下來 袖傳雲峴下書 以卽往問情之意 發送草
芝鎭

丙子正月九日

初九日辛丑 晴 連留江華 塘馬便 見家書 靑營到任啓便 見赴營之安信
甚喜 承覽朴閣丈下書 松都留守韓敦源使親幌李司果喝問 哺時承領閣丈
同日午時出下書 則彼人接見處所 決不以草芝爲定 轉向通仁南三邑間彼
船留碇處 接見甚好爲敎 故方在趁起中矣 同日亥時 塘馬便 領閣丈下書
來到 又以彼人接見事 有所云云 又見吏判答沁留書 則有難處之端 故卽
以明日發向仁川之意 修答於領揆丈 亦爲修書於吏判 仍出平明軍令 離
發狀啓封發

啓草 臣等今正月初七日申時量 行到江華府 仍留之意 前已馳啓爲白
有在果 連探彼船消息 則留碇於八尾島內洋 尙無動靜 不可曠日遲待
故臣等今方發程 轉向仁川府 接見之節 約日擧行計料 緣由馳啓云云
仁川府使與森山茂問答記報沁營者 今日午時量 異樣從船一隻 直到

濟物津 仍爲下陸 彼人二名 直上本鎭山腰 以我國語 請地方官出來
故臣出往 與之鼎坐 問其姓名 能我國語者 稱浦瀨裕 一人則請遠屛雜
人 故依其言 則彼以筆談 書示森山茂三字 故問其來由 則答以我爲兩
國事情 苦心已多年矣 今則決事在不日內矣 吉凶所繫 心內撓撓 因地
方官 以我意轉稟于貴朝廷之意 一番與汲水軍問來也 曰 然則意諦何
幹 彼曰 我全權大臣 數日間將往江華 貴大臣(間)[簡]派江華否 答曰
我朝廷已命送大臣於江華府 已有日矣 彼曰 然則當與我大臣 應議使
事 該大臣之姓名職品何如 答曰 判府事申[櫶] 卽正一品 彼曰 判府事
者 係是何等衙門 何等權力乎 答曰 已經丞相之品職 如貴國太政府
彼曰 然則爲左右議政乎 答曰 然矣 彼曰 副官誰也 答曰 禮曹尙書尹
滋承也 彼曰 尙書之官 未得問 禮曹長官 卽是判書 尙書判書 有何等
別乎 答曰 我國判書參判 通稱爲尙書侍郞 彼點頭曰 知之 彼曰 往年
肥前州佐賀縣舊參議司法卿江藤新平欲伐貴國 右大臣嚴倉以爲構釁
殺新平 則陸軍大將參議西(卿)[鄕]外務卿文武辭職退者 數十名 貴國
知之乎 答曰 未聞也 彼曰 去去年我軍五千 自臺灣欲伐貴國 我力挽
止 貴國聞之乎 答曰 未聞 然爾之用力如是 感謝 彼曰 書契之拒絕 乃
貴國之過慮 大字皇字 乃自家之事 何傷於隣國 彼此書契 同等列書
有何所損 前漢書曰 大倭王 居那麻土 此大字 卽有國之號 何別於隣
國 答曰 此乃朝廷處分 守邊之將 何以知之 去留間 將何時遷動 彼答
曰 本國船一隻來到 將向江華 該船數日來似到矣 我曰 江華之行 爾
亦伴去否 彼答曰 我與全權大臣 行無異同也 近日汲水敵軍人或無爲
撓於村間否 答以雖過人家 一無窺門者 可知貴令之嚴 仍以酒肴饋之
不辭而飮 今日酉時量 仍爲還去云云

丙子正月十日

初十日壬寅 晴 辰時量 發行 渡甲串津 中路逢譯官李㵾聞李應俊 自京
下來 以留待於沁府之意 諭送 午時量 到通津二十里 中火 下處東軒 該
府使出防德津 以不得來現 有書 故卽爲答送

少選 該府使報 異樣大船五隻 留碇於項山島之由 已爲馳報爲有在果
異船若是上來閃忽 極爲悶迫 府使登高望見 則大船合五隻上來 留碇
於項山島前洋是乎遣 從船一隻下來 到江華德津前洋留碇 少頃 仍爲
還到于大船所住處云云

見此報 不可前進 問情官處 以彼船問情手本星火飛通之由 裁書 付塘馬
仍爲止宿 是夜 以接見次還入沁都之意 私通於沁營 御營執事李聖源歸
去便 付家書 本營校卒 初爲除弊 先站起送于金浦矣 以明早還來事 分
付首校處

丙子正月十一日

十一日癸卯 晴 未明出發行軍令 金浦富平仁川等邑 以還入沁府支待置
之事 分付馳通 離發狀啓封發 付家書 上書於領揆丈與吏判兩處 并見
別錄

啓草 臣等今月初十日轉向仁川府之意 已爲馳啓爲有在果 當日午時量
行到通津府 卽接該府使李奎遠所報 則以爲彼大船五隻 一齊上來 留
碇於項山島前洋是如是白乎所 彼船旣爲溯上 則臣等不可前進 故姑留

本府 連探船信矣 今十一日寅時量 接見問情官吳慶錫玄昔運手本 則
以爲小人等 本月初八日亥時量 自草芝鎭發船 初九日卯時量 到八尾
島前洋 則彼船五隻 起烟上來 故卽欲向往 則彼船迅駛 不得相接 追及
項山島住碇處 見森山茂 以我朝廷派定接見大官副官 將於使船所泊處
接見 及講定日子之意 通諭 則森山茂言內 貴國已派曾經左右相之大
官 來留江華事 聞於仁川府地方官 而接見節次與日子 則俺等明日入
江華城中 見留守面談後議定矣 以此往告于江華府留守 使之曉喻軍民
切勿驚動 若或先犯 俺等亦有自當之道云 故答以接見節次與日子 方
有我大官議定 不當就議於江華府 且入城一款 有我朝廷命令然後 始
可擧論爲言是乎乃 聽若不聞 更不接語 至於催迫下船 故不得已還歸
本船是如爲白乎所 森山茂之必欲下陸入府 見留守 講定接見云者 實
爲可駭 使問情譯官等 善辭曉喻 期於勿令入府是白乎旀 臣等今方馳
往江華府 緣由馳啓云云

留守有書曰 彼人二十四名 自甲串鎭下陸 直入府中 請接見大臣矣 束卽
還來云 故以今方發行之意 答之

領閣丈下書中錄紙三片 一.萊伯錄紙 一.仁倅錄紙

萊伯探情記 馬州人古藤 留館旣久 爲火船食主人矣 使我人中親信者
詳問近日事曰 火船果往江華乎 彼曰 先發四隻 想已到泊 追後一隻亦
去矣 我曰 主事何事也 彼曰 書契事也 幾年相持 出末無期 而東萊則
常以貴朝廷指揮言之 則彼勢固然矣 而在此地 歸正非所可擬 不顧遠
程 冒死齊往 而今番則期於出末後乃已也 我曰 此處幾百年交隣情誼

親熟 無彼此 火船之來往頻數 視若尋常 而江都則不然 一經洋擾以後
見火船 歸之洋舶矣 況貴國服色 與洋一般 何以信貴國人物乎 不知所
由 畢竟我國防守之兵 放砲禦之例也 而如此之際 貴國之人受傷可慮
此將奈何 彼曰 已料之事也 爲國事之人 雖有如干喪命 烏可避乎 然而
鄙邦全主圖成矣 願乞於貴邦 則乞往之人 初次則不知 喪命容或無恠
旣知後 豈可一直喪命乎 我曰 公言然矣 向者最助公幹時 書契改來之
意 申申相約 且黑田停行事 申申相約 而至於勸送公使 中路背約 如是
作梗 是豈道理乎 彼曰 若無此事 訓導萬無上京之理 故生此之計也 我
曰 日前火輪二隻 又往江華乎 彼曰 一隻往江華 而今番黑田森山弘信
輩 同船而發之 一隻往馬州 不數日 守護官中使還來矣 我曰 有何守護
等事耶 彼曰 不然 近日貴府別砲加設 兵器修繕 則不無爲慮之故也 我
曰 黑田何如人也 彼曰 非惡人 寬厚長者 萬無加兵之理 圖事之人 豈
可以兵刃惡戰乎 又曰 貴國江原道金麟昇 同船而去矣 我曰 何以相逢
又何服色乎 彼曰 本自中國來到鄙邦 同吾服色去矣 非久露出姓名 每
事相議之 爲其聽貴國之言故也 且此人漢語洋語爲善耳 彼又曰 前日舊
訓導貿去銃釖矣 今則胡不買去乎 我曰 兵器 彼我國禁物 胡出此言 彼
曰 鄙邦出大砲以後 此等兵器 可爲無用件矣 所以僕等不佩劍矣 彼又
曰 書契 兩國大事也 今番僕之所見 貴國必順從矣 我曰 大不然者 不
遵舊式 別定新式 而且今日多率兵船 施載恐喝 豈可㤼於此風而受之乎
每事雍容做去可也 而若是行悖 屢百年隣好之意安在 可歎可歎 彼曰
今番兵船 非爲恐喝 或慮貴國侵犯之故也 今於貴國必圖成事之人 亦何
可行悖乎 大抵鄙邦 萬無興兵之理 放心開市 頻數賣買 爲好爲好

草芝僉使洪運泰報 當日巳時量 吉祥山瞭望直所告內 彼船五隻 自永

宗境 起烟上來云云

飯後發行 十五里到甲串津頭 船隻不以多數等待 人馬次第越送 最後
與副官從事官同渡 日已晚矣 騎船之際 留守又有書促還 以片楮答之
及申時量 到府中 下處于貳衙 彼人森山茂 已於午時量 率二十餘名 乘
從船二隻 渡甲串津下陸 直入營門 與留守問答 使之退留將廳 以俟大
官還府 彼曰 待貴大官還府 當更謁留守 有講定之事云矣 留守因卽廢
務 及森山茂聞大官還府 欲再謁留守 留守拒而不納 彼等發怒 詰難不
已 至於昏後 始又求見副官 衆議以爲遠人臨門求見 而不接未爲穩當
彼先求見 而我見之 未爲失禮 且有拂意失事之慮 副官不得已 於亥時
量 張燈設席 邀入中營 與森山茂安田定則及從倭四名接話 盡子刻而
罷 詳下啓草及問答記 塘馬便 承領揆丈下書七度鱗次來到及吏判書

丙子正月十二日

十二日甲辰 雪 晚晴 副官問答狀啓封發 付家書與上答領閣書

啓草 臣等馳往江華府之由 纔已馳啓是白是在果 當日午時量 還到本
府是白乎則 彼人森山茂等二十四名 已爲下陸 卽入沁府 見留守趙秉
式 謂有講定之事是白去乙 該留守 以待大官還來講定之意 曉諭 而使
之姑留於公廨是如是白旀 臣等使任譯 要之以往復講定 則彼人以爲
決不欲與任譯講定節次 期欲見使臣講定是如是白乎所 其在莫重使事
慮或拂意而失事 故副官臣尹滋承 不得已 亥時量 與外務權大乘森山
茂開拓小判官安田定則從倭四名 接見於該府中營 餽以茶果後 彼人仍

爲退宿於廨舍是白乎㫆 問答句語 開錄于後是白如乎 彼人徑先下陸
至見留守於府中 已萬萬驚駭 況於副官問答中 請以發關仁川富平下陸
居接云云之說 尤極痛惋 雖以言說防塞 彼必謂以先通 徑自下陸 十分
可慮 正宜預有定算 以嚴防守之策乙仍于 并只馳啓云云

副官與森山茂問答記

我先問寒喧勞苦

彼曰 感謝

彼曰 我大臣 今遣俺等 接見節次 欲先講定而來矣

我曰 已送任官於貴船 自我先請講定節次 則何必遠來沁府乎 我大官
　　 以在主人之道 嫌於坐屈 將欲邀接於貴船所泊處之草芝鎭 有所
　　 往復議定 何勞遠勤至此乎

彼曰 有我大臣之命至此 而旣有沁府廨舍 何必以草芝狹窄之鎭爲定乎
　　 處所以此沁府決定 我大臣下陸時 不可草率 必有率領兵卒 不得
　　 不預定處所矣 我大臣居接 與隨員與兵卒居接 共三處定給然後
　　 回覆我大臣 始可下陸以進矣

我曰 居接處所 當與留守議定 而廨舍本來狹窄 有難容衆 且我大官亦
　　 以賓主之禮 不爲多帶騶從 歸告貴大臣 亦須務從簡率爲好矣

彼曰 今來兵卒爲四千名 慮難容接 欲帶四百名來矣

我曰 四百兵卒 非不簡率 旣無廣廨 似多難便 更加存減爲好矣

彼曰 大臣之行 自有禮儀 四百名不可減矣 又有追來兵二千名 海上事
　　 姑難的期 而不能容接於此地 則請關子於仁川富平等地 預定住

接處爲好矣

我曰 今此兩國大臣接見 出於續舊好之意 何用多兵乎 且貴兵自有其
　　船 內地下陸 恐驚國人 設館 舊約 不出草梁設門之外 則其有防
　　限可知 今此仁富下陸云云 實所未解 此等事不必講論也

彼曰 此亦有我大臣之命 故先此告知矣

我曰 兩國大臣欲以禮相見 則彼此各祛兵器 亦勿鳴砲 無使愚民輩恠
　　好矣

彼曰 兵器卽我國之儀仗 不可去也 至於鳴砲 卽乘船下陸之號令 有聲
　　無丸 無足怪也

我曰 接見 何日爲定乎

彼曰 敦定三處所 使俺等看審 而歸報於我大臣後 始可定日矣

我曰 彼此使事 復命爲急 速圖竣事爲好矣

彼曰 我大臣下陸後 柴炭不可不需用 而當酬其價矣

我曰 此種物 豈可論價乎 誠萬萬意外也

彼曰 盛意雖感謝 何可如是貽弊也

留守廢務之由判官代封啓草 因仁川府下去訓導玄昔運譯官吳慶錫回
告 彼言明日下陸入城 接見留守 講定相見大官儀節之由 留守臣趙秉
式纔已馳啓爲白是在果 當日午時量 彼人二十四名 乘從船二隻 來到
甲串津前洋下陸 而難於啓釁 不得先犯 任他入城 設卓接見 通問官銜
則頭倭外務權大乘森山茂開拓小判官安田定則 使通事倭以我言答話
而彼聞知我大官之尙未到境 願留以俟 故許令留住於等閑公廨後 通報
于接見大官所住處是白遣 答話句語 開錄于後是白乎旀 留守臣趙秉式
謂以罪著溺職 出伏私次 廢却公務 故臣不得已替行緣由 馳啓云云

留守廢務後自引疏 伏以臣冒據匪據 已經三載于玆矣 尸素居多 愧懼

采深 迺者異舶臨境 備禦益嚴 而不得發一矢 放一砲 坐視彼酋之跳踉

憤惋之心 其何可食息忘諸中 而不意日前從船四隻 留碇甲津 下陸入

城 請其接見 固當嚴斥不許 而柔遠之義 難拂其意 不獲已一許相接 然

防禦固臣職也 而不能堅守海防 以致異類任其行止 顧臣溺職 於是大

矣 退伏私次 廢務俟勘 不唯不加之以罪 乃反有敦飭之命 臣雖愚迷 豈

不知此時言私之爲悚懍萬萬 而今臣所言 非私伊公也 盖賊情叵測者

非一二件事 藉其先見留守之說 因入此城 逗留不去 次請講定儀節 而

及於黑田之入城也 將有四百軍領率之擧 公廨安頓 預令指揮 又有二

千軍將到泊仁富間 亦令下陸奠接 語次間 往往問距京路里 察其情狀

外若和好 內實藏禍 則國家安危迫在呼吸 而彼雖以好意而來此 其誅

求應酬 國將疲弊乃已 豈不大可寒心者乎 且臣之一回許接 已極事體

之乖當 而恐貽民國之憂 行此無前之事 寔出不獲已也 而究其實 則罪

著罔赦 合置何辟 況彼四百軍入城之日 卽沁都失守之時也 玩愒度日

任彼去來 虛設把守 獨坐空營 已有多日矣 賊情之眞僞 國勢之危辱 明

若觀火 而不思所以背城一戰 以身殉國 只以不先犯三字 爲目下姑息

之計 古今天下 寧有是理 一則臣罪也 二則臣罪也 扣胸流涕 言不知裁

伏乞聖明 下臣司敗 亟施當勘 以謝軍民 不勝大願

批答 旣云修好而來 故先從厚撫 卽出於交隣誠信之誼也 如或有叵測

之情 亦豈無處之之道乎 卿勿過引 益勉對揚事

得見留守報政府書目 則訓導玄昔運譯官吳慶錫 見彼人森山茂 則明日下

陸入城 講定大官相見儀節云 故切勿先犯之意 申飭各處防守將卒云 政

府題辭內 修好之行 期欲入城 則接見後 相見大官儀節之講定 亦次第事
也 切勿相持 轉生葛藤事

大吉來 家書知安 彼人二十四名 遍覽府內館廨諸處 覽卽記錄於小小册
子 使通事倭傳言 求請遮陽圍排木三株 而數日間更來云 夕間發還本船
以此由封啓 啓便 付家書與各處書

　啓草 副官臣尹滋承與森山茂等問情之由 纔已馳啓爲白有在果 彼人等
　使通事倭傳言 數日議定接見日子 更爲還入是如是白遣 今日申時量
　發還本船 而彼人住接處所 柴炭求請 不可不施行 故另飭本府擧行 而
　又請住接處遮陽圍排木三株 亦令本府得給計料 緣由馳啓云云

訓導玄昔運跌足致傷 故送熊胆少許 使之溫服 副官下處於中營矣 以倭
人居接所爲定 移處於廳直廳

丙子正月十三日

十三日乙巳 晴 彼人接見時 不無難處之端 故爲其稟議於廟堂 譯官吳慶
錫委送

　議政府私通 相位敎是分付內 接見大官 事體自別 不可無陪行官員 仁
　川府使尹暎 使之卽爲馳進于大官行到所之意 今方發關畿營沁營云云

　議政府關辭 江華留守趙秉式 謂以罪著溺職 廢却公務 使其判官替行

封啓矣 當此有事之時 守臣廢務 極涉未安 揆以事體 不可無警 姑先從
重推考 使之卽爲察任 毋敢以替行二字 更煩登聞事 三懸鈴嚴飭何如
答曰 允事 傳敎敎是置 傳敎內辭意 奉審施行向事
本院啓曰 守臣如非拿問與削黜 則凡狀啓 無得以判官替行 而江華留
守趙秉式 謂遭人言 廢却公務 彼人下陸狀啓 使判官替行封啓 原狀係
是邊情 雖不得不捧入 事體所在 誠極未安 推考何如

卽以罔夜馳進之意 發關於仁川府使 亦爲上書^{城主故尊敬} 昨夜 彼人與副官
接話時 期欲入府 接見處所亦爲定給 則莫重保障之地 其許入與否 有難
擅便 故修啓封發 午時量塘馬

啓草 彼人之與副官相見 接見處所 不欲於草芝 必欲入城之由 已爲馳
啓爲白有在果 沁府乃是保障之地 有不敢擅便 旣稱修好 則其在柔遠
之義 亦難拒塞 請令廟堂稟處云云

丙子正月十四日

十四日丙午 晴 副官問情狀啓到付 回題來 見家書 知安

草芝僉使報留營 十三日暮 彼人使我船載彼馬二匹具鞍裝 及馬槽二機
并下陸 置二匹馬於北邊鋪樓 以空石排鋪堅繫 而自彼船 馬太二斗與
生牟三斗假量 切草限半石 并爲下陸 彼人言內 以熟太生牟竝 三時饙
粥 切草間喂云是乎旀 彼人一名欲爲留在喂養云 故答以善爲喂養計料
勿慮還歸云 則彼答爲好 退去 故喂養之節 另爲申飭是乎旀 彼人言內

火木長斫與生鷄限十首 給價爲請 故答以價錢無論 長斫及鷄十首 卽
爲得給之意 言之 則彼答以價錢不受 則渠矣大臣前稟告後 持去云是
乎旀 問喂養之馬何日持去云 則彼答以再明日間 渠矣大臣所騎云云 留
營題飭善喂云

十三日酉時 出南陽府使姜潤報 異樣二帆船四隻 同住於道里島之由
昨日亥時量 已爲馳報爲有在果 今日酉時到付本府新里面宮坪洞瞭望
將校文報內 同日未時量 異樣從船一隻 來泊于該洞近浦蓮池島 彼人
十名下陸 仍給一書封 而彼人言內 此書卽納于南陽府使公前是如來到
故聞甚驚怪 披閱來書 則非特辭意之未詳 亦一變恠 不可擅置 故入鑑
次謄上是乎乃 其於外國通書 不知法外所在 率爾受納 極爲驚忽 瞭望
將校段 卽爲嚴治云云

彼人書謄本

皮封 南陽府使公前
封內 南陽府使公前

前日本艦所泊花料灣內一島 建國旗 以便後至我汽船識認以進 則是至
要表旗 望速布令人民 無或敢撤却竊去等 且有見後至汽船揭我大日本
國旗者 至其近海 則併望告知本艦所在 爲此暫上 不備

大日本國汽船

明治九年二月六日 矯龍丸艦同音

仁川府使陪行置之事 發關

仁川府使報 今月十三日戌時到付府關內 卽者議政府知委 接見大官
事體自別 不可無陪行官員 仁川府使卽爲馳進于行到所之意 發關畿營
沁營亦有置 到關卽時 罔夜馳進亦爲有臥乎所 府使以大官行次 陪行
馳進 而防守之節 自土中軍代領擧行 似涉疎忽之由 論報政府矣 卽到
題辭內 報辭如此 仁川倅陪行置之亦敎是置 玆以發關爲去乎 勿爲馳
進云云 府使有書 故答送

午時量 彼人一百二十名 各持銃佩劍 乘從船溯上 至甲串津下陸 卽入府
中 森山茂安田定則在於中營 其餘在於捕廳 以小車運粮饌以鐵爲輪 櫃子
釜鼎等物 隊隊擔運 掃灑軍百名 卜軍五十名 使喚軍三十名 求請於訓導
故自本府 只許八十名雇軍 日前所求柴炭 亦自本府隨所求酬給 彼大臣
黑田再明入城云 塘馬便 見家書 承苧洞李閤下札 留守餉夜饌 亥時量 塘
馬回 見家書 承領閤丈書與朴閤丈書

彼人求我錚盤船 欲運什物錚盤船者 船中有湯廳者也 又請假家數間於南門外
此則渠之什物輸來時 欲積置於此 使人守直故也 自本府施之

丙子正月十五日

通津府使報 異從船 滿載彼人 踰孫石項上去之由 俄已馳報爲有在果
連接本府初境瞭望色吏(朴)[林]鍾羽所告內 今月十四日甲時量 異樣大

船一隻 自水下起烟上來 碇留於項山島先來六隻船所住處云云

政府關子 節啓下敎 府啓辭 接見大官副官 雖竣事後 不可輕先復命 更
待知委 以爲進退之意 行會何如 答曰 允事 一時到來府啓辭 即見接見
大官副官聯啓 則沁府重地 入城接見 不敢擅便 而既稱修好 則亦難拒
塞 請令廟堂稟處矣 向日草記 既以從便爲之爲辭 則今不必更論 以此
知委何如 答曰 允_{并十四日酉時出}

留守再疏 伏以臣 猥陳衷懇 冀被威罰 溫諭特降 飭臣視事 揆以分義
固當奉承之不暇 而第於聖批中 既云修好則先從厚撫 臣非不仰揣我聖
上柔遠之盛念 而至於或有叵測之情 亦豈無處分之道 臣有所未解者
盖賊徒之蹂躪城內 無所忌憚 異舶之會合阨口 敢示威武 便是水陸竝
進叵測之迹已著矣 腹背受敵 首尾難接 而若有倉卒之變 軍心已懈 難
以淬礪 兵器久抛 不可發銃 到此地頭 雖有良籌勝算 勢將措手不及 奚
暇有處之之道乎 然則五百年保障 由臣而壞棄 [三千軍精養] 由臣而挫
折 臣罪至此 焉逭負國之誅哉 溺職之踪 既如彼矣 難冒之義 又如此矣
雖勤屢飭 其何可臨軍民 而發號施令乎 有一日 則有一日之罪 有二日
則有二日之罪 早彼重 以爲將者戒然後 國體正而私分安矣 期以準俞
屢瀆不止 伏乞聖明 亟加諒察 照臣當律 以謝一島生靈怫鬱之心 千萬
幸甚
批答 爾以本府留守趙秉式上疏上送事 馳啓矣 省疏具悉 前批已洞諭
而又此荐陳 是豈事體乎 軍務之曠 亦有其責 更無敢以替行登聞事 爾
其傳諭事有旨

十三日爛報 新除授總戎使趙義復 出放楊花鎭

草芝僉使馳報 彼人四十餘名 持器械下陸後 初以領軍入城云矣 士官
二名 騎馬入去 其外屯聚草芝鎭 故問委折 則幾名追後入去幾數 今日
爲始 留陳該鎭是如是乎則 鼎足山城頗危 故把守軍與中軍該別將入城
云云

酉時量 彼人百餘名 自南門而入 各持器械 鳴樂成陳而入城 大砲二坐鉛
丸火藥等物 以鐵車輪來

戌時量 訓導玄昔運來言 森山茂數次要接話 故往見 則以爲明日午時量
我大臣入城 而卽當先往于貴大官處所矣 以此由歸告于貴大官 迎接與否
亦卽回報云云 約日接見前 今此先接 有同私覿 雖是難愼 旣到門外 不可
却之 書議於副官與留守 則皆日 迎見之外 無他道理 以迎接之意 回報
則彼又以爲相接處所及服色隨員幾人 預爲講定 明日日出前通奇 而我大
臣服色卽大公服也 貴大臣以何服迎之 回謝遲速 亦在那時 我人臣隨員
官職姓名錄送 貴大臣隨員 亦以同國事公幹人外 勿許參席 其外閑雜人
一倂嚴禁云云 服色則彼旣大公服着之云 我亦不可不着冠服 處所不必移
於他處 回謝則當日爲之之意 回報 而隨員姑未錄送

彼人隨員姓名記

大日本國捧命全權辦理大臣隨員
外務大丞 宮本小一

外務權大丞 森山茂

開拓小判官 安田定則

開拓幹事 小牧昌業

開拓使七等出仕 鈴木大亮

彼人今日入來物目

銃手百名 持鳥銃還刀藥桶

六十名 持釼短銃

兩輪砲二坐

木櫃二坐 前面書御用物

木櫃三坐 前面書黑田

童車二坐

馬二匹

役人二十名使令十名官奴五名 自留營 因彼言 以灑掃軍定送矣 彼人竝
奉往甲串津 使之負卜 卜馬三十四匹 以本府馬送之矣 亦駄卜以來 曉鼓
時 承午時出領閣丈下書與政府關來到

政府關辭 今此接見 事體自別 防守之節 另飭留守 務令團束 以爲十分
整肅之地爲旀 閑雜輩之喧聒紛遝 嚴加禁斷是矣 以關辭先爲布諭 如有
違令者 亟施師律云云

議政府公文

接見副官親執開坼

議政府爲相考事 向見東萊府馳上日本國送來廣津弘信另具文字及口
陳 稱其國辨理大臣 向往江華島 如不得接語 直進京城 今者日本船舶
已到江華界海 我朝廷特進遣正一品使相大官 與之接見 未知接見之際
作何辨理 而講信修睦 唯當以禮終始 夫何故隨以兵舶 致令沿海生靈
搔撓不安 此不但愚民之疑惑也 卽以事體言之 必不當如是矣 且其云
直進京城 尤見違禮之甚 旣見大官 則設或有議論之參差 祇宜與大官
爛熳講確 而大官亦自馳奏朝廷 務歸得當 未爲晚也 何必日直進京城
乎 如其擁兵涉海 欲入都邑 而我不設備 古今之所未有也 雖至轟砲相
對 毋謂接遠人以禮之意 明白說及 而苟或因此 而竟失三百年舊好 豈
非兩國之大不幸乎 備傳此意宜當者

丙子正月十六日

十六日戊申 晴寒 森山茂使訓導求我大官隨員幾員及職品姓名 不知何意
也 屢促 故錄送

從事官前行弘文館校理	洪大重
龍驤衛副護軍	申樂熙
龍驤衛副司果	徐贊輔
通德郎	姜瑋
太學進仕	尹溟鎭

彼人揭板於中營曰 艦隊營 又於外三門前檻 揭大日本全權辨理大臣公館

未時量 彼大臣黑田下陸進城云 故使訓導玄昔運 中路迎問 則森山茂曰

我大臣入城時 卽進于貴大臣下處 而當以大公服進去 貴大臣亦着公服爲

好云 故設舖陳於大廳 列置交椅與茶床等物而待之 副官亦來到 俄而霰

雪乍下 旋晴 (酉)[申]時量 有鐃吹之聲 嘔啞促急 聲雖微而遠聞也 彼大

臣直入于中營 而卽送金助倭 傳語曰 我大臣今方進來 故先通云 以敬候

答送 未幾金助導彼大臣隨員齊到 前導五名持銃以來 又有前列數十名兵

卒各佩釖持銃 隨後卒數十名亦然 黑田淸隆井上馨手持蝙蝠雨傘 宮本

(少)[小]一森山茂安田定則次第以入 故出軒迎之 各就交椅前 行接見禮

問寒喧後 旋卽歸去 仍與副官 回謝次往于中營 弟三男价川樂熙隨員徐

贊輔姜瑋亦隨之 粗設威儀 到中營外三門內 捨轎而入 黑田出軒迎之 倭

人數名 分立分閤門外 禁雜人 价川與徐司果着冠服 故許入 姜瑋及任官

着天翼 故不許入 訓導獨以天翼隨入 彼卽閉門 相就交椅前 相揖後 各

踞椅而坐 前設一卓子 以紅色繡袱布之 軒中左右 以色紋帳垂之 一倭自

帳內持來茶鍾 羅列於卓子 而灌茶勸飲 又陳果子器 亦爲勸啖 又出烟匣

而勸吸 只啜茶而罷歸 與彼官相見時 名帖以稍厚壯紙一片 當中書判中

樞府事申[橞] 卽修啓封發 亥時量 上書於雲峴泥洞吏判三處 付家書

啓草 當日申時量 彼大官黑田淸隆副官井上馨外務大丞宮本小一外務

權大乘森山茂開拓小判官安田定則開拓幹事小牧昌業開拓使七等出仕

鈴木大亮 率其兵卒假量四百名 入府中 故先使訓導玄昔運 致問勞苦

是白加尼 彼大官卽使傳語官金助來言 曰彼大臣卽來相見於臣等所住

處云 故不可排却 以各具公服 仍行接見之意 答送矣 旋卽具其公服 略

率銃釖 與宮本小一森山茂同至是白只 臣等亦具公服 仍行接見 彼使

權大乘森山茂要請回謝 故與副官尹滋承 同爲往見是白遣 彼我問答

開錄于後爲白乎旀 宴饗明日約定計料 緣由云云

接見時問答

彼曰 使人先問 感謝

我曰 遠涉滄溟 勞苦旣多 貴體保重 隨員匀福 朝廷命俺等勞慰矣

彼曰 感謝

彼曰 俺等所留處 隨員及兵卒居接 多有貽弊 極爲不安

我曰 屢百年修好之地 今此復講 甚幸甚幸 此等事何足爲弊

彼曰 只爲接見而來 旋卽回去也

我曰 卽當回謝矣

回謝時

彼曰 如是枉顧 甚感甚感

我曰 俄者暫面 故爲回謝而來矣

我曰 處所狹陋 爲主人之心 不安

彼曰 不須爲念也

彼曰 今冬日氣溫和 宜於人而叶於歲占也

我曰 日氣連和 非但爲豐兆 且貴船似免海上寒苦 亦可喜

彼人二名澛死於草芝前洋 傳語官金助來見留守 傳黑田書札 請拯屍云

　本府啓草 本月十六日戌時量 彼傳語官金助來 傳森山茂書封之抵於臣

者 而書中辭意 以彼兵士二名澛沒事 亟請另(請)[飭]南陽仁川等各地方

期於拯屍云 方發關於沿海各邑 使之不日拯給計料是白乎旀 原書開錄

于左 緣由馳啓云云

茲昨九日 我大臣分遣所率儀仗兵員於草芝鎮上岸 由陸路前赴江華府

該兵數名 搭在脚艇 將離大船之際 何誤失纜覆舟 因發小艇數隻營求時

潮後迅急 內失兩名 多方撈索不得 誠爲可憫 切望貴府速將此事 告知南

陽仁川等各地方 若有流屍漂至 請卽示知 應卽派員 就該地領屍 若其營

葬等一切之事 當就時相商 該弁姓名服容 另單開具 以便按照 敬具

明治九年 二月十日

　　　大日本特命全權辦理大臣 隨員

　　　外務大丞 宮本小一

　　　外務權大乘 森山茂

　　　　石渡駒治

該員齡十七歲十月 溺時 着短帽 服戎服哆囉絨深藍色 當肩處筷金 絲領及袖緣靑

色 褌兩邊堅有朱條 背負行囊 佩皮袋 携銃及釖 著皮靴

　　　　江口麟太郎

該員齡二十二歲九月 服色同前

丙子正月十七日

使訓導勞問於彼大副官　宴饗以今日午刻約定　處所定於鍊武堂在西門內
彼之兵卒　或有攔入於閭里云　故使訓導往復彼人　使之操束矣　彼大官使
金助往復曰　兵卒各別操飭　第觀來頭云　又曰　今日卽我國神武皇帝卽位
日　每於此日　以德談放砲二十一放　此例固不可廢　然放砲於城內　則恐有
貴民驚怯之慮　只使船上放砲　以此預諒云　故答以諒悉

　楊花鎭將報　禁衛營防守於望遠亭矣　十六日午時量　移陳於如意島

午時量　與副官從事官价川姜瑋徐贊輔訓導任譯輩　前列大旗幟　大前排六
角　率親衛士一哨　該番長領待別騎士左右二哨　該別將領待長槍手二十名
往于鍊武堂　俄而彼大臣黑田及井上馨森山茂安田定則宮本(少)[小]一小
牧昌業鈴木大亮傳語官最助　竝除騶從　草草步到　接見坐定　問答移時　向
晚始歸　夜修狀啓　與問情記封發　付家書與領閣宅雲峴吏判書

　啓草　臣等昨日申時量　接見彼人　宴饗設行之意　已爲馳啓爲白有在果
臣等今日午時量　宴饗彼人次　各具公服　略設威儀　開坐於營下鍊武堂
是白加尼　彼大臣黑田淸隆副官井上馨　只牽隨員宮本小一森山茂安田
定則傳語官最助而來　相與問答　仍行宴饗是白乎所　問答句語　開錄于
後是白㫆　彼人又請明日相見　嗣後形止　連續登聞計料云云

宴饗時問答記

我曰 夜來平安 可喜

彼曰 感謝

彼曰 今日日氣淸佳 且兩公平安 甚喜

我曰 窃聞貴船中兵卒二名溺死云 慘惻 以鉤拯事 本府留守已有另飭於
　　 各該浦口沿邑守宰矣

彼曰 感謝

彼曰 今日面接 非他故 兩國各派大臣者 卽爲辨理大事也 又爲復修舊
　　 好之事 當次第爲語矣

我曰 三百年舊好 今焉復尋 講信修睦 誠是兩國盛事 欽感欽感

彼曰 今番使事 卽向者廣津弘信別函中辭意也 交隣之道 何不和合而
　　 若是阻絶乎

我曰 交隣以來 每以格式相爭 便成久例 而旣違舊式 則邊臣只守舊例
　　 而然也 又此些少事端 何必張皇於修舊好之地乎

彼曰 我船雲良艦 昨年向牛莊之路 歷過貴境 被貴境人砲擊 焉有交隣
　　 之誼耶

我曰 入境問禁 禮經所載 而前秋來船 初不以某國船爲某事 先通來由
　　 而直進防守之處 則邊戌之發砲 亦不得已之事也

彼曰 雲良艦過貴境鳴砲時 三帆皆建國旗 以標我國船 何謂不知也

我曰 其時船旗 卽是黃旗 則認以他國船故也 設令是貴國旗號 邊戌容
　　 或不知也

彼曰 本國旗號 卽以某色先通 則何不關諭於沿海各處乎

我曰 凡事未及講定 故亦未及知委矣 其時永宗鎭戌 一切焚蕩 取去軍

物 恐非交隣厚誼 於此得失 庶可見諒 今番先從萊府通以使命 故
待之以賓禮 又可見諒也 至於漂船 亦以柔遠之意 待之款厚 則何
可轟擊貴兵船乎

彼曰 今番使事 兩國大臣面接講定 則事之可否 貴大臣可以擅斷否

我曰 貴大臣奉命絕域 無以稟白施行 故有全權之職 至於弊邦 國內
無全權之號 況於畿沿乎 我則只爲接見而來 當隨事稟達 以待
處分矣

彼曰 向者廣津弘信 以我國派遣全權大臣事 有所報者 而貴大臣旣爲
來接 則豈不能擅斷乎

我曰 弊邦本無全權之任 又未知有何事件 則何可預爲稟定而來乎

彼曰 不接使臣 不受書契 至於七八年之久 是何故也 願聞其由

我曰 此有曲折 往在丁卯 中國送來新聞紙 有曰 貴國人八戶順叔所送
新聞紙 以爲朝鮮王每五年必至於江戶 拜謁大君獻貢 卽古例也
朝鮮王廢此例久 故發兵 責其罪云 此後弊邦朝野 莫不以貴國厚
誣我邦 又於萬國公報中 有曰 包(弟)[茅]不入 故貴國欲攻我邦
包(弟)[茅]不入 卽齊桓之爲周室 責讓楚子之言 則復乖引喻之義
此實爲阻書之一大根由也 今則講好之地 不必追提往事也

彼曰 貴國之有如此曲折 我國何以知之乎 此不過風聞之說 而屢百年
交隣之厚誼 豈可以此爲疑阻乎 設有此等謊說 更無我國政府之
所報於貴國政府 則何足取信而有此阻絕乎 還爲貴國慨歎

我曰 新聞紙出於貴國人 刊播各國 則豈可歸之於虛誕 而無國人之懷
憤乎

彼曰 所謂新聞紙 雖渠國郡州事 尙或無實 若信此紙 則干戈無寢息之
日 只可一番笑看而已 貴國今知此書之爲虛誕 則庶可悔悟矣

我曰 我朝野未嘗不疑怯者久矣 大抵交隣之道 誠信禮敬四字爲大 彼
　　 此復講舊好 此實兩國之事

彼曰 我們之今番使事 大關節箇箇有依據 次次爲說矣 貴國若信新聞
　　 紙 欲絕舊好之誼 則兩國萬民 皆入於塗炭之中 日後則此等事 更
　　 勿準信也

彼曰 以虛謊之事 久絕交隣之誼可乎 其時眞假 探問於我國 故答以無
　　 實矣 有何迄今可疑者乎

我曰 既爲刊行各國者 故我邦朝野 至于今疑怯者也 (後玆)[玆後]以往
　　 說有可疑之事 彼此往復解惑爲可也

彼曰 前日相持之事 與年前新書契不受之事 又當言之矣

我曰 蔽一言 前事渙然氷釋矣 更何道哉

彼曰 無論得失 置之爲好云者 誠不當之言 假使與朋友有約 尙不可背
　　 況兩國交好之誼乎

我曰 七八年阻絕之曲折 已暴無餘矣

彼曰 如是爲說 則事無出末之時矣 雲良艦事 今知爲我船 則是非何居
　　 其時砲擊之邊戍 何以處置乎

我曰 此與知而故爲 有異也

彼曰 今日已晚 莫可盡話 大抵講定兩國條約 以爲永永不渝然後 可以
　　 修好 而若非兩大臣面接之時 則當使隨員相通矣

我曰 任官自在 何必以隨員往來相接乎

彼曰 我隨員 各有奉命職任 皆參於公事者也 貴隨員 亦以可參於公事
　　 者相接 好矣

我曰 我隨員 非奉命 而使臣之自辟者也

彼曰 然則我隨員與貴副官相接 似好矣

我曰 任官則無異奉命也 任官中品高者相接 似好矣

彼曰 此則不相當矣

我曰 相接雖不相當 若有往復事 使之往來 似好矣

彼曰 無妨矣

我曰 略備茶果 請暫啜也

彼曰 厚意感謝 置之甚好

我曰 旣爲準備 幸須下箸也

彼曰 勤意至此 不敢固辭

行二次酒 仍起 故茶啖則送館中

留營啓草 當日巳時量 彼傳語官金助來言 以其天皇齊日 草芝所泊彼
船中放火砲 而勿爲驚恐之意 知委民間云矣 卽接通津府使李奎遠所報
則今日辰時量 項山島留碇之七隻異樣船 前後檣上及帆索 滿掛白質紅
心旗是如可 至午時 連發大砲九十餘聲 鳴金而止 仍住不動 緣由馳啓

丙子正月十八日

永宗僉使梁柱星報留營 當日申時量 二帆船二隻 留碇於本鎭腰鈎嶼之
下 自船上吹響如我哱囉聲者四次 小艇一隻 向項山島是如可 還到太
平巖下 彼人十六名下陸 書示曰 自此去項山島爲幾里乎 我答曰 五十
里云 則點頭而去 直抵城邊 觀望是如可 書示曰 燒火而然耶 我答曰
然矣 彼又書示曰 明將往項山島云 仍爲還船 下去于大船所住處是遣
問答之際 自彼大船 連放鳥銃五次

草芝僉使姜英會報 項山島下留碇彼大船七隻 姑無遷動 只使小船 間間汲水而去云云

啓草 臣等接見彼人宴饗後問答記 開錄于後 已爲馳啓爲白有在果 宴饗之後 亦不無餉其隨率兵士 故牛五隻鷄五十首贈給矣 彼以謂使事幹當之前 不敢有所受 若不受則亦非相敬之意 姑令任官受置是如是白乎旀 昨日午時量 彼人更要接見 故卽爲邀接黑田淸隆井上馨宮本小一森山茂安田定則小牧昌業鈴木大亮傳語官最助金助等于鎭撫營執事廳 終日問答 薄暮罷歸 彼此詰難之言 支離反覆 一一開錄于後是白乎旀 至於條約冊子 苦懇捧納是白乎矣 有難擅卽捧納 以爲先謄納之意 答之 纔送任譯 則不許謄出 置而不問之 又有彼大船一隻 昨日來到永宗境 彼又要見 以爲時急所幹 不可不面達 而卽當委進之意爲言 故不得不更爲相見於昨日所接之處是白乎旀 彼人所恳冊子中大略 卽設館通商事之條例也 姑不得上送 當使任譯更爲謄來計料是白乎乃 彼情叵測 亦未知其意之所在 今日相接後 更爲登聞計料云云

問答記

彼曰 昨日厚待感謝 牛鷄厚饋 雖極感謝 而使事告竣之前 有不敢領受 然而不受 亦非禮也 故令任官任置 亦甚悚仄

我曰 簡褻爲愧 何足稱謝 日前貴兵之溺死者 以各別速拯之意 我朝廷方有嚴飭 而尙未拯得 甚悶

彼曰 貴朝廷盛意至此 不勝感激 但潮勢甚急 其鉤拯未可必也

彼曰 今當更續昨日未了之語矣 以八戶順叔事及新聞紙事 貴國臣民莫
不懷憤 由是而三百年隣誼阻絶云 誠未曉處也 新聞紙 初非我政
府往復於貴政府者 憑何爲信乎 我國臣民則以受侮於貴國 莫不
懷鬱 然我國爲念三百年隣誼 故拖至于今日矣

彼曰 自戊辰以來 我國制一變 不得不通報隣國 故遣使齎書 請接萊府
以爲修好之意所陳 非止一再 而森山茂(剛吉)[吉岡]弘毅廣津弘
信往于萊府 亦未得見接 其時任官 積年未接 淹滯久矣 至於年前
有許外務省新書契修來 然尙未見容接 其在復修舊好之地 豈可
無辨明乎

我曰 新聞紙事 昨已酬酌 今不必更提 其間事狀 不可一一領會 及今講
舊之地 但當和好而已

彼曰 今此修好之誼 旣爲諒悉 而我國使臣 屢次出送 未得見接 我國人
心拂菀 欲問其委折於貴國 故不可不有此使命 以貴國擯斥使臣
之故 我朝廷論議紛紜 至有大臣四員之遞罷 又一員見戮 且水陸
軍民屢萬名 屯聚於肥前州佐賀縣等地 必欲加兵於貴國 此人心
自然也 是則再昨年事也 內務卿出送佐賀縣者 非他人 卽前年坮
灣出去之大久(寶)[保]也 而我朝廷特送此人 鎭撫軍民 如此厚誼
倘或諒燭否 貴大臣只以往事不須更論爲言 然則我之使事 無歸
奏之辭 其悔悟與否 詳細質言之可也

我曰 貴國衆心拂菀 而不爲加兵云者 極爲感謝 然貴大臣歸奏之辭 果
未知其何謂也 我等只爲接見而來 則何可質言於此乎 悔悟二字
昨亦言之 此非迫問於使臣之辭也

森山茂出坐曰 戊辰年分 我國派送使臣 要呈書契之事 詳細知之乎

我曰 此是萊府事也 遠外傳聞 未能詳知也

彼乃出日記册子而言曰 對馬島主與萊府往來文蹟 自戊辰至于庚午十二

月 非止一再 且俺與(剛吉)[吉岡]弘毅廣津弘信 辛未年分 從萊府

欲呈書契 亦未得呈 副本謄給於前訓導 則想在貴朝廷也 其時俺等

三人 入于萊府 則府使使人爲答曰 書契不得遽受 訓導亦爲稱託

終不出見 不得已以口陳書一本置之而還歸矣 貴國則但尋古例 我

國則一變舊制 對馬島主旣已革罷 自此憑問無處 與外務大丞花房

共來 又未得呈 雖有漂流之民 亦不顧恤 而傳令守設門之辭 亦有

拶逼之句語 俺等猶未忘隣厚誼 逗留於館中矣 至於甲戌秋 始知阻

絶之故 (若待)[苦待]使事之順成 新訓導下來後 以年前齎來書契卽

納事 外務省新書契修來事 聘使東京事 三件中指一處分之意 有訓

導仰稟朝廷 及其回報 以第二件新書契修來 而又未見接矣

森山茂曰 空留客館 實無善策之際 別遣任官下來 亦以服色相持 未得

相接 前後事狀 實無書契可受之期 歲月自致許久 不得已還歸 至

有今日辨理之擧矣

我曰 略可領會也

彼曰 使事辨理 唯此等事 而不得一辭辨理於貴朝廷 俺等以何辭 復命

於我朝廷乎 然則使事無所辨理 實爲行人之可悶 庶可諒之矣 必

得貴朝廷的當文字而歸 卽我職分事 願達貴朝廷 以爲有辭復命

之地 幸甚

我曰 第當稟達朝廷矣

彼曰 今與貴國復修舊好 實爲兩國之幸 講信修睦 別有一件事可以商

定者 抄錄條約十三款 須詳覽 而貴大臣躬進朝廷 面達稟處 切爲

仰望

仍出示條規册子

我曰 條約是何事也

彼曰 開館於貴國地方 與之通商也

我曰 三百年間 何時不通商 而今忽以此 別有所請 實所未解也

彼曰 見今天下各國通行之事 而日本亦於各國已多開館矣

我曰 我邦僻在海左 自守而已 果未知各國近事之如何矣 大抵兩國旣
要永以爲好 則當念無弊久遠之道矣 我國異於他邦 濱海蘆葦 荒
寒斥鹵 一無財貨湊集之地 土産穀綿而已 絶無金銀珠玉之富 綾
羅錦繡之侈 國俗儉嗇 狃於舊習 厭苦新令 雖或朝家强令行之 必
不樂從 今若貨利相交 到處行走 則愚民犯法 必從此而繁 安知今
日永好之計 反致他時失和之階乎 在貴國不足爲利 而於我邦所
失大矣 言念來後 利害可見 不如依舊交易於屢百年已行之萊館
也

彼曰 兩國之這間阻隔 卽條例不明故也 不可不講定約條 以爲永久不
渝之章程 則兩國必無更阻之端 而此皆萬國公法之不可廢 以此
決處爲可

我曰 今此開館通商之論 卽我邦所未有之事 我民所未聞睹之擧 則此
等大事 豈可不聽之於國民而許之乎 雖自我政府 有難卽以自意
許之 (以)[而]況在外之使臣乎

彼曰 貴大臣旣不能全權 則大事論定 必致遷延矣 貴國執政領議政來
接然後 可以決定也

我作色曰 我亦大臣 旣見大臣 又何更請領議政來接乎 決非可聽而可
行之事 更勿出此言也

彼曰 此事從何以議定乎

我曰 此不可不稟達朝廷 而今此條(納)[約]册子 亦難擅自受之 當謄出

往復朝廷後 可否間回報矣

彼曰 然則兩公躬進面達 以爲商確回報 亦自好矣

我曰 旣受命矣 亦難擅離 第當文字往復矣

彼曰 往來間將費日子 我等事務 實爲難堪 數日間可以回報否

我曰 去來論難之際 自費多少日矣

彼曰 俺等奉命出疆 亦已久矣 又有一船 促我復命而來 一時可悶 若又
遷延 何可遲待於此乎 必須速圖 以爲行人速還之地 顒望

我曰 亦當以此往復矣

塘馬回 見家書 夜甚寒 勞問各班軍卒 分給酒價五分式

丙子正月十九日

十九日辛亥 晴 彼人送傳語官金助來言 我大臣有萬萬緊急面接事 午刻
往于昨日所接處矣 望貴大臣枉接云 故答曰 大臣頻接 體貌有損 且病實
難强 彼又曰 不可不面接乃已 當進于貴大臣所住處 故終不能排却 以此
由通奇于副官 偕往于昨日相接處矣 俄而黑田淸隆 但率隨員宮本(少)
[小]一森山茂安田定則傳語官最助金助而來 彼曰 我國朝廷 以促還使命
品川大兵船一隻 來泊于濟物鎭矣 歸期甚急 昨日云云之書契事 與悔悟
事 速爲稟達回報 且貴國船六隻暫借 則當送于濟物津 有輸來物件云 故
船隻 往復留守 使之借給 而品川船中兵卒頗多 此船到泊後 彼人氣勢頗
豪 其情轉益叵測也 彼人接話半餉 以書契答覆事 條約册子事 速卽稟達
回報之意 重言復言 彼曰 事不如意 則將有屢萬兵下陸之弊矣 預爲諒悉
毋至兩國失和之境云云 隱然有恐嚇之語 極可憤惋 大抵此數件事 不過

是兩言而決矣 觀縷不已 其俗習如是云 言罷 森山茂出一册子 要覽 我
却之曰 册子未知有何辭意 而大臣體重 何可親受 作色而責之 最助憮然
莫知所爲 故命訓導受之 是乃森山茂之在萊館七八年日記也 册子副官持
去 所謂條規十三款 使任譯謄來 正書 上送于政府 見靑營安信 可喜 勞
問把守軍卒 修啓封發 付家書與各處書

啓草 今月十八日 彼人接見問答記 開錄于後 彼所呈條約册子 姑不得
上送 當使任譯更爲謄來事 及十九日問答 更爲登聞計料之由 纔已馳
啓爲白有在果 同日未時量 彼人黑田淸隆井上馨宮本小一森山茂安田
定則傳語官最助金助等 接見於昨日所接處 而問答記後錄爲白乎旀 彼
之情狀 去益叵測 至於當面而稱兵之說 肆然恐嚇者 實萬萬痛菀是白
如乎 若謂以專事恐嚇 則彼旣有兵 若謂以專事要戰 則姑無變動 然而
凡兵事起疑於萬全之中 尙有機變之難測者 況今彼情到此 在我備虞之
方 固宜倍加戒嚴是白乎旀 所謂條約册子 任譯輩有所謄來者 故爲先
上送于議政府 其原册子捧納與否 及彼人以書契不捧之由 屢懇其可以
復命文字是如是白如乎 右項兩件事 幷請令廟堂稟處爲白只爲

問答記

彼曰 夜來平安
我曰 俄聞安寢 諸隨員亦均安 可幸
彼曰 今又要接 貽惱太多 甚悚
我曰 何勞之有 但身恙爲苦也

彼曰 今此接見 非他故 我政府送火輪船 促還使命 來泊濟物津 歸期一

　　時爲急 昨所云云之書契事條約事兩條 速卽稟達 無或遲滯是望

我曰 俱可稟達 而亦未知朝家處分 至於通商事 卽是未聞睹者 不可無

　　爛商於盈廷之論 深察於擧國之情 其所議論可否 豈容易於數日

　　之間乎

彼曰 條約冊子謄書事 此乃貴大臣分付訓導者耶 訓導自擅者耶 願聞

　　其詳

我曰 今此條約冊子原本 有不敢擅受 俄使訓導謄來矣 貴大臣靳許謄

　　出云 然則有何憑據而可以往復者乎

彼曰 貴大臣之言旣如此 卽使任譯謄去 而貴朝廷以此條約商確後 果

　　若許施 則速卽還歸 萬一不如意 使事已矣 似無更面之道矣

我曰 第當稟達 而朝家處分 何可預知

彼曰 今又言之者 爲欲舊好相保之意也 此事不能歸正 則兩國之不幸

　　恐有後悔也 我國軍民屯聚 皆欲合力出來貴國 而俺們爲念舊好

　　一倂拒絕而來 然軍兵尙今屯聚不散 若至失和之境 則必當有我

　　兵下陸之弊矣 以此預諒 不渝舊好之地是企

彼曰 昨日備盡言之矣 戊辰以來 對馬島主遣使齎書 終不接見 玆後受

　　侮 不可形言 其時是非曲直 庶可見諒矣 貴朝廷有致謝之處分 亦

　　有悔悟之意然後 我們可以有辭復命矣

我曰 昨已說破 何庸更提 貴國軍民之合力出來云云 復修舊好之地 何

　　必以稱兵之說 向人輒道 甚非善與人交之義 其失何在 庶可諒悉

　　矣 至若悔悟二字屢次迫問 亦非相敬之道也

我曰 向聞貴船後至之兵 將欲下陸於仁富等地云 其說雖不盡信 旣有

　　語之者 此何可輕易發口乎 濱海荒村 旣不可駐接 民若見兵 將有

驚駭離散之慮 況入人之國 不問其邦禁 輕自下陸 其咎誰執 將謂

之奉使之船乎 且或近防守之處 若有彼我意外之患 豈非可念者

乎 另飭貴船 俾無生事之患 是所望也

彼曰 向有云云 已聞貴大臣之意 故已下令禁止 似不至此矣

심행일기

修好條規^{彼人冊子謄出}

大日本國與

朝鮮國 素敦厚誼 歷有年所 今兩國情誼 視猶有未洽處 更欲重修舊

好 固親睦 是以

大日本國

皇帝陛下 簡特命全權辨理大臣陸軍中將兼參議開拓長官黑田淸隆 特

命副全權辨理大臣議官井上馨 詣朝鮮國江華府

朝鮮國

王殿下 簡何官何某 各從所奉諭旨 茲議立條款 開列于左

第一款

朝鮮國 自主之邦 與

日本國 保有平等之權 爾後兩國欲表和親之實 彼此互以同等之禮儀相

接待 不可毫有侵越猜嫌 先以從前爲交情阻塞之患諸例規 悉革除 開

擴寬裕弘通之法 盡力以期永遠安寧

第二款

日本國朝廷　自修好之日　十五月後　派出使臣到朝鮮國京城　須得親接

秉權大臣　商議交際事務　此使臣或留滯京城　或隨事務整理　直歸國　共

任其時宜

朝鮮國朝廷　隨時派出使臣到日本國東京　須得親接外務省貴官　商議交

際事務　此使臣　或留滯東京　或隨事務整理　直歸國　亦任其時宜

　　第三款

爾後　兩國往復公文　日本國用其國文　朝鮮國用眞文

　　第四款

朝鮮國釜山草梁日本公館　久已爲兩國人民通商之場　自今改革從前慣

例　今般以新立條款爲憑準　措辦貿易事務　且朝鮮國朝廷　開第五款所

指定之二口　準聽日本國人民往來通商　就該所賃借地面　造營家屋　又

賃借所在朝鮮國人民屋宅　亦各隨其便

　　第五款

永興府海口屬咸鏡道永興府　開港之期　自日本曆明治九年二月　朝鮮曆丙子正月算之　以十

五月爲其期

一口京畿忠清全羅慶尙四道中　檢視通商便利之口岸　可以指定地名　開港之期　自日本曆明治

九年二月　朝鮮曆自丙子正月起算　共以二十月爲其期

　　第六款

爾後　日本國船隻　在朝鮮國沿海　遭際大風　又薪粮窮竭　不能達指定港

口時　不論何港灣　寄泊船隻　避風波之險　可得買辦要用物品　修繕船具

買求柴炭等 其供給費用 雖船主賠償 凡是等事 地方官及人民 體察其
困難 加眞實憐恤 無救援不至 勿敢吝惜補給 倘又兩國船隻 於大洋中
全破壞 舟人漂着於地方 則該地方人民 卽時施救助保全 各員姓名 稟
地方官 該官護送其本國 或交付其近傍在留本國官員

第七款

朝鮮國沿海島嶼巖礁 從前無經審檢 故極爲危險 依日本國航海者 自
由測量海岸 定其位置淺深 編製圖誌 使兩國船客 得避危險 安穩航通

第八款

爾後 日本國朝廷 隨時設置管理日本國商民之官於朝鮮國指定港口 交
涉兩國之事件 則須會商該地方官 因辨理

第九款

兩國旣經通好 彼此人民 各自任意貿易 兩國官吏 毫無關涉 不得立貿
易限制 禁阻之

第十款

日本國人民 在留朝鮮國指定之港口 若犯罪科交涉朝鮮國人民之事狀
須歸日本國官員審斷 若朝鮮國人民 犯罪科交涉日本國人民之事件 均
歸朝鮮國官員之查辨 各自據其國律裁判 毫無偏頗 務示公平允當

第十一款

兩國旣經通好 須別設立通商章程 以與兩國商民之便利 且現今所議立

各條款中 宜更補添細目 以要分解條件 則自今不出六箇月 兩國別命

委員 會朝鮮京城或江華府 以商議定立

　　第十二款

日本國從前 准外國人民通商各港口 均許朝鮮國人民來往貿賣 他國爾

後朝鮮國修通好 議立和約 若有此條約內所不裁 而別許他國條件 則

日本國亦無不同得其特典

　　第十三款

右十二章條約內 以議定之日 兩國朝廷信守遵行之始 不得復變革 須

逮之永遠 固兩國和親 爲此作約書二本 兩國委任大臣 各印互相交付

以昭遵信

大日本國 神武紀元 二千五百三十六年 明治九年 月　　日

　　特命全權辨理大臣陸軍中將兼參議開拓長官黑田淸隆 特命副全權

　　辨理大臣議官井上馨

朝鮮國丙子正月　　日

朝鮮國王

丙子何月何日何官某奏 本年何月何日 大日本國特命全權辨理大臣黑

田淸隆 副全權辨理大臣井上馨 與朝鮮國何官何某 會同某地 互換條

約一摺 逐款允當 已予批准 行諸永遠 益敦親睦 其條約內應行各事 汝

朝鮮國

王御寶

徐司果率來人金提金俊錫 頗解陰陽 家兒价川 使之揲蓍 遇觀之否 其繇
曰 觀國之光 利用賓于王 解之曰 彼人爲賓于我國 必無兵革之事 又以
生年日辰(旺生)[生旺]休囚推之 則來月初四五間 事可出杪 始可還朝云
姑錄之 以俟驗否

丙子正月二十日

森山茂率傳語官最助來 立於下處之內三門外 請謁 故使任官謂之曰 昨
日貴大臣接見時 旣以任官往復之意約定 則今忽以隨員請謁 甚不可也
若有所報者 詳傳於任官爲可云 彼曰 不必面接貴大臣 俺們入於廳舍 欲
傳我大臣傳喝矣 懇求不已 不得已招入廳中 使訓導往來 森山茂曰 我大
臣使俺送言 自江華至京江水深 方欲尺量 故有此豫報 勿疑恠云 故我曰
此則萬萬不可 畿沿內洋之不許他國人尺水 邦禁至重 且有守土之臣必不
許 恐有彼我間意外失和之慮 且彼我大臣 只論使事而已 何可以必不可
從之說 如是叩問耶 以此意歸報貴大臣可也 彼曰 測水 天下萬國之所同
然 何獨貴邦設禁耶 更加諒許云 故我勵聲高言 以明其不然之端 彼曰
然則以此由歸告 而訓導亦以貴大臣命意 來報於我大臣可也 訓導曰 此
一款 不須回報也 彼曰 以不然之端來報 有何不可耶 彼又曰 我大臣所
住處閱武堂內 方欲鍊藝 以此預諒之意 稟告也 我曰 此則往議於守土之

留守 待其發落可矣 至於鳴砲一款 已有相約 愼勿爲之也 彼回去後 卽
送訓導于彼大臣處 以尺水鍊藝 俱是不可云 則黑田曰 尺水 貴大臣之言
旣曰不可 此則姑置之 而鍊武則操鍊於我之所住處 不必使貴民見而驚怚
鳴砲則不爲云云

通津府使報 今月二十日辰時量 異樣大船一隻 自水下起烟上來 留碇
於七隻異船所住處云云

留營啓草 異樣船一隻 留碇於永宗鎭前洋腰鉤嶼之由 前已馳啓爲白有
在果 當日午時到付草芝僉使洪運泰把守將姜英會等馳報內 永宗鎭留
碇異船一隻 當日巳時量 起烟上來 會合於項山島七隻留碇處是如爲白
乎旀 城內留住彼人 接住不動 兵士周行城內 日以爲常云云

傳語官最助金助與中野 偕訪訓導私處 要喫酒肉飯羹云 故往復留營
先以酒肉果品待之 仍饋白飯煎骨 醉飽 稱辭 彼曰 火輪船 我國初不知
制作矣 近年則各國匠色湊集 給工價造之 而非緬甸國材木 莫可造船
電機寄信者 鐵筒中 置鐵線 連於水陸幾千里 叩兩端作音 雖數千里 瞬
息間 卽通消息 每字稅錢 二戔二分 人力車者 衕術中 無處不存 逢人
則輒請乘車 稅錢每十里三錢 鐵輪火砲者 當中安銃砲五柄 此則本是
洋國人所給者 而我人描得其樣 無不善造 又曰 朝鮮人如坐昏夜中 俄
羅斯人問於我國人曰 貴國與朝鮮交隣乎 若無交隣之誼 則我國當侵伐
朝鮮云 故我國姑爲挽止矣 俄羅斯之侵伐與否 在於今番交隣與否 而
貴國矇然不覺各國事機之如此 此非昏夜中而何 且洋人年前自貴國還
歸之後 更欲興師出來 而尙不出來者 非無藝無軍之故也 我國人曰 朝

鮮卽我交隣之國 不可遽爾動兵力 爲防塞 故姑在觀望中 此乃再昨年
事也 貴國亦聞知乎 訓導曰 不知也 我國風俗 每年上元佳節 飮食豐備
人人歡樂 而俺則奇緣爾們之來 虛渡佳節 甚無味也 彼曰 明年正月 來
到我國江戶 則當以珍需善待矣 訓導曰 我國人 何故入於貴國乎 彼笑
曰 畢竟入來乃已也 又曰 近年我國制度一變 革罷世襲之官 作郡縣之
後 關伯之子職品 反居傳語官之下也

丙子正月二十一日

本官啓草 本府留守趙秉式 一向廢務是白遣 項山島下留碇彼船八隻
姑無遽動 城內留住彼人 按住不動 草芝鎭下陸彼人塗白槐木標之由
纔已馳啓爲白在果 草芝僉使洪運泰把守將姜英會等馳報內 當日辰時
量 彼船一隻 到本鎭下陸 (七十)[十七]名帶器械 向府城入去 若干名汲
水還下去是如(白是)[是白]加尼 及其入城也 彼人三四十名 各帶銃釰
作隊而入是白乎旅 城內留住彼人 謂以閱武 撥其銃手 分爲三隊 各持
銃釰 植立進退 轉迂廻 拔銃用臂 如我國別技樣 而一從口號 應聲而中
節 盡其所技而罷云云

今此啓辭 彼人三四十名 各帶銃劍而入云云而已 初無八十名出去之措辭
有入無出 似是模糊 而已爲封發云 故置之 塘馬便 付家書與領閤宅上書
御營廳書吏安中璟 遭妻喪 告歸 甚慘惻 其便付都統使 本營書吏車允桓
下來便 無家書 酒一壺肴一樻寄來 傳語官最助來言於吳譯曰 俄者錄來
事 告于我大官 則此不必錄送 口傳爲可云 大槪其說非他 東萊設館 利

於馬島 害於貴國 若從今番條約 則利於貴國云 而此乃日前面接時所發
今又煩提者也 彼人宮本小一 以其大臣之言 謂任譯 使之往復于我大臣
曰 貴大臣 詳知條約裡許乎 今此條約中 開港通商 與草梁通商 有大不
同者 草梁則不能公平 利歸於馬州 害歸於朝鮮 所以欲革除舊規 而今番
新開港兩處 毫無貽害於朝鮮矣 貴大臣 以此意詳細往復于貴朝廷云 問
答狀啓到付 回下政府關到從事官 而譯官吳慶錫罔夜上送 無至生梗之弊
云云 外封以接見從事官開坼云 從事官初非出著朝紙之銜 亦無印信 則
不可修報 使書吏私通矣

政府關文云云 彼人之入沁府 約以四百卒衛來矣 連接文報 則絡續下
陸者 殆無定數 非但本府或登高望遠 或攔入民家 於斯之際 不無葛藤
之慮 且況講好之地 衛軍之其多其少 有何所關乎 雖非接見之時 先令
舌譯輩 據理備說 以爲操制 毋敢紛擾之弊 宜當云云

彼人八十名出去 彼人最助來見差備官處所 故待以酒肉 則連飲數杯日
飲酒食肉 對諸公話舊 是太平事也 任譯曰 然矣 公等速歸 吾輩亦享太
平 彼曰 事之順成與否 在於貴朝廷處分如何 而若不順成 直往京城 與
領議政大監講約矣 任譯曰 方今氷澌不解 且有隘口之防守 安得容易
進京乎 彼笑曰 自有進去之道矣 我問貴大臣何州人 彼曰 大臣薩馬州
副大臣長門州人也 仍辭歸 彼人四十名 自南門入來 每日出入 似是水
陸軍卒之替番也 往見副官與留守 哺時還歸 傳語官最助金助兩人來見
吳慶錫 討酒食後 吳譯問曰 貴國人所騎火船 皆賃船云 然則其所費似
不少也 彼曰 然矣 且鉄路之舖爲數千里 以使火輪車往來 而自江戶至
長崎島 有電線相報之法 我曰 電線謂何物 彼曰 以銅鐵作索 掛山沉水

連亘幾千里 叩兩端作音 以通言語 故雖外國事 霎時相通云 我曰 交隣
中 何國最强 彼曰 魯西亞最强[即俄羅斯] 各國所憚也 而我國交隣各十七
國 皆有一副條約 無不均不平之事 又無彼尊我卑之別 一有定規 誼同
兄弟 (無論各國沿海可以通商處彼則此互相開館長各色與該地方最長
官)[無論各國 船可以通商處 則彼此互相開館有官長 各邑與該地方最
長官][457] 隨事相議 以便互市 且禁亂褻 而開館近傍幾十里 許其任意往
來 定界外 無敢犯越 如有定界外遊賞處 則請于該地方官 自該官差人
領來領往 無或作弊 其開館凡節 亦無一毫貽弊於隣國 而館宇亦自或
貰或建 至於些少物 亦必給價求貿 此則開館處各國法制 大略如是 所
謂公使 則略率從人幾十名 互往隣國京城 亦貰基 而或貰屋 或建屋而
居處 其所幹則自通商各館有事 而該館長付書於該地方官 使之轉通於
公使 則公使 與該國京官 公平論斷 公使所居近傍幾十里 亦許來往 無
敢作弊也 一有定規而違越 則各國問罪 故所謂約條 卽天下公法也 我
曰 他國之法雖如此 至於我國 則自有東萊交市之舊例 則何必刱行不
可得之事乎 彼曰 在於東萊交隣約條 則偏苦於貴國 偏利於馬州 豈是
交隣之誼乎 彼此無一毫貽弊然後 可謂公法 故此使之行 在所不已也
云 而謂其大官急招而去矣 故更不得問

丙子正月二十二日

通津府使報 彼人下陸於本府下赤巖浦邊 立標旗 圖去形便之由 才已
馳報爲有在果 連接初境瞭望色吏林鍾羽所告內 今月二十一日酉時量

---

[457] 《日省錄》高宗十三年 二月五日條에 근거해서 수정했다.

異樣從船二隻 各載彼人 踰孫石項上去是如是乎遣 戌時到付本府山城
中軍李鼎鉉所報內 異從船二隻 自水下上來 到江華甲串津下陸報云云

又通津府使所報 異樣從船七隻下去之意 俄已馳報爲有在果 連接本府
初境瞭望色吏林鍾羽所告內 今二十一日 異樣船一隻 自大船離 來到
本府下赤巖浦邊 下陸 列挿白旗三箇於三里之內 以繩索 尺量其間是
如是乎所 聞不勝驚訝 遣將吏 一邊禁止 一邊誘送 乘船是乎加尼 回告
內 下陸彼人爲八名 而持一紅旗 逗留不去 乘船之後 連爲溯上九邊深
石峀上 設指南器 四面觀望 手執帖册 圖其海島山谷及人家 故苦請止
之 而欲爲拔去白旗 則彼以已有江華府受語諾爲言 故以姑無知委之意
拒絕 而還送于大船所在處是乎乃 標旗則尙未拔云云

政府關到沁營者 今正月二十日藥房入診 時原任大臣政府堂上引見入
侍時 領議政李所啓 倭船已入沁而下陸矣 備禦之策 今方講究 而此際
閭里之間 煽動騷擾 或無疑怯焉 而悖惡頑濫之徒 夤緣乘時 凌逼之習
竊發之患 在在入聞 誠非細憂 大抵國之所以維持者 惟曰名分也 法綱
也 苟名分正而法綱嚴 則縱有外至之患 亦不足深憂也 傳說攸及 多有
可駭 而禁暴緝盜之政 寥寥無聞 朝家之設置捕廳與鎭營 其意安在哉
目下安輯之方 莫先於此 嚴飭京外 隨現直捉 亟用重律 而如或一向蕩
弛 則該捕將 啓稟重勘 各鎭將 先罷後拿之意 分付如何 上曰 此時竊
發之患 尤當各別禁戢 依所奏爲之可也事 傳敎敎置 傳敎內辭意 奉審
施行云云

議政府關到從事官 議政府關內 此册子 卽納于大官 以爲轉送于辨理

大臣宜當者

條規謄出 開卷之初 有難處之端 只稱日本國簡特命云云 朝鮮國簡特命云 斯可矣 何必書兩國君上位號然後 爲典重事體乎 雖曰平等之權 同等之禮 而終是有礙之事面 先從此段釐改 只舉國號 方可論下款諸條可否

既是修好條規 則兩國爛漫商確 彼此便宜然後 其事可行而其行可久 書契事向來阻隔之由 今者續好之意 當敍述文字 以爲憑據之資

通津府使報 本府初境瞭望色吏林鍾羽所告內 今月二十二日辰時量 異樣從船三隻 踰孫石項上去是如是乎遣 已時量到付本府山城中軍李鼎鉉所報內 異從船三隻 自水下上來 到甲串津下陸是如是乎旀 同時量連接瞭望色吏林鍾羽馳告 則彼人五名 下陸於昨日挿旗處是乎在下赤巖逋邊 舉鏡看察四方 少頃 仍爲乘船還去 異從船三隻段 自水上下來 到大船所住處云云

留營啓草 項山島下留碇異樣船八隻 姑無遷動 城內留住彼人閱武之由 纔已馳啓爲白去乎 草芝鎭僉使洪運泰把守將姜英會等馳報內 彼大船八隻 一向不動 只使從船時時汲水 載運卜物是白遣 本營營屬左營李奎遠馳報內 彼從船一隻 到該府境赤巖逋邊下陸 列挿白旗三箇於三里之內 而彼人八名 持一大紅旗 前進爲主 乘船溯上 到九逋隅石峀上 設指南器 四面觀望 圖其海島山谷人家 欲拔白旗 則彼云有受諾於江

華府 故尙未拔去云 此時邊報何等審愼 而初無可據之事 只憑異類之
悖說 肆然說去於文牒者 揆以事體 萬萬駭然 該府首吏鄕 拿致臣營 盤
問嚴懲計料云云

丙子正月二十三日

通津府使報 本府初境瞭望色吏林鍾羽所告內 今月二十二日申時量 項
山島碇留之異樣大船中一隻 起烟下去于水下云云 東門失火 把守幕設
於門樓之側 爇火禦寒矣 防卒困眠之中 火自兒幕而起 延及門樓 盡燒
無餘 人命幸不致傷

富平府使報 今月二十日辰時量 二帆異船一隻 自永宗鎭月尾島前洋
上去于通津境黃山島之由 已爲馳報爲有在果 卽接各島瞭望將等一時
所報 則黃山島前洋留碇異船中三帆船一隻 今月二十二日申時量下來
直爲下去于永宗境云云

留營啓草 當日辰時量 東城把守別士住接幕失火 延及東門樓 全體燒
爐 幸不至人命致傷是白乎旀 城內留住彼人 每以數三十名 或出往草
芝鎭 或於甲串津 乘我船 下去于項山島留碇彼人船處 又自彼大船 彼
人數三十名 下陸於草芝甲串 入城 互換出入 日以爲常 數爻增減 不可
的知 而謂以閱武 其所行技 又如前日是白乎旀 德津鎭把守將朴敬德
馳報內 項山島留碇彼船 當日寅時量 放砲一次是如是乎遣 月串鎭僉
使金亨祚甲串鎭把守將黃義仁等馳報內 異樣船一隻 尺水溯上 卽向通

津康寧浦前洋上去是如爲白有等以馳啓云云

留營啓草 彼三帆船一隻 向下富平境細魚島 城內留住彼人謂以相通彼
船 放起火箭之由 纔已馳啓爲白有在果 草芝鎭僉使洪運泰把守將姜英
會等 今月二十二日亥時量成牒馳報曰 下去彼三帆船一隻 留碇於鷹島
前洋 而項山島下彼大船 當日戌時量 放砲二聲 起火一枝 燃燈 小(項)
[頃] 又砲二聲 諸船一體起火燃燈是如爲白有臥乎所 似是因城內留住
彼人之放起火箭 相應是白乎所 卽令訓導玄昔運送言于彼人 則以後來
船河格招來次 約束而然也 後當先通云是如是白乎等以緣由云云

豐德府使報 正月二十三日辰時量 本府領井浦把守將金龍逵所報內 當
日辰時量 異樣大從船二隻 自江華甲串上來 直向通津祖江境是如云云
鱗次到付該府使報 異樣從船二隻 自通津祖江境上去之由 俄已馳報爲
有在果 今巳時量 本府終境丁串浦把守將張淳秀所報內 當日巳時量
異船二隻 來泊本鋪 彼人十餘名下陸 登山觀望云云 通津府使報 今日
巳時量 異從船二隻 踰孫石項上去 彼人六名 下陸於下赤巖逋邊彼等
揷旗處 仍爲拔旗 乘船 到九遷隅浦下陸 照鏡四方 圖出形地 旋卽回船
于大船所住處 當日午時 異從船二隻 起烟 率小從船一隻 自江華上來
過金浦前洋云云 永宗僉使報 今戌時量 項山島留碇彼船八隻中三帆竹
一船 起烟下來 留碇於本鎭腰鉤嶼之下云云

留營啓草 彼船一隻 到通津赤巖浦 竪立白旗 三帆船一隻 還下富平境
之由 及從船一隻 尺水 向通津境上去之由 已爲馳啓爲白有在果 草芝
僉使洪運泰把守將姜英會等馳報內 當日午時量 彼從船一隻 上去于通

津境 下陸 拔去日前所竪白旗 仍登巖上 觀望 乘船還下去 項山島留碇

彼大船中二帆船一隻 擧碇溯上 百餘步 下碇是如是白遣 文殊山城別

將李鼎鉉馳報內 尺水上去之彼火輪從船一隻 歷康寧浦 抵豐德望城浦

下陸 至甲時量 還爲下來是白遣 海防將永宗僉使梁柱星 本月二十二

日戌時量 成貼馳報內 項山島留碇彼船八隻中三帆船一隻 從富平境起

烟下來 留碇於本鎭腰鉤嶼之下是如爲白乎旀 城內留住彼人 閱武還入

之後 更無移動 馳啓云云

丙子正月二十四日

通津府使報 [二]十三日未時量 異從船一隻 起烟 率小從船一隻 自江

華甲串津上去于豐德境望石隅浦前洋 仍爲下陸 異船之深入內洋 誠極

叵測云云 一時到付該府使牒 當日戌時量 異從船二隻上來 到本府後

坪里前洋 測量水深 旋卽下去于甲串津云云 題以上去下來之報 一時

竝到 時急文牒 如是稽傳 實爲可悶 該持者 查實懲治 來後所報 亦嚴

飭飛傳

仁川府使報 今二十三日酉時量 彼三帆船一隻 自虎島前洋下來 向八

尾島前洋 適値日暮 不能瞭望之由 已爲馳啓 待天明 更爲瞭察 則彼船

留碇於本府境八尾島內洋飛浪浦前洋云云

豐德府使報 本月二十三日未時量 本府終境丁串浦把守將張漢秀所報

內 彼人十餘名 登山觀望是如可 卽地下山登船 直向交河境 而隔山不

見云云

留營啓草 彼火輪從船一隻 尺水上去 抵豐德境還下來之由 纔已馳啓
爲白有在果 月串鎭僉使金亨祚馳報內 彼船下來之路 到本鎭前洋 船
行不及退潮之迅 同小船一隻 幷掛草嶼 故急發洞丁鎭隸 推放波面次
入去 先問小船俄無今有之由 則彼人中能我言者答曰 小船常懸船上
隨用放下矣 少竢潮進 則自當下去 不必爲慮是如 只使四五名守船 周
覽燕尾亭及各墩臺 向府城入去 彼船二隻 至當日卯時量下去云云

留營啓草 月串鎭僉使金亨祚報 當日午時量 彼火輪從船一隻 起烟尺水
過本鎭境 向去于通津祖江前洋是如是白遣 草芝僉使洪運泰把守將姜
英會等馳報內 項山島下留碇彼大船七隻中二帆一隻 起烟下去 百餘步
下碇是如是白遣 城內留住彼人 擺隊閱武 又如前日 還入住接處云云

沁行日記 下

丙子正月二十五日

二十五日丁巳　晴寒　痰火症稍減　靑陽尹雅士大弼來訪從事官　而有倉扁
之術　朝來執脈　勞問把守軍卒　見二十三日爛報　則政院啓日　職牒還授人
崔益鉉疏到院矣　名在罪籍　肆然投章　有不可以言事　循例捧入　何以爲之
敢稟　傳日　當有處分矣　原疏還給

通津府使報　今二十四日酉時量　異從船三隻　自水上下來　而大船二隻
踰孫石項上去云云　該府使鱗次所報　當日午時量　異從船一隻　自甲串
津上來　到本浦前洋　尺水深淺後　旋則下去　到甲串津云云

使任官勞問於彼大臣矣　答曰　天氣甚好　兩大臣寢睡平安　喜幸萬萬　連日
委問繾綣　已極感謝　任官來往之頻數　還涉不安　更勿如是深望云云　專塘
便　承覽領右閤丈下書及吏判書　政府關來到

政府關草　卽見接見副官謄報　則以日本使臣所言修好通商事　謄上條規
冊子　而請令廟堂稟處矣　我國之與日本　三百年信使修睦　設館互市　近
年雖以書契事相持　然今於續好之地　不必牢拒其通商　而至於條約等節
不容不爛加商確　兩相便宜　先以此意　知委於接見大官何如　答日　允事

傳敎敎是置 傳敎內辭意 奉審施行云云

今此京關 遽示彼人 則恐或認以渠之所請 擧皆得諾 所求漸熾之慮 故關
文姑停 此由往復各處 付留營啓便

留營啓草 月串鎭僉使金亨祚報內 當日辰時量 彼火輪從船一隻 携小
從船一隻 自甲串津起烟上來 向去通津康寧浦前洋是如是白遣 草芝僉
使洪運泰把守將姜英會等馳報內 項山島下留碇彼大船七隻 姑無遷動
是如是白遣 城內留住彼人 按住不動云云

仁川府使報內 今二十二日酉時量 彼三帆船一隻 自虎島前洋 起烟下
來 過永宗鎭前洋 仍向八尾島前洋 而適値日暮 其去留形跡 不能瞭望
云云 鱗次到付該府使報內 依巡營門甘結 自各其邑 排立撥軍 使之擧
行 而屢度文牒 無弊呈納是乎所 今月二十二日酉時量 彼船一隻下來
事 謄報狀 修正 出付於撥軍 該報狀今二十三日戌時量 自富平府還來
故卽其時 又爲申飭 還付撥軍矣 及到通津境文殊站 以日時之差晩 不
爲傳送 今二十四日亥時量 又爲還到本府是乎所 莫重邊報 再次還來
如是遲滯 極爲悚悶是乎旀 報牒雖已時晩 係是啓聞謄報 故同報狀 別
定官隷 上送 緣由云云

彼大臣黑田要接見 辭之以病 更欲爲問病 只奉傳語官而來 且公接之時
未能盡懷 從容私見爲好云 故答以彼我大臣 體貌不輕 私相接對 有碍具
瞻 必勿輕遽之意爲答矣 彼替送外務大丞宮本小一權大乘野村靖傳語官
最助 來要問病 無以更拒 不得已接見

問答記

我曰 貴大臣委送貴官 問我賤疾 極爲感謝 兩位大臣諸隨員 近阻多日
　　亦極悵然 雖於公坐中 屢次相面 亦不能從容一話 方以爲悵 幸接
　　顏範 亦甚喜荷

彼曰 云云

彼曰 日前條約 未知何以措處 而遠人之心 甚切悶鬱

因出其條約冊子 故我亦出條約冊子 條條指陳口授 互相論難

我曰 條約冊子中 開卷第一義 實有難處之端 大日本之大字與兩國君
　　上位號 始自萊館爲大段難愼之端 今日之事 與萊館之擧 同一難
　　愼 昔之不受 今亦何辭以受之乎

彼曰 大字卽國號也 行於各國之國號 有何妨於貴國 而至於位號 各其
　　臣子之稱號於君上者 何以去之乎 貴國亦以陛下書之 有何妨乎

我曰 此何說也 我邦自檀箕以來 未嘗稱之 今何以遽加也 我邦以禮自
　　守 惟卑讓於事大交隣之際 是則決非可言之事

我又曰 此是臣下之受 而上於君上 則擧國臣民 孰不有別嫌之意乎 欲
　　與之修好講睦 而使此一邦之臣民 遺之以未安之心 則是外好而內
　　實不好也 安有修好之意哉 然則貴國之必欲請受 我國之靳受 必
　　相睽離 勢所固然 以我分義道理 萊館之所不受 亦何以授之於今
　　日乎 此亦強所不強 我旣無可受之道 則朝廷何以論及於今日條規
　　等事乎 然則此非自我阻之 乃貴國之自阻也 何不諒於此也

彼默默不言 良久況吟曰 此言是矣 因此一事 以至失和 則亦兩國之不
　　幸 第當善辭稟議於我大臣 以爲改正矣

仍於其冊子 抹去大字與皇帝陛下字國王殿下字於日本國下

仍曰 朝鮮國下 當以何書之則可乎 必有命令之處 指的書之爲好云云

我曰 各以政府書之似好矣

彼曰 好矣

我曰 周旋至此 使我一邦臣民 去其未安之心 事歸得當 從此彼我使事
有速圖成就之機 萬萬幸甚 極爲感謝 不容名踰

彼曰 萊館八九年 若如今日之會 而開釋無餘 則何至有今日之擧乎 可慨

我曰 貴大臣旣是全權之行 則宜無書契之齎來 而日後使行 亦可無書
契來往耶

彼曰 公使行則當有書契矣

我曰 將有書契 則亦宜有國書乎

彼曰 公使有一二三等 而不可無國書 貴國亦當有引見之禮 三等公使
則原無國書齎持也 大抵一二等 禮貌甚重 費用許多 故一等則未
可輕議 二等 禮貌費用 稍有省減 三等 禮殺而費約 自不免於稍
欠禮敬 貴國若不以卑禮爲咎 則可以三等之禮行之 然亦所不敢
請也

我曰 我禮曹與貴外務省往復書契 則已有萊館前約者 雖三等禮 亦何
嫌也 但書契格式 每有相持 今於講約之時 宜不無先事之慮 書契
格式 預有講定 以爲來後相憑之地 幸甚

彼曰 書契格式之由前相持 已有稔知者 當與我大臣 熟論以圖著式矣

彼曰 貴使抵我境 則當與我外務卿親接 商議事務 我使抵貴京 則當與
禮曹判書親接 商議事務

我曰 條規中 六箇月後 別送使臣 講定細目 或於江華 或於京城云 使
臣接見處所 必以江華府的定似好矣

彼曰 各國送使 皆在京幹事 獨於貴國不可異議 必於京城爲公使住接

之處所 千萬幸甚

我曰 旣有條款 當有朝廷處分矣

彼曰 第三款 往復公文 貴國則用眞文 我國則用具諺之國文 每以漢書
　　 繙繹一件伴呈矣

我曰 固然矣

我曰 第四款中 釜山公館 自今改革從前慣例 今般以新立條款爲措辦
　　 貿易事務云云 萊館將與新開港設館條款 同一例 而舊條盡革之
　　 謂歟

彼曰 然矣 旣有新約 舊日之例 何可因循 大抵兩國通好而定規 則務從
　　 公平 昔日萊館事 但利於馬州 害於貴國 不可謂公平 一依新約
　　 定例而已

我曰 所論果是矣 然則萊館之諸務可去 至於公貿易館料柴炭雜種 與
　　 凡所入給之物 皆可革除 而一從新館約條而行之否

彼曰 何可異同 如是然後 爲一定之規矣 至於通商 日本物貨之來賣貴
　　 國者 貴國收其商稅 貴國物貨之來賣日本者 日本收其商稅 館舍
　　 借其地面 則亦納其地稅於貴國 造營家屋 或賃居貴國人民屋宅
　　 各隨其便 皆自日本人 自辦物財而爲之而已 何可煩費於貴國乎

最助曰 如是則萊館亦可納價而買之 於貴國當納地稅矣

彼曰 亦然矣

我曰 此亦具入於條規册子好矣

彼曰 然矣

我曰 永興是我太祖大王龍興之地 原廟在焉 又其隣邑 先祖陵寢在焉
　　 北關則朝廷有不敢許施 更爲另擇別處於他道而爲之好矣

彼出地圖一張曰 我之北陸道蝦島等地 相對於永興地 故果以此府指定

者也 貴朝廷難許 則當稟議於我大臣 以爲商量移定矣

彼曰 第九款所陳 彼此人民 各自任意貿易 兩國官吏 毫無關涉云者 非
　　他 若有違負與欺瞞等事 則必當拿其人而嚴懲責償 非責其官長
　　而論償之謂也

我曰 事理當如是也

我曰 第十二款所陳中 爾後朝鮮國 與他國修好云云者 我國自守素規
　　與他不相通者 卽人臣無外交之義也 至於貴國 三百年有兄弟之
　　誼也 故今復修好 豈有別許他國通好之理乎 此一款 抹去可也

彼曰 此則與我大臣 爛商善處也

我曰 第十一款所陳 六箇月內 別命委員 會我京城或江華 以爲商議云
　　者 果緣何事 而委員亦將以何品派送乎 旣欲委員 則必於此修好
　　之沁府會議可矣 京城之說 甚不當也

彼曰 六箇月派來官員 姑未知何品職名 而條約細目 將爲講定 抵京城
　　幹事然後 可免遷延之端也

我曰 細目講定 會商於江華 可爲左右便好矣 何必張大而抵京城耶 以
　　遲速言之 豈有會沁而爲遲 抵京而爲速之別乎 抵京一款 不須覼
　　縷者也

彼曰 公使官各處 開港後出來 留京以爲幹事 卽是各國通行之一部規
　　模 欲已之 而不可得者也 旣以三等官出來 則亦無肅拜之例也

我曰 公使之留京 雖曰各國同然之規 然今我兩國交際之地 此等事 當
　　有別般停當之論 可也

我曰 條約講定時 當有禁條諸款 而至於姦淫等事 尤(可)[加]嚴斷 可也

彼曰 姦淫等事 自有禁條之截嚴 商確可也

彼曰 日前條約冊子尾(付)[部]所陳 御寶奉安書 成二本 一置於朝鮮政

府 一置於日本政府 而我國御寶奉安書 亦成二本 一置於朝鮮政

府 一置於日本政府 以爲兩國永世之典然後 可保久遠不渝也

我曰 御寶奉安 事係重大 以兩國政府公文 互相明證 可也

彼曰 此則不可已之事也

我曰 此則從當更爲商確 而先以我意 歸稟於貴大臣 可也

彼曰 條約釐正後 成出二本 兩國大臣具唧着署 互換受去 以爲憑信之

資矣

我曰 此亦在於朝廷處分 今不可質言也

塘馬回 見家書 夜氣甚寒 勞問把守軍卒

丙子正月二十六日

二十六日戊午 晴寒 見家書與領閣丈下書 使任譯喝問於彼兩大臣及昨來

數人

議政府關草到付從事官 此册子 卽納于大官 以爲轉送于辨理大臣 宜當

册子謄本

兩國修睦 行且三百年矣 情若兄弟 遵守舊例 各安人民 無相爭嚇 交聘

之儀 不越其限 慰賀之訊 互恤其弊 有往必復 有贈必酬 馬島接信 以

達事情 萊館開市 毋踰疆界 論其隣好之永保 卽不出禮義誠信四字耳

豈意近年以書契事 兩相疑阻也 其疑阻之端 寔有曲折 兩國書契 本自

謹嚴 雖一字不中規式 則斷斷執辨 此爲兩國舊例然也 東萊守臣及任

譯之不敢遽受 亦照此例而然也 曾在丁卯春間

中國禮部咨文傳來 據總理各國事務衙門奏天津上海通商大臣送呈新

聞紙內云 有

日本客人名八戶順叔 送來新聞原稿云 近來

日本國 現有火輪軍艦八十餘隻 有討

朝鮮之志 又云

朝鮮國王 每五年必至江戶 拜謁

大君獻貢 是卽古例也

朝鮮王廢例久 故發兵責其罪 又云 現有興師往討

朝鮮之志 因

朝鮮五年一朝貢 至今負固不服 此例久廢故也 大抵八戶順叔 旣是

貴國之人 則宜解

貴國之事 而做出虛妄之言 加巇辱之事 拜謁朝貢 誣之於交隣相敬之

邦 可乎 興師往討 施之於修好無釁之地 可乎 譸張如此等語 流布海內

海外 是誠何意也 弊邦臣民 安得無訝怪乎 又安得無憤菀乎 戊辰至庚

午書契之不敢遽受者 不惟規式之有碍 諒由誣說之致疑 然敝國之所守

者 卽禮義誠信 故傳令撈逼之萊守 竄以邊遠 壅蔽欺罔之訓導 施以梟

殛 而貴國外務省新書契修來之後 聞以禮服正門 許久相持 自敝國政府

關飭於萊守 不拘瑣細儀節 俾卽受納于朝廷矣 適值外務省官之換入

未及公幹 旋聞

貴大臣辨理之行臨境矣 今聞

貴大臣與我

國使相問答 則以敝國擯斥

貴國使臣爲辭 而書契遲滯之由 悉陳如右 豈或有擯斥使臣之意哉 兩

國之互相疑阻 以至於此 慚愧痛歎 有不可勝言 朝廷之議論紛紜 則罷

斁相繼 軍民之欲爲加兵 則遣使鎭撫 貴國厚意 何可忘也 萬萬感謝 但

敝國則旣竄萊守 又誅訓導 務盡在我之道矣 未審

貴國將八戶順叔虛妄巇辱之事 如何處之耶

貴大臣 與敝國使相接見 辭氣之忠厚 辨理之坦白 兩國猜疑 一朝開釋

有以見大人君子之秉心和平 爲國勤藎 竊不勝欽仰 若其書契禮物_{以往}

_{復二字改之無妨} 付籤 重尋和輯 且當遵依三百年舊規 而大事則

貴國政府與敝國政府 小幹則

貴國外務省與敝國禮曹 比等往復 永以爲好 或有約條之新定者 則其

在痛癢相關之地 必究兩相便宜 倘有彼利而此害 此通而彼室 則事理

之在所當念 惟願推以仁恕 爛加商略焉

朝鮮國議政府 照會

日本國辨理大臣

通津府使報 今月二十五日巳時量 異從船二隻 自水下上來 尺水深淺

連爲上去 過祖江前洋云云 又報 同日巳時量 異從船一隻 自水下上來

到江華甲串津下陸云云

金浦郡守報 今日未時量 彼從船二隻 自通津地上來 今方尺水深淺後

仍爲下去通津地云云

通津府使報 當日午時量 異從船二隻 到交河界水幕前洋 碇留云云

訓導與差備官 送于彼大船所住處 條規歸正册子 使之謄來矣 宮本小一
有書字錄送 故原本上送于政府

大字皇帝陛下國王殿下字及十二款 皆是字眼 緊要之條 不可削去也
雖然貴國若於他條款及末尾御批 無有異議 則貴國求削字句 我邦亦聽
從之

右我兩大臣之內意
謝辭之件

外務大丞
宮本小一

豐德府使報 二十五日巳時量 彼從船二隻 自甲串項 起烟上來 直向通
津祖江前洋云云

留營啓草 彼火輪從船一隻 携小從船一隻 向去通津境之由 縷已馳啓
爲白有在果 月串鎭僉使金亨祚馳報內 彼從船二隻 當日申時量 從通
津境還爲下來 到泊於本鎭前洋 彼人四名下陸 周覽燕尾亭後 轉向本
鎭北邊石隅敦是如是白遣 草芝鎭僉使洪運泰把守將姜英會等馳報內
項山島留碇彼大船七隻 姑無遷動是如是白遣 城內留住彼人 一向不
動云云

議政府草記 昨以修好通商事 啓稟發關矣 條規等諸般講定 每煩公移
於廟堂 自致日字之淹延 而有可以便民利國 則專之可也 古訓卽然 以
委任便宜 隨事裁斷之意 知委於接見大官事 傳曰允

昨與宮本小一 相接酬酢之際 因以條規中最難從者 次第說去 以至大日
本之大字皇帝陛下字國王殿下字 反覆詰難 竟得自手抹去 永興開港一款
亦置之 第十二款 若與他國通好之說 刪去 萊館舊例 并皆革除之意 措
語 事皆依前說釐正矣 及其正書條規册子之時 第末段朝鮮國王御寶奉安
漆書御名之說 猝然而發 訓導輩先以千萬不當之事 舌爭之 聽若不聞 但
請兩大官接見云 故不得已接見於執事廳 多少說話 到罷漏時 兩相持難
不決而罷 彼情轉益叵測 不勝憤惋

問答記_{不爲啓聞 但往復政府}

彼曰 今夜甚寒 勞擾甚悚

我曰 何勞之有 昨欲問病 又使隨員委問 多感

彼曰 使人勞問 感激

我曰 間因薪憂 未得面接 甚悵

彼曰 昨送隨員 待之甚厚 尤極感謝

我曰 有何厚待 多少酬酢 頗有講定 可幸

彼曰 宮本隨員 欲與同會 適因宿病 未得偕來也

我曰 貴隨員之病 未偕來 可恨

彼曰 有緊急商議事 而宮本旣病臥 故敢此要接也

我曰 我朝廷有公文 故俄使訓導送呈矣 未及入覽而還 今旣接見 可一
　　覽否 我政府 以開港通商事及其餘條件商確歸便之意 奏達蒙允
　　而又有關文 以書契阻絶之由 另具册子 照會於貴所者也 又有我
　　政府商確條款之公文一度 舌官吳慶錫方來云 而姑未來到 故前

來關文與册子二卷 先爲呈覽也

彼曰 當携去詳覽後 還送也

我曰 我政府 欲爲轉覽而送來者 携去詳覽後 還送也

彼曰 今夜面接之由 當次第言之矣 俄者訓導入來 與宮本小一相接公
幹 而大抵條條商確 兩爲便宜然後 事可順成 條規册子尾附一款
不可不有御名之御寶 然後可作永遠不渝之資 故爲此講定而要接
也 宮本酬酢時 有多少改正者 而至於批準 必有此御名之御寶 可
爲眞個修好 若無此憑信 則修好之事 皆歸虛矣 此一款 期於聽施
也 兩國批準 各有御名之御寶 卽彼此同等之例 有何碍乎 他條猶
可删正 至於此事 萬不可已者 幸須深諒也

我曰 自古交隣之道 誠信禮敬爲第一義 而不在於儀節之末 御名御寶
莫重莫嚴 爲人臣子 口不敢言 況敢書之於文字乎 條約册子 訓導
等向來謄出 故上送于我政府 已經我朝廷爛漫商確 至有兩度關
文之知委 我國臣民亦皆聞知 昨夕與宮本商議時 但以御寶爲言
而最助問其御寶所鐫之文 故答以爲政以德之寶 初不說到御名
而今忽變改 求書御名 在我臣子之道 何敢仰請 以貴大臣言之 昨
者所無之事 今忽起端 是豈爲相敬之道乎 君之於臣 不啻父之於
子也 父詔其子 尙不可以書名 而況君詔其臣 有書名之理乎 使事
寧可不成 而此事斷無聽從之道 言止於此 更勿提說也

彼曰 御名御寶 雖曰慕重 此乃各國常行之事 則貴國之惟獨異論 誠可
訝也

我曰 此則雖千言萬辭 徒弊脣舌而已 在臣子之道 莫可行之 天下各國
禮法不同 行之於彼者 有不可行之於此 今以決不可行之事 强欲
行之 竊爲貴大臣 深慨也

彼曰 如是爲言 何可强迫 從此條規之議 不須更提 我則認以御寶之刻
　　御名 故前者不曾提起 而未知其御寶之無御名也

我顧謂最助曰 爾於昨日詳問御寶之文 故我以爲政以德之寶言之 則答
　　曰知得矣 今忽以不知爲說者 甚可恠也

彼曰 我國則有御名然後 可以憑信 雖至絕和之境 果不許乎

我曰 此則爲臣子者所不敢仰請於君父之事也 貴國若因此而阻絕 則是
　　無事而故欲阻絕者 語到於此 不勝慨然 其在兩國修好之地 不必
　　如是也

彼曰 竟不欲聽施耶

我曰 此若可聽之事 豈有不聽之理乎

彼曰 兩國之絕和 極爲慨惜 有此言矣 我國之禮旣如是 則貴國之禮又
　　當如是 議論相孚然後 可爲修好之道矣 若不受御名而還歸 則我
　　民亦不信其修好矣 使事從此已矣 至於動干戈之境 終不聽施乎

我曰 禮義不可壞 綱常不可紊 禮義綱常之廢墜 而國亦隨之 何待干戈
　　乎 此所以寧至絕和 而不敢聽施者也 爲講論者 必審其彼通此窒
　　使有餘地然後 可以同歸于好 昨日宮本之言 亦以兩國政府 各奉
　　君命 成出文蹟 則足爲憑信之資 而今何以萬難干冒之事 如是逼
　　迫乎

彼曰 傳曰允者 是皆御書乎 左右書之乎

我曰 御書與否 不必問 旣爲允下 則人孰疑焉 無論其事 朝廷稟奏 則
　　可者爲允 不可者不允 以今番事言之 我政府 以貴國開港通商事
　　奏達而蒙允 允者書下之後 播於朝報 塗於耳目 雖千萬年 永遵不
　　渝 可謂金石之文 豈有不信王言之道理乎

彼曰 更思之 貴國雖以允字爲信蹟 至於我國 全爲修好 派送大臣 而只

受允字而歸　則是豈爲永久憑信之蹟乎　貴國以自守之禮　强欲行
之於隣國　此非他　卽不好交隣之故　甚訝惑焉

我曰　若無交隣之誼　三百年何以修睦　今番又何以派送大官　屢次接見
如是講舊耶　今此不好交隣之說　極涉悵然

彼曰　我之條規中　貴國所不欲者　亦多聽施　至於批準一款　勢不可已者
也　只說國法　終乃浼浼　事之順成　不可望也　俺等歸奏此由　則我
朝廷必曰　各國常行之事　貴國惟獨不行　以其八戶順叔虛誕之辭
空作欛柄　怨尤我國乎　我國則廷議紛紛　寧殺大臣　不可以失和
向者肥前州屢萬兵　併姑置之　此眞情所以修睦之誼也　貴國如有
一分修好之心　不可無信蹟　有信蹟則亦不可無御名　但說貴國禮
法　不諒隣國事情　思之又思　寢息不安　是將何以則爲好耶　日前我
國品川艦之追來者　非他故　我朝廷慮俺等之死而未歸　議論又復
紛紜　以御名一款　屢屢爲言　終不回聽　則俺等不可不歸去　後日兵
興　至於失和之境　則必當有後悔也　俺等只望使事之善就　如是觀
縷　而其於事不從心　奈何

我曰　我朝廷已許其開港通商　稟奏蒙允　我等亦奉使而來　屢次面接　爛
漫商確　稟達朝廷　已有回下處分　推此　可知其事之順就矣　昨日講
論何等和平　而今忽變改　是貴國之自阻也　非我國之辜負也　若無
此御名一款　條規中未了諸款　今卽馳奏　此使事　可以不日告竣　豈
非兩國之厚幸乎

彼曰　大抵物理之變通　不可勝窮　且以大砲鳥銃等機器言之　前日之笨
鈍者　今爲精利　前日自口裝藥者　今則自背裝藥　昔以右手　不能善
放　今以左手　無不命中　且大銃不能及遠　而小銃反過大銃　此皆隨
時變通之道　貴國則不知變通之方　執拗不改　豈爲國之道乎　切爲

慨然

我曰 譬諭之論 非不諒悉 無論某器 其用之之法 雖有隨時變通 器之體
則自如也 所諭銃砲之微物 亦復如是 況禮也哉 禮亦有隨時隆殺
之節 而至於分義也綱常也 何敢違越乎 禮則自在 無可變通 大抵
我國本不與他國相通 惟獨與貴國修好者 寔由三百年舊誼也 非
惟我國之尊我君上 貴大臣尊我君上 宜不下於吾所尊君 何若是
强人所不强之辭 如是張皇煩問耶

彼曰 爲臣之道 不敢書君父之名 非不知事理當然 然而今此批準 與他
有異者也 貴大臣則以愼重爲言 而我國亦無仰從之理 屢次與貴
大臣接話 事竟未諧 不可不歸奏乃已 今夕卽當告別 姑歸所住處
明日更或面別矣

我曰 通商一款 既爲稟達朝廷 幸蒙允下 至於講定條規 幾乎究竟 我心
之不爲泛忽 庶可洞悉矣 其於末可奈何之地 有何變通者乎 更加
深諒焉

彼曰 果是悵然無涯 彼此一般 俺等初擬復修舊好 利竣使事 好顏分別
之時 鳥銃與大砲 呈納於貴大臣矣 今則好意已矣 卽此告別 明若
有意 更當相面也

我曰 惟在貴大臣深諒而已

塘馬回 見家書與領右閤丈下書 曉間野村靖最助來到 又以御名事 無限
言爭 鷄鳴回去

丙子正月二十七日

二十七日己未 晴寒 通津府使報 今二十五日 異樣船二隻 日勢昏黑 未
察下來經夜之處 其翌二十六日平明 始見該船留碇於本浦前洋 而巳時量
彼人九名 下陸於本浦岸上 圖畫山川後 仍爲發船 越往于豊望石隅 留碇
云云

政府草記關文來到 此乃昨日爛報中 以接見大官隨事裁斷事也 領閣宅上
書及都統書 未時量 專塘發送 宮本小一^{東京人 年三十七} 野村靖^{長門州人 年二}
十一 森山茂^{馬州人 年三十六} 鈴木大亮最助又來訪 以酒肴待之 語到於昨日
御名事 反覆弛張 使渠自手抹去 日暮而歸 夜三鼓 野村靖與最助又來
携柑子五六十箇淸酒一罐遐夷道鹿肉二塊 饋我慇懃 此必是連日見款之
回謝也 分送留營本府行中各處 黑田方欲下船 俶裝甚急 最助要我裁書
挽留 故依其言 裁函 付最助

札草

遠慕德義 獲攀霽輝 方以先睹爲快 匪意仄聞俶裝啓行 悵然失圖 未知
尊意何在 而誠大有不安於心 卽奉隨員諸公 彼此開釋無餘 亦甚慰幸
且於宮本野村二公 有所論定者 想亦俯諒 到今實無餘蘊 有何芥滯於
其間耶 惟當各務國事 以爲妥當 亟命停旆 以副區區 是祝是祝 卽當
進叙 而病未如誠 先此布悃 明日當使訓導 委進京城 商議而來 恰爲五
日了

舌官吳慶錫下來 袖傳領閣丈下書 與十三條款講定公文伴到^{記于後}

丙子正月二十八日

二十八日庚申　晴　見家書與領閣丈下書　勞問把守軍兵　彼人黑田送安田
定則與傳語官金助曰　今將下船　忙未面別　安田亦恩恩告別　我曰　我政府
已許通商　餘條則將修文書以來而已　日前以意外御名之說　致此往復之遲
滯　今日雖過半日　自今爲始　限五日留俟　則兩國大事　可以究竟　以此由
善稟於貴大臣　期圖停斾云　安田曰　貴大臣懇懃盛意　當善爲歸稟　而我大
臣　性本剛嚴　一次下令　必踐乃已　恐無停止之望云　故又囑其善圖之　仍使
訓導與吳譯入送彼大臣所　以我挽留之意先通　卽伴副官　往接彼人於中營
我曰五日退限　則兩國大事　可以究竟　今若不俟數日而下船　則善就之事
中道瓦解　豈不可悶乎　深諒裁處云　則彼曰　旣以十日爲限　今日是限滿日
也　而尙無歸正　又俟五日　事之出抄　亦未可期　遷延月日　是所不欲爲也
條規冊子中不可削者　爲其貴大臣之便於稟達　多有刪削　不顧我朝廷之是
非　若是奉行者　欲修三百年舊好之意也　惟獨貴國尙此靳持　似有抿過之
意　雖五日之後　又復如是矣　兵卒等　已爲出送　今莫可停止云　故我曰　其
間費日　非他故　貴大臣奉命出彊　有全權之任　我則本非專權之使臣　每事
輒稟達朝廷　以待處分　而我朝廷爲修舊好　已許通商　其間又有他事　其文
書等節　姑未暇及　且以日前御名云云之說　浪費數日　原本冊子　今日發送
往來之間　不踰四五日矣　此非延拖之計　勢固然矣　旣爲遠涉滄溟　許多喫
苦　而今此五日之差退　有何不可耶　我便是主人也　屢次接話之餘　無端徑
發　實爲悵訝萬萬　爲此顏色　更加諒之也　彼曰　貴大臣之說　極爲感謝　然
行期已定　莫可進退　潮信在卽　不可久話　未盡之說　與副大臣對討也　仍
爲起身　褰幮而入　我更向副大官　黽勉挽留　則彼曰　貴意若是鄭重　我隨員
宮本小一野村靖　姑留於此　俺等乘船　留碇於草芝前洋　以俟幾日矣　其後
事　與宮本野村　相議可也　亦卽告別　午正下船　彼人每言一出　令一發　更

無違劃也 宮本野村仍爲來見 以爲約條事 終日論難 次第歸正 薄暮而歸
以彼人下船之由 先爲馳啓 付家書與領閣宅上書 又以彼人姑留於草芝緣
由 及條規册子原本付上之由 修啓 彼人許旣以四五日爲限 則往復之事
極爲促迫 且書字不如口陳之詳 吳譯與訓導 戌時量 發送京中 而彼人諸
般文蹟 并付送于政府 日前專命之關辭 去益惶悚 萬難承當 治疏封發
付家書與領右閣丈吏判三處書 殘漏暫睡

每於彼大官接見時 詳察彼諸人容貌辭色 則黑田淸隆爲人 外雖寬裕 內
實剛猛 井上馨 有雍容之態 隨員安田定則鈴木大亮亦皆端詳 宮本小一
野村靖兩人 容貌儒雅 言語綜詳 在彼國 能參世務 在行中 卽是主謀者
也 森山茂 爲人巧譎 辭色鬱拂 陰沮大事 轉生葛藤者也 且干涉於彼我
大官酬酌之間 其擧措極涉惝怳 而彼大官亦多聽從其言 揣度事機 森也
之作戲 最可慮也 切欲反間於黑田 挫其氣銳 而計無所出 傳語官最助
自兒時生長於萊館 我國物情詳知者也 故余顧謂最助曰 君之筋骨 雖是
貴國所生 肌肉實爲我國所長 君能知也未 最助合掌頻首 屢拜而答曰 果
然矣 豈敢不知乎 我曰 然則我國事 君能務盡誠力乎 最助曰 何敢泛忽
也 我以手撫其頭曰 奇特奇特 此日如斯而止 其後最助之來見也 厚饋酒
肉 以示懇懃 酒酣而往 我曰 森山茂何如人也 於我國事 或有助耶 最助
掉頭曰 否也 此人性品 本不順坦 且以積年含憾 甘心於雪憤 每事生釁
爲主 貴大臣何以洞燭乎 我曰 兩國大事 此人如是作戲 實爲可悶 何以
則有好道理耶 貴大臣與諸隨員 萬里駕溟 多日勞苦 專爲修好一款 而緣
此一人 使事遷延 轉生層節 則此非貴國之狼狽乎 君須深諒事機 別出奇
計 事歸順便 君之勞勤 當何如也 最助曰 曉得矣 仍辭去 數日后 最助又
來 饋以酒餠 最助曰 有秘達事 而座煩未敢也 我卽屛左右 進坐膝席而

言曰 小人果有奇計 行間於我大臣 而幸得中森也之前後作梗 今皆洞燭 自日前每議使事 不許森也之參涉 森也憮然退在渠之處所 從此拔去眼釘 事皆可諧矣 願貴大臣更勿爲慮云 故我答曰 君於我國事 誠心若是 到底嘉尚 尙以終始善周旋之意 申申諭送矣 及其宮本小一野村靖之來接也 達宵論難 畢竟大日本之大字皇帝陛下字殿下字皆抹去 永興事亦受諾 此雖與宮本野村 抑揚反覆 弊盡脣舌而得諾 然其實最助從中設計 攬斥森也之效也 彼之條約冊子中 最所難從者 皆抹去 使事可期無擾出抄矣 忽於二十七日 宮本野村 與最助來言曰 批準末段 安御名之御寶然後 可以憑信云云 無限詰難 至於接見彼大官 據理開諭 終不回聽 翌日兩大臣有惱色而下船 順就之事 猝地變改 莫知其裏許 彼大臣下船時 姑留宮本野村兩人 使之更接云 聞此言而墨揣 則是乃幹旋之一機關也 其夜宮野兩人果來見 故費千萬言 更以安寶爲約 詳據兩人肝肚 則森也見疎於彼大臣以後 中心怏怏 做出此說者也 宮野兩人始覺森也之虛妄 歸告彼大臣 則森也以其誣告 見忤於彼大臣 將有罪責 彼之法令 森嚴罪不容貸云 翌日宮本野村又來見 故强病邀接 話到日前事 彼曰 我大臣實暫時錯認之事也 非涇渭不明所致云云 際茲森也又踵至 亦以此語無限發明 故我笑 向宮本而託曰 森公於我國事 不能詳知 暫時誤錯 容或無怪 此與知而故犯 迥有異焉 且大事順成之地 雖一人 若至受罪之境 則於我心 亦甚慽慽 幸兩公 以我意善稟於貴大臣 俾圖無事妥帖也 兩人曰 貴大臣勤敎如是 第當善稟矣 森也仍辭出 見訓導於軒中 百拜稱謝而去 此乃機變之大略 故錄之

○ 書契定式

擬案

日本國外務卿某謹致書

朝鮮國禮曹判書某閣下　茲我政府　遵議立和約之旨　命我代理公使某

派遣于貴國　該員忠直　有才幹　克適其任　望

貴政府幸諒斯意　信遇該員　兩國交際事務一切　與該員商量　其有所陳

請　特賜聽納　爲此崇佈　順祝兩國平安　并頌台祉　不宣

日本國外務卿某謹ンテ書ヲ朝鮮國禮曹判書某閣下ニ呈ス曩ニ兩國ニ

テ取結ヒタル條約ノ旨趣ニ隨ヒ今般我政府何某ヲシテ日本代理公使ノ

職務ニ任シ貴國都府ニ派遣セシム此者ハ從來忠勤特亮ノ者ニシテ能ク

兩國交際事務ヲ辨理スルニ適當ノ者ト存候條貴國政府ニテモ右ノ者ヲ

御信認被下交際事務ニ付キ同人ヨリ申出候諸件ハ摠テ相當ノ御接遇

ヲ以テ御採聽有之候樣祈望イタシ候茲ニ乍序貴國ノ平安ヲ祝シ且閣下

ノ健康ヲ賀ス敬具

保有天佑　踐萬世一系之帝祚　大日本國皇帝　以此書　宣示汝有衆　朕良

友大朝鮮國君王　固厚隣交　茲今欽命全權大臣某　往大朝鮮國　與全權

某　所諦約之條款　朕閱覽之　逐款允當　已與批準　汝等百官　奉朕此意

一體遵照辨理　宣

　　　　神武天皇紀元二千五百三十六年　明治九年　月　日　於東京皇宮

　　　　親釣國璽

大日本國皇帝　[印：大日本皇帝璽]

奉勅 外務卿 某

花押

擬安如此 外務大丞 宮本小一（署名）

外務權大乘 野村靖（署名）

六個月後 彼國批準 如是措辭云 兩人手書着署

大日本皇帝御名御寶體裁

紀元二千五百三十六年 明治九年月

睦仁 皇帝名

大日本國皇帝　[印：大日本皇帝璽]　[印：天皇玉璽]

兩國修睦 行且三百年矣 使幣往來 情若兄弟 各安人民 無相爭嚇 戊辰
以來 因未審貴國革新狀由 以來種種疑端 貴國屢次使書 未遽接受 終
爲隣誼阻隔之地 昨秋會貴國汽船抵江華島 又致有紛擾 迨此次貴大臣
奉使臨境 與敝國使相接 得領盛意 從前猜疑 一朝開釋 曷勝痛歎 如承
示立約各款 我朝廷既委敝國使會商 戊辰以來兩國往來公文 應均廢爲
故紙 庶永遠新睦 共謀兩國之慶 亦足以昭我國善隣之誼矣

丙子年二月

條約 與御批同時交付事 卽送任官 稟議周旋

大朝鮮國主上 ^{批准規式}

批准中辭意無異 字句當潤色

政府照會文字 亦當從其文簡意 約以五日交付

條約各款中 可以添入者 并於細目議定時 更議事

　　右諸條定議日子 期於五日爲定 ^{以五日內 此等文字修正以給之意 宮本懇請 故}
書給

啓草 今月二十八日午時量 彼人黑田淸隆井上馨隨員森山茂安田定則
率其兵卒三百餘名 還爲出去于彼大船所住處是白遣 彼隨員宮本小一
野村靖傳語官最助等 率兵八十餘名 姑爲仍留於前日所住處是白乎旀
帶去兵卒中一百三十餘名 當日申時量 還爲入城 仍留於宮本小一野村
靖所住處是白乎等以 緣由馳啓云云

啓草 彼人黑田淸隆井上馨出去之由 已爲馳啓爲白有在果 彼人臨行時
所言 姑俟使事之究竟 幾日間留碇於草芝前洋是如是白遣 條約冊子原
本 今爲現納 故緊封上送于議政府 緣由馳啓

疏草 伏以臣卽接政府關辭 以爲昨以修好通商事 啓稟發關矣 條規等
諸般講定 每煩公移於廟堂 自致日子之淹延 有可以便民利國 則專之
可也 古訓則然 以委任便宜 隨事裁斷之意 知委於接見大官事 草記蒙
允 促臣專幹修好通商許大事務 講定條款 臣聞命震駴 罔知攸爲 臣之
素昧彼情 暗於機宜 而幹當大任 隨致僨誤 則臣身狼狽 固不足恤 而其
於國計何也 民事何也 春秋傳曰 大夫出彊 有可以安社稷利國家者 專

之可也 故古以出彊之使 謂之專命 然則不出彊而專命 古無是訓也 矧
今畿輔之內 稟復照會往來之程 不出數日 而其事則民社安危之攸係也
彼今托名使价 謂修舊好 實率精銳 超溟而來 其意所在 雖不可測 必非
苟然而止 率爾而歸者也 內有禦暴之備 而外宣柔遠之義 使此蓄憾之敵
順且無事 是非一介之使寸舌所辦 一遵廟算 佈之於彼 猶懼不勝其任
以臣昏耄 自意裁斷 而詎望其無失乎 與彼相接 亦旣有日 彼亦知我朝
廷庶務 皆經政府稟定而行 奉命之臣 傳宣而已 故輒勸臣等之歸朝 導
達其意 而又要見執政大臣 面承否決 彼知條例講定 出於臣等之擅便
則必不準信 而堅求於政府 致玆事端 有不可不慮者 此時此任 何等緊
重 而顧委於庸懦湔劣如臣者哉 臣本迹由棘韋 濫冒至此 瀆轍之戒 恒
所兢兢 而乃假以使相之名 替行廊廟之事 敵有知者 易我更甚 且臣少
而不學 壯亦無聞 責臣以攢執之勞 在所不辭 文事之役 臣豈敢任 加以
榆景已晚 驥志徒在 未伸攘斥之義 而猶懷敵愾之願 倉卒受命 不暇推
賢 而旣乏素講 又負氣性 殊俗異情 莫肯上下 而或昧於臨事之懼 以致
橫決 則樽俎之席 易有遺矢之言 亦武夫之恒情也 是則不惟任臣者之不
能知臣 臣亦不能自知也 詩云 方叔元老 克壯其猷 又曰 文武吉甫 萬
邦爲憲 皆所以尊廟堂之辭也 見今廟堂之上 有憲有猷 豈或資萬一於如
臣者也 量其才具 揆以事體 今此便宜裁斷之命 臣雖萬隕 所不敢承 敢
陳短章 冒瀆崇嚴 伏乞聖慈 俯垂鑑諒 亟收成命 俾國體重 而私分安焉

政府下送六則與打點諸條

修好條規册子頭辭 只舉國號 而不必稱以兩國君上位號之意 旣有前送
册子 而此爲大關節未安之事故 所以有前送册子也 今有一可援之例

中國現行英國條款頭辭 只稱大清國特簡大學士某 大英國特簡伯爵某

云云 今者只稱國號有何不可乎

第一款 別無可論

第二款 修好之後 不可無兩國使价往來 而我使則到彼 親接外務省貴

　　　　官 彼使則來此 親接秉權大臣云者 恐非平等之禮也 彼使見我

　　　　大臣 則我使亦見彼大臣 我使只接外務省 則彼使當接禮曹 盖

　　　　我國交隣之事 禮曹掌之 與彼之外務省 有何異哉

　　　　開館港定約通商以後 不必更有整理之事務 設或有之 隨其大

　　　　小 自該國官及地方官 會同辦理可也 何必使臣之留滯於京城

　　　　乎 且地隔滄溟 涉險聘報 實屬兩國大事 而有難頻煩 不得不幾

　　　　十年酌定期限而往來 是爲兩國俱便之道 此意明白講定

第三款 不必爲拘

第四款 旣許通商 則事務自然如此 但他處設館 亦必有定界之防限 不可

　　　　越界行走 與我民雜處 必生事端 大非和好永久之道 且所定界限

　　　　之當爲幾里 似必有隨地形劃定 而不可稍大於草梁館大小耳

第五款 永興乃是國家龍興之地 而奉有原廟 其所肅敬 與他自別 豈無

　　　　他處而必於此乎 咸興安邊文川俱是先寢所奉 萬無以聽許耳

　　　　又一口之畿湖兩南中云者 京畿兩湖之不可許 無容更言 嶺南

　　　　沿海中 聽其指定 可許一處事

第六款

第七款

第八款 俱可聽施

第九款

第十款 彼我人有罪犯 各自彼我官 卽地會同 查辦用律 尤爲明白相孚
　　　之道

第十一款 各樣款中細節目 只宜今番一一分解講定 何必更煩委員會商
　　　耶

第十二款 我國本不與他國相通 而惟日本則隣誼相好久矣 安有他各國
　　　之通好立約等事 本不必擧論矣 以此明白答之 爲好耳

第十三款 亦可聽施

冊子末段 兩國大官 會同立約 鈐印憑信 則亦可以永久勿替 何必申之
以此段文字 至安御寶耶云云

彼旣有此諸條之求 我國亦豈無講定者乎

第一則 卽常平錢之不可許用也

第二則 米穀之不可交易也 米穀萊館之所未嘗交易者也

第三則 交易只可以物換 物不可外上先賣 亦不可散債取息 此二者 兩
　　　國無窮之大弊源也 必須明白立約

第四則 我國只與日本交好 如有他國人 混來雜處 則大不可 亦須明白
　　　立約

第五則 鴉烟 國人之所不吸也 西敎 國法之所嚴禁也 其烟其書 如或帶
　　　來 則和好萬無永久之道 便明白立約

第六則 兩國漂民之兩相救回 自是舊規 而至若亡命故漂之類 當爲摘
　　　發 回本國致法 須明白立約

曉 付家書與領右閣宅吏判三處書

丙子正月二十九日

二十九日辛酉 晴暄 本府啓便 付家書 第三男僉正贊熙上去 本府居 姜
佐摸姜弼秀送沈榮一甕 分給各軍卒 初十日 位良面宗人鳳來 草鞋八十
部又六十部願助 分給軍卒 十四日廿七日石城宗人東洙 濁酒九盆北魚五
給願助 分饋各班下屬

留營啓草 城內留住彼人 以前已入來之大砲二坐 載於童車 各項物件
載於車牛 使其兵士五十餘名 當日午時量 陸續領送于彼大船所住處是
白乎㫆 草芝鎭僉使洪運泰把守將姜英會等馳報內 項山島下留碇彼大
船六隻 姑無移動云云

二十六日爛報 答時原任大臣聯箚曰 省箚具悉卿等之懇 崔益鉉之悖
不徒構陷卿等 其所以誣逼君父 無所不至 卿等之痛惋齊討 出於忠憤
當有處分矣 卿等其諒之 仍傳曰 此批答 遣史官 傳諭于時原任大臣 答
玉堂聯箚曰 省箚具悉 崔益鉉之疏 罪在誣逼 明章之討 烏可已乎 當有
處分矣 傳曰 予於趙秉昌事 欲爲一番處分者久矣 渠以世祿之人 位躋
崇顯 圖報宜倍餘人 而嘲訕朝廷 常懷憤惋 便作窩主 眩惑朝象 是豈人
臣所敢爲也 趙秉昌 楸子島安置 妖子趙采夏 陰助其父之惡 父其凶悖
子其妖慝 不可置於朝列 趙采夏 渭源郡竄配 以戒爲人臣不敬之罪 傳
曰 張皓根疏之譏訕廟堂 已是無嚴 末端句語 尤極絶悖 恐動脅持 無所
不至 此輩情態 寧不痛惋 張皓根 施以島配之典

申時量 付家書與靑營書 上書于領閣丈 專塘 痰火之崇 越添 神氣昏耗
幾于委頓 可悶可悶

丙子正月三十日

三十日壬戌 晴 塘便 見家書 承覽領閣丈下書 任官玄濟舜傳最助言曰
今番彼使行所費與火輪船賃錢 合銀假量十萬云云 又傳 宮本小一野村靖
周覽城內 至長寧殿基址 見遺壚碑 問我人曰 此是丙寅洋變時爲之耶 答
曰 然矣 又問曰 此基址 昔日何館舍 答曰 我先祖御眞奉安宮殿矣 彼洋
人焚掃 而御眞卽奉于京師云 則卽向碑石 敬拜而去

宮本小一請差備官玄濟舜曰 其間次下柴炭價錢爲幾許耶 卽欲酬價於留
相云 答曰 兩國修好之地 如此不腆之物 何以酬價乎 彼曰 我朝廷派使之
時 有嚴飭 雖些少之物 切勿貽弊於貴國矣 若自此不捧 則歸國之路 當
料量價錢 劃送於釜山鎭云 故使玄譯往復留營 使之一切牢拒 日前宮本
小一送柑子與酒肴 故不可無答禮 以大藥果百立乾柿三貼熟猪一首 謝之
答曰 感激

宮本小一委送最助 傳語曰 行中有寫眞妙手 若欲寫眞 卽當送之云 故答
曰 其意雖爲感謝 我方嬰病 不可冒風露坐 置之可也 又使金助褒送倭畫
三十二幅及琉璃畫八片曰 此是我國勝地覽也 覽而不還 亦無妨云矣 我
曰 一覽足矣 何必愛而不捨 輪覽於副官與留守後 當還璧矣 及見留守寫
眞 果是精妙入神

日前宮本小一野村靖來接時 說話間 野村曰 爲國之計 莫如富國 富國
之道 莫如勤農 民殷國富然後 可以兵强 貴大臣勿以年少輩之言 泛聽
盍加下念焉 今我國農器便利 軍械精銳 日後貴國模去我國軍器農器 似
好耳

本府啓便 付家書與領閣宅上書 十七日接見問答記 伴送江界慈山永柔寧
邊等四邑 砲手九十餘名及領來將校五名 來付於留營

通津府使報 今三十日巳時量 異從船一隻 踰孫石項上去云

安中卿回來便 見家書 議政府權頭還下來

留營啓草 城內留住彼兵士中七十餘名 束裝出往草芝 向去于彼大船所
泊處 十餘名領運卜物 從甲串路出去是白乎旀 草芝僉使把守將校馳報
內 項山島下留碇彼大船八隻 姑無移動是如是白遣 彼人鈴木大亮 與
其傳語官金助來見臣 以彼大臣意傳言 渰沒兵士二名屍體鉤拯事 沿海
各地方船隻之多日勞力 感謝已極 而尙未拯得 必緣漂流於洪濤之中
鉤拯各船 姑爲撤去 日後或有現出 卽通彼等止留處之意 屢屢申請是
白乎乃 旣因廟飭而擧行 今不可以彼言撤去 故以期於拯得之意 更加
嚴飭於沿海邑鎭云云

議政府關到留營 條約冊子 今方安寶 別定禁軍齎去是如乎 本府判官
預爲待令 次於甲串津頭 奉儀仗鼓吹 香(卓)[亭]子 前導陪進是矣 關到
卽是 毋滯擧行 譯官吳慶錫玄昔運 玆以還下送爲去乎 船隻亦卽預待是
遣 贈給物種 鱗次下去 領運之節 一體申飭擧行云云
日本使臣回歸之時 不可無宴饗之節 依前關 豐備以待 俾無疎略之歎云
云

議政府私通 副官所所用奉使之印一顆 今方下來 以此行用之意 告課

云云

江華留守書目 知事申櫶上疏上送事 答曰 省疏具悉 使命之重 何時不然
而今番倭使之來 雖稱修好 不無安危攸關 卿以文武全才 夙著重望 故朝
論咸以爲非此莫可 而臨機應變 不得不任專管 雖非出疆 援照古例矣 卿
何巽辭之至此乎 覆議廟堂 籌度寅協 使事今既竣完 豈非國家之幸乎 予
恃卿 屹若長城 卿須體予至意

承覽批旨下者 萬萬非敢承當惶惄之極 不省措窮之所 事無攸爲 荷此優
恩 感淚交迸 不能自已

彼人最助見差備官玄濟舜曰 使事告完之日 不可無禮物進獻於貴國家 貴
大副官與留守吳玄兩人處 皆有禮物 故物種書呈 以此入鑑 若有稟處之
事 預爲洞燭云云 最助手書禮物件記 貼入於領閣上書中 其捧納與否 答
禮之物 預爲下諒 指教罔夜下送之意 專塘 彼人宮本小一 有面報事 屢
次要接 故以病未酬接 明日若稍可 卽此先通 以爲相接 甚好之意 答之
亥時量 宮本小一 與金助來到門外 請接見 故不得已招接 宮本曰 俄承
靡寧之報 貢慮萬萬 今此乘夜請接 極涉猥屑 有一可告者 故如是冒悚而
來矣 仍言 我東京政府大臣 欲探使事之順成與否 又送(瓊)[瓊]浦艦一隻
俄已來到 行李之促急如是 且有政府書札於我大臣者 自懷中出示 以其
國文 解眞文者 不可詳知 而大略辭意 我國方以使事之遲 擧國臣民議論
拂菀 使陸軍卿山縣有朋 宿兵於赤馬關 雖知吳玄兩譯 趁限而來 然其前
此由先爲來告 幸須秘之也云云 我曰 委來通奇 甚感 而條約一款 我朝
廷既有許施之處分 到今萬無違劃之理 文書修正 則吳玄兩人必當持來

毫無可疑　貴船中火輪艦一隻　先爲入送貴國　以使事順成之由　通奇無妨
此意卽報於貴大臣如何　彼曰　承聆此敎　果是兩國之萬幸　不勝欣感云云
我出示政府下送之六則曰　我朝廷先爲錄送者　而此雖細目講定時添入者
然皆我國之禁條　不可不明白立約者　以此紙轉覽于貴大臣　亦爲善辭周旋
期圖貴大臣諒會之書字　則我當歸奏朝廷後　曉諭四境　以破衆民之惑也
彼曰　常平錢不爲許用　恐是行不得之事　常平入於我國　則雖爲不用件　至
於館中　些少賣買　非此莫可　便同束手　何以交貿　且米穀事　兩國若值歉歲
民情顆顧　至於盡劉之境　欲互相貿穀而救濟蒼生　則亦不許貿去　一向越
視耶　然則烏在其交隣修好之誼耶　此兩條　我大臣必不聽從　方今使事告
完之時　以此些少事　致煩於我大臣　又生一層節耶　我大臣　性度褊狹　若聞
此說　恐有疑阻之慮　姑置之　日後細目時　左右之甚好　我曰　我國地方褊小
土力斥鹵　米穀歲計　不過我民資生而已　實無餘穀之流入於隣國　然貴我
間　若值大荒　民皆盡劉之境　而貴國若有救民之公文　則何可越視不顧耶
米穀出入　皆以公文憑據　而嚴杜其私貿之弊好矣　彼曰　貴大臣所敎曉明
矣　且外上先賣與散錢取息之革除　此乃兩國人民息訟之計　甚好甚好　西
學與鴉烟　我國亦禁令至嚴　此則雖非貴國之托　萬無犯冒之理　當手書左
契文字　明朝送呈矣　俾作信蹟　以破衆惑如何　又曰　明日使事告竣之時　我
大臣必下船　入此府　與貴大臣面接後　各(書)文書　着署鈐印　亦有些少物
種進獻於貴國朝家及大副官留守　至於隨員任譯諸員　各有禮物矣　其物種
則貴朝所納者　大砲鳥銃紗緞時表等物　兩大臣　手銃紗緞佩刀等物也　預
爲諒燭　幸勿孤我大臣悃誠如何　若至不受之境　則我大臣必有慍意　不參
宴饗而回去矣　大事順成之日　終始相好　豈不樂哉　此亦預諒也　我曰　當
稟議朝廷　俾圖相好矣　又曰　貴大臣應有下船禮　我大臣亦不可無答禮　一
以謝貴國之盛禮　一以伸我等之悵懷　必請兩大臣及留守於我船上　設宴話

別矣 幸勿見却 千萬千萬 我曰 吾則方以風眩之證添苦 登高涉險 非所
可望 爲主之道 不可坐別 當往草芝 相與敍悵矣 其登船一款 幸圖初無發
說如何 副官則奉使之行止 不得擅便 草芝則境內 猶可往別 至若乘船
無異疆外 不可不狀聞後進退 何可以此 又費幾日耶 留守亦然 以此由預
爲往復于貴大臣 無或有悵然底意也 彼曰 當善辭往復 待回報更告矣 我
大臣則必不草草相別於草芝也 若至此境則奈何 茶歇仍歸 以此問答記
與禮物捧納之節 答禮物種 預爲諒劃之意 上書于領閣丈 專塘發送 子時
量 就睡

留營啓草 當日子時量到付德積鎭僉使韓鎭龜本月二十九日申時成貼
馳報 同日未時量 異船一隻 自西南大洋 起烟上來于忠淸道泰安境前
洋 仍向南陽境楓島是如是白遣 鼎足山城別將金奎彩申時成貼馳報 當
日未時量 異船一隻 自永宗境下流 起烟上來 而瞭望稍遠 不見帆竹是
如云云

丙子二月初一日

仁川府使報 正月二十八日辰時量 本府境飛浪浦前洋留碇彼三帆船一
隻 運船上去于富平境虎島之由 已爲馳報 今日午時量 異樣二帆船二
隻 又自南陽境長頸項 起烟上來 過八尾島前洋 到本府境飛浪浦前洋
因爲留碇云

通津府使報 三十日戌時量 異從船三隻 自水上下來 到大船所住處 緣

由云云

政府關到接見從事官 議政府爲相考事 節啓下敎 今正月三十日 傳日
條約册子 今已上來 批準文字 自政府另構下送事 傳敎敎是置 同日府
啓辭 謹依下敎 批準文字 并與修好條規 成册子以入 待還下齎去之意
敢啓 答曰 知道事 傳敎敎是置 傳敎內辭意 奉審施行爲有矣 批準二册
條約二册 敍事一册 禁軍陳敬熙玄在龍處齎送爲去乎 祇受形止 卽爲
馳聞 宜當事

啓草 接見從事官處 所下議政府啓下關內 節啓下敎 今正月三十日 傳
日 條約册子 今已上來 批準文字 自政府另構下送事 傳敎敎是置 同日
府啓辭 謹依下敎 批準文字 并與條規 成册子以入 待還下齎去之意 敢
啓 答曰 知道事 傳敎敎是置 傳敎內辭意 奉審施行爲有矣 批準二册
條約二册 敍事一册 禁軍陳敬熙玄在龍處齎送爲去乎 祇受形止 卽爲
馳聞 宜當向事 關是白置有如 批準二册 條約二册 敍事一册 禁軍陳敬
熙玄在龍奉下來乙仍于 當日午時量 臣等在江華府祇受後 姑爲奉安于
府衙正廳云云

彼人宮本許 以船宴別 勢不得不停止之意 使差備官詳言矣 竟爲得諾 塘
馬回 見家書與領閣丈下書及吏判書 昨日都政下來 而未暇一覽 祇迎御
寶與禮物條規册子 陪來本府鄉廳 雖無祇迎之例 不可無奉審御寶 照檢
册子等物 故請副官 着冠服 偕往鄉廳 看審而歸 卽修書於領閣丈與吏判
又於塘馬便 見家書與都目片度

使訓導送于彼所 傳言曰 日前以朝鮮國君王之寶云云 本非君王二字 卽
主上二字 藏在大內 未及詳知故也

　彼曰 第當往復於彼大臣 左右之云

　我曰 貴國批準 必以主上填來云

　彼曰 此則歸國後 商量爲之云

　我曰 我兩大臣乘船 莫可奈何 必往草芝作別

　彼曰 貴大臣行次草芝 則我大臣亦當下船矣 彼此間不必如是 吳玄兩
　　　人 出送船所 以爲慰餞 則足可爲生色矣

　我曰 當出送矣

　彼曰 今此使事之告完 實兩國莫大之慶 我國法例 有慶事 則放祝砲廿
　　　一放 今初三日宴饗後 我大臣上船時 爲貴國主上殿祝福 放廿一
　　　放矣 貴國亦應砲二十一放 似好云云

　我曰 當往復留營而施行矣

　彼曰 我大臣與貴大臣接見 當於初三日辰時量爲之矣 處所何處爲定耶

　我曰 向者接見所 西門內閱武亭爲之矣

贈給彼大副官及傳語官隨員物種 自京下來

我大官副官贈給辨理大臣副大臣 單子四張

　　各銀子 三百兩

　　大緞子 二疋

　　白綿紬 十疋

　　白苧布 十疋

　　白木綿 十疋

虎皮　三領

豹皮　三領

各色筆　一百柄

眞玄　五十丁

色紙　五卷

我大副官贈給理事官六員　單子十二張

　　各銀子　一百兩

　　　大緞子　一疋

　　　白綿紬　五疋

　　　白苧布　五疋

　　　虎皮　一領

　　　黃毛筆　五十柄

　　　眞墨　三十丁

　　　色紙　三卷

我大副官贈給傳語官三人　單子六張

　　各銀子　五十兩

　　　白綿紬　三疋

　　　白苧布　三疋

　　　白木綿　三疋

　　　色紙　二卷

我大官別給

　　最助　木三十同 ┐
　　金助　木十同 ├ 自東萊府出給次
　　中野　木十同 ┘

我大官別給

　　宮本小一 ┐
　　野村靖 　├ 人蔘三斤 鹿茸一對
　　森山茂 　┘

留營啓草 異船一隻 自永宗境 起烟上來之由 纔已馳啓爲白有在果 卽
到付本營屬海防將永宗鎭僉使梁柱星 去正月三十日午時量成貼馳報
異樣二帆船一隻 八尾島內洋 起烟上來 留碇於本鎭境兄弟浦是如爲有
臥乎所 異船之漸次增數 不無疑恠 使通事傳探彼人留碇處 則彼使傳
語官金助回報曰 日本國催促使事復命 而陸軍卿山縣有朋出來是如是
白遣 草芝僉使洪運泰把守將姜英會等馳報 項山島下留碇彼大船八隻
初無遷動 留住彼人亦無移動云云

修好條規改來本

大日本國與

大朝鮮國 素敦友誼 歷有年所 因視兩國情意未洽 欲重修舊好 以固親
睦 是以日本國政府簡特命全權辨理大臣陸軍中將兼參議開拓長官黑田
淸隆 特命副全權辨理大臣議官井上馨 詣朝鮮國江華府 朝鮮國政府簡
判中樞府事申櫶 都總府副總管尹滋承 各奉諭旨 議立條款 開列于左

第一款

朝鮮國自主之邦 保有與日本國平等之權 嗣後兩國欲表和親之實 須以彼此同等之禮相待 不可毫有侵越猜嫌 宜先將從前爲交情阻塞之患諸例規 一切革除 務開曠寬裕弘通之法 以期永遠相安

第二款

日本國政府 自今十五個月後 隨時派使臣到朝鮮國京城 得親接禮曹判書 商議交際事務 使臣住留久暫 共任時宜 朝鮮國政府 亦隨時派使臣到日本國東京 得親接外務卿 商議交際事務 該使臣駐留久暫 亦任時宜

第三款

嗣後 兩國往來公文 日本國用其國文 自今十年間 別具譯漢文一本 朝鮮用眞文

第四款

朝鮮國釜山草梁項 立有日本公館久矣 已爲兩國人民通商之區 今應革除從前慣例及歲遣船等事 憑準新立條款 措辦貿易事務 且朝鮮國政府須別開第五款所載之二口 準聽日本國民人往來通商 就該地基 造營家屋 僑寓所在人民屋宅 各隨其便

第五款

京畿忠淸全羅慶尙咸鏡五道中沿海 擇便通商之港口二處 指定地名 開口之期 日本曆 自明治九年二月 朝鮮曆 自丙子二月 起算 共爲二十個月

第六款

嗣後 日本國船隻 在朝鮮國沿海 或遭大風 或薪粮窮竭 不能達指定港口 卽得入隨處沿岸支港 避嶮補缺 修繕船具 貿求柴炭等 其在地方供給費用 必由船主賠償 凡是等事 地方官民 須特別加意憐恤 救援無不至 補給勿敢吝惜 倘兩國船隻 在洋破壞 (主)[舟]人漂至 隨處地方人民 卽時救恤保全 稟地方官 該官護送 還其本國 或交付其就近駐留本國官員

第七款

朝鮮國沿海島嶼巖礁 從前無經審檢 極爲危殆 准聽日本國航海者 隨時測量海岸 審其位置深淺 編制圖志 俾兩國船客得避危就安

第八款

嗣後 日本國政府 於朝鮮國指定各口 隨時設置管理日本國商民之官 遇有兩國交涉案件 會商所在地方長官辨理

第九款

兩國旣經通好 彼此人民 各自任意貿易 兩國官吏 毫無干預 又不得限制禁阻 倘有兩國商民欺罔衒賣貸借不償之事 兩國官吏嚴拏該逋商民 令追辨債欠 但兩國政府不能代償

第十款

日本國民人 在朝鮮國指定各口 如其犯罪交涉朝鮮國民人 皆歸日本官審斷 如朝鮮國人民犯罪交涉日本國人民 均歸朝鮮官查辦 各據其國律

訊斷 毫無回護袒庇 務昭公平允當

第十一款

兩國旣經通好 須另設立通商章程 以便兩國商民 且倂現下議立各條款

中 更應補添細目 以便遵照條件 自今不出六個月 兩國另派委員 會朝

鮮國京城或江華府 會商定立

第十二款

右十一款議定條約 以此日爲兩國信守遵行之始 兩國政府不得復變革

之 永遠信遵 以敦和好矣 爲此作約書二本 兩國委任大臣 各鈐印 互相

交[付] 以昭憑信

大朝鮮國 開國 四百八十五年 丙子二月初二日

　　大官判中樞府事申櫶

　　副官都總府副總管尹滋承

批準

丙子二月初一日 判中樞府事申櫶 都總府副總管尹滋承奏 將於

本年二月初二日 大日本國 特命全權辨理大臣黑田淸隆 特命副全權辨

理大臣井上馨 與臣櫶臣滋承 會同江華府 互換條約一摺 逐款允當 已

予批準 行諸久遠 益敦親睦 其條約內 應行各事 凡爾官民 悉奉此意

一體按照辨理

大朝鮮國主上　　　　大朝鮮國
　　　　　　　　　　主上之寶

敍事

議政府爲照會事 兩國修睦 行且三百年矣 使幣往來 情若兄弟 各安其

民 無相爭嚇 戊辰以來 因未審

貴國革新狀由 所以有種種疑端

貴國屢次使書 未遽接受 終爲隣誼阻隔之地 昨秋會

貴國汽船抵江華島 又致有紛擾 迨此

貴大臣奉使臨境 與敝國使相接 得領

盛意 從前猜疑 一朝開釋 曷勝痛歎 如承示立約各款 我朝廷既委敝國

使會商 戊辰以來兩國往來公文 應均爲故紙 永遠親睦 共謀兩國之慶

亦足以昭我國善隣之誼矣

右 照 會

大日本國辨理大臣

大朝鮮國開國四百八十五年丙子二月初二　議政府印　銀印

申時量 付家書及領閣丈上書於專塘 贈給禮物五駄 戌時量下來 捕校二

名司譯院書吏二名領來 人馬以善宿善喂之意 申飭本府校吏家 物種明朝

捧上之意 申飭訓導 見都目 則昨日傳曰 今番倭使之回 我國大官不可無

贈給於彼大副臣 其所用之物 令度支措備以送

留營啓草 異樣二帆船一隻 留碇於永宗境兄弟浦之由 纔已馳啓爲白有

在果 草芝僉使洪運泰把守將姜英會等馳報 當日申時量 永宗境留碇二

帆異樣船一隻上來 會合於項山島下八隻留碇處云云

彼人招去吳慶錫 稱以勞苦 待之而酒羹 不堪喫云

丙子二月初二日

初二日甲子 晴寒 見家書與領閣丈下書 痰火証 有加無減 可悶 飮龜鹿地
黃湯 使差備官慰問於彼人 答以如是頻問 極爲感謝 日來病患 有差道否
切祝切祝云云 宮本小一 與最助來接 寒喧後 因出一紙 乃日前所言洋船
鵝片烟西學等嚴禁之事 而手自書之 可爲左契 又曰 我們來此 數日厚蒙
接待 其深恩厚澤 不可盡報 而至若柴炭房金雇軍等許多貽弊 不可無酬
價 以此洞燭 無或見却也 我曰 貴使之來我國 未能款待甚愧 而如此些
少之物 何足酬價 此在定約之前也 兩國復修舊好之地 卽待賓之事也 日
後則依條約行之 今則萬萬不可 幸勿以此爲念 彼曰 我朝廷 以毫不貽弊
於貴國之意 已有申飭 今若不酬其價而歸朝 則必有論責 願貴大臣深諒
此事 愼勿爲阻却也 我曰 爲主待遠賓之道 柴炭雇軍等事 何可曰貽弊
留守亦爲承我朝廷處分而供給者 若因貴价之苦懇 至於受價之境 則留守
亦難免我朝廷論責矣 欲免其責之心 彼此一般 更勿煩提 貴大臣如有欲
報之心 勿以此略干物酬價爲念 日後幾百年我國事到底勤念 是乃永遠報
答之意也 彼曰 貴大臣之言如此 更不敢煩屑 此由歸告我大臣矣

塘馬回便 見領閣丈下書與家信 卽修答專塘 宮本手契 謄送於領閣丈書
中 原本還朝日袖納似好 故姑留之 彼大副官贈給物種銀兩之從厚磨鍊
恐有後弊之慮 往復於領閣丈 我大副官 初以各單磨鍊者 今以一單爲定
彼副大臣許磨鍊物種遺在 故還送于度支 與彼之進獻物種假量然[後] 我
國賜給之物 可以停當 故使訓導從容探知於最助矣 最助書送 故件記原

本 卽送于領閣丈 謄出記左

回旋砲 一門
　　　　付彈藥 二十發
　　　　前車 一輛
六連短銃 一挺
　　　　付彈藥 一百發
七連銃 二挺
　　　　付彈藥 二百發
緋縐 二疋
白縐 二疋
袖珍裝金時表 一個
　　　　付金鍊 一條
　　　　晴風兩針 一個
　　　　磁針 一個

回旋砲 旣云進獻 則其試放之法 不可不學得 故使本府將校與金五衛將
弘臣 眼同彼人試放於閱武堂 彼副官井上馨昨暮入來 大官黑田今方入來
故此由修啓 啓便 付家書及苧洞領府事丈答上書

留營啓草 當日申時量 日本國辨理大臣黑田淸隆副臣井上馨 與其隨員
外務權大乘森山茂開拓小判官安田定則開拓幹事小牧昌業 帶領兵士
七十餘名 乘從船 到甲串津 下陸入城 如前住接云云

啓草 當日申時量 彼人黑田淸隆井上馨隨員森山茂安田定則小牧昌業
率彼卒七十餘名 入城 留住於前日所接處是白只 宴饗 明日設行計料
云云

宮本小一手契

凡日本國商船 因貿易等事 進往他國 莫不領帶所付之船牌及航海公證
旣到港口 不出(二十四時)[四十八時]貴國二十四時 該船主 呈船牌公證于
駐在該地方領事館 驗明然後 本國船隻也 確乎有憑據 又每船必立國
旗 國旗是至貴至重之物 有甲國船假冒乙國旗號 則視與海賊同 乙國
兵艦緝拿懲罰

一 朝鮮政府 禁鵝片進口 與日本人民無礙

一 現今不聞日本人民奉耶蘇敎 朝鮮政府 爲預防日本人民 或有傳耶
　蘇敎于朝鮮人民 欲禁止之事 日本政府 應無不允

[一] 別國人民 在朝鮮國通商各口 假日本人之名籍 居住貿易事 是日
　本政府所不許也

右件 蒙申大官詢問 故陳鄙見如此

外務大丞 宮本小一

凡貿易ノ爲メ外國ノ諸港ヘ往ク日本商船ハ必ス日本政府ヨリ渡シタル
航海公證及ヒ該船ノ船籍ヲ帶往セサルナシタト外國ノ港ヘ到着シ二十四時
ヲ過キサル內船主ヨリ右等ノ諸書類ヲ其地ニ在ル日本領事官ヘ引渡シ
領事官ハ是ヲ点檢シテ後船主ハ其地方ニ在ル役所ヘ入津シタル屆書ヲ
出スナリ此屆書ニハ領事官證書アリ故ニ日本船ニアラサル疑アル事ナ

シ國旗ハ至大至重ノ物ナリ若シ甲國ノ船乙國ノ旗章ヲ假冒スル事アル

時ハ海賊ノ所業ト見テ乙國ノ軍艦是ヲ捕ヘテ十分ニ罰シテ可也

一 鴉片ノ輸入ハ朝鮮政府是ヲ禁シテ日本人ニ差支アル事ナシ

一 現今日本人民耶蘇教ヲ奉スルヲ聞カス若シ朝鮮政府日本人民ノ耶

　蘇教ヲ朝鮮人民ニ傳フル事アランヲ恐ルルカ爲メ是ヲ禁止セント欲

　スルハ朝鮮政府ノ望次第タルヘシ

一 朝鮮國ニテ日本人民ノ爲メ開キタル港ノ居留地ヘ他ノ外国人日本

　人ノ籍ヲ借リ居留商売スル事ハ日本政府ノ許ササル所ナリ

右判中樞府事申閣下ノ御尋ニ付愚意演述シ置候也

　　明治九年二月外務大丞宮本小一

以日前疏批傳論事　有旨于沁營　卿以知事申橞上疏上送事　答曰　省疏具

悉云云

酉時戌時量　連爲上書于領閣宅　而彼人贈給之物　銀子給之　則不無後弊

而拔之則似有彼厚我薄之嫌　以此往復　夜氣甚寒　勞問把守軍卒

丙子二月初三日

初三日乙丑　晴寒　塘馬回　見家書領閣丈下書吏判戸判書　辰時量　開坐於

錬武堂　彼人黑田淸隆副官井上馨隨員諸後船追來彼武將陸軍少將種田

明陸軍中(將)[佐]樺山資紀傳語官最助金助來　卽接見後　批準與修好册子

互相署名　鈐印交付　彼大臣出示一紙曰　今値喜幸之日　爲貴兩大官祝福

書云 行宴禮後 彼大副官 與隨員諸人及兵卒 即發出城 只留宮本小一野村靖最助於前住處 彼人進獻物種 我一行取來物種 并捧留於沁營 修啓封發 彼人贈給物下來中 銀貨與他種餘條 未開封 發關 還送于戶曹 彼人物種 亦發關 留置於沁營 留守來見 啓便 付家書及領閣丈上書吏戶判答書 高麗磁器二坐 最助求請 故往復京中矣 俄者來到 故傳給最助 而使訓導探問其何人所求 則答云黑田所托 贈給童蒙先習啓蒙篇各十卷 堅封 付送于彼人行中 森山茂宮本小一野村靖許 各鹿茸一對人蔘三斤別給 亦往復領閣丈求來 未時量 宮本野村最助三人來見 又有多少說話 薄暮告別而去

我國貴國ト在亞細亞洲東洋中ニ在リ疆土隣近海岸相對ス使幣往來茲ニ三百祀但中間齟齬アルニ因テ以テ情誼ノ恰ネカラサルヲ致ス今本大臣等貴國ニ奉使シ貴大臣等ニ會同シ重テ舊交ヲ修メ新約ヲ議立シ兩國共守ノ信ヲ昭かにし萬代不易ノ典ヲ成ス寔ニ國家無疆ノ福トス本大臣等モ亦與カツテ榮アリ謹テ貴國君王及ヒ諸有司ノ康寧ヲ祝シ併セテ貴大臣等誠心協和本大臣等ヲシテ我カ使命ヲ全フセシムルノ厚誼ヲ謝ス

卜云

明治九年二月廿七日

永宗僉使報 今日卯時量 兄弟浦留碇彼船 起烟下去于八尾島外洋 不見船形云

啓草 彼人宴饗明日設行計料之由 昨已馳啓爲白有在果 今日辰時量臣等以彼人宴饗次 各具公服 開坐於營下鍊武堂是白加尼 彼大臣黑田淸隆副大臣井上馨隨員宮本小一森山茂安田定則小牧昌業鈴木大亮陸軍少將種田明陸軍中(將)[佐]樺山資(記)[紀]及傳語官最助金助 率兵卒七十餘名而來 相與接見 修好條規二册 互相署名鈐印後 一本與批準一册叙事一册 并傳給于彼人是白遣 彼人亦以條規譯漢文一册修好條規彼國文一册傳納 故詳細看檢後 并與批準原本一册 彼使臣臨行書贈一本 宮本小一洋船鴉烟西學等嚴斥事手錄一本 使差備官玄濟舜 齎上于議政府是白乎旀 彼人進獻物種 及臣等從事官及諸任譯處所贈物種依彼單子 一一照數 捧留於本府留守臣趙秉式處爲白乎旀 留守處與草芝僉使洪運泰及本府將校之爲館內擧行者 亦有所贈給 故卽爲傳授於留守臣趙秉式 狀問是白乎旀 彼大臣黑田淸隆副大臣井上馨 率隨員及兵卒 卽還彼船 只留宮本小一野村靖傳語官最助金助 及餘名七八十餘名於前日所住處是白如乎 待其彼人沒數出去 更爲登聞計料是白乎旀彼人問答記 開錄于後云云

問答記 ^{二月初三日}

彼曰 日氣淸佳 修好册子 今將鈐印交付 實爲兩國之萬幸

我曰 數日海上勞苦應多 方切阻悵 更接淸儀 已極欣慰 而況三百年舊
好 今旣復修 彼我使事告完 俱爲萬幸

彼仍出條規册子正本 要與鈐印 我亦奉出批準册子寶文

彼曰 日前以大朝鮮國君王之寶安之矣 今忽以主上之寶安之者 誠爲訝
惑 行期急迫 不得已姑爲受去 我朝廷似或有議論 以是憧憧矣

我曰 主上君王同一位號 且君上之諭官民者 豈不可以主上稱號乎

彼曰 大抵交隣之道 詳察風俗然後 可破疑端 雖六個月公幹之前 貴國
先送解事一人 詳察物情 則我國之爲此修好 積費心力 自可洞悉
群疑皆釋 及其細目講定時 似無更詰之慮 貴使來往 從此以後
極便且迅 自釜山賃騎赤間關火輪船 則六七日間可抵東京 亦無
禮幣與齋糧之弊矣 必圖斯速派送 則非但我國人民之十分孚信
在貴國事 安知無有益者多乎

我曰 昔年通信使之行 多有儀節之張大 果不得頻數派送矣 諸般舊例
竝皆革除 則更無貽弊於兩國 且聞貴大臣之言 我使之行 以火輪
來往 則不費財力 事甚便速 第當歸奏朝廷矣 從玆以往 我使入於
貴國也 居接等節 諸般事務 貴兩大臣善爲周旋 無至齟齬 凡屬我
國事 無論大小輕重 到底顧念 看作自己事 俾有今日修睦之義 深
望也

彼曰 豈敢泛忽也 或有他國覬覦之端 亦當預圖先通 而其外事 當歸議
朝廷 務盡修睦之道矣 幸勿爲念

彼人出示一紙曰 値玆兩國喜幸日 無以報貴大臣盛意 敢陳德談一書

我曰 甚感甚感

彼出一單曰 此雖誠淺物薄 幸望進獻也

我曰 謹當進獻也 仍以彼兩大官及諸隨員傳語官贈給單子 傳給曰 物
　　雖菲薄 切欲表情也

彼曰 贐物若是腆厚 至及於隨員諸人 尤極感謝

彼亦有我大副官 及從事官軍官任譯輩 及本府留守所贈物種單子 故答
以感謝

彼曰 陸軍少將種田明陸軍中佐樺山資紀 後船追來者 而此兩人卽我國
　　有軍功之武臣也 旣參今日宴饗 敢要一接話也

我曰 云有軍功 甚盛甚盛 共參此宴 亦爲可幸

彼曰 潮信已迫 恩恩告別 不勝悵缺也

我曰 何時發船耶

彼曰 明早發船也

我曰 旣未能赴貴船請宴之盛意 病未能遠別 亦切悵然 惟望兩大臣與
　　諸隨員 無恙涉海也

留營啓草 日本國大臣入城之由 纔已馳啓爲白有在果 當日宴饗 以
辰刻爲期 條約冊子 使本府判官朴齊近 具儀仗鼓吹 祗奉導行 到鍊
武堂宴饗處 交傳我接見大副官 宴饗物種 依政府關辭 豐備以送是
白加尼 日本大副官與隨員諸人亦爲隨到 行宴饗 至巳時而罷 彼大
副臣帶領兵士二百餘名 卽向船泊處出去 仍留隨員中宮本小一等數
人 使之收拾行李 明日追發云云

政府私通 接見大官陪行書吏開坼 卽者相位敎是分付內 童蒙先習十

件啓蒙篇十卷 塘馬馬兵金有永處都封下送 卽爲捧納亦敎是置 照數

捧納後 卽爲回示 以爲告課之地云

我贈給彼人物種記

彼大副官 各

    大緞子 三疋

    白綿紬 十疋

    白苧布 十疋

    白木綿 二十疋

    虎皮 三令

    豹皮 三令

    各色筆 一百柄

    眞墨 五十丁

    各色紙 五卷

    色圓扇 十柄

    別摺扇 十柄

    眞梳 三同

隨員六人 各

    大緞 二疋

    虎皮 二令

    豹皮 一令

    白綿紬 十疋

    白苧布 十疋

白木綿 十疋

各色紙 三卷

黃筆 五十柄

眞墨 三十丁

別摺扇 十柄

傳語官三人 各

大緞 一疋

虎皮 一令

白綿紬 五疋

白苧布 五疋

白木綿 五疋

各色紙 三卷

眞梳 一同

色團扇 三柄

森山茂

宮本小一   別贈給 各 人蔘三斤 鹿茸一對

野村靖

童蒙先習 啓蒙篇 各十卷 堅封 送傳於彼船中

高麗磁器二坐 最助所請 故得給 而似是彼大官所囑云

內賜物種

四書 各 一秩

詩牋紙 五卷

各色筆 一百柄

彩墨 五十丁

白細苧 十疋

白綿紬 十疋

● 彼人進獻物種目錄^{見上}

● 彼人贈給我一行物種記

大官

裝金刀 一口

六連短銃 一挺

　　付彈藥 一百發

銀鏤銅壺 一對

國史略 一部

續國史略後編 一部

酒 一罇

馬 一匹

副官

裝銀刀 一口

六連短銃 一挺

　　付彈藥 一百發

紫縐 一疋

七寶瓶 一對

國史略 一部

續國史略 一部

續國史略後編 一部

酒 一罇

馬 一匹

江華留守

七連銃 一挺

　　付彈藥 一百發

海氣絹 一疋

紅絹 一疋

日本外史 一部

酒 一罇

從事官

海氣絹 二疋

紅絹 一疋

日本政記 一部

烟草 十束

隨員 徐

海氣絹 一疋

紅絹 一疋

烟草 十束

隨員 姜

海氣絹 一疋

紅絹 一疋

烟草 十束

隨員 尹

海氣絹 一疋

紅絹 一疋

烟草 十束

訓導 玄

刀 一口

海氣絹 一疋

日本外史 一部

尺銅 二百斤

酒 一罇

堂上官 吳

刀 一口

海氣絹 一疋

日本外史 一部

尺銅 二百斤

酒 一罇

譯官 李

　海氣絹 一疋

　紅絹 一疋

　烟草 十束

譯官 玄

　海氣絹 一疋

　紅絹 一疋

　烟草 十束

譯官 李知事

　海氣絹 二疋

　紅絹 一疋

　烟草 十束

通事 二人

　各 海氣絹 一疋

　烟草 十束

李京根

　海氣絹 一疋

烟草 十束

金聖完

　海氣絹 一疋

　烟草 十束

金學書

　紅絹 一疋

　烟草 十束

草芝僉使

　海氣絹 一疋

　紅絹 一疋

　烟草 十束

草芝執事 朴

　烟草 十束

戶曹沁營兩處發關草　彼人贈給次　兩次下來物種中　今有餘件　故還爲
上送爲去乎　依後錄　一一照數　捧上後　卽爲回移於司譯院　以爲憑考之
地云云

後錄

銀子二櫃 不開封

白綿紬 二十三疋

白苧布 二十三疋

虎皮 三令

各色筆 五百柄

眞墨 二百八十丁

色紙 三十一卷

圓扇 一柄

別摺扇 十九柄

眞梳 一同

白苧 三十疋^{追來件}

鏡光紙 二十卷^{追來者}

沁營關草 爲相考事 彼人進獻物種 及大官副官從事官軍官任譯所來贈
給物種 幷輸送爲去乎 依後錄 照數捧上後 卽爲馳啓之地云^{物種目錄 旣載}
^{於上 故幷不疊錄耳}

留守餽夜饌 鷄鳴時 始寢

丙子二月四日

初四日丙寅 晴寒 塘馬回 見家書與領閤丈下書 彼人宮本小一野村靖 與
最助金助 率餘卒 出城還船 修啓封發 付家書與領閤宅書

啓草 彼大臣黑田淸隆副大臣井上馨等 宴罷後 卽還彼船 宮本小一等

仍留 及彼人贈給物種 捧留於江華府留守處之由 昨已馳啓爲白有在果
彼人進獻物目 及臣等以下各人處所送物種單子 宮本小一之所納朝鮮
全圖付祿亞細亞東部輿地圖合三册 并都聚上送于議政府爲白乎旀 內
下賜給四書各一帙詩箋紙五束色筆一百柄彩墨五十丁白細苧十疋白綿
紬十疋 當日丑時量 使訓導玄昔運傳給是白遣 因於寅時量 宮本小一
野村靖等 率其餘卒 還歸彼船是白乎只 臣等發向通津府 詳探彼船之
離發後 仍卽復路計料云

聞諸譯 皆先發行云 故給行費十兩 巳時量 發行 歷訪本官於書員廳 作
別而行 渡甲串津 塘馬回 見家書與靑營安信

通津府使報 本府初境瞭望色吏林鍾羽所告內 今月初四日卯時量 異樣
大船五隻 起烟下去于水下云云

鱗次到付該府使報 卽者德浦鎭瞭望色吏李判石所告內 異樣從船三隻
當日辰時量 自水上下來 到大船所住處云云

鱗次到付該府使報 異樣大船二隻 當日巳時量 又爲擧碇 下去于水下是
乎遣 我船二隻 各附異從船一隻 或自水上下來 到彼大船所住處云云

塘便 付家書 本倅出防 未還 故修書出付 又裁書於鶴峴沈生員家 中火後
發行 到金浦境 本倅出待 捨轎暫話 迫昏抵邑內 下處東軒 塘回 見家書
金浦郡守報 本郡安東浦瞭望將許計宗所告內 異船二隻 今日巳時量 過
去緣由 題 鱗次到付 又所報異船一隻 當申時量 過去云

政府關到付從事官 爲相考事 節啓下敎 府啓辭 接見大官復命 待竣事 從
便爲之事 知委何如 答曰 允事 傳敎敎是置 傳敎內辭意 奉審施行云云

初三日宮本小一來接時問答

彼曰 我國皇帝誕日 卽十一月初三日 謂之天長節也 每於是日 竪白質
　　紅心國旗 放祝砲廿一放矣 貴國主上誕日 亦建大朝鮮國旗 放廿
　　一砲 凡於他慶亦如之 甚好 今見貴國各處公廨大門 畵太極 貴
　　國旗畵 以此爲定式 甚好也

我曰 本無建旗放砲之例 前所未行之事 今忽仿之 (以)[似]恐衆民之瞻
　　視也 此一款 我朝廷必不印可也

彼曰 六個月內 貴國公使 先爲起送 觀我風俗與事爲 則自有詳知之道
　　從今以往 使价之行 不可以贈給等事爲務 亦不必多率人員 只帶
　　五六人 或十餘人來往 除弊莫過於此 六個月細目講定前 先使解
　　事人 入送我國 則山川風物 雖無足壯觀 我國與貴國 如是修好
　　必有詳察國內物情然後 及其細目時 似無更詰之端 且貴使之行
　　自釜山賃騎赤間關火輪船 則不過六七日可抵東京 豈不便且迅乎
　　貴大臣歸朝商議 期於六個月派使 則非但爲我國人民之信此修好
　　於貴國事 安知無有益乎

我曰 俄從貴大臣亦已聞之矣 派使一款 第當歸奏朝廷 而昔年通信使
　　之行 以儀節之張大 未能頻派矣 今則舊例 一并革罷 來往極便速
　　兩國之省費如此 似必有從近派使之處分矣

彼曰 六個月內 貴使若不來察俗 則細目講定時 必當有多少詰難也

我曰 彼此一定規式之後 豈有變改之理 亦不必煩提也

彼曰 我國與貴國 亞細亞洲也 今與復修舊好者 卽富國强兵之意也 强
　　兵之意 卽欲拒洋人故也 我國兵器與農器 精銳便利 他國莫敢覘
　　覰 貴國亦卽送人 仿造器械 則外寇可禦 農業必勤 强兵富國莫過
　　於此也 且西洋之怨懟俄人之窺覘 相議備禦 爲貴國甚幸 以此意
　　稟達 未知如何 貴國只自安分守拙 凡各國通行之事 惟獨不欲 則
　　人民必不安穩 外寇亦不可禦也 且商賈貿易等事 卽爲國爲民之事
　　不可廢者也 我國二十年前 亦如貴國自守其規 不肯與外國相關矣
　　其後漸有覺悟 近年以來 全事富强之術 今則能禦外寇之侵侮也

我曰 貴國兵器農器 從當仿造 而我國本不與他國相通 惟獨與貴國修
　　好 卽爲三百年舊交也 其在交隣之誼 奚但以兵農器械之仿制爲
　　言哉 無論大小輕重 凡屬我國事 貴國到底顧護 設有意外之端 貴
　　國若自己當之 戮力禁止 俾有修睦之誼也

彼曰 六個月細目講定前 萊館互市等節 姑爲仍存 設有違越之事 無或
　　苛責之意 卽爲關諭於萊伯也

我曰 當歸議 關諭也

彼曰 貴國如坐深山之中 只守拙規 不省局外事矣 從今大覺之後 應有
　　可悔處也 日後細節目 又若自立己見 相詰可否 則今番修好之誼
　　歸於水泡矣

我曰 今聞此言 亦一掀髥處也 細目講定事 已有言及矣 我國亦不無添
　　入者 貴國亦不無除減者 兩相便宜然後 是可曰修好之義也 何若
　　是重言復言耶 唯望貴國務從誠信 俾圖永遠不渝也

彼曰 向有常平錢 切勿許用云云 此行不得之事也

仍出彼錢數三葉 或塗金 或塗銀 彫刻頗妙 卽明治通寶也

彼曰　此錢可以許用耶　不然　紙錢通用則可以許之乎

我曰　錢貨邦制各殊　何可通用　我民不信　令莫可行　是則我朝廷必無聽
　　　施之理矣

彼曰　他日開港時　設門之限　必以四面十里爲定也

我曰　我國地方褊小　十里定界　非所可論　此不必今日可否者　唯在開港
　　　時　相議約定矣

彼曰　今番修好之由　演作公文　刊行四境　無或一民不知也　我國亦當刊
　　　行天下矣

我曰　此亦歸議政府也

丙子二月五日

初五日丁卯　晴寒

　　通津府使報　瞭望色吏所告內　當日未時量　餘在大船一隻　又爲擧碇　下
　　去于水下云

以彼人贈給物種之不足　白木二十七疋英絹一疋　取用於江華府　文移戶曹

　　接見所爲相考事　彼人贈給物種有不足者　白木二十七疋英絹一疋　取用
　　於江華府　玆以文移爲去乎　以此諒悉云云^{政府關文}

卯時量　發行　到三十里陽川　中火　本倅出境邀之　以今日復命事　往復於領
閣丈吏判　而使安吏中璟先爲入城　飯後發行　不過數武　第二男奭熙出來

故捨轎暫見 仍發 渡楊花鎭 暫入鎭衙 見總戎使趙羲復防鎭處 而饋以畫
物 故唅後旋發 而兒孫輩與姻婭親知 相續出來 故略略接話 而卽抵南門
外 改服於下處 趁日暮 復命 傳曰 大副官 明日待令

筵說

上曰 無事往還乎

大官曰 王靈攸曁 無事往還矣

副官曰 云云

上曰 今番多有勞勤矣

大官曰 王事靡鹽 臣等何敢言勞乎

上曰 彼船皆已退去 實爲萬幸

大官曰 當初果有安危攸關 今已退去 實國家之洪福矣

上曰 向見問答狀啓 則果善爲說辭矣

大官曰 寔仗王靈 仰成廟籌 幸免辱命矣

上曰 今番勞苦 予有知之者矣

大官曰 溫音至此 臣不勝且惶且感矣

上曰 狀啓外 亦有接見酬酢之可聞者 詳奏之 可也

大官曰 果以批準事 有所相持 而彼之國俗 異於常法 其君上名字 不甚諱
　　　之 至於大小文書安寶 則必書御名 故彼要我國亦倣其例 臣等據以
　　　義理而爭之 以至一晝夜不許 故黑田淸隆不無慍意 至於徑出彼船矣

副官曰 臣等之語 雖至絕好 萬難從其所請矣

大官曰 反以思之 則彼旣涉險遠來 所請依准 亦不宜以文書邊事 徑去

之理 旣料彼情 故拖數日 果有宮本小一野村靖來往 竟以安寶事
發說 故亦以非朝廷處分不敢擅許之意 答之 而畢竟批准文字 只
以安寶施行矣

上曰 宮本小一野村靖職品 以我國論之 比何等乎

大官曰 宮本小一是大丞 似爲從二品 野村靖是權大丞 似爲三四品矣

上曰 後來者是何幹

大官曰 野村靖 如軍中御史 爲探使事之成否而來 種田明樺山資紀卽
有軍功之武將也 亦爲探知使事而來 彼中所聞 以爲留兵赤間關
以爲後援云 以此推之 不無叵測

上曰 赤間關在於何處乎

大官曰 在我境之最近處 與釜山不遠云矣

上曰 森山茂爲人何如

大官曰 外貌頗不美 亦一弊人 心地似不馴良矣

上曰 宮本小一何如

大官曰 臣時適有疾 黑田淸隆送人傳語曰 將欲躬來問病云 故答以體
重之地 不必往來私見云矣 因委送其隨員宮本小一野村靖傳語官
最助等來見 兩人頗穎悟 仍與論使事 除其大字皇帝陛下字 餘外
多少略有改正者 頗有其力 所謂最助 自十五歲 來留萊館 最習譯
語 居間酬酢 然而言外之旨 亦難見矣 彼酬此酢 中間傳說 亦不
無疑訝矣 今之譯員亦無解習其國文與譯語者 當此多事之會 實爲
可悶 必當另飭 學習精通 亦是急務矣

上曰 從今國書無之乎

大官曰 然矣 我國政府與彼太政府 禮曹與外務省 互相往復 已爲敦定
矣 聞彼敎人之法 八歲入學 至十六歲讀書 而以後則專尙名物度

數之學 故漢文從此漸至昧方矣 至於條規中漢文繙譯 止十年爲限
然則十年之後 莫可曉解 實非細事 必當嫺習彼文 可以通其情而
論其事矣

上曰 又有可聞者乎

大官曰 淸隆之言 六個月內 卽爲送使 一以爲回謝 一以爲探其謠俗 一
以爲遊覽似好 而自釜山乘赤間關火輪船 自赤間關至東京 可以七
八日卽達 別無勞苦云矣

上曰 然則此是通信使乎

大官曰 不拘品秩常例 只以解事人送之云 從此彼我使 竝除禮幣 到彼
給房貰而居接 買飯供而吃喫 此與信使不同矣

仍奏曰 宮本小一野村靖等曰 日本兵農之器 甲於天下 若有意貿取 亦
送匠人倣製 則俱當到底周旋矣 若得其妙法 可行於貴國 則實多
收效云矣

上曰 可以有益於農務乎

大官曰 器械之精利 耕作之便宜 其所收功 比前三倍利云矣

上曰 進獻兵器 果精利乎

大官曰 所謂回旋砲云者 卽古法之所無 合銃身十一爲一位 而載之車
上 從其銃身之後而裝放 轉斡其機 如彈綿之繰車 左旋則連放不
絶 右旋則出其裝藥之銅箭 裝藥之法 鑄銅如筆管二寸許 空其中
貯藥 上加銅火帽 納丸其上 不限其數 以手納於銃筒之後 連續不
絶 其制甚巧 果爲禦敵之好器械

上曰 或試放乎

大官曰 臣雖未能躬試 使臣帶率軍官之頗解兵事者 江華別破陣之習於
火器者 試放矣

上曰 與彼人同爲試之乎

大官曰 然矣

上曰 銅火帽 予曾見之矣

大官曰 臣待罪訓將 亦有貿置於本營者矣 銅火帽之洋吹燈 天下皆用
之 獨本國無此種 彼人近製 其法可以倣得云矣

上曰 其製得無難乎

大官曰 學其妙則寧或甚難乎

上曰 此砲能至幾步乎

大官曰 遠近惟在其銃口低昂 彼言則可以過千餘步云矣

上曰 何能如是遠去也

大官曰 器械甚精 藥力且猛 則亦足及遠矣

上曰 進獻物種中 果無洋物乎 自政府往復 則似可得聞矣

大官曰 政府往復 到於黑田出去之夕 臣始爲坼見 諸物頗有洋字號 故
使訓導往言其由於本宮小一野村靖等 詰問則實非詳製 卽自日本
造製 而爲內府武庫所藏 今行內出 使使臣進獻貴國 以爲放製禦
寇之地 別無他疑 洋字號則造器時 多用洋工 故其標識如此 貴國
若或退斥 實無歸國可達之辭 使臣已出 亦無奈何云 故不得已受
之 臣亦惶悚矣

上曰 火輪船制度何如耶

大官曰 臣未曾見之 但於文字上略見製法 亦未詳悉矣 物力太過 材木
出於緬甸云 亦非容易事也

上曰 然則貿材緬甸者乎

大官曰 然矣

上曰 彼人亦能善造此船乎

大官曰 今番出來船中 亦有彼之所造者 而其行稍遲於洋船云矣 我國
　　若用此船 則漕運最便矣

上曰 洋屬禁斷事 言及於彼人耶

大官曰 果屢屢言及 亦於宮本小一處 以洋船洋人不得帶來 西學鴉片
　　烟 亦爲嚴禁之意 受其手錄以來 以爲左契矣

上曰 彼緣何而着洋服云耶

大官曰 彼云 火輪船升降 非廣袖闊衣所可爲 故不得已着此洋服 而國
　　中亦或有仍舊不改者云矣

上曰 然則服色甚淆雜矣

大官曰 然矣

仍奏曰 彼人以爲當今天下各國用兵之時 以貴國山川之險阻 戰守有餘
　　而兵備甚疏虞 富國强兵之術 屢屢言之矣

上曰 此言似出交隣誠心也 我國軍數 甚不敷矣

大官曰 臣今待罪御營 正兵不多 禁營亦如之 訓局雖稍大 若出正兵
　　亦無幾多 外方則又無節制之兵 以此用兵 雖有智者 何以爲將 兵
　　力之不振 已在虜目中矣 臣武將也 旣見可虞 不以實陳 臣罪萬死
　　顧今天下大勢 各國用兵 前後受侮 亦已屢矣 兵力之如此 若或播
　　之各國 臣未知其所慢侮又將如何 臣實甚憂 兵志曰 攻則不足 守
　　則有餘 天下寧有以其民 不守其國者乎 所以滕薛之小 亦一以事
　　大交隣 一以備禦守國 亦能全保於戰國之世 伏況殿下以三千里
　　封疆 亦豈無守禦之良方乎 此所謂不爲也 非不能也 伏願殿下奮
　　發聖志 亟降備虞之處分 則軍國幸甚 臣已耄且昏 不足比數於將
　　兵之列 躬閱目見 有不能自已者 敢此冒悚仰達矣

上曰 卿言甚當矣

今玆日本之送使也 奈我擧國之人 少有深知其故者 故不無易敵之心焉
以致衆議紛紜 群情憤鬱 毫釐之差 幾速大患 幸賴廟算 先定接以禮儀 勉
應所求 使彼無衅可尋 釋憾而歸 以徼福于社稷生靈 豈非幸哉 時余以不
才 辱知于大官 忝在後車 每遇一番險艱 輒歎曰 好史料也 卽疾書之 旣
而得過 又歎曰 好史料也 卽疾書之 以至盈卷 携至京師 而神物攝去矣
聰明旣衰 不可復記 姑志膚見數則于左 以備知者一笑

兩年前 日本送使于中朝 懇求三事 伐我其一也 中朝旣嚴斥之 而及許開館
通商立約之時 特建屬國邦土勿相侵越一條 中朝之爲我邦慮 至深厚矣 彼欲
加兵於我 而又惡渝盟於中朝 故先以使价試我 若我先犯 則因以執言 有辭
於中朝 而播之於諸夷 蜂附蟻運 以售劫我之計也 法美蓄憾於前 鄂羅伺衅
於後 彼譯所告 似出恐嚇 參以中朝所聞 殆非虛言萬尙書曰 貴國之患 不止於洋 乃東
之倭 北之俄也 張叔平黃孝侯亦云 若我墮其術中 以我無備處 當勍敵 勝敗之數 未
知所在 此卽彼國送使之肯綮 而亦是在我應變之機要也 一失其機事 有不可
測者 且其不惜勞費 超溟遠來 在於伊國 亦是張大之擧 必有成算熟慮而出
殆非先戰而後求勝者所可敵也 而可易乎哉 彼之江華駐泊 京城直進 皆其素
定者 故彼使發船之前 預告於我 可謂不失送使之禮 而我若以兵逆之 豈不
曰 我失大體乎 春秋無義戰 而亦無拒使之國 獨有鄧之南鄙鄾人 殺使奪幣
而卽招敗亡之禍 此非可戒者乎 然則我之以禮接使 果爲得當 當是時也 獨

瓛齋相公 力主禮接之議 而朝論從之 古云宰相須用讀書人 豈不信哉

彼使之來 我與之接見 是修舊好 而非新與之講和也 兩國交市 在於萊府
設館之初 而又非於今始許其通商也 則不過加請二口而已 乃今議者 不
究本末 而遽斥之 可乎 或曰 末流之橫 決不可不預爲之防 夫因遠慮而
忘近憂 欲以賊遺君 非愚則妄也 或曰 與其非道而存 不若衛道而亡 夫
所謂道者 所以保國安民之物也 今日 危國殺民而後 可以衛道 則吾不知
其所謂道者 果何物也 傳曰 決策於不仁者險 倘使此論得行 庸非險哉

始廟堂之飭勿先犯也 防守將卒 不知彼己之刑 皆懷憤鬱 章疏紛紜 又從
而激之 至有開門納賊之說 又有不發一矢不鳴一砲 而坐獻城池之說 有
歎弛備者 有恨縱敵者 每聞是說 不覺心寒 遂使有沉識者 結舌而不敢言
余性褊急者 忍耐而不得 輒語於人曰 使事歸順 則日後都無是說 脫不歸
順 則之數說 皆必有當之者矣 未知朝堂諸公果計及此否 以是悶悶不已
亦旣有日 及接政府復書之報 北望攢謝 不翅舟經灧澦矣

彼使黑田淸隆送言於我大官 欲鍊操於館中 我大官以驚惑我民 欲止之
彼曰 我自閉館 不令民見 足矣 自此 課日試鍊 我軍始則潛窺 終至縱觀
每一響器 動作應節 舉銃舞刀 回旋如飛 繫繩五條 高可丈許 一超一繩
盡繩而止 猶賈餘勇 騰躍數丈 我軍見者 無不驚歎 以爲神技 彼獻銃砲
又使試放 敎立小的於百有五十步之外 一彈四十餘發 無一丸落空 盡萃
於的 而又皆透的而過 我軍見者 無不變色 以爲我等之免于蠱沙 朝家之
澤 使臣之力也 憤鬱之氣 一時盡消 兵志曰 知彼知己 百戰百勝 不知彼
不知己 每戰必敗 如此論究 始爲切實之言 而可施行之議也

彼使之假館沁都 爲駐泊之所 而講定條約 的係伊國成算 故發船之前 已
預告之 及至沁都 卽時求見留守 爲假館地也 沁留辭以使事有使臣在 非
居留之臣所敢干預而却之 卽以坐失全域 自引溺職 而至於廢務 則森山
茂等 激惱於不獲再謁 咆哮不已 繼而求見副官 衆議皆慮生岾 以爲不可
不見 副官之接見彼員 出於不得已也 彼員卽請 假館於府中然後 彼大官
始可下陸而議事 與彼接見於府中舘宇 已有廟堂往復 故副官不吝而許之
彼員繼言 帶來之衆 當爲四百 須得廣廈可以容接 聞者莫不愕眙 然旣許
館矣 無以復靳 仍言簡率爲佳 彼言此已至簡 無以復省 且言二千衆 當下
陸於仁富間 乞知委於沿郡 預治容接之所 副官始以婉辭拒之 拒之不得
則始推之於大官 又請柴炭長木之屬 皆不靳而許之 于是聞者 多以副官
不能嚴斥於初爲恨 然到今思之 彼自入境以來 但見我邦接之以禮 而未
見有一毫疑阻 故且感且喜 而使事底于順成 豈非幸歟 倘於初接之時 便
以假館相持 吾未知其究竟如何矣

彼使所謂辨理 卽是萊府書契 草芝鳴砲 二事也 二事辨淸然後 始可以歸
朝復命 彼使所言 誠有然者矣 然以皇勅等字 有違舊式 不可遽受等說
仍蹈萊府故套 則不足以折服彼心 而幸有丁卯北咨文中新聞紙五頁 可據
以爲說 修貢廢貢等說 誣衊之甚 舉國咸憤 此紙出於貴國之人 流播於天
下 貴使則與我爲辨 我則誰與爲辨乎 彼曰 新聞紙者 皆記傳聞 虛實相
蒙 天下觀者 本不甚信 且於年前 貴邦咨及我政府 我政府答以無有是事
今信無根之說 而不信政府 是豈三百年修好之誼乎云云 是則我亦有辨
彼亦有辨 往來反覆 至于竟日 至有悔悟不悔悟是耶不是等語 則竟似相
逼矣 故我大官作色而言曰 此事在於敵朝盈廷之論 尙未歸一 使臣在外
何敢斷其是非 如是迫問 殊欠禮敬之道矣 彼使頗似開悟 霽色而退 明日

卽有通商之說 而尊俎折衝 有餘暇矣 然這場舌戰之苦 大非人人所能堪
語云鼻吸三斗醋 方可做宰相事業 信哉斯言

草芝鳴砲 雖是執言之端 亦有彼情之可見者 今載問答之辭于下 彼曰 我
船向牛莊之路 取水於貴境 猝遇貴境人砲擊 窘甚 至建國旗三竿 而猶不
止擊 何也 我曰 邊戍所見 云是黃旗 則不能認爲貴國旗號 且邊戍孤陋
寡於聞見 諸國旗號 容有不知者矣 彼曰 前以敝國旗號 聞於貴朝 望其布
諭沿邊 何以尙不知委乎云云 認明旗號 雖似無甚關係 而亦見我邦邊情
之疏漏也 亟訪諸國旗色 布示爲宜

或問曰 森山茂何如人 答曰 寬恕人也 問者驚曰 今番使事之持難 多由
於彼 何謂寬恕也 答曰 彼在萊府幾年之間 受我人之羈縻困苦何如也 加
之以呵斥詬罵 不有餘地 堪人之所不能堪 以至今日 猶望使事之順成 而
預於修好之役 我人而能如是乎 余見彼官等 皆有整肅之氣 慈諒之容 其
求信睦 似出誠心 若曾未有萊府之事者 而我則不堪數日之苦 輒疑森山
之逞憾 以此論之 我之不恕也 殆過於彼矣

彼國之法 布告臣下文字 亦安御名寶文 謂是天下各國通行之規 而欲我
亦倣其例 批準之文 要安御名之寶 請與大官接見 竟夜爭詰 我大官曰
父之於子 尙不可以書名 況主上之於群下 事體尤嚴者乎 此則斷不敢以
上請 雖至絶好 亦無如之何矣 彼我大官俱竟作色而起 彼則離館歸船 明
日送其隨員 與森山茂偕來 聞森山茂曾告于彼大官 東國寶文 是刻御名
而宮本小一訪御寶之文於我大官 則我大官答以交隣之文 用爲政以德之
寶 彼大官始疑我邦卑彼 而不用御名之寶 旣已以我大官之辭 直自疑而

問我也 於是乎森山茂將得罪於彼國 我大官善辭以解之 森山茂始大感服
不復有持難之事矣 彼官向送公牒於沁留 首書江華留守趙秉式貴下 左列
書彼員職官姓名 其俗之不甚諱名 可以推知 而及以御名詰辨之後 於我
隨員有贈遺之物 而只書姓字 不復書名矣 萬尙書曰 彼以禮來 以禮待之
不以禮來 以禮拒之 中朝之士透於夷情如此

舌人告於我大官曰 貴國之人 一似老於深山中者 不知有外間事 只是守
拙安分 值此多事之會 何以禦外侮乎 勉爲富強之術 莫善於利其器 而貴
國機器皆是笨鈍古制 不可以勝敵 我之農器亦非古制 創新出奇 殖穀三
倍 州郡皆建農政之司 補助如不及 民皆富厚 兵食頓裕 有富強之名於天
下 是實十年二內政敎之所致也 歷觀貴境 閭閻蕭條 民生艱窶 無亦於本
務有闕歟 須亟選精巧之人 入送我邦 倣製諸般兵器農器 最爲上策 次則

購求成器 雖至多數 亦無不辦矣 此等之語 悉與往春張叔平所言 夷不自
秘 樂以告人 大率脗合 其亦異哉

丁卯新聞紙 已有追取通商和約之語 今來節略書 又有不拒我所求之語
卽此二句 可見伊國積慮所在 我若不許 必致苦兵 我以弱勢 難抗勍敵
以禮接使 准其所請 雖使聖人當之 不過如斯而已 獨怪伊國 與我通商之
後 有何所利而不惜勞費 爲此張大之擧乎 既約彼此永敦友誼 則必非名
號問侵逼之事也 各國互市 已有成規 則又非商稅上偏重之意也^{聞於中朝 出}
口銀爲五十萬 入口銀爲八十萬 中朝取其剩三十萬 以補經用 有利無害云

以我所慮 既有政府送示六則 已經商確 而彼慮細目講定時 又有可否相
持之端 至請解事人 先令送到 詳察物情 習知國俗 皆爲後日講約地也

然則我人先送 雖不可已 而要在綱紀四方之地 退覽廣紀 熟慮而待之也
我邦土產素稀 匠手又拙 畜養之物 製造之器 無可以收厚利者 惟是截海
撒網 鑿山取寶 皆我人之所不經意者 或者其在是乎 衆意如此 姑識於末

舌人又曰 若又以可否 相持於細目講定之時 則今日之約 有同泡幻 是語
也人或疑之 以爲後約必難於今約 玩其語意 不無是慮矣 然彼等 於萊府
積苦八年 一有相持 便意其久而然也歟 如其不然 莫重於書契名號之辨
而彼旣置之 莫厚於下納入給之利 而彼旣革之 見除此等難事 宜無更難
之事矣 而其言如此 何哉 或曰 伊國新鑄三幣 欲行之於我邦 此其一端
也 誠如是言 宜求所以拒之之辭 我苟得辭 則彼亦不能强之矣 我苟無辭
則聽之而已矣 然則宜求贍辭者 以待之可也 然因此一言 必滋後來公然
疑端 行人其失辭哉 某從事在閒壁 獲聞此言 如得奇貨 亟佈之於要地 樞議頓變 可勝惜哉

縱論天下之事 莫苦於弱國之卿 春秋之世 無子產則無鄭矣 然彌縫於晉
楚之間 其苦可勝道哉 弱國之勢 雖使聖賢爲之謀 亦只順常而已 何能出
奇乎 故事之以皮幣 而不得免焉 事之以珠玉 而不得免焉 當此之時 宜
如何笨處之乎 天下之事 莫難於此 故曰 惟智者 爲能以小事大 苟非智
者 則雖欲事之 而有不能者 故聖人有此訓也 而或曰 苟事之矣 夫何難
之有 是皆不智之論也 然則如何 强爲善而已矣 爲善如何 不自貴而賤人
也 不自大而小人也 是皆天道之所與也 故曰 以大事小者 樂天者也 以
大臨小而猶謂之事者 何也 不必北面降屈而後 謂之事也 其心謙恭 將之
以禮 而不敢以毫髮侮人 有近於事也 我邦之人則不然 其視强隣大國 如
無見也 夷狄之不足而禽獸之 身無制拒禽獸之力 而徒欲以一叱當之 何
以防搏噬也 高僧之在山而蛇虎皆馴伏者 待之以慈也 聖王御世而孚及豚

魚者 感之以誠也 忠信之言 篤敬之行 蠻貊之人 亦所同得 而非己獨有
之也 故遇之而無忤 以底于行也 若皆棄之 而徒以夸辭態色 臨之而取服
有是理乎 善乎 張叔平之言曰 中邦當庚午之厄 持論者衆 以至于敗 是
皆說便易話耳 雖識其中艱難者 惟有內之王公 外之督撫大吏 僅僅挽回
任人笑之謗之 而不敢辭也 是眞經事之言 繹之有味 夫以中國之強大 尙
有此苦 而況不逮中國萬萬者乎 然反而求之 咎在於弱耳 積弱而至敗 積
强而取勝 其機在我 而不在於敵 顧所積之如何耳 因事有言 因言及此
非敢自謂切於事情也 平懷講理 尤有望於賜鑑之君子云

近見中朝京報 有李鴻章沈葆禎乞儲使才一摺 才難之歎 在古已然 宜其
欲預儲而待之也 漢武之詔曰 才堪將相及使絕國者 然則使才之難 與將
相等 可易得乎 然在我朝挽近之事 以交隣事大許多重務 專委象寄 而朝
紳之列 未聞有通漢語者 值今海宇多事 而各國情形 一切茫昧 甚非所以
爲國之道也 且聞彼國少習漢文 十年之後 當用國文 然則倭語一學鞮譯
之外 加意攻習然後 始可以通異國之情 而朝紳之中亦可以儲使才矣

先考判中樞府事府君行狀

府君 諱櫶 字國賓 初諱觀浩 號威堂 平山申氏高麗太師壯節公諱崇謙之
後也 今上甲子 拜兵曹判書 陞正憲 乙丑 知中樞府事 陞崇政 判義禁府
事 丙寅 授摠戎使 差景福宮營建堂上 九月洋寇入江華 上命府君 率京
兵 駐楊花渡 策應內外 在陳四十餘日 不解甲 嚴飭軍吏 勿得秋毫犯民
與士卒同其食 軍心悅服 五江之間 自募者日衆 避難者復歸 京城賴安
寇退 還朝 拜議政府左參贊 授訓鍊大將 陳兵略數事 其施行者 惟訓局
軍制變通而軍容增盛 又以本局公用不敷 常臨時釀辦 乃取陞戶資裝錢
分給各哨色使 取息以用 又以軍料不足 割別庫剩米屬營況者七百石以支
之 一軍懽震 丁卯隨駕 歷南漢 以磨盤車 試大砲 回至江 試水雷砲 二器
皆府君仿圖說自製者也 襃陞崇祿 知三軍府事 戊辰 上移御新宮 以監董
勞 陞輔國判三軍府事 居訓局凡六年 至辛未 乃得解兵柄 乞老 居果川
歲餘 起癸酉 判中樞府事 甲戌 除鎭撫使兼江華留守 創設沿海砲臺五十
餘所 尋遞還 乙亥 拜御營大將 丙子 日本辨理大臣黑田淸隆隨員森山茂
等領兵船十餘艘來泊楓島前洋 要見我大臣 朝議咸屬府君 遂以判府事充
大官 會淸隆于江華 與定條約 先是天下萬國 各自稱尊 締結往來 而我
實不知也 故戊辰森山茂之送書契也 其中有稱大日本大皇帝陛下之文 我
以其悖慢 拒不受 與茂相持八九年 茂積憾我 至是嗾淸隆 强以難聽事勒
定約 期欲生釁甘心 禍機在呼吸 府君以計 縱反間於淸隆 擯茂不用 遂得

無事復命 授武衛都統使 丁丑換摠戎使 就閒局也 戊寅以病辭出 居鷺湖之恩休亭 恩休者 上所賜名也 壬午差經理統理機務衙門事 時淸北洋大臣李鴻章 遣水師提督丁汝昌等 導美使薛斐爾來 請和 於是府君又以專權大臣 往仁川 成約而還 七月京軍作亂 不肯以時將任罪竄海島者 歲餘府君遂屛居鎭川鄕第 甲申十月之難 府君强疾 奔問闕下 上慰而遣之 旣歸 以疾卒 十二月十日也壽七十四 疾劇 戒家人治喪勿用佛事 遺書不肯勉以忠義 卒之日 一言不及家事 但曰 今國家危如綴旒 吾歸 將何以見先王於地下乎 正冠端坐而瞑 訃聞 上痛惜 賻錫如禮 明年二月二十四日葬于春川鍮店癸坐原

輔國崇祿大夫判中樞府事申公諡狀

今上丙寅 洋匪入江都時 昇平日久 民不見兵 中外驚騷 避亂者絡屬於道
閭里爲之空虛 公以摠戎使 領兵出駐楊花渡 令申 嚴肅部伍 齊整軍音
不徹于舍 民不知有兵 五江之間 願募者日衆 公擐甲不解 同其寢食 軍容
日益盛 民志稍定 遠近帖然 而洋匪亦是去 丙子日本辨理大臣黑田淸隆
以兵船十餘艘 來泊楓島前洋 要見我大臣 廟議猶豫 乃薦公 以判府事充
大官 公單刀赴之 會于江都 曉之以交隣之誼 且辨釋利害 義理明快 談
論自若 竟不敢發 乃定約而去 壬午淸北洋大臣李鴻章 遣水師提督丁汝
昌等 導美公使薛斐爾來 請和 朝廷以外情叵測 甚難之 公以專權大臣 往
仁川 雍容調制 與之成約 公於國家大事 善能幹當 孫武書云 善戰者 不
戰而屈人之兵者 殆謂是歟 此公之大節 而視諸交綏於鋒鏑之間 立尺寸
之功 不啻百十倍矣 苟非韜略閎深 威望素孚 烏能然乎 公諱櫶 字國賓
初諱觀浩 號威堂 姓申氏 貫平山 以高麗太師壯節公諱崇謙爲鼻祖 終麗
世 簪紱蟬聯 入本朝 有諱檝 左議政 諡文僖 配享世宗廟庭 有諱錦 吏曹
判書 諡文節 有諱礏 宣祖朝 策扈聖勳 平川府院君官 兵曹判書 諡忠憲
四傳 諱漢章 副摠管 策原從勳 贈兵曹參判 寔公五世祖也 高祖 諱峽贈
左承旨 號靜默齊 曾祖 諱大僑 防禦使 贈兵曹參判 祖諱 鴻周 訓鍊大將
贈左贊成 考義直 府使 贈左贊成 妣海平尹氏 水使 諱[頥東女 繼妣順川
金氏 士人諱宇明女 並贈]貞敬夫人 [以府君之貴也] 公以純祖辛未閏三月

二十五日生 先(始)[是]公之祖宰寧邊 禱妙香山 願抱孫 夢山僧負大木 至

日 貽以大樑 喜以爲家國棟樑 公自幼少時 凝重不凡 不好遊戲 勤讀書

御童僕 儼若成人 公早而孤露 公之祖益矜而撫字 丁亥 翼廟代理 差別

軍職 未幾賜第 仍陞六品 己丑 遭祖喪 服承重 旣闋 敍宣傳官 遷司僕寺

內乘 訓鍊院副正 憲宗乙未 除中和府使 在任四年 裁正田賦 聲績甚著

入爲訓鍊院正 陞折衝 京畿中軍 庚子 除城津僉使 傾廩橐 修城廨 癸卯

拜承政院同副承旨 除全羅右水使 敎鍊武士 島陸探[控]弦者四五千 建育

英齋 邀師設廩 縫掖多成就 至今稱文翁之化 丙午 鳳山郡守 戊申 全羅

兵使 以嫌避辭遞 歷同知中樞府使 都摠府副摠管 己酉 拜禁衛大將 憲

廟嘗患 湯劑每致滯崇 詢公以取露器具 公製進 言者 以私室製藥搆之 遂

竄配鹿島 有圍籬加棘之典 哲宗癸丑 量移茂朱 丁巳 宥還 丁繼妣憂 服

闋 敍左承旨 遷兵曹參判 漢城府左尹 庚申 右捕將 以掛書罪人未得 配

中和 旋宥 辛酉 除統制使 壬戌 陞資憲 兵曹判書 癸亥 判尹 工曹判書

復爲右捕將 有盜發龍城府大夫人墓 不得 投畀泰安 旋宥 今上甲子 拜

兵曹判書 陞正憲 乙丑 陞崇政 丙寅 摠戎使 左參贊 訓鍊大將 丁卯 陞

崇祿 知敦寧府使 戊辰 陞輔國 癸酉 判中樞府使 甲戌 鎭撫使兼江華府

留守 乙亥 御營大將 此公之所歷也 以甲申十二月十日卒 壽七十四 訃

聞 上慨惜 賻襚如例 配貞敬夫人 杞溪兪氏敦寧都正諱駿煥女 生三男 正

熙工曹判書 奭熙前判尹 樂熙水使 庶男賛熙 今郡守 公器宇魁偉 性度

寬弘 望之而嚴 卽之而溫 生平不言人過失 及摘人陰事 事繼母至孝 湯

藥必手煮 天寒 或躬自爇火 喜施與 見人困苦 出力濟之 公受知于憲廟

謂今忠謹可大任 每間日召見 嘗爲長宣傳官 因親試講 奏曰 近日武士嬉

於兵學 廳長試講 止首篇 請自今盡卷爲率 從之 有人疏救一重臣 忤

(止)[之]者 命大臣定罪 奏不可 遂罷大臣職 引見公 公奏曰 天地以包容

爲德經 殿下熟慮 憲廟怒甚 以杖投之 笠墊 左右爲之戰慄 公神色愈和而
已 乃解事遂寢 [又嘗與尹孝文公定鉉 同入侍 上語及軍制] 時總衛親軍
之設既數年 公奏言 唐宋之衛兵 明之(二十)[十二]團營 不足爲用 適足爲
亂堦 後遂罷之 公之出守鳳山也 辭陛 詢問邑事 又問當讀何書爲善 對曰
無如大學 又以眞氏衍義參看 大有益於帝王治平之道矣 兵書何者宜先
對曰 武經七家外 其書甚多 而雜以權數 有害心術 此非帝王所可留心者
也 公槖鞬從事 而濟之以儒術 故所從遊 皆文人端士 所居不蓄華靡 蕭然
如寒素 詩文冲淡紆餘 著有威堂集 尤喜易 雖各塞之中 潛心不輟 有讀易
隨筆 至於書法 亦精妙 世稱名家 公任訓局時 奏陳兵略 釐正軍制 井
[井]有條 以軍興不敷 取陞戶資裝餼 分給各哨 使之取殖以補缺 又損別
庫剩米以助軍食 製磨盤車 放大砲 又製水雷砲 皆有圖說 工人莫之模範
而公指示規矱 毫釐不差 江華設砲臺五十餘所 海沿要阨 自是有備 公晚
景退去于鷺湖之恩休亭 今上所賜號也 杖屨逍遙 以文墨自娛 時節慶賀
跨驢從一童入城 傳以爲美事 公之胷藏萬甲 師中有吉 籌策密勿 制置得
宜 爲綢繆長久之慮者 如長成泰山之重 公之懇拳 盡忠正道 事君立朝五
十有八年 動靜事爲 一以經傳爲法 豈第有儒者氣像 公可云文武備具一
代偉人矣 公之第二子判書將請諡于朝 求言容善 顧豈立言者哉 而勸囑
有未可孤 綴其家狀而倫次之 以告太常氏

正二品正憲大夫議政府參政兼掌禮院卿原任奎章閣學士侍講院日講官
海平尹容善撰

正月十八日 雲峴書

僉君子日會 爲國良苦 所議者何事 僕之不與聞久矣 雖言不見采 劃不見施 五百年宗社如墟矣 此僕之罪也 僕安得默然而止乎 數條卜如左

一 倭與我 舊稱兄弟之國 三百年約條井井 今日所謂書契云者 變亂舊規 自稱大日本大皇帝 又勅字 皆極凶極凶 至於我國 平行爲之 有若詔制文字 以前日之所不敢加者 肆然稱之於我 豈不痛慚哉

一 近來倭使之來嚇于萊府者 其船械衣服 俱是洋制 此無他 受制洋夷之節制 欲爲洋人之計 而特爲前矛者也 寧可坐受其瞞 自取滅亡者乎

一 入使燕饗 本有定所 今日使臣 忽以兵船 直犯內洋 已知朝廷之無人 乃者擧朝廷惘惘 未聞一辭之嚴斥 隱然有受納之意 斯曷故焉

一 八年相持 別無責言 而以向者別具言之 則稱以東萊府使朴 豈非自招釁端乎

一 試看今日之國家 竟是誰人之國家乎 不料朝議之猝亂 至此極也 書契之受不受 廟堂自有之 國家之保不保 職一人在焉 我有家僮 可率以殉 則青邱三千里 豈非賢聖祖宗培養之遺裔乎

到此之地 僉君子倘以我爲妄發耶 言至於此 惟在僉諒之

倭館始末

新羅之世 倭寇頻數 而交和戰伐 史不詳焉 今不得以考焉 高麗時 對馬
島人 常往來金州^{今金海} 開市貿易 有舘接之所 而未聞有留舘 如本朝之制
也 高麗末 對馬島主 宗慶 宗氏世爲島主 我太祖朝 宗慶子靈鑑納
欵 靈鑑死 子貞茂嗣 繼世誠附 太宗命輸慶尙道米粟數萬石 歲資其生理
又請珍島南海等地 使其衆遷居 上將許之 會貞茂死 子貞盛嗣 卽所謂都
都熊瓦也 屢撓邊海 世宗己亥 有馬島之役 時崔潤德至熊川乃而浦^{今云薺浦}
捕倭在諸浦互市釣魚者 擒斬七百餘人 則前此互市可知 而其築舘與否
有未詳也 自此以後 馬島畏威 不敢肆 請來寓三浦 互市釣魚 朝廷許之
遂築舘而處之 又置倭譯三浦者 乃而浦 及蔚山塩浦 東萊富山^{今釜山}浦也
蓋其往來止泊 於此爲便故也 後因緣留居 漸至繁殖 十六年甲寅 上命禮
曹移書貞盛 令刷還 其中最久者六十名 請姑留 上許之 相臣許稠力諫
上不能從 世祖丁亥 貞盛死 子成職嗣 時三浦倭戶漸繁 至四百六十六
男女口一千六百五十餘 上命禮判申叔舟 移書成職 令遵舊約 點刷以聞
成職方欲聽命 而會死未果 從弟貞國代爲島主 睿宗元年己丑 又命貞國
刷還倭戶 貞國遷延 未盡刷還 中宗五年庚午四月 三浦倭叛 陷熊川 遣
柳聃年黃衡等 討破之 焚其巢穴 夷其廬舍 盡毀三舘 以示絕和 衡欲因是
威 進據馬島 不果行 明年辛未 日本僧弸中 至境乞和 却之 至明年壬申

始許和 復置倭舘於釜山 初貞國死 子杕盛嗣 杕盛死 盛長嗣 後又冦蛇梁

鎭 朝廷命盡逐釜山留舘倭以懲之 是後不復置舘 至宣廟壬辰 而倭酋秀

吉大創我邦矣 亂定後 和事復起 築舘互市如舊 而移舘基于豆毛浦 自仁

祖末年 舘倭以舘所湫隘請移 不許 三十餘年 至肅宗四年戊午 始許移于

草梁浦 舘內有東西兩舘 相去三百七十餘步 比前倍廣云 倭舘始末 大槩

如是而已 盛長死後至義調 世系未詳 義調子義智 義智子義戌 義戌子義

眞 義眞子義崙 今上戊辰信使時 島主義如 未知於義崙爲何屬也

置舘接倭 雖是王者懷綏之大德 而終使介鱗混我衣裳 末梢殖繁 有中宗

庚午明宗乙卯之變 許文正之言盖驗矣 其始也雖因其懇乞而許之 及其

負約犯順之後 豈有復循前轍之理乎 壬辰後復和時 雖令許其互市 當如

今義州六鎭例 使定月日 及期相會貿易後還歸 無令留滯 不然則置舘于

若絕影島 或他可合之島 兩國約期相會而已 不必設舘於內地 與我民屋

居相連 朝暮相從 使邊禁不嚴 國事外洩 豈計之得乎 聞又使倭譯諸戶留

居倭舘近處 其數至多云 此輩惟貪利誘 豈識國家大計乎 是以國中禁秘

之書隱微之事 彼人先知 此豈無善處之道 而若是踈迂耶 誠可歎也

廣津弘信口陳書及別函

口陳書

我朝廷現派特命全權辨理大臣 由江華灣前往 將直進京城 爲此我外務卿 專遣本職 事前相報 更將命旨意梗槪 別函開具 以便豫相通知

另具者

我朝廷中興之際 專書相告意 寔續舊好 爾後使出三四 經歲七八 無一字一函 見以相報 客歲我外務官員森山 從東萊府使朴 獲更修外務卿書契來抵東萊相接之約 我朝廷如期發往 詎料違約不接 乃我九月二十日 我火輪船往向牛莊 過江華島 將抵江口需水 暴被砲擊 我朝廷不知貴國心意所在 未忍敢以兩國之好 付之途泥 玆以陸軍中將兼參議黑田 爲特命全權辨理大臣 派遣貴國 的確查問 必欲獲要領 期我明治九年一月中旬貴國本年十二月十五日至二十四日 直向江華島前往 若不得接答 將直進京城 要不容有依違遷延之慣法 然亦匪寇婚媾 言歸于好 但以使事重大 而邊陬兵民情事叵測 故今護使臣以兵舶 非得已也

大院位錄記・答上大院君書

近聞 倭情叵測 噂言頻至 風傳多訛 人心惶惑 慮以書契之不受 爲召禍
之端 駸駸然歸于巽劣之論者 是大不然 若以强弱之形 而謂綸渝舊盟
則藤薛之於齊楚 久已邱墟矣 況我之三千里封疆 師直爲壯 彼之萬里
重溟 師曲爲老 必不待智者之箅焉 故爲之條辨如左

前書契之退却 以妄加尊稱 違越約條也 雖以彼倭之狡惡 猶知辭嚴義
正 不敢復事煩聒者 今又何出來 而其所以曰皇曰大 又不免依前所稱
況又添一勅字 而與皇字書在極行 我國低一字書之 此待我以與國敵禮
則其日受之者 非我國臣子所敢議到也 大淸自是皇 故相稱之際 曰皇
曰大 小無相碍 至於我國 不可以大朝鮮大皇帝稱之 只當曰國王 而彼
等大日本大皇帝之下 稱以國王 則其等分固在 是可忍乎 且日後通信
之行 我國書契中 前稱大君殿下者 其將改以皇帝陛下乎 又其書契句
語 有速派來專使之說 若然則稱我稱彼 將以云何乎 今日派來專使 無
異使我納款也 可痛可痛

一 廢關伯後 始稱大日本云者 是不成說 觀於倭漢三才圖會 日本地圖
已書大日本 則前之稱皇稱大於其國 而不敢書於書契者 今忽稱之 其
意果何在也 觀其抵禮判書契 則便是登極頒詔一般也 抵禮參書契 則
其曰士民激怒者 明是恐嚇之言也 況交鄰書辭 當從事理上做去而已 今
日黜奸罰謠 又曰不慊人心云 則有若甘心雪憤者然 其意斷可知也

一 不送八使 則不行宴享 而意在交易而已 若然則不必至萊府 而沿海

外 無處不往 而一依中國通行之例而爲之也 旣至此境 則國何爲國乎

人何爲人乎

一 古則倭差每至京城 以宣慰使迎接 如今遠接使矣 其後設客舍於草

梁 受倭人肅拜 而只送接慰官 又使萊伯專管 凡事必從任譯周旋 而宴

享外 萊伯不接倭人 所以尊朝廷嚴邊體也 今若不用任譯 不行宴享 卽

向萊府 則事面大壞 坊限蕩然 彼猶不足於萊府 則將直往監營 又主上

京 恣行其慾 無所不至 則誰任其咎 誰善其後乎

一 日本交通洋夷 迷惑邪法 學習器械 至於剃髮變服 而不知其恥 是實

非倭 而卽洋夷也 名雖倭人所納 無異洋夷書契也 昔趙靈王身被胡服

而俗終不化 齊湣王兵強於天下 禍不旋踵 秦皇廢封建爲郡縣 而亡在

其後矣 今倭兼有此三者 其國豈能無禍亂乎 且倭人之中 必多不學邪

術者 關伯餘黨諸島世襲者之落職者 料必相怨 而馬島在我接壤 不樂

洋醜之得志 失我之交易 則今番事 與壬辰大不同矣 領事官云者 洋人

在北京所稱也 今以此例 行之於我 此非倭人之所爲也 卽洋醜之做出

也 固有舘守倭 則何故廢此 而剙出無前名色乎 所謂領事官云者 仍前

舘守之號 而行之爲可 雖以新聞紙言之 其所襃獎日本 皆洋醜之言 所

以誘惑他國之計也 觀於書我國事 斷有可揣

一 書契眞諺相半 雖其國俗 然從前所來書契 旣無此事 則何以卒行不

行之事乎 且我國諺文 彼倭因初學習 無不通知 洋夷亦知之矣 所謂倭

諺洋諺 我無知之者 其書契眞與諺之同不同 有誰知之乎 中國之於我

國 未嘗以淸書雙書送之 倭又前未有此 則其退却不受 事理當然

一 或曰 今若不受書契 則當有目前之禍云云 如人方痛大腫 不敢先試

針藥 而追後潰裂 則其害當何如哉 眞所謂火未及燃 呴呴爲安者也

我則有二件歸正事 其一 今番書契 故故不受 以待渠國之釐正後 更議
無妨 其一 今之外務省云者 即前之關伯也 外務丞云者 即前之馬島主
也 自外務丞 一依馬島主書契前例 只改職啣而行之 則自我國不必論
渠國封建沿革之如何 上項二條外 似無他道

答上大院君書

小生在淇時 忽聞萊館事 方禹叙謄示一本 而入於休紙 日前大費精力
搜出耳 其時不受書契之曲折 以小生所料 錄在左方耳
第一則從前書契往來 彼此恪遵格式 如有違式 則雖一字一畫 必爲爭
詰不受 日人苛甚 故我國亦然 不相遜下 此是流來鐵規 而今來之書契
不曰對馬州太守 而添書職銜曰左近衛小將對馬守平義達 此爲違式也
第二則曰皇室而高一字 曰勅曰京師等語也
第三則皇室則高一字書之 貴國則低一字書之也
第四則我國造給之圖書不爲押之 而忽打其國造給印信也
此皆萊府不受之大義諦也 其曰皇室曰皇上 果高一字書之 其曰日本國
曰朝鮮國日本邦曰貴國曰朝廷曰勅曰京師曰睿意等字 均皆平行尊書
觀其獨於皇室皇上高一字之例 若有語及吾國至尊 則必當與皇平尊 而
但未有語及此 故書中姑未見其如此矣 今若自我逆料其必低於彼之皇
字云爾 則是乃以無形之事 自取侮蔑也 何必如是乎 其加書職銜則彼
自誇其國政令一新 而蒙其君之優賞而已 其所謂進爵 何關輕重於吾邦
耶 以此謂其異於前式而詰責不受 其在任譯之見則無怪 而何必自朝廷
屑屑然較計於此哉 付之一笑可矣 彼之稱天皇 蓋累千年矣 彼是國中

自稱自尊 何關於他國乎 在唐高宗盛時 倭使到京 其書曰日出處天子
致書日沒處天子云云 唐朝君臣 不曾拒而不受 只賜宴賜衣 好好送之
自古待遠人亦如此而已 今何足與之計較稱號哉 且觀日後若果有慢語
則到其時拒責 未爲晩也 至若不打我國造給之圖書 而印其新印事 我
國圖書本是衍文可笑之事也 給此圖書 是臣僕於我乎 是我所封建樣乎
剝盡半嶺南膏血輸之彼 而以一圖書造給 看作能事 天下可笑之事 孰
甚於此乎 今彼不用而用其新印 然渠亦以變改約條 有慙愧之色 現於
書契中 如欲立吾之舊約 則宜令書幅也封套也 兼用印及圖書 亦當從
我之令矣 此胡大事乎 大凡人之有書 本是和好過去之地 忽地拒而不
受 積有年所 彼之慍怒 必然之勢 況分明聞知其與洋一片 而何故又失
和好 添一敵國耶 曾在丁卯丙寅間 有新聞紙從北咨出來 其時則不曾
與日人失和 而其所孟浪無倫之說 閣下想記存矣 到今日人之致憾 不
下於洋 此豈非難堪乎 今此安也事 此爲孝子忠臣一心知國耳公耳者乎
從來倭譯事 譯員中亦皆不能窺測者也 況旣有閣下眷念矣 此輩之恃寵
無恐 而任意縱恣 誰知其必不然乎 擧世聒聒 雖或多未知裏許之談 而
未必全無一失 到今聲張起來 然後許多年不納書契 可令日人知爲此人
之所爲 而還尋舊好 庶可爲除一敵國之道矣 渡海事 俄者金譯之言似
然矣 雖不渡海 只令新去訓導詰問館倭 亦可有善處之道矣 元來書契
不是悖書慢辭 而堅拒至此 小生所未解也 其所謄本玆送呈 下鑑而深
量之 如何如何

찾아보기

527
찾아보기

심행일기 ─ 조선이 기록한 강화도조약

◉ 2010년 8월 15일 초판 1쇄 인쇄
◉ 2010년 8월 27일 초판 1쇄 발행
◉ 글쓴이   신헌
◉ 옮긴이   김종학
◉ 발행인   박혜숙
◉ 편집인   백승종
◉ 영업·제작   변재원
◉ 인쇄   정민인쇄
◉ 제본   정민제본
◉ 종이   화인페이퍼
◉ 펴낸곳   도서출판 푸른역사
          우 110-040 서울시 종로구 통의동 82
          전화: 02)720·8921(편집부) 02)720·8920(영업부)
          팩스: 02)720·9887
          전자우편: 2007history@naver.com
          등록: 1997년 2월 14일 제13-483호

ⓒ 김종학, 2010

ISBN   978-89-94079-34-9   93900